Prechtl: Der Untergang der Titanic

Robert Prechtl

Der Untergang der Titanic

Lizenzausgabe mit Genehmigung des Werner Wulff Verlages, Bremen
Nachdruck verboten — Printed in Germany
Gesamtherstellung: Mohndruck GmbH, Gütersloh

Die Begegnung

Es schlug vier Glas auf der Schiffsglocke der Dreimastbark Elisabeth. Klas Klaßen kletterte aufs Achterdeck, um den Ersten Steuermann Piet Hilversum abzulösen. Er ist zwar noch nicht Steuermann, erst vor achtzehn Monaten hat er die Navigationsschule verlassen. Aber dem Zweiten Steuermann hat ein abgeschertes Stück Rah den Arm zerschmettert, als in dem verdammten Zyklon bei den Bermudas der Besanmast koppheister ging. Klas war als Ersatzmann eingestellt worden. Als sie dann aber in Halifax die Salpeterladung löschten und Bauxit für ein norwegisches Aluminiumwerk luden, hatte der Kapitän keinen neuen Steuermann angemustert, sondern Klas mit der Tatze auf die Schulter geschlagen und gesagt: „Bleib Ersatz, bist ein tüchtiger Kerl!"

Der Schiffer Jan Küpers war noch ein Kapitän von altem Schrot und Korn. Seine Äußerungen waren knapp und deutlich. Und wenn er auch zuweilen seine Meinung weniger durch das Gewicht seiner Gründe als durch das seiner Fäuste unterstützte, so war die Beweisführung doch nicht minder überzeugend. Niemand auf dieser befahrenen Route konnte so lästerlich fluchen wie er; niemand hatte aber auch die Seekarte so genau im Kopf wie er, so daß er selbst den Hafen von Rio hätte mit verbundenen Augen ansteuern können; und wenn das Schiff in einem Orkan dahinfegte, daß die ältesten Ratten im Laderaum vor Angst zu quieken begannen, behielt er seine unerschütterliche Ruhe.

Nur zwei Elementarereignissen im Seemannsleben stand er hilflos gegenüber: Windflauten und Weibertränen. Vor letzteren war er geschützt, solange er Schiffsplanken unter den Füßen hatte; und er vermied es daher, andern Boden für längere Zeit unter sie zu bekommen. Vor ersteren aber gab es keinerlei Schutz. Jetzt eben lag die Elisabeth schon seit zehn Tagen in solch verdammter Flaute, sie war die ganze Zeit noch keine acht Seemeilen vorangekommen; dagegen war sie von der Labradordrift nach Süden abgetrieben worden, so daß sie jetzt auf der New Yorker Route lag statt auf der kanadischen. Angesichts dieses Seelenkummers hatte sich Kapitän Küpers entschlossen, ein herzstärkendes Grogtrinken mit dem Zahlmeister und dem Lademaat zu veranstalten. Es darf allerdings nicht verschwiegen werden, daß auf der kleinen Elisabeth der Käpten sein eigener Zahlmeister und Lademaat war; hinsichtlich der Menge der vertilgten Getränke war aber dieser Umstand unerheblich.

Eben als der Steuermann sich von Klas mit kräftigem Händedruck verabschiedete und ins Quartier hinabsteigen wollte, rief der Ausguck: „Schiff rechts voraus!" Die beiden traten nach Steuerbord und nahmen die Gläser vor. Noch sehr fern sahen sie vor sich das Topplicht und die Positionslaternen eines Schiffes. Nach ihrer Höhe über der Kimmung zu urteilen, mußte es ein sehr großes Schiff sein, nach der Schnelligkeit, mit der es sich näherte, ein rasch fahrender Dampfer.

„Ein Amerikafahrer", sagte der Steuermann. „Sonderbar, sie fahren den nördlichen Trakt, obwohl schon April ist!"

Die Nachricht, daß ein Schiff die Elisabeth passieren werde, verbreitete sich rasch, und alsbald kletterte die wachfreie Besatzung aus dem Logis an Deck. Solche Begegnung ist für die Mannschaft eines Seglers die einzige Verbindung mit der übrigen Welt. Bald saß daher die ganze Besatzung auf der Reling, wie Stare im Herbst auf einem Telegraphendraht, um dem erwarteten Ereignis möglichst nahe zu sein. Nur der Rudergänger blieb auf seinem Posten — als ob es in dieser Flaute etwas zu steuern gäbe und nicht ebensogut ein Lämmerschwanz am Steven baumeln könnte! Aber der Kapitän hielt auf Ordnung; und wenn das Schiff noch so hoffnungslos dahinschlingerte, durfte doch das Steuerrad nicht festgezurrt werden, sondern der Rudergast mußte Schildwache stehen wie ein Posten vor einem Munitionsmagazin.

Auch der Käpten war verdrießlich aus seiner Höhle gekrochen und stand bei Steuermaat und Ersatz auf der Brücke.

„Die Kerls fahren auf uns zu, als wollten sie uns in Grund bohren", brummte er. „Nun, mir kann's recht sein, wenn ich die Kiste los bin! Der Teufel mag Schiffer sein auf solchem Wrack, das tagelang ohne Fahrt auf dem Wasser herumtrudelt wie ein alter Waschbottich!"

Diese Äußerung war freilich nicht ganz wörtlich zu nehmen. Denn Küpers hing an seiner Elisabeth mit jeder Faser seines Wesens und hätte sich von ihr nicht getrennt, auch wenn man sie ihm mit Gold aufgewogen hätte. Er hielt sie für den besten Segler zwischen Hamburg und Frisko, und wenn er nicht gerade in einer Flaute lag, konnte er stundenlang von den Vorzügen seiner Elisabeth erzählen. Gegen Dampfschiffe hegte er unversöhnlichen Haß, es gab kein Schimpfwort in seinem diesbezüglich ungemein reichen Sprachschatz, mit dem er sie nicht bedachte. Nur wenn ihm deren unbestreitbarer Vorteil, auch bei Flaute Fahrt machen zu können, sichtbar vor Augen trat, wandte sich sein Zorn gegen die brave Elisabeth; und dann hatte sie nichts zu lachen.

Während sich dies auf der Elisabeth begab, saßen im Kartenhaus des entgegenkommenden Dampfers Kommodore Smith und Chefingenieur Vickers über Karten und Tabellen gebeugt, rechneten, rauchten, disputierten. Das Schiff war Hoffnung und Stolz der englischen Dampfergesellschaft White Star und machte seine Jungfernfahrt. Zwei Tage hatte es schon den Atlantik durchpflügt, nun saßen die beiden Befehlenden beisammen und machten vorläufig Bilanz. Der Raum war mit blauen Rauchschwaden angefüllt wie eine Kammer, in der Flundern geräuchert werden. Der nervöse Vickers zündete sich eine Wills nach der andern an und warf sie halbgeraucht in den türkischen Kupferkessel, der als Aschenschale diente; dem gelassenen Kommodore hingegen ragte eine Havanna aus dem Gesicht.

„Das Schiff läuft großartig, wir haben durchschnittlich zweiundzwanzig Meilen gemacht", schloß er die Erörterung. „Bis jetzt stehen wir nur noch zweieinhalb Stunden hinter dem Rekord der Cunard-Line. Wenn wir von jetzt ab eine Meile mehr laufen könnten, würden wir das Blaue Band kriegen!"

„Das wäre möglich, die Maschine gibt es her", erwiderte Vickers, „aber es ist nicht rätlich. Eine neue Maschine ist eine neue Maschine, die Probefahrten sind immer viel zu kurz, als daß sich alle Kolben, Lager und Ventile einlaufen könnten. Die Maschine ist noch nicht weich, Sie wissen das ja. Überanstrengt man sie zu früh, so riskiert man, daß irgendwo ein Schaden entsteht, dessen Behebung viel Zeit und Geld kostet. Ich könnte heute eine Steigerung der Geschwindigkeit nicht verantworten. Auf der nächsten Fahrt bin ich bereit, das Letzte aus der Maschine herauszuholen. Safety first, wie die Amerikaner sagen."

„Aber diesmal haben wir eine große Chance, wie sie sich kaum je wieder bietet! Wir laufen schon zwei Tage ohne Gegenwind. Haben dadurch mindestens eine halbe Meile profitiert. Die müssen wir ein andermal erst aufholen und darüber hinaus noch Plus machen."

„Ich lege ein andermal lieber zwei Meilen zu als diesmal eine", erwiderte Vickers kalt. Er wußte, daß in dieser Frage das letzte Wort ihm zustand.

„Nun, wie Sie meinen", sagte der Kommodore, ohne seine gute Laune zu verlieren, und erhob sich. „Wir können mit der Jungfernfahrt zufrieden sein. Es wäre nur hübsch gewesen, sich schon auf der ersten Fahrt das Blaue zu holen, wo der Aufsichtsrat fast vollzählig an Bord ist und dann diese stolze Versammlung von Dollartitanen. Eine solche Speisekarte von Krösussen kriegen wir nicht bald wieder zu sehen."

„Gerade die wollen in erster Linie sicher fahren", erwiderte Vickers mürrisch. „Die meinen doch, daß es ein besonderes Unglück für die Welt wäre, wenn einer von ihnen ersöffe. Deren Gesichter möchte ich sehen, wenn wir ein paar Stunden stilliegen müßten, weil ein Lager warm gelaufen ist!"

Darauf verließen die beiden das Kartenhaus und begaben sich auf die Brücke. Dort meldete der wachhabende Offizier, daß ein kleiner Segler gesichtet sei. Der Kommodore nahm das Nachtglas.

„Der arme Kerl hängt in der Flaute und kann sich nicht rühren! Es ist das erste Schiff, das wir kreuzen. Wir wollen es festlich begrüßen, das wird unsern Passagieren Spaß machen. Nehmen Sie möglichst nahe Kurs an ihm vorbei und lassen Sie Sirenenkonzert und Feuerwerk los. Die Leutchen sollen meinen, der Fliegende Holländer in Person fahre an ihnen vorüber!"

Der Offizier trat ans Telefon, gab gemessen seine Anordnungen. Smith und Vickers lehnten sich über die Brüstung. Trotz der Flaute brauste der Fahrtwind von dreizehn Sekundenmetern um ihre Ohren. Vickers erbat das Glas und sah nach dem Segler hinüber, der sich in undeutlichen Umrissen vom Nachthimmel abhob.

„Eine Dreimastbark von älterer Bauart! Auf solcher Nußschale bin ich in meinen jungen Jahren dreimal um Kap Hoorn gefahren. Das war noch Seefahrt!"

Der Kommodore war darüber anderer Meinung, aber der Chefingenieur hatte nun mal den Span.

„Ob man einmal auch auf unser Schiff so mitleidig herabsehen wird wie jetzt wir auf dieses Eingeborenenboot?" sagte er zu Vickers hinüber; aber es war zu merken, daß er an diese Möglichkeit keineswegs glaubte und wie stolz er darauf war, Kommandant auf diesem Dampfer zu sein und nicht Schiffer auf jenem altmodischen Kahn.

Indessen erwarteten die Elisabeth-Leute mit Spannung die Herankunft des Dampfers. In der Verkürzung von vorn sah er aus wie ein Riese, der daherstampft und alsbald den Zwerg vor sich zertreten wird. Das Schiff wuchs mit beängstigender Schnelligkeit aus dem Dunkel heraus; seine Breitseite wurde immer deutlicher sichtbar, man hörte das Aufrauschen der Bugwelle wie einen Wasserfall: und nun fuhr auf Steinwurfweite das gewaltige Schiff an der Bark vorüber, deren Deck sich nur wenige Meter über die Meeresoberfläche erhob. Die Stare auf der Reling mußten sich hintenüberbeugen, um auch nur das Bootsdeck und die drei riesigen Schornsteine ins Auge fassen zu können: haushoch standen sie über ihnen.

Die Elisabeth nahm sich mit ihren dreißig Metern gegen das zehnmal so lange Ungeheuer, das da vorüberbrauste, aus wie ein Seehund gegen einen Walfisch. Das Ungetüm glich auch sonst einem solchen: wie es mit plumper Wucht dahinraste, die Fläche des Meeres vor sich aufspaltete und unter der Gewalt seiner Schwanzflosse eine breite Schaumbahn hinter sich ließ. In fünf Reihen übereinander leuchteten die Bullaugen in

die Nacht. Zuoberst aber lief durch den ganzen Deckbau des Schiffes eine Reihe von taghell erleuchteten Spiegelscheiben, hinter denen Herren und Damen im Abenddreß standen und lebhaft herüberwinkten.

Die Matrosen auf der Reling mußten sich festhalten, denn nun schwankte die Bark unter dem Ansturm der Bugsee, als wäre Windstärke sechs und nicht Windstärke null. Weiße Dampfwolken, im Schein der Deckbogenlampen leuchtend, stiegen aus den Sirenen? dumpfes Brüllen dröhnte übers Wasser herüber. Im gleichen Augenblick wurden an verschiedenen Stellen des Schiffes Leuchtraketen abgeschossen. Einige Sekunden war die Umgebung des Dampfers taghell erleuchtet. Er selbst stand mitten in dem blauweißen Licht wie ein ungeheuerliches Wesen aus einer andern Welt.

In dieser Helligkeit hatte Vickers den Segler erkannt. Mit einer Hand wies er auf das Schiff hinüber, mit der andern berührte er den Arm des Kommodore.

„Das ist ja meine alte Elisabeth!" rief er aus. „Ich erkenne sie an der Takelung, die ich auf ihr eingeführt habe!"

Nachdem die Sirenen ihr dämonisches Gebrüll beendet hatten, ertönte eine Stimme hoch über dem Dampfer. Dort war am Fockmast ein elektrischer Lautsprecher angebracht. Eine nagelneue Erfindung, die hier zum erstenmal in Anwendung kam. Wie die Stimme Gottes aus den Wolken dröhnte es zu der verschüchterten Bark hinüber.

„Hier Dampfer Titanic der White Star! Kapitän Kommodore Smith. Nördliche Route nach New York. An Bord alles wohl. Wer seid ihr? Braucht ihr etwas?"

Diese Riesenstimme aus dem Dunkel war unheimlich anzuhören. Käpten Küpers wollte nach alter Väter Weise durch das Megaphon zurückrufen; aber dieses hing leider nicht an seinem Platz. Der Koch hatte es in die Kombüse verschleppt. Ihm war unlängst das Kaffeesieb über Bord gegangen, da hatte er aus dem Sprachrohr und einem doppelten Moskitonetz auf geniale Weise ein Ersatzsieb hergestellt.

Aber Küpers war nicht der Mann, sich durch unvorhergesehene Ereignisse in Verlegenheit bringen zu lassen. Der Anblick dieses Ungeheuers von Dampfschiff, namentlich aber dessen hochmütiger Anruf, hatten ihn in helle Wut versetzt. Er legte beide Hände an den Mund, so daß sie ein natürliches Sprachrohr bildeten, und schrie hinüber:

„Hier Elisabeth! Schiffer und Eigentümer Jan Küpers. Von Halifax nach Trondjem. An Bord alles wohl!"

Und als gebildeter Deutscher fügte er ein Zitat aus Goethes Werken hinzu, erläuterte es aber noch durch eine breit ausladende Geste, für den Fall, daß man ihn drüben etwa nicht verstehen sollte.

Aber da war das Ungeheuer schon vorübergebraust, eine gewaltige Welle hinter sich aufwühlend. Durch sie kam die kleine Elisabeth so stark ins Schlingern, daß die Segel laut gegen die Rahen klatschten und der Schiffskoch hintenüber von der Reling fiel.

„Armes kleines Schiff!" sagte Mabel Waverley, die am Ende des Promenadendecks stand und sah wie der Segler plötzlich von der Finsternis verschluckt wurde. „Es ist allen Gefahren des Meeres schutzlos preisgegeben!"

Ihr Nachbar, ein breitschultriger, junger Mann, mit zurückgekämmtem und durch Brillantine glatt geklebtem Haar — sie kannte ihn flüchtig vom Tanzen her — hielt den richtigen Augenblick für gekommen, küßte sie trostreich zuerst auf die Augen und dann auf den schön gemalten Mund; was sie in Anbetracht ihrer Gemütsbewegung widerspruchslos geschehen ließ.

Hingegen erklärte Daniel Kistemaaker, während er mit seinen Partnern zum Poker zurückkehrte, indem er mit einer großartigen Handbewegung die Facettenspiegel und Wandintarsien, den zweifingerdicken Smyrna und den Marmorkamin des Speisesaals umfaßte: „Das, meine Herren, ist die Neue Zeit; und das dort" — er wies dabei hinter sich irgendwohin ins Wesenlose — „ist die Alte Zeit! Nicht einmal Elektrisches haben die Kerls auf ihrem Wassersarg!"

Dabei blickte er in seinem prall sitzenden Dinner-Jackett so siegreich um sich, als habe sein Haus — Möbel auf Abzahlung in Kansas City — das Schiff geliefert.

Im Spielsaal verkündete Daniel Kistemaaker — von seinen zahlreichen Freunden allgemein nur Daniel genannt — das Lob des Schiffes in allen Tonarten und Registern, als würde er dafür von der Gesellschaft bezahlt und hätte nicht für eine Erste-Klasse-Kabine fünf orangefarbene Hundert-Dollar-Noten hingelegt. Er konnte sich das allerdings leisten, denn sein Unternehmen blühte mächtig auf. Kistemaaker and Son war nicht nur das erste Haus am Platz, sondern unterhielt in einhundertdreiundzwanzig Städten und Städtchen des Mittelwestens Filialen, solcherart die Segnungen des „Abzahlungssystems Kistemaaker" in die breiten Massen des amerikanischen Volkes tragend.

Daniel war der Ansicht, daß es für sein Geschäft förderlich sei, wenn er sich überall in der besten Gesellschaft bewege — obgleich seine Kundschaft im Grunde genommen aus lauter armen Schluckern bestand. Er wohnte daher immer in den besten Hotels, speiste in den teuersten Moderestaurants, war auf dem Rennplatz in Auteuil zu sehen und fuhr sechsunddreißig Stunden hin und sechsunddreißig Stunden wieder zurück, um sich in der Metropolitan-Oper in der ersten Parkettreihe zu zeigen, wenn Caruso den Troubadour sang — obwohl er, wie er im Klub öfter kundgab, Wagner-Opern eigentlich gräßlich fand. Er war Vorstand in der Methodistengemeinde seines Sprengels; war Mitglied des Wahlausschusses der republikanischen Partei; und selbstverständlich war er Mitglied der Odd-Fellows, sogar hoher Würdenträger, und trug die Klubrosette so selbstbewußt im Knopfloch, als wäre diese Auszeichnung mindestens so schwer zu erlangen wie der Orden vom Goldenen Vlies. Kurzum, er war, was man einen hundertprozentigen Amerikaner nennt.

„Wissen Sie", dozierte Daniel in einer Pokerpause, während alle um den Tisch behaglich ihren Cobbler durch den Strohhalm schlürften, „dieses ist zwar ein englisches Schiff; aber die Kultur, die sich auf ihm äußert, ist echt amerikanisch! Ich habe bei meinen ausgedehnten Reisen in Europa immer festgestellt, daß in allem, was ich echte Kultur nennen möchte, Amerika der Alten Welt weit überlegen ist!"

Er sah siegreich im Kreise herum, um jeden etwa auftretenden Einwand sofort energisch zurückzuweisen: aber keinerlei Einwand wurde vorgebracht.

„Sehen Sie sich nur einmal unsre Hotels im Mittelwesten an! Ich rede nicht von Großstädten wie Kansas City oder Minneapolis; aber selbst in schlichten Landstädten wie Babylon oder Newton finden Sie in jedem Hotel ...", und nun plätscherte das übliche Lob des Mittelwestens nieder, mit dem sich Bewohner dieser gesegneten Landstriche gegenseitig zu begießen pflegen.

Auf diese Gewohnheit war es wohl zurückzuführen, daß die Mittelwestler hier auf dem Schiff, wie überall, eine Gruppe für sich bildeten und mit den übrigen Passagieren nur den notwendigsten Verkehr hatten. Ob diese Zurückhaltung von ihnen ausging oder von den andern, war nicht genau festzustellen. Da sie aber alles in der Welt zu ihren Gunsten auslegten, so sahen sie in dieser Tatsache wieder einen Beweis dafür, daß allein im Mittelwesten das echte Amerikanertum zu Hause sei.

In der Gaststätte der Titanic, wo man ohne den englischen Dinnerkomment bescheiden nach der Karte essen, ein oder auch mehrere Gläser echtes Münchener und Pilsener oder eine und auch mehrere Flaschen bestgepflegten Weins trinken konnte, befand sich eine Stube, die zu Ehren des unsterblichen Zechers Falstaff „Zum wilden Schweinskopf" hieß und mit jener behaglichen Derbheit ausgestattet war, welche die Wirtshäuser in Merry Old England auszeichnete. Dort fand sich in den Abendstunden ein Kreis von Menschen zusammen, der dem lärmenden Gesellschaftskreis der After-Dinner-Zeit ein herzhaftes, durch allerlei wohltätige Getränke unterstütztes Männergespräch vorzog — womit nicht gesagt sein soll, daß sich nicht auch ab und zu ein Frauenzimmer einfand: das aber dann nicht anders angesehen wurde als die andern Mitglieder der Tafelrunde auch.

Eben beschloß der ungarische Maler eine längere Rede, die er mit Kreislinien und Ellipsen des ausgestreckten Armes begleitete, wie das Maler zu tun pflegen, wenn sie lebhaft sprechen. Er war ein berühmter Bildnismaler, der nach und nach alle gekrönten Häupter und schönen Frauen Europas konterfeit hatte und nach Amerika unterwegs war, um sich, wie er es ironisch ausdrückte, durch die Dollarfürstinnen durchzumalen. Er beherrschte sein Handwerk, war aber durch diese Porträts-Fabrikation oberflächlich geworden. Und da er immer in Schulden steckte, obgleich er für seine Bilder Riesenpreise erhielt, so kam er nie dazu, den Traum seines Lebens zu verwirklichen, endlich „seine eigentlichen Bilder" malen zu können. Diese wären nach Schilderungen, die er gelegentlich von ihnen im Freundeskreis entwarf, wahre Meisterwerke geworden — wenn er sie gemalt hätte.

„Diese Begegnung der beiden Schiffe müßte man zum Vorwurf nehmen!" rief er begeistert aus, und seine Hand fuhr in wilden Bewegungen durch die Luft, so daß er auf ein Haar den Bierkelch seines Nachbarn umgeworfen hätte.

Seine Hand fiel flach auf den Tisch, in edler Resignation trank er sein Glas Burgunder leer. Daß das Meer so spiegelglatt gewesen war wie ein Karauschenteich und die Mannschaft der Elisabeth alles weniger als einen verzagten Eindruck gemacht hatte, ließ ihn der Flug seiner Phantasie vergessen. Er war eben ein Künstler.

„Ein Symbol war diese Begegnung der Alten und der Neuen Zeit allerdings", hub nun der Erlanger Professor mit ausdrucksvoller Stimme an. Er war Religions- und Mythenforscher und fuhr als Austauschprofessor der deutschen Regierung nach Harvard, um dort zwei Semester vergleichende Religionsgeschichte zu lesen. Bei dieser Gelegenheit wollte er auch nach Utah und Boston gehen, um die Schöpfung des Joseph Smith und der Baker-Eddie zu studieren; es mußte für das Verständnis der historischen Religionen doch sehr förderlich sein, das Entstehen, Werden und Wachsen von religiösen oder religionsähnlichen Gebilden in unsrer Zeit, wie des Mormonentums und der Christian Science, an Ort und Stelle kennenzulernen.

„Ein Symbol", fuhr er fort, „das sicherlich ein Künstler für spätere Zeiten festhalten sollte." Hierbei schien er freilich nicht das geplante Bild des Prinzessinnenmalers im Auge zu haben. „Daß sich die Menschen gegen die Bedrohung durch die Naturgewalten zur Wehr setzen, ist ihr gutes Recht: und in diesem Sinne fügt sich auch die Technik in den Weltplan ein. Aber jeder Beruf — und Beruf ist nichts anderes als Bezwingung der widerspenstigen Natur zum Dienst für den Menschen — hat seine ihm eigentümliche Würde, seine Amtsgebärde sozusagen; und die darf nicht verlorengehn, wenn der Mensch nicht Schaden an seiner Seele nehmen soll."

„Da bin ich ganz Ihrer Meinung", warf der Reverend ein, dessen wohlgenährte und rosige Backen allerdings nicht den Schluß zuließen, es sei ihm dieses allgemeine Menschenlos in besonderem Maße zuteil geworden. Er fuhr als Abgesandter der Hochkirche nach den Staaten, um daselbst bei den oberen Fünftausend eine Sammlung zu Zwecken der Heidenmission in die Wege zu leiten. Das Schiff, das er benützte, und noch dazu Erster Kajüte, glich nun freilich recht wenig den Fahrzeugen, auf denen zu gleichem Zweck der heilige Paulus das Meer befuhr; aber solcherart ließen sich unvermerkt Reusen auslegen, die reichen Ertrag versprachen. „Sie haben ganz recht mit Ihrer Darstellung: Wenn Schweiß und Not, Mühe und Angst, unsere Angebinde vom Sündenfall her, aus dem Leben der Menschen verschwinden, so nimmt Gottlosigkeit deren Stelle ein. Nur Not lehrt beten; wo keine Not mehr ist, wird nicht mehr gebetet."

„Und da Gott vom Menschen das Gebet als Zeichen seiner Dankbarkeit fordert: so fällt der nicht mehr betende Mensch in den Zorn Gottes. Er gerät aus der zeitlichen Not in die ewige Not!"

„Ganz so waren meine Worte allerdings nicht zu verstehn", erwiderte mild der Professor. „Aber vielleicht meinen wir dasselbe und drücken es nur in verschiedener Sprache aus. Für mich sind Darstellungen wie die vom Sündenfall, von der Vertreibung Adams, vom Fluch der Arbeit nur zeitgebundener Ausdruck mythischen Wissens, das vor allen geformten Religionen liegt. Zugrunde liegt diesen Erzählungen im ersten Buch Moses jedenfalls die Anschauung: daß Schweiß und Mühe, Not und Angst Urbedingungen des Menschseins darstellen. Der Mensch soll allerdings beten: aber nicht als Pflichtdienst gegen Gott, sondern als Dienst gegen sich selbst. Beten heißt nicht bitten, wie uns die ... nun, wie es verbreitete Meinung ist."

„Sie sprechen mir aus dem Herzen", warf der Journalist ein, der als geladener Gast die Reise mitmachte. Er war bekannt durch seine lebendigen Schilderungen von Fahrten nach allen Teilen der Erde, die er mit Kamera und Schreibmaschine unternahm. Er sah, was ist, und schrieb, was er sah. Er war berühmt geworden durch ein Buch über „Die letzten Segelschiffe", darin er eine neunmonatige Fahrt auf einem Hamburger Fünfmastsegler schilderte, auf der er nicht nur fotografiert und Tagebuch geschrieben, sondern wie ein Vollmatrose mitgewirkt hatte. „Wer einmal tagelang vor dem Wind gesegelt ist, wobei dann das Schiff wie ein Albatros mit ausgespannten Fittichen schwerelos dahinschwebt, die selige Stille solcher Fahrt erlebt hat, bei der man nicht ständig das Vibrieren der Schrauben fühlt, das noch auf dem besten Dampfer spürbar ist: der weiß nicht, was Seefahrt ist."

„Und wer nicht drei Wochen in der Saragossa-See in Flaute lag bei neunzig Grad Fahrenheit im Schatten, bis einem schließlich Tang aus den Ohren herauswächst: der weiß auch nicht, was Seefahrt ist!" brummte Oberst Gracie dazwischen. Er war der Schweigsamste von der Tischrunde, ein hoher Beamter im amerikanischen Handelsministerium, der als Vertreter der Regierung auf diese Fahrt mitgeschickt war. In diesem Kreis war er berüchtigt wegen seiner zwar seltenen, aber schonungslosen Bemerkungen.

„Das ist eben dasjenige, was der Mythos unter Mühe und Schweiß versteht!" warf der Professor ein.

„Sind Sie schon auf einem Segelschiff gefahren?" frug ihn der Oberst.

„Das ist kein Einwand, das ist eine Bosheit!" rief lebhaft Miß Dorrit Spring, Sekretärin der Liga berufstätiger Frauen. Sie hatte kluge Augen und nahm leidenschaftlichen Anteil an den Gesprächen der Männer, obwohl sie sich meist nur zuhörend verhielt; denn sie stotterte ein wenig, wenn sie in Erregung war — und sie war meistens in Erregung.

„Nein, ich vertrage Seegang durchaus nicht", erwiderte der Professor gelassen. Es war ein gefährlicher Augenblick. Der seekranke Verteidiger der Segelschiffe konnte nicht zur komischen Figur werden. „Aber das ist ebensowenig ein Argument gegen meine Einsichten in die seelischen Verknüpfungen des Seefahrens, als es ein Argument gegen Ihre nautischen Erfahrungen wäre, daß Sie — wie ich vermute — über die Einweihungsriten der Seeleute auf den Salomon-Inseln oder über die Poseidon-Hymnen auf Rhodos nur wenig Bescheid wissen."

Die Situation war gerettet; und mit neuem Mut holte der Professor aus:

„Glauben Sie mir: jeder Untergang alten Brauchtums ist unersetzlicher Verlust. Mit dem Hingang des letzten Segelschiffes würde eine Verarmung der Welt eintreten, wie mit dem Tod des letzten Bauern. Seitdem es keine Hungersnot mehr gibt, weil die Maschinen mehr Korn schaffen, als die Menschen brauchen, hat Brot aufgehört, ein seelischer Wert zu sein, der es in jenen

Zeiten war, als man noch um das tägliche Brot betete und täglich für das Brot dankte. Und wenn Seefahrt aufhört, gefahrvoll zu sein, eine Seereise bei ihrem Antritt nicht mehr von einem Schutzgebet begleitet wird, sondern nur von einer Vorweisung des Tickets, ihr Ende nicht mehr in ein Dankgebet ausklingt, sondern nur in eine Zollrevision: so hört sie auf, ein seelischer Wert zu sein, sie sinkt zu einem banalen Transportmittel herab."

„Ja, das ist es; nur Not lehrt beten!" beharrte der Reverend auf seiner Meinung.

„Davon habe ich allerdings wenig bemerkt", warf der Journalist ein. „Wir wurden einmal bei den Falklands durch einen Südweststurm von Anker gerissen; sämtliche Segel zerknallten bis auf die Klüversegel; wir lagen so tief, daß die Lee-Reling ständig unter Wasser fuhr, vierundzwanzig Stunden dauerte der Tanz, niemand hätte damals Schiff und Ladung auch nur auf zwei Schilling versichert. Es war wirklich ein Gotteswunder, daß wir davonkamen. Aber ich habe diese ganze Zeit nicht ein einziges Mal das Wort Gott gehört oder etwas wahrgenommen, was man hätte ein Gebet nennen können. Hingegen ist mörderlich geflucht worden! Wir kämpften mit dem Sturm wie mit einem Boxgegner. Haut er mich nieder oder ich ihn? das war die einzige Frage. Für Gebete war da kein Raum. Gott — das war der Sturm; mit ihm kämpften wir. Daß es eine höhere Instanz gebe zwischen uns und dem Sturm: das kam uns nicht bei. Wer in der Natur werkt wie die Bauern, wie der Seemann: der glaubt nicht an Gott — der glaubt an Götter. Oder sagen wir: an Dämonen. An gütige, wie Fahrtwind im Rücken, oder böse, wie Fallböen."

Der Reverend hob entsetzt die Hände; aber er wagte es doch nicht, gegen den blonden Friesen mit dem hageren Wikingerkopf und den grauen Augen anzugehen.

„Das ist genau das, was ich meine: es ist Berufsfrömmigkeit", nahm der Professor wieder den Faden auf. „Das Wissen um waltende Kräfte außer uns, mit denen wir in Einklang oder in Widerstreit sind. Nur wenn der Mensch das vergißt, wird er gottlos. Dann wird in ihm jener Selbst-Hochmut wach, den die Griechen Hybris nannten."

„Damit ist wohl der Pfeil ins Schwarze geschossen", sagte Josuah Lorillard. Er war Mitglied der Tafelrunde im Wilden Schweinskopf, obgleich er zum Kreis der Dollararistokraten gehörte, die auf dem Schiff spöttisch „Titanen" genannt wurden. Aber Josuah hatte eine innere Unabhängigkeit und Überlegenheit, die ihn freizügig machte. Er war in allen Zirkeln des Schiffes gleichermaßen willkommen. Auch diese schwimmende Stadt war weit davon entfernt, eine gleichartige Schicksalsgemeinschaft darzustellen, sondern es hatten sich bereits Schichten und Klassen, Spannungen und Gegensätze gebildet: wie überall, wo sich Menschen zu einer Gesellschaft zusammenfinden.

„Daß sich dieser gemeingefährliche Idiot Daniel — wir haben ihn ja alle trompeten gehört, als wir durch den Spielsaal gingen — auf der Titanic so sicher fühlen darf wie in Abrahams Schoß und der Meinung ist, mit dem Schiffsticket eine Lebensversicherung erworben zu haben: darin liegt Hybris! Dieser Hochmut und Übermut der Daniels wird aber von den großen Gesellschaften bewußt gezüchtet: indem sie ihren Schiffen völlig den Schiffscharakter nehmen und sie in Hotels verwandeln. Das ist eine Stilwidrigkeit oder theologisch ausgedrückt Sünde wider den Heiligen Geist. Daß die Passagiere möglichst vor dem Ersaufen geschützt werden: gut; daß sie nicht bloß gesalzenes Schweinefleisch und braune Bohnen zu essen kriegen: gut; und daß sie bei elektrischem Licht ihr Magazin lesen können: auch noch gut. Aber daß ein Aufzug mit Glaskabine durch die Decks saust, daß Juwelen und Orchideen feilgehalten werden wie in der Rue de la paix, daß die Leckerbissen dreier Weltteile auf den Tisch kommen: das ist nicht gut! Auf den Südafrikadampfern und den Ostindienfahrern lebt man ja auch nicht gerade wie ein Asket in der Thebaïs. Aber eine gewisse Schlichtheit, Kargheit, Enthaltsamkeit ist beibehalten. Man vergißt nie, daß man sich auf See befindet, das heißt, in den Klauen der Dämonen. Wer aber auf unserm Schiff nicht gerade zufällig mal durchs Fenster schaut, kann glauben, er wohnt in einem Hotel auf den Champs Elysées oder auf dem Broadway. Daniël hat schon recht — Idioten haben ja leider häufig recht! —, wenn er sagt, der Stil dieses Schiffes sei nicht englisch, sondern amerikanisch. Der Engländer bleibt bei allem Drang zum Komfort doch immer sachlich, er verwischt nie die Grenzen. Wir Amerikaner aber haben kein Gefühl für Grenze. Unser Stil ist die Grenzlosigkeit. Die Titanic: das ist Amerika in Reinkultur, von den europäischen Geschäftsleuten für den Dienst der Titanen erbaut. Ein Schiff für Titanen. Ein Titanen-Schiff. Gott sei ihm gnädig!"

Josuah hatte sich in Hitze geredet. Rasch trank er seinen Kelch Pilsener aus, erhob sich mit einem Ruck und verließ ohne Gruß die Tischrunde.

Die Zurückbleibenden waren etwas betroffen.

Die schwimmende Stadt

Heller, sonniger Morgen. Der Himmel grünlichblau wie ein Türkis, von durchsichtigen Zirruswolken leicht gesprenkelt.

Es ist die Zeit der Frühaufsteher, die vor dem Frühstück Körper- und Sportübungen treiben. Die älteren Semester traben den Umgang des Promenadendecks entlang, wo alle Spiegelscheiben niedergelassen sind, so daß die Meerluft Zutritt hat. Nach den Marschmelodien der Schiffskapelle wird der Morgentrab in gleichem Schritt und Tritt ausgeführt.

Auf dem Vordeck, wo die Fahrgäste der Dritten Klasse angesiedelt sind, ist der Gesundheitsbetrieb nicht so bunt, aber darum nicht weniger fröhlich. Es gibt allerdings auch hier einige Damen in farbenfrohen Strandtrachten; aber diese nehmen sich nicht ganz passend aus. Denn hier besteht die Seemäßigkeit im wesentlichen darin, daß jedermann bloßfüßig herumläuft und möglichst wenig bekleidet ist. Einige besonders Gesundheitsbeflissene liegen in Badehosen und Schwimmanzügen auf den Planken und nehmen Luft- und Sonnenbäder. Ausgelassenes Lachen und Schreien erfüllt diesen Teil des Decks.

Auf dem Bootsdeck hingegen wird ernsthaft Sport getrieben. Eine Turnriege aus straffen Jünglingen und Jungfrauen in schwarzen Schwimmanzügen vollführt unter Leitung des Gymnastiklehrers kunstvolle Keulenübungen. Auf dem Tennisplatz ist ein Single in Gang. In einer Ecke des Decks übt ein berühmter Boxmeister, der zu einem Match um die Weltmeisterschaft nach Chicago unterwegs ist, mit seinem Trainer, von einer dichten Menge Neugieriger umlagert. In der Mitte des Decks ist mit Seilen ein Rollschuh-Platz abgegrenzt, auf dem Paare rundum laufen, mehr auf Unterhaltung als auf Kunstfertigkeit bedacht. Nur in der Mitte des Platzes zieht eine blonde Amazone in kurzem Eislaufrock Übungsfiguren mit unverbrüchlichem Ernst.

Am vorderen Ende des Bootsdecks steht die Schiffskapelle und spielt muntere Weisen, die sowohl auf dem Vordeck als auf dem Boots- und Promenadendeck hörbar sind; sogar die Einsiedlerkrebse, die auf dem Achterdeck im Windschutz des Deckbaus auf Liegestühlen in Decken eingemummelt Luftkur machen, werden durch besonders kraftvolle Stellen des Blasorchesters erfreut.

Der Auswahl der Schiffskapelle wird im allgemeinen keine besondere Sorgfalt bei der Schiffsverwaltung geschenkt; wogegen als Tanzkapelle, die den Fahrgästen der Ersten Kajüte beim Dinner, beim Fünfuhrtee, beim Abendtanz ihr sorgenvolles Leben erhellt, die berühmtesten Orchester aus dem Ritz, dem Carlton, dem Ambassador engagiert wurden. Die obligate Schiffskapelle muß bei der Abfahrt das „Muß i denn, muß i denn zum Städtle hinaus" anstimmen, beim Anblick der Freiheitsstatue den „Yankee doodle", bei allerhand patriotischen Anlässen die verschiedenen Nationalhymnen. Wie die Regimentskapelle in einer kleinen Garnison besorgt sie morgens, mittags und abends bei schönem Wetter auf Deck die Platzmusik sowie bei Veranstaltungen für die Dritte Kajüte gefühlvolle Bierkonzerte. Aber die Verwaltung der White Star wollte aus sozialen Rücksichten auch in dieser Hinsicht für ihre minder bevorzugten Fahrgäste ein übriges tun und hatte für die Titanic eine in London-Ost besonders beliebte Kapelle in Dienst genommen: die „Old Royal Dragoons".

Sie war vor etwa zehn Jahren durch Mac Farlan, einem abgedankten Tambourmajor dieser berühmten Truppe, aus ehemaligen Regimentsmusikern zusammengestellt worden.

Wahrheitsgemäß muß allerdings berichtet werden, daß ein Mitglied seiner Kapelle kein alter Königsdragoner war. Der Mann, der das Bombardon spielte, bot keinen so martialischen Anblick wie seine Kameraden. Er hatte ein friedliches Mondgesicht, seine Oberlippe war nur durch einen ziemlich kümmerlichen Schnurrbart verschönert, und Narben hätte man vergeblich bei ihm gesucht. Ein Musikant aus Köln am Rhein, war er dadurch in diese Gesellschaft gekommen, daß der Bombardonspieler der Kapelle am Tage der Ausreise der Titanic plötzlich erklärt hatte: er fahre unter keinen Umständen mit, seine Frau — eine verdrehte Waliserin, von der behauptet wurde, sie habe das zweite Gesicht — habe einen Warnungstraum gehabt. Alles Toben Mac Farlans war umsonst; und so hatte er sich aufmachen müssen, in Southampton einen Ersatzbombardon zu suchen. Er wurde in der Person Jakob Niedermeiers gefunden, der allerdings ein äußerst sorgenvolles Gesicht machte, als er vernahm, er solle drei Monate auf einem Schiff hin und her übers Meer fahren. Er war keine Heldennatur und hatte gegen Meer und Meerfahrt eine ausgesprochene Abneigung. Erst durch ein verlockendes Honorarangebot und durch die Versicherung, er könne auf der Titanic so ruhig und sicher blasen wie im Gürzenich, wurde sein Widerstand überwunden. Solcherart figurierte er denn, so gut es ging, als ein Old Royal Dragoon.

Über das Sportdeck schlenderten Josuah und ein langer Engländer, einer von jener Sorte, die man überall in der Welt trifft.

Henry Clifford war aus bester Familie. Jüngerer Sohn eines schottischen Grafen; Oxford-Student; fünf Jahre Indien-Dienst; dann Diplomatenlaufbahn.

Josuah hatte Clifford vor fünfzehn Jahren in Bangkok

kennengelernt, wo sie beide als Gäste eines siamesischen Prinzen auf Tigerjagd waren. Sie fanden Gefallen aneinander, verloren sich aber dann aus den Augen. Heute hatten sie sich im Turnraum getroffen, wo sie als Frühaufsteher Morgengymnastik betrieben.

Clifford war unterwegs nach Mexiko, um daselbst den Posten als Gesandter anzutreten. Bei den dortigen verwickelten Verhältnissen benötigte man einen besonders gewandten und abgebrühten Mann. Und das war Clifford zweifellos.

Die beiden blieben am Tennisplatz stehen und sahen eine Weile zu wie der Harvard-Student mit tödlicher Sicherheit ein Set nach dem andern verlor; sein Gegner spielte mit ihm wie die Katze mit der Maus.

„Dieser schöne Mensch mit dem olivenen Gesicht und dem schneidigen Ballschlag", begann Clifford, „ist ein Graf Ursoni, dritter Sohn des Fürsten Ursoni, derzeit Haupt des altberühmten Geschlechts. Der Junge hat mehr Dummheiten gemacht als selbst dritten Söhnen von Fürsten zugestanden wird. Da war eine häßliche Spielaffäre; eine böse Erpressungsgeschichte; eine wüste Prügelei in einem Bordell: kurz eines Tages wurde der junge Ursoni aus dem Poloklub ballotiert, mußte bei seinem Regiment den Abschied nehmen. Es scheint, daß er für den Rest seiner Ersparnisse eine Luxuskabine gekauft hat, und nun macht er einer goldgefütterten Brauerstochter aus Milwaukee den Hof. Der Herr Papa hingegen begünstigt den anderen Partner; er spielt zwar schlecht Tennis, dafür ist er aber Sohn der größten Konkurrenz-Brauerei. Ob freilich der Alte seinen Willen durchsetzen wird, ist fraglich. Väter und Söhne, das ist das europäische Problem; Väter und Töchter das amerikanische!"

„Weiß Gott, die Invasion europäischer Mitgiftjäger

fängt an, für Amerika eine öffentliche Gefahr zu werden."

„Und dabei haben es diese Jungens so verdammt bequem. Die Pizarro und Cortez mußten auf elenden Caravellen hinübersegeln und sich ein tüchtiges Schwert umgürten, wenn sie auf Goldjagd auszogen. Unsere Pizarros reisen mit Badezimmer und sechsgängigem Dinner, und als einzige Waffe, führen sie ihren Tennisschläger mit sich."

Jetzt verkündete Schiedsrichter Mabel das Ergebnis des Turniers: fünf zu eins für Ursoni. Sie hatte aber bei Wahrnehmung ihres Amtes festgestellt, daß dieser nicht nur ein überaus beachtlicher Tennisspieler war, sondern auch einen prachtvollen durchtrainierten Körper hatte und geschmeidige Bewegungen wie eine Wildkatze.

„Wollen wir jetzt nicht schwimmen gehen?" wandte sie sich an ihn. Sie hatte offenbar den Wunsch, ihre Erhebung hinsichtlich der Körper-Konstitution des Tennis-Siegers fortzusetzen.

Dem Unterlegenen im Wettkampf überließen sie seinem Schicksal. Sie wandelten plaudernd das Deck entlang, stiegen zum Promenadendeck hinab, fuhren mit dem Aufzug sechs Stockwerke tiefer, begaben sich ins Schwimmbad, das mit seinen Marmorsäulen, üppigen Liegebetten, aus buntem Marmor hergestelltem Bassin wie eine römische Therme zur Zeit Caligulas aussieht. Währenddessen erzählte ihr Ursoni vom Schloß seiner Väter in den Abruzzen; von der romantisch-wehmütigen Liebesgeschichte der Dina Ursoni deren Zauber ein Bildnis des Pinturicchio wiedergibt; von allerlei munteren und blutigen Ereignissen aus der bunten Geschichte seiner Familie. Sie hingegen zwitscherte von den Rennen in Baden-Baden; von einem Alligatoren-Stechen, dem sie in Palm-Beach beigewohnt hatte; und von dem Empfang der Herzogin von Summerset, bei dem sie, die Waverleys, die einzigen Amerikaner gewesen seien.

Als das Morgenkonzert zu Ende war, wurde der Sportbetrieb eingestellt. Die Keulenschwinger schulterten ihre friedliche Waffe und marschierten in Doppelreihen ab; der Meisterboxer wurde von seinem Trainer sorgfältig abfrottiert und in einen dicken Flauschmantel gehüllt; die Rollschuhläufer gingen, zu Paaren gesellt, wie während des Laufens, zum wohlverdienten Frühstück. Nur die blonde Amazone zog noch eine Weile ohne Musik ihre mathematisch abgezirkelten Kreise. Dann fegte sie in großem Bogen zu einer Bank, auf der ein schwermütig blickender junger Mann saß, bremste jäh, setzte sich neben ihn, legte mütterlich-zärtlich ihre Hand auf die seine.

Die beiden jungen Menschen sahen sich in befremdlicher Weise ähnlich, wie von derselben Matrize, aber in verschiedenes Material geprägt. Jeder in seiner Art vollkommen: er hätte zu einem Achill, sie zu einer Penthesilea Modell stehen können. Nur der Kopf der beiden Statuen schien vertauscht. Zwar waren Schädelform und Gesichtszüge völlig gleich: schmale, ein wenig eckige Häupter, wie man sie bei hochgezüchteten Rennpferden und Windhunden findet; aber um Augen und Lippen des jungen Mannes lagerte ein weiblicher Liebreiz, während zwischen den Brauen und auf der Stirn des Mädchens eine fast männliche Strenge lag.

„Wer sind die beiden?" fragte Josuah, der eben mit Clifford vorüberkam; er sah es als selbstverständlich an, daß der Diplomat die jungen Leute kenne.

„Das sind die Geschwister Estetics. Er heißt Elemer, sie Clarissa. Bester ungarischer Adel. Sehr vermögend. Zwillinge. Eisläufer von europäischem Ruf. Haben sich in Arizona eine Bergfarm gekauft, wollen dort Pferde züchten."

„Also auch Auswanderer? Warum bleiben sie nicht in ihrem Land?"

„Das ist eine ziemlich seltsame Geschichte. Wenn Sie sie hören wollen?"

Josuah nickte. Er fühlte sich angezogen durch diese beiden schönen Wesen, um die Einsamkeit stand wie eine gläserne Mauer.

„Der Vater der Zwillinge ist oder vielmehr war ein Graf Estetics, der zu Ehren des ungarischen Nationalhelden den ungewöhnlichen Taufnamen Hunyadi trug. Er war hochgewachsen, blond, blauäugig; man findet zuweilen solche Typen unter den schwarzhaarigen Balkanvölkern. Hunyadi holte sich als Frau eine Schwedin, eine Bauerntochter aus der Provinz Wärmland, ebenfalls ein Musterstück guter Rasse. Daher haben wohl die Zwillinge ihre ungewöhnliche Schönheit, die aber irgendwie wurzellos, sozusagen abstrakt anmutet."

Josuah hatte es einzurichten gewußt, daß sie nahe der Bank auf und ab gingen, so konnte er unauffällig die Geschwister betrachten.

„Der Graf war trotz seines so wenig magyarischen Aussehens ein leidenschaftlicher Nationalungar. Geschworener Feind der dualistischen Kron-Union mit Österreich, vertrat er die Auffassung, daß nur ein erdbürtiger Ungar die heilige Stephanskrone tragen dürfe. Er ging nie ins Ausland, das bei ihm schon in Raab und Preßburg begann; lebte auf seinem riesigen Weidegut an der unteren Donau in einem von uralten Eichen beschatteten, etwas altfränkischen Herrenhaus, genau wie ein pindarischer Bauernfürst. Er verstand sich auch zweifellos besser mit seinen Pferdehirten aus der Pußta als mit Bankdirektoren aus Budapest."

„Sie waren einmal dort unten?"

„Ja, ich war vierzehn Tage Fasanengast beim Fürsten Esterhazy, nicht weit von den Estetics. Man versteht

Land und Leute von Ungarn nicht, wenn man nicht den Feudaladel auf seinen Landsitzen erlebt hat. Das sind breite herrenmäßige, aber noch bodenverbundene Lebensformen, wie wir sie uns als allgemeine Grundlage der europäischen Bauernkultur vorstellen müssen, bevor sie durch die mittelmeerische Stadtkultur überlagert wurde."

„Aber es gab doch auch in den Mittelmeerländern Latifundien. Und in Rußland, in Argentinien, bei uns gibt es ebenfalls Großgrundbesitz."

„Das ist etwas ganz anderes. In diesen Ländern sind die Großgrundbesitzer reiche Leute mit großem Grundbesitz, Boden-Rentner, die ihre Einkünfte in Homburg, Paris, Biarritz verzehren oder verspielen. Aber dieser Hunyadi Estetics lebte auf seinem Gut eingewurzelt wie eine der alten Eichen auf ihm. Er teilte Leid und Freud mit dem Letzten seiner Bauern, an denen die Aufhebung der Leibeigenschaft spurlos vorübergegangen ist. Übrigens gab es im Schloß Estetics nicht einmal elektrisches Licht; der Alte hielt standhaft an Moderateur-Lampen fest, die mit Rüböl von den eigenen Feldern gespeist wurden."

„Ein Idyll aus dem Mittelalter!" sagte Josuah.

„In dieser Umgebung", fuhr Clifford fort, „wuchsen die Zwillinge auf. Bub oder Mädel, das machte keinen Unterschied. Ritten auf ungesattelten Pferden, schwammen in der Donau gegen den Strom, beschlichen den schwarzen Fischreiher, gingen mit der Saufeder gegen den Wildeber los, mit einer Meute schwarzgefleckter Doggen. Erhielten aber daneben von einem deutschen Hauslehrer gründlichen Unterricht, sprachen geläufig Latein, wie das in der ungarischen Adelsgesellschaft noch zur Zeit Maria Theresias allgemein üblich war."

„Wirklich ein Idyll aus dem Mittelalter!" wiederholte Josuah, aber nun nicht mehr spöttisch.

„In den harten Wintern, wie sie auf der ungarischen Tiefebene zu Hause sind, obwohl die Sommer so heiß werden wie bei euch in Louisiana, liefen die Zwillinge Schlittschuh auf dem Schloßteich, und in dieser Sport-Kunst brachte es das weidliche Paar zu einem hohen Grad der Vollendung. In Budapest, wo die Familie immer zwei Wintermonate in ihrem Stadthaus verbrachte, konkurrierten sie bei den Eislaufturnieren. Sie errangen die ungarischen Meisterschaften, besonders im Paarlaufen waren sie unerreicht. Sie sollten vergangenen Winter in St. Moritz um die Weltmeisterschaft kämpfen."

„Sie sollten, sagen Sie; kam es nicht dazu?"

„Hier eben setzt die seltsame Affäre ein, zu der meine bisherige Erzählung nur erläuternde Vorgeschichte ist. Ein Husaren-Rittmeister lernte Clarissa auf einem Gentry-Ball kennen. Ein wüster Patron: Trinker, Spieler, Raufer, Stammgast aller Bordells und berüchtigter Mädchenverführer. Also das, was sich der Romanleser unter einem heißblütigen Ungarn vorstellt. Er verliebte sich toll in das Mädchen, das ihn um zwei Köpfe überragt. Sie weist ihn eisig ab. Als man im Klub den Rittmeister wegen des Korbes hänselt, erklärt er: kein Wunder, daß Clarissa mich abwies! Sie ist die Geliebte ihres Bruders."

Er sprach damit nur grob aus, was schon einige Zeit in verschwiegenen Klub-Ecken und bei Damen-Tees gemunkelt wurde. Denn da Elemer keine Mätresse und Clarissa keinen Flirt hatte, so war doch offensichtlich bei den beiden etwas nicht in Ordnung!

Freundliche Zwischenträger hinterbrachten Elemer die schmutzige Bemerkung des Rittmeisters. Forderung auf schwere Kavalleriesäbel. Beide sind glänzende Fechter, der dritte und letzte Gang nähert sich ergebnislos dem Ende. Da versetzte der Rittmeister dem Gegner eine kommentwidrige Tiefterz ins Becken, Elemer wird bewußtlos weggetragen. Der Rittmeister erklärt lachend: damit sei dem Fräulein Clarissa für die Zukunft ihr Vergnügen verdorben!

Vater Hunyadi hört die Zusammenhänge, fährt zum Obersten des Rittmeisters, verlangt exemplarische Bestrafung und Verabschiedung des Schweinehundes. Der Oberst, politischer Gegner Hunyadis, zuckt die Achseln: mehr als vierzehn Tage Zimmerarrest könne er wegen eines ordnungswidrigen Duellhiebes nicht verhängen. Daraufhin verprügelte Hunyadi im Kasino den Rittmeister mit der Hundepeitsche. Pistolen-Forderung auf zehn Schritt. Der Rittmeister gilt nach Komment als der Beleidigte, hat den ersten Schuß. Kugel mitten durchs Herz. Als man der Frau den toten Mann ins Haus bringt, fällt sie um. Herzschlag. Den Rittmeister fand man bald darauf im Stadtwäldchen mit zerspaltenem Schädel; gleichzeitig verschwand der Leibpandur Hunyadis aus dem Dorf. Eine Tragödie aus Wild-Ost!"

Nach einer kurzen Pause:

„Die Verwundung Elemers war lebensgefährlich. Clarissa weicht Tag und Nacht nicht vom Bett des Bruders. Sie bringt ihn durch. Nur eine leichte Lähmung ist ihm geblieben."

Die Geschwister waren aufgestanden. Elemer stützte sich leicht auf die Schulter der Schwester, langsam gingen die beiden hohen Gestalten auf die Treppe zu, ihre goldfarbenen Haare wehten im Wind. Josuah und Clifford sahen ihnen nach.

„Sie wissen, wie das ist: Von einem Skandal bleibt immer etwas hängen. Die beiden taten auch nichts, um die Gerüchte zum Schweigen zu bringen. Sie gingen zusammen in ausländische Bäder. Lebten ganz füreinander, mieden jeden Verkehr. Wohlmeinende Freunde versuchten, sie wieder in Gesellschaft zu ziehen. Aber es ist um sie wie Eisluft. Als wären sie Wesen einer anderen Welt, gehen sie durchs Leben. Eines Tages verkauften sie ihr Stammgut. Nur das Eichenwäldchen haben sie behalten, darin ihre Eltern begraben liegen. Nun ziehen sie in die einsamen Berge Arizonas."

„Bis ihnen die Meute auch dort auf die Spur kommt!" sagte Josuah nachdenklich, während sie die Treppe zu den Kabinen hinabstiegen.

„Ja, Anderssein ist das schlimmste Verbrechen. Es wird überall in der Welt mit Verbannung gestraft", erwiderte Clifford und zuckte die Achseln.

Als sie das Hauptdeck betraten, kam ihnen mit starken Schritten ein Mann von höchst auffallender Erscheinung entgegen: gewaltige Ausmaße, wie in Eichenholz gekerbte Züge, durchdringende Augen unter buschigen Brauen, wallender weißer Bart. Sein Anzug war altmodisch und von betonter Feierlichkeit. Auf dem Kopf trug er einen niedern, breitkrempigen Hut, wie er zur Zeit Franklins getragen wurde. Er stürzte sich auf eine junge, anmutige Frau in einer Art Diakonissentracht, die demütig-liebend den Arm des Alten um ihre Schultern fühlte: so mag Hagar neben dem Patriarchen einhergeschritten sein.

Als das Paar vorüberging, grüßte Josuah förmlich und fast ehrfurchtsvoll, während der Alte seinerseits den Gruß kaum erwiderte.

„Wer ist das?" fragte Clifford interessiert.

„Orson Pratt, eines der drei Oberhäupter der Mormonen. Prophet, Seher, Offenbarer ist sein offizieller Titel; Hohepriester der Melchisedek-Priesterschaft sein hieratisches Amt."

„Die beiden machen doch aber einen höchst monogamischen Eindruck", spottete Clifford.

„Natürlich, ihr Europäer denkt beim Wort Mormonen nur an Vielweiberei — obwohl diese Einrichtung bei ihnen längst nicht mehr besteht und niemals das Wesentliche war!" erwiderte Josuah mit Nachdruck.

Am Eingang zu den Luxuskabinen verabschiedete sich Josuah von Clifford.

„Sie gehen zu Hof?" fragte dieser etwas anzüglich.

„Ich gehe zu Astor", erwiderte Josuah trocken.

„Nun, König Astor ist ja seit seiner neuen Heirat unzugänglicher als der Schah von Persien! Niemand hat noch die junge Frau gesehen. Sie sind der einzige."

„Ich kenne Helia Astor schon seit zwei Jahren. Ich traf mit ihr auf Schloß Erbach zusammen."

„Auf der Residenz der übergeschnappten Geisterseherin?"

„Ich finde, daß Gräfin Erbach eine ungemein kluge und reizvolle Frau ist."

„Das geht doch ganz gut zusammen. Normale Menschen — wie beispielsweise ich — sind völlig uninteressant. Übrigens hat Erbach ja auch einen Span. Er hat auf dem Schloß, wie Sie wohl wissen werden, ein richtiges spagirisches Laboratorium, darin er mit einem Adepten den Grünen Löwen sucht."

„Das gerade nicht!" lachte Josuah. „Er versucht allerdings, in die Geheimnisse der Alchimie einzudringen."

„Ja, es kommt alles wieder! Aber trotz der mystischen Neigungen der beiden herrscht auf Schloß Erbach eine Atmosphäre, wie man sie kaum sonstwo in Europa findet. Geistige Kultur im Zeichen goethischer Universalität. Ich habe dort einen Musikabend erlebt, der mir unvergeßlich ist."

„Bei einem solchen Abend hat Astor Helia kennengelernt. Sie studierte bei Etelka Gerster Gesang."

„Ah, sie ist Künstlerin?"

„Ja. Aber noch nicht öffentlich aufgetreten."

„Astors Frau zu werden, war zweifellos eine mühelosere Karriere."

„So liegen die Dinge nicht, wie Sie sich das vorstellen!" Josuah sagte dies mit fühlbarem Nachdruck. „Helia hat ihr Studium nicht aufgegeben, lebt ganz ihrer Kunst, sie will das Höchste erreichen."

„Warum führt sie Astor nicht in die Gesellschaft ein, der sie nun einmal als seine Frau zugehört?" lenkte Clifford ab. „Er hat auch während seiner Hochzeitsreise auf dem Kontinent alle Orte gemieden, in denen die Titanen ihre Zirkel haben."

„Verstehen Sie nicht, wie schwer es ist, die Frau von John Jakob Astor zu sein, wenn man nicht aus diesen Kreisen stammt? Wenn man als unbekanntes junges Mädchen einen sechzigjährigen Krösus heiratet, aus andern Gründen ... nun, als der mühelosen Karriere wegen?"

„Dann ist sie wohl eine Deutsche?"

„Von Mutterseite her. Ihr Vater war französischer General. Sie hat aber beide Eltern früh verloren und ist bei Verwandten, einer Professorenfamilie in Heidelberg, aufgezogen worden."

„Sie haben recht, Josuah, sie wird es nicht leicht haben." Der medisante Unterton war aus Cliffords Stimme verschwunden. „Astor ist auch anders als die andern. Sagen Sie ihm einen Gruß von mir!"

Astor und Josuah waren Freunde, seit sie sich vor dreißig Jahren zufällig in Vancouver auf einem Erzdampfer nach Katalla kennengelernt und dann mitsammen einen schönen Campsommer am oberen Yukon verlebt hatten. Als richtige Waldläufer: mit Büchse und Angelzeug, Zelt und Faltboot. Nur begleitet von Mao, dem malaiischen Diener Astors, einem Universalgenie in allem, was leibliche Notdurft angeht; und von Robby, dem Reisebegleiter Josuahs, der behauptete, in gerader, wenn auch unehelicher Linie von Lederstrumpf abzustammen — was man gerne glauben mochte, wenn man ihn beim Fährtensuchen, Fallenstellen, Stromschnellenrudern an der Arbeit sah. Sie hatten in den unberührten Wäldern Alaskas gelebt wie Trapper: hatten Lachse gefischt, auf Elche gepirscht, Seeadler beschlichen, manchen Bärenkampf ausgefochten.

Dann hatten sie sich lange nicht gesehen. Astor wurde bald darauf in das Gewerbe umfänglicher Geschäfte verstrickt, hatte sich später nach Familientradition mit einer Grundstückserbin verheiratet und war schließlich Chef des Hauses geworden. Josuah hingegen war auf Reisen gegangen und blieb viele Jahre abwesend — da und dort hatte ihn jemand gesehen, an den entlegensten Stellen der Welt. Er war Menschenforscher, wie er in einem seiner seltenen Briefe an Astor schrieb. Er wollte wissen, wie die Menschen leben, was sie denken, wie sie fühlen, was sie glauben, wohin sie ihr inneres Schicksal treibt. Nicht die Scheinmenschen, die dünne Schicht, die wurzellos auf der Oberfläche der Menschheit treibt wie Wasserlinsen auf einem Tisch; sondern die wahren Menschen, die aus dem Boden wachsen wie Bäume, in deren Adern das Blut kreist von langen Ahnenreihen, die im gleichen Boden wurzelten.

Er streifte mit Pelzjägern durch die Tundren am Jenissei, wohnte lange in einem buddhistischen Kloster in Urga, versenkte sich in das Studium der seit tausend Jahren stehengebliebenen Gelben Welt und war Gast an indischen Fürstenhöfen. Danach lebte er in kleinen deutschen und englischen Universitätsstädten, hörte Nationalökonomie und spielte Kammermusik mit Professorentöchtern, nahm teil an französischen Ausgrabungen in Mesopotamien, lebte unter baskischen Schafhirten, unter norwegischen Fischern und hielt sich schließlich unter Hafenarbeitern in Whitechapel und unter Kohlenkumpels in Essen auf.

Von Zeit zu Zeit tauchte er wieder in New York auf, meistens wenn er kein Geld mehr hatte. Denn er stammte zwar aus einer der großen Familien der Pionierzeit Neu-Englands; aber sein Vater hatte sich in Eisenbahnunternehmungen eingelassen und war durch den berüchtigten Piraten Sage fast ganz um sein großes Vermögen gekommen. Heimgekehrt, trieb er sich einige Zeit in Geschäften um. Er war, trotz seiner abseitigen Neigungen, seiner absonderlichen Lebensführung, seiner unbestechlichen Rechtlichkeit und seines rücksichtslosen Freimuts bei den Titanen ungemein geschätzt. Oft war ihm nahegelegt worden, ins politische Leben einzutreten. Aber er hatte immer abgelehnt mit der Begründung: Er habe noch nicht genug gelernt, um ein Lehrender zu sein; wisse noch nicht genug von Menschen, um Menschen führen zu können. Der wahre Politiker müsse Menschenführer sein und nicht nur Interessenvertreter. Hatte er genug Geld, so verschwand er wieder auf geraume Zeit.

Vor zwei Monaten hatte er zufällig Astor und Helia auf dem Marktplatz in Bergamo getroffen und war mit ihnen durch Italien, Frankreich, Deutschland gereist. Die alte Freundschaft zwischen den beiden Männern erneuerte und vertiefte sich. Astor, ganz Wille und Tat, Josuah, ganz Gedanke und Schau, sah einer im andern dasjenige, was ihm fehlte. Sie fühlten sich durch ihre Gegen-Art zueinander hingezogen, gleichsam eins in zweien. Und zwischen ihnen schritt Helia, das Wesen aus einer dritten Welt, die zwischen Wille und Weisheit mitteninne schwebt.

Josuah betrat das Arbeitszimmer Astors. Der saß an einem mit Depeschen, Briefen und Tabellen bedeckten Schreibtisch, diktierte dem Sekretär Telegramme und Dispositionen an die verschiedenen Bevollmächtigten.

„Wie viele Millionen hast du heute schon verdient, während wir andern Bordbummel trieben?" begrüßte ihn Josuah.

„Die Bilanz ist noch nicht gemacht!" lachte Astor; aber dann fuhr er ernst fort: „Die Fühlungnahme hat sich inzwischen zu Verhandlungen verdichtet. Ich erwarte heute eine Offerte von der Gegenseite."

Damit reichte er Josuah eine lange Depesche über den Tisch.

„Danke, Herr von Prittwitz", entließ er den Sekretär, der sich mit gemessener Verbeugung gegen die beiden Herren entfernte.

Josuah gab die Depesche zurück.

„Du kennst meine Meinung in dieser Sache. Liquidieren! Sie nimmt deine Kraft und deine Mittel in Anspruch, die du besseren Zielen zuwenden könntest."

„Ich bin dazu entschlossen — aber zu meinen Bedingungen", erwiderte Astor hart und abweisend. Er nahm Josuahs Ratschläge bereitwillig auf; aber stand er im Kampf, dann ging er unbeirrt seinen eigenen Weg.

„Ich soll dir Grüße ausrichten", sagte Josuah ausweichend. „Vom alten Straus, und dann von Clifford, der zum Gesandten in Mexiko ernannt ist."

„Die Hof- und Gesellschaftszeitung! Aber er ist klug und amüsant."

„Höre, Astor, ihr dürft euch nicht so völlig abschließen", sagte Josuah, indem er sich eine Zigarette anzündete. „Man wird dich für einen Blaubart halten, der seine junge Frau einsperrt. Einmal müßt ihr doch ins kalte Wasser springen! Je eher daran, desto eher davon."

„Du hast recht, Josy. Morgen abend gibt Bruce Ismay ein offizielles Dinner." Er hob eine Karte vom Tisch und betrachtete sie nachdenklich. „Ich werde mit Helia hingehen, das ist eine gute Gelegenheit. Und Rabbi Straus wollen wir beide heute nachmittag aufsuchen. Ich mag ihn gern. Er ist ein aufrechter Mann. Hält fest an den Überlieferungen seiner Väter. Urgestein, wie du das nennst, alter Philosoph du!"

„Helia ist wohl drüben bei Sylvaine?"

„Ja, sie ist bei der Arbeit. Sie müsse die Faulenzerei der letzten Monate ausgleichen, meint sie! Aber die Zeit sei nicht verloren gewesen, Kunst sei gestaltetes Leben. Sie spricht ja nicht viel über ihre Arbeit, sie ist in sie eingeschlossen wie in ihr geheimes Reich. Aber ab und zu macht sie eine Bemerkung, die ein Fenster aufreißt. Meine Arbeit", und dabei wies er mit seiner Hand über die Papiere hin, „kommt mir zuweilen vor, ist neben dem Leben!"

„Ja, zuweilen", sagte Josuah trocken. „Es kommt auf die Gründe an, aus denen man schafft. Geld verdienen ist jedenfalls kein zureichender Grund."

„Ich weiß! Geld verdienen soll bloß Nebenprodukt der Arbeit sein! Mit dieser Lehre wirst du nicht viel Glück haben in unserm Land, wo das Wort Geld mit großen Buchstaben geschrieben wird! Aber komm, ich habe jetzt Zeit, erzähl mir von deinem Plan, mit dem garantiert kein Geld zu verdienen ist: von dem großen Kraftwerkprojekt und der Besiedlung des Tennesseetals. Bauernparadies mit selbstgeschlachtetem Schwein, selbstgekneteter Butter, selbsterzeugten sechs Kindern und sonntags nachmittags Goethes Faust!"

„Ich kriege dich schon noch dazu!" lachte Josuah. „Amerika wird ein Bauernland werden unter dienstbarer Nutzung der Technik — oder es wird an galoppierendem Fortschritt verrecken."

In dem mit altenglischer Behaglichkeit eingerichteten Wohnzimmer der Kapitänskajüte saßen bei einem Frühimbiß der Kommodore und William Thomas Stead, Englands berühmtester Journalist, die lebendig umherwandelnde öffentliche Meinung, wie ihn kürzlich ein Mitglied des Oberhauses halb spöttisch, halb anerkennend genannt hatte. Die beiden Weißköpfe tranken soliden alten Portwein — dreimal um die Erde gereist, wie der Kommodore versicherte, nicht leichtfertige Pantschereien, wie Cocktails, Flips und Cobblers, mit denen sich die Amerikaner die Gurgeln kratzen. Smith hob das Glas gegen seinen Gast.

„Weißt du, William, daß es fast auf den Tag einundzwanzig Jahre her ist, seit wir zusammen die gleiche Reise machten? Auf der Jungfernfahrt der Majestic, dem braven Kasten, den man damals für ein Wunderwerk an Größe, Schnelligkeit, Sicherheit und Pracht hielt, wie heute unsere Titanic? Ich war nicht wenig stolz, daß ich das Schiff führen durfte!"

„Und ich fuhr als Vertreter der Presse mit als journalistischer Oberkellner sozusagen. Damals war ich noch bei der Pall-Mall."

„Seither bist du der berühmte W. T. Stead geworden, auf dessen Worte die halbe Welt hört! Freund von Cecil Rhodes, Gast des Deutschen Kaisers auf der Kieler Regatta, Berater von Zar Niky beim Welt-Friedens-Palaver im Haag, Hansdampf in allen Gassen der großen Politik! Und ich bin Omnibus-Kutscher geblieben, bloß mit dem Unterschied, daß ich damals zehntausend Pferdchen vorgespannt hatte und heute vierzigtausend."

„Nun, deine Pferdchen gehorchen wenigstens und laufen in gleichem Schritt; ziehen los, wenn du pfeifst, stehen still, wenn du brrr machst. Meine, wenn ich sie schon endlich zusammengeschirrt habe, rennen jedes woanders hin, bis der Wagen umkippt und im Dreck liegt. Menschen kutschieren ist ein klägliches Geschäft!"

„Du bist müde und abgekämpft, William. Du solltest dich zur Ruhe setzen! Leute in unserem Alter sollen nicht mehr die Welt verbessern wollen, sondern sie laufen lassen, wie sie läuft. Deine Zeitschrift bringt dir schönes Geld; du hast dein Landhaus auf Hayling Island; zieh dort Rosen und Erdbeeren und laß die Leute einander die Köpfe einschlagen, wenn's ihnen Vergnügen macht. Ich will auch nur noch dieses Jahr Fahrt machen, dann lasse ich mich pensionieren und setze mich in einer Klitsche in Brighton hintern Ofen. Ich habe das Meerfahren satt."

Stead war aufgesprungen, ging erregt in der Kabine auf und ab und pflanzte sich schließlich vor Smith auf, der sich behaglich eine riesige grüne Havanna ansteckte. Die grauen Augen in dem weißbärtigen Gesicht blitzten vor Zorn.

„Was sagst du?" schrie er den Freund an. „Abgekämpft? Zur Ruhe setzen? Laufen lassen? Da kennst du mich schlecht. Ich fange erst richtig an! Endlich sehe ich meinen Irrtum ein. Ich habe immer geglaubt, daß der Geist am Ende siegen muß. Meine Kämpfe gegen die Dummheit und Bosheit der Welt wollte ich mit geistigen Waffen ausfechten. Aber ich war ein Hornochse. Heute weiß ich es: Geist ohne Macht ist ein Schwert ohne Klinge! Jesus kam auch zu dieser Erkenntnis, als er in der Nacht von Gethsemane seinen Jüngern sagte: ‚Verkauft euren Mantel und kaufet ein Schwert!' Aber es war zu spät. Und was ist daher aus seiner Lehre geworden? Die furchtbarste Heuchelei, die je auf Erden war! Jeder Kopfjäger auf Borneo hat mehr Religion als wir Christen! Denn sein Gott befiehlt ihm: Töte deine Feinde und friß sie auf — und danach handelt er. Wir aber haben auf den Lippen: ‚Du sollst nicht töten!' und: ‚Liebe deine Feinde!' und: ‚Wer zwei Mäntel hat, gebe einen dem, der keinen hat.' Aber in Wirklichkeit hassen wir selbst unsere Freunde, töten unsere Mitmenschen in den grauenhaftesten Kriegen, nehmen demjenigen, der einen Mantel hat, auch diesen, damit wir zehn Mäntel haben. Ich habe mit Engelszungen gepredigt, um die Großen und Mächtigen der Erde für die wahre Botschaft Jesu zu gewinnen: den Krieg abzuschaffen und das Reich der sozialen Gerechtigkeit aufzurichten! Es war vergeblich. Ich habe nicht einmal den abscheulichen Krieg verhindern können, den wir Engländer gegen das friedliche Volk der Buren geführt haben — aus Landgier, aus Herrschgier, aus Gier nach ihren Goldminen, aus keinem andern Grund!"

Er verließ die Kapitänskajüte. Smith sah ihm kopfschüttelnd nach.

„Was für ein Brausekopf! Ein Zwanzigjähriger trotz seiner Vierundsechzig! Wenn der ein solches Schiff führen müßte, würde er es in Grund und Boden fahren!"

Dann trank er noch ein Glas Portwein und ging auf die Brücke.

Das Jenseits-Gespräch

Im Gesellschaftsraum der Zweiten Kajüte saßen in einer Nische, von der man Ausblick aufs Meer hatte, einige Mitglieder der Runde vom Wilden Schweinskopf beim schwarzen Kaffee; unter ihnen diesmal Benjamin Straus, mit silbernem Patriarchenbart und Samtkappe auf dem kahlen Schädel. Bankherr von Beruf, hatte er auch ausgebreitete Interessen philantropischer Art. Unermüdlich trotz seines biblischen Alters, kam er von einem Zionistenkongreß in London und begab sich zum Friedenskongreß nach New York. An den Tisch traten Josuah und Astor. Straus nickte ihnen freundlich zu.

„Welch hoher Glanz in unserer niedern Hütte!" sagte er grüßend.

„Wenn der Berg nicht zum Propheten kommt, so muß der Prophet sich zum Berg bemühen", erwiderte Astor lachend.

Mit diesen Worten nahm Astor einen Stuhl und setzte sich neben Straus in die Runde. Es war hergebracht zwischen den beiden Freunden, sich solcherart spaßhaft zu begrüßen. Im Tone aber lag Herzlichkeit und gegenseitige Hochachtung, obwohl ihre Anlagen und Lebensformen grundverschieden waren.

„Nun, wie sind Sie mit dem Schiff zufrieden, das der Seeräuber Ihnen empfohlen hat?" Dabei legte Astor seine Hand auf die des Greises.

„Vortrefflich! Nur etwas zu großartig für uns schlichte Erdenbürger! Euch Titanen wird wohl das Dinner auf silbernen Tellern serviert?"

„Silber? Massiv Gold! Jeder wird nur einmal gebraucht und dann ins Meer geworfen."

Straus hatte, wiewohl er reich, ja, sogar sehr reich war, die Marotte, Zweite Kajüte zu fahren, in bescheidenen Gasthöfen zu wohnen und auch sonst in seiner Lebensführung alles zu vermeiden, was über den Rahmen bürgerlicher Wohlhabenheit hinausging. Die luxuriösen Gewohnheiten seiner Geschäftsfreunde nahm er stets zum Anlaß für behagliche Spöttereien. Er selbst pflegte nur einen Luxus: er besaß eine umfangreiche Bibliothek, besonders eine ungewöhnlich vollständige Sammlung alter Handschriften jüdischer Religionsurkunden.

„Wir haben aber auch ein Wetterglück", fuhr Astor fort, „wie ich es derartig noch nicht erlebt habe, obgleich ich schon an die zweidutzendmal über den Atlantik gefahren bin. Die Titanic steht offensichtlich unter einem günstigen Stern."

„Diese Auffassung wird von den Sternsachverständigen nicht geteilt", warf der Journalist ein. „Mir ist kurz vor unserer Abreise eine Nummer der ‚Occult Review' in die Hand gefallen, in der ein Astrologe das Horoskop der Titanic stellt."

„Wie, sogar Dampfschiffe haben Horoskope?" lachte Astor.

„Offenbar! Dieser Mann setzt das Werk eines Kapitäns Morrison fort, der für alle wichtigen Schiffe von 1831 an das Horoskop gestellt und mit ihren wirklichen Lebensschicksalen verglichen hat. Sie sehen, die Sache wird mit wissenschaftlicher Gründlichkeit betrieben. Herr Pearce kommt auf Grund der Gestirnstellung im Augenblick des Stapellaufs — dieser entspricht der menschlichen Geburtsminute — zu folgendem Ergebnis — ich habe mir die Stelle herausgeschrieben:

‚Die Prüfung des Horoskops der Titanic zeigt: daß Merkur im neunten Hause in Konjunktion mit dem bösen Saturn und im Halbquadrat mit dem Mars steht.

Er hat keinen guten Aspekt mit Jupiter oder Venus, denn es fehlen sechs Grad zum Semi-Sextil mit dem letztbenannten Planeten. Der Deszendent ist stark verunglimpft durch die Gegenwart des Mars, und der Mond hat keinen freundlichen Anblick vom Jupiter. Er hat bereits mit vier Grad die Konjunktion mit der Venus überschritten, und dieser fehlen vier Grad und acht Minuten zur genauen Opposition mit dem Uranus. Ein unglücklicherer Zeitpunkt, ein Schiff vom Stapel zu lassen, das Tausende von Reisenden über den Atlantik zu führen bestimmt ist, konnte kaum gewählt werden.'"

„Nun, Selbstbewußtsein mangelt ja dem Manne gerade nicht", sagte Astor. „Es fehlt nur noch, daß er verlangt: die Werften und Reeder sollen sich vor Stapellauf eines Schiffes den hierfür günstigen Zeitpunkt von einem Astrologen berechnen lassen."

„Tut er auch, der Mann! Er schreibt: ‚Die Vernachlässigung der Astrologie durch Schiffseigentümer, Schiffbauer und Direktoren von Schiffahrtsgesellschaften führt zu unnötigen Katastrophen.'"

„Na also! Ich habe manchmal den Eindruck, unsere Zeit steht unter dem Kommando: das Ganze kehrt! Wir werden bald durch Sachverständige die Leber der Opfertiere oder den Flug der Vögel befragen, ob der Zeitpunkt für eine Geschäftsunternehmung der richtige ist! Vielleicht wird man auch demnächst Jungfrauen und Jünglinge in die Schiffe einmauern, wie ehedem bei den Etruskern in die Mauern der Städte, um sie gegen Feinde und Dämonen zu sichern."

„So weit brauchen wir gar nicht zurückzugehen", sagte Josuah. „In Innerchina, auf Sumatra, in Tibet, bei vielen afrikanischen Stämmen: also überall dort, wo noch Priester und Deuter des Lebens und Lenker der Seelen sind, bestehen bis heute Auguralbräuche in den mannigfachsten Formen."

„Auch bei uns sind diese keineswegs ausgestorben", warf der Professor ein. „Einweihungsriten, Bittprozessionen, Votivstiftungen, all das beruht auf dem gleichen Grundgedanken wie Augurentum und Mantik: daß der Mensch und sein Handeln bestimmt wird durch das Wehen und Weben dämonischer Kräfte und Mächte. Deren schädlicher Einfluß soll durch Bitte und Beschwörung, Gelübde und Opfer abgewehrt werden. Diese Dämonenvorstellungen — welche die Menschen anscheinend von ihrer Menschwerdung an beherrschten und die daher als eine Grundtatsache des Menschseins anzusehen sind — leben unter uns fort, wenn auch verblaßt und in ihren Ursprüngen kaum mehr kenntlich. Selbst die Champagnerflasche, die beim Stapellauf eines Schiffes am Bug zerschellt wird, ist Symbol einer Opferhandlung, um Götter und Dämonen der neuen Unternehmung geneigt zu machen: also grundsätzlich nichts anderes als die Opferung der Iphigenie vor der Fahrt nach Troja. Kalchas hat eben damals der Ausfahrt der Flotte ein ungünstiges Horoskop gestellt, genau wie heute Herr Pearce der Ausfahrt der Titanic! Ob nun die Fernschau auf Grund der Prüfung der Eingeweide oder auf Grund astrologischer Berechnungen geschieht: das ist kein großer Unterschied. Ich für mein Teil bin geneigt, den Lebern der Opfertiere mindestens so viel Überzeugungskraft beizumessen wie der Oppositionsstellung des übel beleumundeten Saturns: denn all dies sind nur Hilfen, mittels deren in den Mantikern die Kräfte zur Fernschau geweckt werden."

„Das ist doch Götzendienst!" rief Straus, dem aller Aberglaube ein Greuel war. „Solchem Unwesen ist schon in den Büchern Mosis schärfster Kampf angesagt als unvereinbar mit dem Glauben an einen allwissenden, allmächtigen, allgerechten Gott!"

„Sie, Herr Professor, wollen also, wenn ich Sie recht

verstehe, dem Zauber- und Wunderglauben heidnischer Menschen doch einen gewissen Wahrheitskern zusprechen?" frug der Reverend mit unverkennbarer Schärfe im Ton.

„Ich kann die Frage weder mit einem klaren Ja noch mit einem klaren Nein beantworten. Ich kann mich aber nicht dazu entschließen, den Glauben an die Einwirkung unbekannter Kräfte auf das menschliche Tun lediglich als Unsinn und Hirngespinst anzusehen. Dies wurde vom Anfang der Menschheit an bis in unsere Zeit einhellig, und zwar über die verschiedensten Darstellungsformen weg übereinstimmend, geglaubt, wie wir das heute nennen; gewußt, wie wir sagen müssen, wenn wir die Dinge nicht von der Warte unseres abendländischen Aberglaubens aus betrachten."

„Was verstehen Sie unter abendländischem Aberglauben?" frug Astor.

„Den Glauben an die Ausschließlichkeit der Sinnenwelt oder genauer gesagt, den Glauben an den Primat des Auges. Dieser Glaube ist noch gar nicht sehr alt. Er ist erst etwa um Sechzehnhundert herum in Aufnahme gekommen und hat sich seither wie eine Epidemie über Europa verbreitet. Er kam zu größten Ehren, denn er erwies sich als eine ungemein förderliche Arbeitshypothese: er bildet die Grundlage der Naturwissenschaften, durch die den Menschen die Möglichkeit in die Hand gegeben wurde, sich in ungeahntem Ausmaße die Waffen zum Kampf gegen die Umwelt zu schaffen: die Werkzeuge. Diese Gabe, also die Gabe zur Technik, ist dem Menschen wesenseigen; eine seiner Definitionen könnte sogar lauten: das Werkzeuge schaffende Tier. Sie ist allerdings an sich nichts grundsätzlich Menschenhaftes; es gibt keine technische Erfindung, die nicht längst innerhalb der organischen Welt angewandt worden wäre, zumeist in unendlich vollkommenerer

Weise. Während aber Millionen Jahre lang die technische Begabung Geheimnis des Werkmeisters war, der die organischen Wesen schuf und immer wieder schafft, gelang es dem Menschen, solche Hilfsmittel aus sich herauszustellen, die innerkörperlichen außerkörperlich nachzuahmen, sie bewußt für äußere Zwecke anzuwenden."

„Der Techniker ist also sozusagen der Lehrling der Natur?"

„Nichts anderes! Aber diese Schaffung außerkörperlicher Werkzeuge bedeutet in der Erdgeschichte einen entscheidenden Einschnitt: von hier und jetzt ab begann sich der Mensch zum Beherrscher der Natur aufzuwerfen. Die Umwelt zerfiel für den Menschen in so viel verschiedene Welten, als er Sinne hatte, durch die er sie in sich aufnehmen konnte. Wir haben uns gewöhnt, diese Aufnahmeorgane auf die Zahl fünf zu beschränken. Sicherlich aber besitzt der Mensch auch heute noch wesentlich mehr Sinne; und es scheint, daß er in früheren Zeitperioden noch über eine ganze Anzahl verfügte, die seither verlorengegangen sind oder sich nur in Ausnahmefällen und rudimentär erhalten haben. Neben der Welt des Sehens, Hörens, Riechens, Schmekkens, Tastens stand ehedem die des Schauens und der Ahnung, der Stimmung und der Witterung, des Ortssinns und des Zeitsinns; kurzum, aller derjenigen Beziehungen zwischen Mensch und Umwelt, die wir heute unter dem Namen ‚Instinkt' oder ‚Magie' zusammenfassen. Aber alle diese Eindruckswelten standen unverbunden nebeneinander; da fand der Mensch durch die Naturwissenschaft ein segensreiches ordnendes Prinzip, einen Kompaß gleichsam, der ihm durch das Dickicht den Weg wies. Er führte alle Vielfalt auf einen einzigen Nenner zurück: auf die Sichtbarkeit! Dem Auge wurde der erste Rang unter allen Sinnen zugewiesen. Systematisch werden seither alle Erscheinungen sichtbar gemacht: Maß und Zahl, Name und Formel, Zeichnung und Symbol — all das sind Mittel der Sichtbarmachung. Dadurch erst wurde es möglich, die menschliche Gabe zu außerkörperlicher Technik so zu entwickeln, daß jene nach Menge und Wirksamkeit erstaunliche Welt der Werkzeuge entstand. Im ‚Zeitalter der Technik' trat diese Welt erstmalig in die Menschheitsgeschichte ein, segenbringend und verderbenbringend, bewunderungswürdig und verdammenswert. Die zweifellosen Erfolge dieses Ordnungsprinzips haben aber uns Abendländer, seine Träger, dazu geführt, die Sichtbarkeit übermäßig zu bewerten und sie als wichtigsten Maßstab der Dinge anzusehen, dagegen den unsichtbaren Teil der Welt hochmütig zu verwerfen. Unsere Welt ist nun heillos in zwei Welten zerspalten: in die sichtbare und in die unsichtbare, die physische und die metaphysische, die meßbare und die unermeßliche, in die Welt der Werkzeuge und die Welt der Werte, in die Welt der Zwecke und die Welt der Wunder, in die Welt der Technik und in die Welt der Musik."

„Sie lassen also das Wunder auch in unserer heutigen technischen Welt gelten?" frug der Reverend befriedigt.

„Die Welt der Wunder ist die, in der wir wirklich leben: denn unser Leben ist unermeßbar und unberechenbar, ist von unsichtbaren Kräften bewegt. Wir sind von Wundern umgeben und erfüllt — nur nennen wir sie nicht Wunder, weil sie uns vertraut sind. Die Grenze zwischen diesen beiden Welten verschiebt sich allerdings täglich. Täglich beinahe werden neue Gebiete aus der Welt der Wunder sichtbar gemacht, meßbar gemacht. Oben auf dem Bootsdeck in der Marconi-Kammer haben wir das neueste Ergebnis der Sichtbarmachung von Unsichtbarem, Eingliederung eines Stückchens Welt der Wunder in die Welt der Technik. Heinrich Hertz und seine Nachfolger haben nicht etwa Strahlen ‚erfunden', die uns zu diesem oder jenem Gebrauch nützlich sind; sie haben nur aus dem unermeßlichen Meer von Strahlen, die uns ständig umrauschen, von denen wir aber nur einen kleinen Teil als Licht und Wärme mit unseren Sinnen aufzunehmen vermögen, einige bisher unbekannte durch technische Hilfsmittel für uns erkennbar gemacht. Vermutlich wurde auch hier nur die Natur nachgeahmt und etwas der zweckhaften Willkür des Menschen dienstbar, was ihm auch früher schon durch innere Organe zugänglich war. Das für uns noch wunderhafte Gebiet der Sympathie, der Hypnose, der Suggestion, der Telepathie beruht vermutlich auf ähnlichen Strahlungen, die der Mensch innerkörperlich aussendet und die von anderen Menschen als gleichgestimmten Empfängern aufgenommen werden. Ja, es scheint sogar, daß — ehedem häufiger, heute seltener — solche Sendetechnik durch bestimmte Praktiken willentlich hervorgerufen und geübt werden kann. Wieder einmal ist ein Zipfel der Wunderwelt sichtbar gemacht, ein Stück von ihr ‚in unser Weltbild eingegliedert', wie man das nicht unzutreffend nennt."

„Aber es scheint doch erwiesen zu sein", nahm Josuah das Wort, „daß vielfach zukünftige Ereignisse, wie Erdbeben, Sturmfluten, Kriege, Todesfälle, von bestimmten Personen vorgeahnt und in mehr oder weniger deutlicher Form vorausgesagt wurden?"

„Dies ist nicht zu bestreiten, ist aber etwas völlig anderes als die Zukunftsschau. Wir sprachen früher davon, daß die menschlichen Aufnahmeorgane nicht auf die fünf Sinne beschränkt sind. Diese bringen uns nur einen ganz kleinen Ausschnitt der uns umschwirrenden und durchbrausenden kosmischen, ätherischen, biotischen Kräfte und Einflüsse zu Bewußtsein; den weitaus größeren Teil nehmen wir unbewußt auf. Aber ungewöhnlich starke Wirkungsströme treten zuweilen bei für sie besonders empfindlichen Menschen in halbklares Bewußtsein über, künden durch Ahnungen und Vorzeichen Ereignisse an, die in ihrem Ablauf schon gegenwärtig sind, aber zu voller Auswirkung erst in Zukunft gelangen und den Normalsinnen erst dann erkennbar werden."

„Und was halten Sie von den vielfältigen Schilderungen vom Jenseits, in das die Seelen der Menschen nach dem Tode eingehen?" fragte der Reverend. „Sie sind uns von Visionären und Glaubenshelden, aber auch von Okkultisten, Spiritisten, Theosophen glaubhaft gegeben. Der Glaube an eine vollkommene Welt, darin sich die Seelen aufhalten, ist doch bei fast allen Völkern aller Zeiten zu finden. Und die Nachrichten von Übergriffen aus ihr in unsere Diesseits-Welt sind so zahlreich und so einwandfrei bestätigt, daß man den Glauben an das Bestehen dieser Jenseits-Welt doch nicht als Aberglauben abtun kann. Er ist auch die Grundlage unserer christlichen Religion!"

„Ein amerikanischer Ober-Spiritist, Jackson Davis", warf nun Josuah ein, „berichtet in einer Vision vom Jenseits, vom ‚Sommerland', wie er es nennt, daß ein verstorbener Freund von ihm daselbst die Seele einer gleichzeitig verstorbenen Türkin aus Konstantinopel antraf und sie allsogleich heiß umarmte, um ewig mit ihr eins zu sein. Ein anderer, Raymond, versichert, daß man in diesem schönen Land auch Beefsteaks, Zigarren und Whisky erhalte, wenn man das wünscht; und ein frisch eingetroffener Himmelsbürger habe sogar seinen Lieblingshund mitgebracht. Solche Schwätzereien werden von einem ernsthaften wissenschaftlichen Mann, dem Professor Lodge, weitergegeben! Man gewinnt den

Eindruck, daß die Befassung mit diesen Dingen bei manchen Menschen eine bestimmte Form geistiger Erkrankung hervorruft!"

„Die Vorstellungen vom Jenseits", ergriff der Journalist das Wort, „scheinen allerdings häufig nur Wunschbilder der Menschen zu sein: für den einen Gespräche mit dem verstorbenen Sohn über die moralische Besserung der Menschen, für den anderen Umgang mit Türkinnen und Whisky. Ich habe aber gestern in der Schiffsbibliothek zwei Dinge gelesen, die doch auf einer anderen Ebene zu liegen scheinen; sie haben mich recht nachdenklich gemacht. Mir fiel eine okkultistische Zeitschrift in die Hand, in der anläßlich der Ausreise der Titanic und der Anwesenheit Steads auf dem Schiff daran erinnert wird, daß dieser in zwei visionären Erzählungen den Untergang eines stolzen Amerikadampfers durch Kollision mit einem Eisberg auf hoher See geschildert und ihn mit grellen Farben ausgemalt habe. Sie liegen freilich schon weit zurück: die eine erschien in der Pall-Mall-Gazette vor sechsundzwanzig Jahren, die andere in seiner Zeitschrift ‚Review of Reviews' nicht lange darauf. In beiden Erzählungen befindet er sich selbst an Bord des untergehenden Schiffes. Das Seltsame ist nun: daß in der zweiten Erzählung die Beschreibung des Schiffes genau auf die des unsrigen paßt; und das Seltsamste: daß der Kapitän dieses Schiffes — unser Kapitän Smith ist! Mit ihm hat nämlich Stead kurz vorher die triumphale Fahrt der Majestic gemacht, die damals für ein Wunderwerk moderner Schiffstechnik galt wie unsere Titanic. Und heute, zwanzig Jahre später, fahren Smith und Stead zusammen auf der neuen Majestic!"

„Das ist überaus seltsam!" murmelte Straus.

„Aber es ist immerhin gut", fuhr Astor fort, „daß wir den Seher selbst an Bord haben. Bei den nahen Beziehungen, die er zum Jenseits hat, wäre er sicher gewarnt worden: er brauchte ja bloß die von ihm erwähnte Telefonverbindung herzustellen!"

„Nun, zu Ihrer Beunruhigung kann ich Ihnen mitteilen", sagte Oberst Gracie, „daß auch in Southampton unter der Hafenbevölkerung allerlei düstere Redereien hinsichtlich unseres braven Schiffes umgingen, mir hat das der Maschinenmaat Guff erzählt. Verschiedene Matrosen haben sich geweigert, ihren Dienst anzutreten. Der Dritte Offizier hat sich in letzter Stunde krank gemeldet, der Kommodore mußte einen norwegischen Kapitän aushilfsweise für diese Fahrt einstellen. Und Lord Pirrie, Chef der Werft Harland und Wolff, die das Schiff gebaut hat, ist wirklich schwer erkrankt und mußte die Mitreise absagen. Für abergläubische Leute Grund genug zu Besorgnissen!"

„Das ist alles höchst befremdlich", wiederholte Straus, sichtlich beeindruckt durch diese Mitteilungen. „Nur gut, daß unsere Frauen nicht am Tisch sind, die hätten keine ruhige Minute mehr!"

„Man sieht", wandte sich der Oberst an ihn, „daß Sie kein seebefahrener Mann sind! Solches Geschwätz ist in Seemannskreisen üblich. Aus irgendwelchem Anlaß entstehen plötzlich um ein neues Schiff herum allerlei Gespenstergeschichten. Das berühmte Zweite Gesicht wird in Betrieb gesetzt. Und ist das Garn erst einmal angesponnen, so wird es von den Seeleuten nach Faden und Knoten abgehaspelt. Der Glaube an den Klabautermann und an den Fliegenden Holländer ist nämlich an allen Wasserkanten noch immer lebendig!"

„Ich habe", fuhr der Journalist fort, „in einer anderen okkultistischen Zeitschrift — Stead scheint dafür gesorgt zu haben, daß an diesem Seelenbrot kein Mangel ist — noch eine seltsame Nachricht gefunden. Um die Jahrhundertwende sei in Amerika ein Roman erschienen namens ‚Futility'. Die Handlung spielt ebenfalls auf einem stolzen Riesendampfer, dieser stößt ebenfalls mit einem Eisberg zusammen, sinkt ebenfalls. Und nun passen Sie auf: das Schiff heißt Titan, befindet sich auf seiner ersten Ausreise, diese findet im April statt! Das wären drei, nicht gerade auf der Hand liegende, Einzelheiten, die auf unser Schiff passen würden! Wenn also nun, Gott behüte, unsere Titanic mit einem Eisberg zusammenstößt und sinkt: dann läge wirklich die schönste, einwandfrei testierte Zukunftsschau vor! Ich muß allerdings sagen, daß ich keinen besonderen Wert auf das Zustandekommen dieses Tests lege!"

„Da wir gerade so schön beim Spinnen von Seemannsgarn sind", begann wieder Oberst Gracie, dem es offensichtlich Spaß machte, die anwesenden Landratten das Gruseln zu lehren, „kann ich noch etwas beisteuern. Mein Friseur — Sie kennen sicher den kleinen geschwätzigen Iren mit dem brandroten Schopf — erzählte mir, es sei jemand an Bord, der den Blauen Diamanten besitzt, einen berüchtigten Unglücksstein. Näheres über ihn wußte er leider nicht zu berichten."

„Nun, da kann ich aushelfen", sagte der Professor. „Da Unglück oder Glück bringende Edelsteine Gemeingut des Märchen- und Sagenschatzes vieler Völker sind, habe ich mich auch mit diesem Kapitel menschlicher Phantasietätigkeit befaßt. Nebenbei gesagt, erscheint uns heutigen Menschen solche Einwirkung von Steinen auf ihre Träger nicht mehr ganz so unvereinbar mit unserem Weltbild, seitdem wir um die teils heilsamen, teils verderblichen Wirkungen minimalster Mengen des rätselhaften Radiums wissen. Der Blaue Diamant also war ein ungewöhnlich schönes Exemplar dieser überaus seltenen Gattung von Edelsteinen. Er gehörte dem indischen Mogul Akhbar Schah."

„War das nicht der Großvater von Jehan Khan, der

das Taj-Mahal errichtet hat?" unterbrach ihn Astor in fühlbarer Erregung.

„Ja, derselbe, der größte der Mogul. Vorher soll sich der Stein viele Jahrhunderte in der Schatzkammer der Nizams von Golkonda befunden haben, in deren Besitz er durch ein Verbrechen gelangte: er bildete ehemals das Stirnauge einer hochheiligen Buddha-Statue in einem südindischen Tempel. Räuber brachen ihn aus, mordeten die Priester, verbrannten den Tempel. Seither habe ein Fluch auf ihm gelegen, allen Besitzern soll er Unglück gebracht haben. Der französische Abenteurer Tavernier handelte ihn dem Mogul ab, der sich wegen des an ihm hängenden Aberglaubens von ihm trennte. Tavernier verkaufte den Stein zu einem ungeheuren Preis an den Sonnenkönig Ludwig, der ihn dem Kronschatz Frankreichs einverleibte; seit damals ist es mit Frankreich abwärtsgegangen. Königin Marie Antoinette trug den Blauen Diamanten mit Vorliebe; ihr schreckliches Ende ist bekannt. Sie übergab ihn dem Gatten ihrer Intendantin, dem Prinzen Lamballe, dem es gelang, aus dem Tempel zu entfliehen; er wurde erkannt und vom Straßenpöbel in Stücke gerissen. Dann verschwand der Stein. Erst nach vierzig Jahren tauchte er wieder auf und wurde von Lord Hope erworben; Hope endete durch Selbstmord."

„Das stimmt!" warf Straus ein. „Davon hat mir ein Enkel dieses Hope erzählt, der in Montreal eine kleine Maschinenfabrik betreibt!"

„Die Erben verkauften ihn an einen Amsterdamer Juwelier; er machte Bankrott und erhängte sich. Dann erwarb ihn der russische Fürst Kanitowski und schenkte ihn seiner Geliebten, einer Sängerin; bald darauf erschoß er sie aus Eifersucht auf der Bühne, er selbst wurde später von der Bombe eines Revolutionärs getötet. Darauf kaufte ihn der Sultan Abdul Hamid für eine seiner Favoritinnen um den Preis von vierhunderttausend Dollars; sie wurde von einem drusinischen Leutnant der Leibgarde erstochen, der Sultan verlor durch die Revolution den Thron. Schließlich wurde der Stein in Paris versteigert und kam in Besitz eines Spaniers namens Habile, der große Besitztümer auf Java hatte, eine ziemlich dunkle Persönlichkeit; auf der Rückreise nach Insulinde erlitt er bei Singapore Schiffbruch und ertrank. Seither ist der Stein verschollen. Jetzt scheint er ja in der Phantasie des irischen Friseurs wieder aufgetaucht zu sein und wird vermutlich geraume Zeit ein Spukleben in allerlei gruseligen Erzählungen führen."

„Nun, seine bisherige Geschichte ist ja schon gruselig genug!" lachte Astor. „Jedenfalls ist er ein höchst ungewöhnliches Exemplar von Edelstein. Und er soll sich auf unserem Schiff befinden?"

Die Erzählung von den Untaten des Blauen Diamanten hatte die Gemüter fühlbar erleichtert und von den düsteren Prophezeiungen abgelenkt. Da die Kaffeestunde vorüber war, erhoben sich die Herren und begaben sich in ihre Kabinen.

Im Vorraum verabschiedete sich Astor von den übrigen. Er winkte ihnen ein fröhliches „good bye" zu und trat durch die Tür aufs Bootsdeck.

Der Ziegfeld-Krieg

Josuah war mit Astor auf Deck gegangen. Es gehörte zu seinen Eigenschaften, immer zu wissen, was seine Freunde von ihm wollten: er war da, wenn sie ihn brauchten, war nicht da, wenn er gestört hätte. Wortlos gingen die beiden an der Reihe von Rettungsbooten entlang, unter denen weg der Blick aufs Meer frei war. Es wehte ein mäßiger Nordost und trieb weißgesäumte kleine Wellen vor sich her; aber die Sonne fiel klar herab, und so war es gleichzeitig warm und kühl, wie an einem herben Vorfrühlingstag in den Adirondack-Bergen. Doch Astor hatte kein Auge für das strahlende Bild der flimmernden Weite, sondern sah starr vor sich hin. Josuah hatte schon in dem „good bye“ die Überbetonung der Fröhlichkeit gespürt und erwartete die Anrede des Freundes, während sein Blick, scheinbar unbekümmert, über die ziehenden Wellen hinschweifte.

Als die beiden vor der Tür zur Funkkabine anlangten, blieb Astor stehen und nahm die Hand des Freundes.

„Hör, Josy, ich möchte eine Gefälligkeit von dir“, sagte er in seltsam verschleiertem Ton.

„Ich weiß, wegen des blauen Steins.“

„Ja, sieh zu, was an der Geschichte ist. Befindet sich der Stein an Bord . . .“ Er hielt einen Augenblick inne, als scheue er sich, weiterzusprechen.

„Seit ich Helia kenne, weiß ich, daß man eine Frau so über alles in der Welt lieben kann. Und dieses Gefühl hat sich in den letzten Tagen in mir unheimlich verstärkt. Ich möchte tausend Jahre leben, tausend Jahre mit Helia leben, und jeden Tag meinem Schicksal danken, das mich diese Frau finden ließ!“

Er hatte sich in Hitze geredet. Nun wandte er sich plötzlich wieder an Josuah, sah ihm starr in die Augen und sagte schwer:

„Ich will den Blauen Diamanten haben! Den gibt es nur einmal in der Welt! Königinnen haben ihn im Stirnreif getragen. Er soll Helias königliche Stirn schmücken. Verschaff mir den Stein, Josuah."

Es geschah selten, daß er Josuah zu Josy sagte; und der wußte, daß es dann Ernst bei John Jakob war.

„Ich will sehen, was sich tun läßt", sagte er leichthin, obwohl etwas in seiner spöttischen Seele erschüttert war durch dieses widerstrebende Geständis des harten Mannes. Jeden packt es einmal! dachte er. Aber bei John Jakob ist alles grandios, gewalttätig, titanenhaft.

„Und das Märchen, das an dem Stein hängt? Fürchtest du nicht den Neid der Dämonen?" fuhr er fort, und unter dem spöttischen Klang seiner Worte zitterte ganz leise ein anderer Ton.

„Astors fürchten nichts", antwortete John Jakob, aber nicht so hochfahrend, wie er sonst gelegentlich diesen Wahlspruch anbrachte. Der stand auf dem Helmband des Wappens von Pedro d'Astorga, eines kastilischen Kreuzritters, auf den ein beflissener Heraldiker die Ahnen Johann Jakob Astors, Metzgermeisters in Waldorf bei Heidelberg, zurückgeführt hatte, dessen Sohn nach Amerika ausgewandert war und dort die Astor-Dynastie begründet hatte.

„Wir Amerikaner haben diese Alfanzereien der Alten Welt abgetan, die soviel Unheil in der Vergangenheit angerichtet haben. Die Dämonen wohnen in uns, nicht in Steinen und Dingen", schloß er mit einem ein wenig hellen und scharfen Ton, der Josuah aufhorchen ließ. „Ich erwarte dich um sechs!"

„Ich denke, bis dahin werde ich den Zauberer dingfest machen; wenn er nicht etwa nur in der Phantasie des irischen Spinnkopfs existiert, der sich ein Hauptvergnügen daraus macht, durch geeignete Klienten phantastische Geschichten in Umlauf zu bringen."

Damit gab Josuah dem Freund die Hand, um sich auf seine Forschungsreise zu begeben. Der hielt sie einen Augenblick länger fest, als bei diesem Anlaß nötig gewesen wäre.

„Dir kann man ja so etwas erzählen", sagte er mit dunkler Stimme, „du verstehst das besser als ... als die anderen! Du gehörst ja doch nicht zu uns. Ich weiß das, seit ich dich Klavier spielen hörte."

Nun ließ er die Hand Josuahs los und öffnete die Tür zur Funkkabine. Im Eintreten wandte er sich noch halb um und rief dem schon Davongehenden nach:

„Für die Vermittlung wie üblich fünf Prozent!"

Der Vorraum der Funkkabine, in dem sich der Gehilfe der Funkoffiziere aufhält, war leer; Astor mußte warten. Er warf seinen Hut auf den Tisch, setzte sich in den Klubsessel am Fenster, zog aus der Tasche das Telegramm. Wozu er es nochmals las, war allerdings nicht recht verständlich: auch ein minder starker Kopf als der seine hätte den Inhalt dieser Depesche nach dem ersten Lesen behalten. „Michael bietet hundertsechzehn", stand darin, weiter nichts. Aber diese paar Worte mußten von ganz großem, ja von größtem Gewicht sein: denn Astor versank, den Blick wie gebannt auf diese drei Worte gerichtet, in eine Art Starre, wie sie an indischen Jogis beschrieben wird, wenn sie in den Zustand innerer Versenkung, die Sambodhi, eintreten; oder an Napoleon, der vor entscheidenden Schlachtentschlüssen in einen kataleptischen Wachschlaf versank. Und es handelte sich aus in der Tat um etwas wie eine Schlachtentscheidung, welche die äußerste Anspannung der geistigen Kräfte Astors erforderte.

Astor hatte jene Begabung, die großen Schachspielern und großen Feldherrn eignet: sich eine Zahl bewegter Elemente in allen ihren Phasen gleichzeitig vorstellen zu können. Die vergangenen Bewegungen jedes einzelnen; ihr gegenseitiges Verhältnis zueinander in jedem abgelaufenen Zeitpunkt; ihre zukünftige Bewegung unter den verschiedensten Voraussetzungen; ihr zukünftiges Verhältnis zueinander. Er war sich ihrer Gleichzeitigkeit wie ihres zeitlichen Nacheinanders auf eigentümliche Weise bewußt. Rief er sich etwa das ihm gehörige Haus Nummer siebzehn in der dreiundsechzigsten Straße in Erinnerung — das sich von Nummer eins bis dreißig derselben Straße ebensowenig unterscheidet wie diese von der siebenundfünfzigsten oder der fünfundsechzigsten —, so stand wie von einer Tafel ablesbar die ganze Geschichte dieses so wenig bemerkenswerten Objektes vor ihm: wie das Grundstück in den Besitz seines Urgroßvaters gelangt war; was der Bau gekostet hatte; wieviel Wohnungen er enthält; wer in ihnen gewohnt hat und jetzt wohnt; welchen Beruf, welchen Charaker, wie viele Kinder, welches Einkommen die Mieter hatten; welche Miete sie zahlten, ja sogar wer im letzten Termin die Miete ganz oder teilweise schuldig geblieben war. Daneben auch der Inhalt aller Verträge, Steuerabmachungen, Gerechtsame, die dieses Haus betrafen; sein Bauzustand; seine Unterhaltungskosten. Und dies nicht nur für sämtliche siebenhundertfünfzig Häuser in New York, die das Stammvermögen der Familie Astor bildeten, sondern auch von den Häusern der Schermerhorns, die seine Mutter, und von denjenigen in Philadelphia, die seine erste Frau in das Familienvermögen eingebracht hatten. Ebenso gegenwärtig war ihm aber auch die Geschichte jedes der sonstigen zahllosen Besitztümer, die ihm gehörten oder an denen er beteiligt war, sobald er den Scheinwerfer seines Interesses auf sie warf.

Der Kosmos seiner geschäftlichen Beziehungen stand wie ein Planetarium vor seinem inneren, gleichzeitig scharf unterscheidenden und umfassend zusammenschauenden Blick. Daher wurde Astor durch geschäftliche Ereignisse niemals überrascht: sie waren von der gewaltigen Vorstellungskraft seines stählernen Gehirns immer wieder schon vorbedacht. Ein Spaßvogel an der Börse hatte einmal den Witz in Umlauf gebracht: Wenn eines Tages Manhattan durch ein Erdbeben ins Meer versinke, so werde Astor am gleichen Tag die richtigen Dispositionen treffen: denn auch diese Ereignisse habe er bereits in allen Konsequenzen durchdacht. In diesem Scherzwort lag ein Korn Wahrheit — und mehr als nur ein Korn. Josuah hatte einmal anläßlich einer Diskussion über das Wesen des Genies — ob es auf mystischen, aus unbekannten Tiefen aufsteigenden Eingebungen beruhe oder auf einer zwar höchst gesteigerten, aber nur gradmäßig unterschiedenen Phantasie und Denkkraft aller anderen Menschen — in durchsichtiger Bezugnahme auf Astor einen Ausspruch Napoleons zu Minister Röder zitiert: „Ich arbeite immer und denke viel nach. Wenn ich immer bereit erscheine, zu antworten und alles ins Auge zu fassen, kommt es daher, daß ich es mir lange überlege, ehe ich etwas unternehmen und kommende Möglichkeiten vorauszusehen versuche. Nicht durch einen Blitz enthüllt sich mir plötzlich, was ich in einer unvorhergesehenen Lage zu sagen oder zu tun habe, sondern durch meine Überlegung und mein Nachdenken. Ich arbeite immer: sowohl beim Essen als auch im Theater; nachts wache ich auf, um zu arbeiten."

Eben jetzt war der innere Blick Astors auf den Kreis seiner umfangreichen Theaterunternehmungen gerichtet, die in der Aktiengesellschaft „National Shows" vereinigt waren. Dieses Unternehmen hatte viel Kopfschütteln bei seinen Freunden hervorgerufen und schien manchen eine geschäftliche Entgleisung; ein Abenteuer, das der strengen Astortradition mit ihrem puritanischen Einschlag zuwiderlief. Und doch war es einem weitsichtigen Plan Astors entsprungen, der im engsten Zusammenhang mit eben dieser Tradition stand: dem Grundstücksgeschäft.

Als vor zwanzig Jahren sein Vetter William Waldorf-Astor von der Leitung des Astor-Konzerns zurücktrat und sich zu dauerndem Aufenthalt nach England begab und nun er, John Jakob der Dritte, die Zügel der Regierung über das Astorvermögen ergriff, erkannte er bald, daß die Familientradition Gefahr lief, von der Zeitentwicklung überflügelt zu werden.

Der Gründer der Dynastie, John Jakob Astor, hatte — aus Instinkt oder aus Voraussicht — die riesigen Einkünfte seiner Handelsgeschäfte in Grundstücken auf der Manhattan-Halbinsel angelegt, an deren Spitze die Hafenstadt Neu-Amsterdam, das spätere New York, angesiedelt war. Diese Stadt war durch ihre geschützte Lage und durch die Beherrschung des Hudsonflusses der wichtigste Eintrittshafen nach Nordamerika, beziehungsweise nach den damals allmählich entstehenden Ur-Staaten Neu-Holland und Neu-England. Sie lag wie ein Sieb vor dem stetig anschwellenden Einwandererstrom und hielt einen Teil der Pilger in die Neue Welt zurück. Denn nur die starken, kühnen, harten Wikingernaturen fanden als Pioniere den Weg in die weiten, gefahrdrohenden Einöden des jungfräulichen Westens; die mutlosen, zerbrochenen, abgekämpften Flüchtlinge der Alten Welt blieben als Strandgut in New York zurück, schlugen sich in einem neuen Elend durch, heckten Kinder, bildeten eine Reservearmee von Arbeitskräften, die erst allmählich von der langsam sich entwickelnden Industrie als willenloses Proletariat aufgesogen wurde.

Um der wachsenden Bevölkerung Unterkunft zu

schaffen, bauten die Astors — und ähnlich die anderen Großbesitzer von Grundstücken, die in deren Fußstapfen traten und leider trotz aller Intrigen nicht ganz auszuschalten waren, die Schermerhorns, die Goelets, die Rhinelanders und verschiedene kleinere — auf ihren Grundstücken Häuser und vermieteten sie zu stetig steigenden Sätzen. Da die Einwanderer — allzumeist die Ärmsten der Armen aus allen Ländern Europas — keine besonderen Ansprüche an ihre Unterkunft stellten, sondern froh waren, irgendwo unterkriechen zu können, wurden die Häuser allein nur unter dem Blickpunkt möglichst vorteilhafter Ausnützung, ohne Schmuck und Behagen, nach einem gleichbleibenden Schema errichtet. Waren sie voll besetzt, so wurde mit dem Lineal eine neue Straße gezogen: Blocks wurden abgesteckt, Haus an Haus gebaut, ohne Garten, ohne Freifläche, ohne Plätze — graue Kasernen, in denen wie schleimige Insassen eines Korallenstocks die kinderreichen schmutzigen Einwandererfamilien sich festsetzten. So entstand im Laufe von hundert Jahren jene öde Steinwüste New York: ungegliedert und unorganisch, die abscheulichste Stadt des Erdkreises, der Menschen-Schuttplatz der Alten Welt, der Düngerhaufen der Neuen, aus dessen Verrottung allmählich eine neue Mischrasse wurde: der „Amerikaner".

Nur das Viertel um den Hafen begann sich allmählich umzugestalten. Die Geschäftshäuser stellten mit zunehmendem Reichtum des Landes höhere Ansprüche; und da hier ein Wachstum in die Breite nicht möglich war, begann ein Wachstum in die Höhe. Die alten Korallenstöcke wurden niedergerissen; Hochhäuser wurden errichtet, zu immer größerer Höhe aufgetürmt und außen und innen immer prächtiger und glänzender ausgestattet. So entstand das weltberühmte Geschäfts- und Reichtumsviertel der Wolkenkratzer. Dahinter aber blieben die Wohnviertel, wie sie waren, dehnten sich wie eine graue Flechte immer mehr über die Halbinsel aus. Neue Wohnviertel wurden errichtet, kaum anders als von je und eh: Yorkville, Haarlem, Bronx und wie sie sonst heißen. Nur innerhalb der Bewohnerschaft trat eine gewisse Gliederung ein: hier hausten die Iren, dort die Chinesen; hier die Polen, dort die Indianer; in Haarlem die Neger, in Bronx die Juden.

Die Bodenmagnaten konnten allerdings mit dieser Entwicklung der Dinge zufrieden sein. Ein Grundstück von einem Viertelmorgen brachte heute in einem Jahr mehr ein an Miete, als weise Ahnen vor hundert Jahren den Ur-Besitzern für Farmen von etlichen Quadratmeilen bezahlt hatten — von jenen weiten Ländereien ganz abgesehen, die durch dunkle Machenschaften, Bestechung der Gouverneure und Gemeinderäte, Auspfändung von säumigen Schuldnern oder schwach gewordenen Besitzern fast umsonst in ihre Hände fielen. Die Astor-Verwaltung bezog allein aus Mieten ihrer New Yorker Grundstücke jährlich fünfundzwanzig bis dreißig Millionen; die anderen Familien zwar weit geringere, für bescheidene Ansprüche jedoch immer noch recht befriedigende Beträge.

Aber im letzten Jahrzehnt hatte sich die früher rasch ansteigende Kurve der Mieterhöhungen fühlbar verlangsamt. Die Einwanderung hatte abgenommen; ja, es wurden schon Stimmen laut, sie ganz zu unterbinden, um den Reichtum des Landes nicht weiter mit Proleten der Alten Welt teilen zu müssen — wenn diese auch recht wenig von einem Teilungsvorgang zu spüren bekamen, sondern sich als weiße Sklaven fühlten. Infolgedessen verschwand allmählich der Zuzug anspruchsloser neuer Mieter. Statt ihrer wanderten wohlhabend gewordene Bürger aus den langweiligen Städten und Städtchen des Westens zurück nach der Metropole am

Hudson; aber sie zogen es vor, sich in den Vororten in kleinen Landhäusern anzusiedeln. Dieser Zug nach den nicht mehr den Bodenmagnaten gehörigen Siedlungen wurde unterstützt durch Schnellbahnen, die aus der Stadt aufs flache Land führten; und neuerdings kamen gar die Automobile immer mehr in Aufnahme, durch welche die Großstadtmenschen zunehmend von der Standortsklaverei befreit wurden. Kurzum: Astor sah die Zeit kommen, wo durch veränderte Lebensgewohnheiten das eiserne Wohnungsmonopol gebrochen werden würde, das von seiner und den anderen Magnatenfamilien seit hundert Jahren so sorgfältig ausgebaut worden war.

Hierzu kam, daß der zunehmende Reichtum der Bevölkerung die Bedürfnisse gesteigert hatte. Immer wieder wurden in Zeitungen und Versammlungen Brandreden laut über den Mietwucher der Magnaten, die dem Volk hohe Mieten abnähmen, ihm aber an den Gütern des Lebens kaum das Notwendigste böten. Und so begannen sich allmählich sogar Vermietungsschwierigkeiten zu zeigen.

Davon wurden besonders die großen Versammlungssäle betroffen, die gerade von den Astors in den ihnen gehörigen Vierteln errichtet worden waren. Diese Säle wurden ehedem als Zeichen des Gemeinsinns der Astors hoch gepriesen als Beweis dafür, daß diese Familie nicht nur für die leibliche Notdurft der wachsenden Bevölkerung durch Errichtung von Wohnstätten sorge, sondern auch für ihre geistigen und seelischen Bedürfnisse. Sie wurden für die Sonntage an die verschiedenen Kirchen und Sekten vermietet, die dort ihre Gottesdienste und Erbauungsstunden abhielten, für die Wochentage aber an Gastwirte, die solide Bierkonzerte und Tanzvergnügungen veranstalteten. Aber sowohl die Kirchengemeinden als auch die Gastwirte klagten über abnehmenden Besuch und blieben immer häufiger die Miete schuldig: der Besuch ihrer Veranstaltungen, hieß es, nehme rapid ab; in der Bevölkerung verbreite sich immer mehr der Geist der Sittenlosigkeit; sie zöge es vor, an den Feierabenden allerlei Spelunken aufzusuchen, in denen neuaufgekommene Vergnügungen dargeboten würden.

Diese beweglichen Klagen waren die Ursachen des größten geschäftlichen Unglücks, das die Astors je betroffen hatte.

Es war im letzten Jahr der Regierung Williams. Da fanden sich verschiedene Personen bei den Hausverwaltern ein und erklärten sich bereit, die Saalgebäude zu pachten. Sie würden große innere Umbauten vornehmen, könnten das aber nur, wenn die Pachtverträge auf längere Zeit liefen, damit sie die Investitionen amortisieren könnten. Hingegen seien sie bereit, die Pachtbeträge immer auf drei Jahre im voraus zu erlegen. Dies schien den Verwaltern ein sehr lockendes Angebot, da sie ohnehin wegen der Mietrückstände und Leerstehungen ständig Vorwürfe bekamen; diese zweifelhaften Objekte auf lange Zeit sicher vermieten zu können, erschien ihnen als ein Geschenk des Himmels. William, der sich schon mehr als englischer Lord denn als amerikanischer Kaufmann fühlte, erklärte sich mit dem Vorschlag einverstanden. Im Laufe eines halben Jahres waren sämtliche Saalbauten der Astors auf fünfzig Jahre vermietet. Einige besonders tüchtige Verwalter hatten den Saalmietern sogar noch die umliegenden Häuser zu Dreiviertel der Vollvermietung anzuhängen versucht, worauf diese anscheinend nach starkem Widerstreben, schließlich eingingen.

Kaum waren alle Pachtverträge abgeschlossen, begann eine rege Bautätigkeit. Galerien und Logen wurden einbezogen, Bühnen errichtet, Küchen und Bars angelegt, die Säle glänzten und glitzerten in Rot und Weiß und Gold, sie waren die reinen Feenpaläste. In den Zeitungen war ein Verwundern und Raunen darüber, was da entstehen solle. Zuerst tauchten Gerüchte auf; diese verdichteten sich; schließlich wurde die große Neuigkeit kund.

Ein gewisser Ziegfeld, Besitzer einer Anzahl von übel beleumundeten Vergnügungslokalen in der unteren Stadt, ein Subjekt aus Ungarn oder Polen oder sonst einem der an Asien grenzenden Länder des östlichen Europa, habe mit Hilfe einer Anzahl dunkler Millionäre eine große Aktien-Gesellschaft gegründet, die „Ziegfeld-Plays", und diese werde New York mit den einer Weltstadt würdigen Vergnügungsstätten beglücken. Die Pächter der Astorsäle waren samt und sonders seine Strohmänner! Am Tag der Eröffnung flammten an zwei Dutzend Astorhäusern riesige Lichtreklamen auf, die den Besuchern traumhafte Genüsse versprachen. Der Erfolg war vollständig. Vom ersten Tag an drängten sich die Besucher. So etwas hatte New York, hatte Amerika noch nicht gesehen. Revuen mit zweihundert wenig bekleideten Mädchen, Varietévorstellungen mit den besten Künstlern der ganzen Welt, berühmte italienische Tenöre und französische Chansonetten, Negersänger, radfahrende Bären, Löwenbändiger im Frack mit einer Gardenie im Knopfloch. Aus der Provinz kamen die Leute angereist, um diese Schaustellungen zu sehen. Die gemieteten Häuser wurden als Hotels und Absteigequartiere eingerichtet, teils für die Künstler, teils für andere Zwecke. Von Zeit zu Zeit wurden die Umsätze in den Zeitungen mitgeteilt, um zu zeigen, welche Belebung der Wirtschaft von diesen Stätten der

Kunst und des Vergnügens ausging. Die Ziegfeld-Aktien kamen an die Börse und wurden den Banken zu schwindelnden Kursen aus den Händen gerissen. Ziegfelds Einkommen mußte phantastisch sein: er lebte wie ein Pascha, und das Gerücht ging um, daß er auch in anderer Hinsicht den Gewohnheiten eines solchen huldige.

Diesen Ziegfeld-Boom erlebte Astor im ersten Jahr seines Regierungsantritts. Er war völlig zerschmettert, so etwas war gegen die Tradition der Familie! Deren Grundsatz war es immer gewesen: von ihren Mietern das Höchstmögliche herauszuschlagen, mit den Mieten sorgfältig bis an die Grenzen von deren Leistungsfähigkeit heranzurücken. Hier aber hatte irgendein landfremder Pirat die alteingesessene Astorverwaltung hinters Licht geführt, ihr billige Pachtverträge auf zwei Menschenalter herausgelockt, sie mit einem Butterbrot, genau betrachtet mit einem Stück trockenen Brotes, abgespeist. Dieser Mann verdiente an den Astorgrundstücken, an den Astorhäusern Dutzende von Millionen!

Astor wurde krank vor Wut. Die Verwalter, welche die Verträge vorgeschlagen hatten, entließ er ohne Einhaltung vertragsmäßiger oder gesetzlicher Kündigungsfrist; solche Verträge zu tätigen, sei ein Grund zu fristloser Entlassung, erklärte er. Er ließ den ersten Grundstücksanwalt New Yorks kommen, beauftragte ihn, die Verträge darauf zu prüfen, ob sie nicht irgendein Loch hätten und angefochten werden könnten. Aber der Anwalt lehnte den Auftrag ab; er habe, teilte er lächelnd mit, diese Verträge selbst für die Gegenseite entworfen. Astor könne sich darauf verlassen, daß sie hieb- und stichfest seien.

Nunmehr versuchte Astor einen andern Weg, um den Piraten gefügig zu machen. Er unternahm Schritte beim Magistrat betreffs Zurückziehung der Konzession, und zwar wegen Unmoral der von dem Pascha gebotenen Veranstaltungen. Er selbst hatte zwar die ererbte puritanische Abneigung gegen nackte Mädchenbeine in seiner Jugend durch kostspielige Unterrichtskurse in Paris, Wien und Kopenhagen erfolgreich bekämpfen gelernt; aber er verstand es, eine Reihe von Methodistenpredigern mobilzumachen, die Sonntag für Sonntag gegen diese Brutstätte der Sinnenlust zu Feld zogen — mit dem Ergebnis allerdings, daß sich der Andrang zu den Ziegfeld Plays sichtlich hob. Die Mitglieder des Magistrats aber — mit Ausnahme derjenigen, die auf irgendeine Art im Dienst von Astor standen — lehnten die Angriffe gegen den Ziegfeld-Konzern rundweg ab. Sie seien froh, erklärten sie rauh, daß New York eine so großstädtische Anziehung gewonnen habe; und die Steuern, die Ziegfeld dem Stadtsäckel zuführe, betrügen in einem Monat mehr, als Astor und die übrigen Bodenmagnaten im ganzen Jahr zahlten.

Diese beiden Erlebnisse zeigten Astor, daß die altbewährten Mehoden, einen unbequemen Konkurrenten aus dem Sattel zu heben, nicht mehr verfingen und daß überhaupt ein unfreundlicher Wind gegen die Bodenmagnaten zu wehen begann. Es mußten neue Methoden angewandt werden, um das ererbte Bodenmonopol nutzbar zu machen.

Wochenlang ging Astor herum wie ein Schwerkranker. Er suchte beharrlich einen Weg, diese verdammten Pachtvertäge vorteilhafter zu gestalten. Sie brachten zwar gegenwärtig wesentlich mehr ein als die bisherigen an Kirchen und Gastwirte; aber sie brachten nicht so viel ein, als sie hätten einbringen können, wenn nicht schwere Kunstfehler gemacht worden wären, wenn nicht die ganze Astorverwaltung geschlafen hätte. Wäre er dagewesen: er hätte gemerkt, was gespielt wurde, hätte eine Beteiligung an den Unternehmungen erpreßt. Daß dies versehen wurde, war völlig unerträglich. Astor konnte Millionen verlieren, ohne mit der Wimper zu zucken; aber fehlerhafte Handlungen brachten ihn außer Rand und Band.

Schließlich unterdrückte er seine nutzlose Wut und entwarf einen Feldzugsplan. Er sperrte sich einige Wochen in sein Arbeitszimmer, empfing Architekten und Baumeister, Theaterleiter und Gastwirte. Er engagierte einen deutschen Stadtbaumeister, einen holländischen Architekten, den Direktor des größten Revuetheaters in Paris mit Gehältern, deren Höhe niemand erfuhr, da er sie über sein Privatkonto laufen ließ. Besuchte die maßgeblichen Stadtverordneten und hatte mit ihnen lange vertrauliche Aussprachen. Kündigte umfangreiche Guthaben bei den Banken. Und schließlich erfuhr die Öffentlichkeit, was da am Werke war. In einer Mitteilung an die Zeitungen, knapp und hochmütig wie ein Regierungserlaß, wurde verkündet:

Die Astorverwaltung habe beschlossen, eine Anzahl von Unternehmungen ins Leben zu rufen, durch die das Stadtbild von New York um entscheidende Züge bereichert werde. Es würden an verschiedenen Stellen der Stadt Bildungs- und Vergnügungsstätten entstehen, die einer Weltstadt würdig seien: Theater, Konzertsäle, Filmpaläste, Musikhallen, alle von einer Größe und Schönheit, wie sie nirgends sonst in der Welt zu finden seien. Nicht nur würde dadurch den berechtigten Bedürfnissen des Großstadtpublikums Rechnung getragen, diese Unternehmungen würden auch in höchstem Maße dazu beitragen, Fremde nach der Metropole zu ziehen. New York sei eben nicht nur die intensivste Arbeitsstadt der Welt, sondern auch ein Kunstzentrum ersten Ranges. Die neuen Unternehmungen würden die Brennpunkte dieser echt amerikanischen Kulturbewegung bilden.

Die Ausführung des Planes entsprach nicht nur dieser Ankündigung, sie übertraf sie noch bei weitem.

In einigen der Theater wurden in der Tat Kulturwerte hohen Ranges dargeboten: Gastspiele von englischen, deutschen, französischen Schauspieltruppen; Opern-Aufführungen von einer Vollendung, wie man sie in New York noch nie gehört hatte; in den Konzertsälen spielten die berühmtesten Orchester und Solisten der Alten Welt klassische Programme zu volkstümlichen Preisen. Der Name der Gesellschaft, die diese Unternehmungen betrieb, „National Shows", war in der Tat zu einem guten Teil berechtigt; daß daneben in der Mehrzahl der Theater ähnliche Schaustellungen geboten wurden wie in den Ziegfeld-Plays — nur weit prunkvoller, großartiger und verwegener — ging mit hin. Vor allem aber erfreuten sich die gewaltigen, großartig ausgestatteten Filmpaläste der allgemeinen Gunst und bildeten für diese neue, erzamerikanische Halbkunst den richtigen Rahmen.

Aber diese Theater und Vergnügungsstätten waren nicht Selbstzweck; sie waren nur Truppen in Astors Feldzugsplan. Er war nicht gesonnen, in Unternehmungen solch zweifelhaften Charakters dauernd große Summen anzulegen. Sein Endziel war: durch diese gewaltige Konkurrenz die Ziegfeld-Unternehmungen zu bedrängen und als Preis eines Friedensschlusses zu günstigen Pachtverträgen mit dieser Gesellschaft zu gelangen.

Zunächst entbrannte ein heftiger Kampf zwischen den „Ziegfeld Plays" und den „National Shows". Jede Gruppe versuchte die andere durch Pracht und Großartigkeit ihrer Darbietungen zu übertrumpfen; gleichzeitig wurden die Eintrittspreise immer mehr gesenkt. Um den Kampf durchhalten zu können, wandte sich Ziegfeld an die ihm befreundeten Banken: und diese liehen ihm gewaltige Summen — als seien Beine von Tänzerinnen, Kehlen italienischer Tenöre, Jazzkapellen und Filmstreifen die solideste Kreditunterlage der Welt.

Astor jedoch, der nie mit fremdem Geld arbeitete, hatte den längeren Atem; Ziegfeld begann schwach zu werden. Die Banken beuteten ihn mit Zinsen und Provisionen aus; aber sie wurden Gefangene ihres Schuldners. Sie mußten immer neue Kredite geben, um die alten nicht zu verlieren. Die Lage begann bedrohlich zu werden. Die Gläubiger schlossen sich zu gemeinsamer Aktion zusammen: sie entsandten Parlamentäre zu Astor, um den verderblichen Theaterkrieg durch eine Verständigung zu beenden.

Die Friedensbedingungen Astors waren hart. Die Ziegfeld-Gruppe sollte sämtliche Theaterunternehmungen der Astor-Gruppe zu einem angemessenen Preis übernehmen; desgleichen die Häuser, in denen sich ihre eigenen Unternehmungen befanden. Nicht allerdings den Grund und Boden, auf dem alle diese Objekte standen; Astor war aber bereit, ihn auf neunundneunzig Jahre zu verpachten, zu einem festen Preis nebst einer Beteiligung an den Bruttoeinnahmen der Unternehmungen. Auf diese Art wollte er erreichen, an dem Ergebnis teilzunehmen, ohne selbst Risiko zu tragen, und solcherart den zu erwartenden steigenden Wert der Grundstücke in Form steigender Pachteinnahmen zu münzen.

Aber auch für Ziegfeld und die hinter ihm stehenden Banken schien dieser Vorschlag annehmbar. Er verlangte zwar die Aufbringung großer Kapitalien; doch die Banken platzten ohnehin vor Geld, das Anlage suchte. Hier bot sich die Möglichkeit eines gewaltigen Fischzuges. Es ließ sich ein mächtiger Theatertrust bilden, die Konkurrenz fiel weg, die Leistungen konnten herabgesetzt, die Preise hinaufgesetzt werden. Eine umfangreiche Kapitalerhöhung der Ziegfeld-Gesellschaft und die Ausgabe von Obligationen wurden ermöglicht, da die Trustgesellschaft reale und sichtbare Objekte besaß, deren Vorbelastung durch die Grundstückspacht blieb unsichtbar, und überhaupt waren auf so lange Frist gepachtete Grundstücke beinahe so gut wie Eigentum. Eine Riesenhausse in Ziegfeld-Aktien ließ sich inszenieren. Die Banken konnten nicht nur ihre eingefrorenen Kredite flüssig machen, sondern an Emissionen und an Börsenspekulationen reiche Gewinne erzielen. Das Ganze konnte ein Geschäft werden, wie es sich nicht alle Tage bietet.

Die Banken sagten also grundsätzlich zu, stellten aber eine Bedingung: Erlangung einer Monopolkonzession für den Theatertrust. Astor setzte seine Verbindungen in Bewegung. Die Generalkonzession wurde von der Stadtverwaltung bewilligt gegen laufende Abgabe einer Vergnügungssteuer aus den Einnahmen der Gesellschaft; sie versprach sich dadurch eine wesentliche Bereicherung des Stadtsäckels. Daß die Zusage einer großen Spende an Tammany Hall für Wahlzwecke und die Einräumung größerer Posten von jungen Ziegfeld-Aktien zum Emissionskurs an verschiedene Stadtväter und öffentliche Persönlichkeiten seitens des Bankenkonzerns mit der Konzessionszusage in Zusammenhang stände, konnte nur böser Wille behaupten: es lag lediglich ein zeitliches Zusammentreffen vor, kein ursächliches.

Dies waren die Schlachtlinien des Ziegfeld-Krieges vor Astors Abreise nach Europa. Die Durchführung des Endkampfes überließ er seinen Generälen, behielt allerdings die Oberleitung der Schlacht funktelegraphisch in seinen Händen. Es handelte sich noch um Auskämpfung des Begriffes „angemessener Preis" der zu verkaufenden Objekte und um die Einzelheiten der Grundstückspachtverträge. Über die letzteren wurde Einigung erzielt, ebenso über den Preis der alten Objekte, die Ziegfeld in Pacht hatte. Es drehte sich nur noch um den Kurs der Aktien von „National Shows".

Die Banken boten den Nennwert, weil die Unternehmungen infolge des Kampfes mit Verlust arbeiteten; Astor hingegen verlangte einen hohen „good will", denn ihr Zukunftswert sei enorm. Keine der beiden Parteien wollte nachgeben. Die Schlacht kam zum Stehen. Ziegfeld war allerdings bankrott, wenn sich die Verhandlungen zerschlugen; aber die hinter ihm stehenden Banken hatten seine Sache zu der ihrigen gemacht, ihre Leiter hatten Nerven wie Klaviersaiten, sie waren entschlossen, Astor kein Agio zuzubilligen. Für Astor aber war das Agio zum Ehrenpunkt geworden; er hätte sich besiegt gefühlt, wenn er die Aktien zum Nennwert hergegeben hätte, obgleich in diesem auch schon ein ansehnlicher Verdienst enthalten war. Andererseits standen für ihn in diesem Kriege doch ernste Interessen auf dem Spiel. Es konnte recht unbequem werden, wenn er mit seinen Unternehmungen in den Strudel eines allgemeinen Theaterkrachs gezogen würde; und schließlich würden Verdrießlichkeiten entstehen, wenn die Inhaber der Option auf junge Ziegfeld-Aktien sich in ihren Hoffnungen enttäuscht sahen und die Schuld daran ihm in die Schuhe schieben würden.

Aber er hatte die Nerven behalten. Vor drei Tagen hatte er die Verhandlungen abbrechen lassen und gleichzeitig die Eintrittspreise seiner Unternehmungen um ein Drittel herabgesetzt. Diese Maßnahme kostete ihn dreißigtausend Dollar im Tag; aber sie verbreitete Furcht und Schrecken im gegnerischen Lager. Gegen den Eisenkopf Astor war nicht anzukommen. Nun wich die Schlachtlinie des Gegners zurück. In Astors Händen lag das Angebot zum Kurse von einhundertsechzehn.

Die Krisis der Schlacht war da. Ob der Gegner noch weiter weichen würde, war ungewiß; auch auf der anderen Seite kämpften Eisenköpfe. Wäre er dem Führer der Bankengruppe, Raveney, persönlich gegenübergestanden, so hätte ihm sein sechster Sinn gesagt, wo die Grenze lag. Wenn er aber nun das Angebot ablehnte, seinen Preis nannte, ein Ultimatum stellte: dann gab es für ihn kein Zurück mehr. Unterbieten, aufschlagen, zugeben, abmarkten: das durften die Unterhändler. Er nicht. Bei ihm war ein Wort ein Wort. Nahmen die Gegner sein Gegengebot nicht an, dann ging die Schlacht weiter bis zum bitteren Ende.

Es waren nicht nur die sieben Millionen Preisdifferenz, um die es jetzt ging, wiewohl dieser Betrag auch für Astor beachtlich war; ihn zu erhalten oder nicht zu erhalten, hing vielleicht nur von der Nervenkraft einiger Stunden ab. Weit wichtiger war der Ehrenpunkt. Nahm er das Angebot der Gegner an, so bedeutete die Einigung einen ehrenvollen Friedensschluß, einen Frieden ohne Sieger und Besiegte. Aber gerade das wollte er nicht. Legte der Gegner noch die sieben Millionen zu, so war dies das Eingeständnis der Niederlage: und um diese Bestätigung seines Sieges ging es ihm.

Es würde allerdings Aufregungen geben, unvorhergesehene Zwischenfälle. Alles ließ sich doch nicht vorher auskalkulieren. Und seit er Helia zur Seite hatte, war seine Kampflust geringer geworden.

Aber gleichwohl: Helia hatte ihm in jener unvergeßlichen Stunde, als er um sie warb und sie ihn annahm, mit ihrer ruhigen Bestimmtheit das Versprechen abgenommen: niemals aus Rücksicht für sie etwas zu unterlassen, das er für richtig halte! Es war wohl der Kämpfer in ihm, den sie liebte. Sie leuchtete auf, wenn sie in ihm jene Gelöstheit des Wesens fühlte, das ihm nun einmal seiner Natur nach nur ein großer Kampf oder ein errungener Sieg verlieh.

Sein Entschluß war gefaßt. Annahme seiner Bedingung — oder Kampf bis zum Ende. Er erwachte aus seiner tiefen Versunkenheit.

In diesem Augenblick trat der Gehilfe aus der Funkkabine.

„Guten Abend, Oberst Astor! Ein Auftrag für uns?"

„Ja, wollen Sie die Güte haben, an mein Privatbüro zu funken: Ultimatum Einhundertdreißig gegen Annahme bis Mitternacht Titanic eintreffend. Stop. Falls Ablehnung Vorgehen nach Plan drei. Alexander."

Der Unterschriftsname war ein Geheimzeichen bei offenen Depeschen. Für jeden Tag war im voraus zwischen Astor und seinem Privatbüro ein anderer Name vereinbart. Diese einfache Parole bestätigte die Echtheit der Depesche.

„Besten Dank", sagte Astor, als der Gehilfe die kurze Depesche auf der Schreibmaschine getippt und ihm den Durchschlag gegeben hatte. Er winkte dem jungen Mann zu, nahm seinen Hut und verließ die Funkkabine.

Schah Akhbar

Als Astor aus dem Funkhaus wieder aufs Bootsdeck trat, war er einen Augenblick unschlüssig, wohin er sich wenden solle. Er sah auf die Armbanduhr. Erst fünf. Die Stunde bis sechs mußte er vertun. Er fühlte völlige Leere in sich. Langsam ging er den Bootsgang entlang, öffnete die Tür zum Stiegenhaus, schritt versonnen die breiten teppichbelegten Stufen hinab und bog in die Galerie der Verkaufsläden ein, die scherzweise Shopping-Street genannt wurde. Seine Miene war unbewegt, das Auge ohne Glanz, die Bräune seiner Haut eine Spur blasser als sonst. Aber allmählich begannen sich in ihm wieder Gedanken zu regen. Zahlen schwirrten durch sein Gehirn, bildeten Ketten, Gruppen und Ringe.

Mit einemmal blieb er stehen. Die Galerie der Läden, in denen der Tand zweier Welten feilgehalten wurde, war gegen Mittschiff unterbrochen; bequeme Sessel waren an der ausgebauchten Brüstung aufgestellt, man sah da hinab in die große Halle, wo sich um diese Stunde die gute Gesellschft zum Tee einfand. Um kleine runde Tische waren zwanglose Gruppen gebildet. Die Frauen und Mädchen in hellen, luftigen Kleidern, ohne Kriegsbemalung und ohne den steifen Prunk der großen Abendtoilette; die Herren in Straßenanzügen, die Offiziere in kleiner Uniform. Ein lebhaftes Treiben hin und her zwischen den Tischen. Fröhliches Lachen wirbelte da und dort auf; gedämpfte Musik klang durch den Raum. Wie im Astoria! fuhr es ihm durch den Kopf, als er sich in einen der Sessel niederließ und auf das bunte Bild hinabsah.

Von diesem Stichwort aus liefen, nein, sprangen seine Gedanken weiter. Ist das nicht meine Sache? Häuser bauen, Wohnstätten schaffen: das war das Astorziel gewesen von eh und je! Aber nun war etwas Neues in die Welt gekommen. Die Menschen lösten sich vom Boden. Sie wurzelten nicht mehr ein Leben oder gar Generationen lang an einem bestimmten Platz wie Bäume. Die Oberschicht hörte auf, seßhaft zu sein. Ein neues Nomadentum entstand. Er, Astor, hatte das rechtzeitig gefühlt, begonnen, Karawansereien zu errichten, in denen die Nomaden ihr Heim fanden. Aber das hier war ein Schritt weiter. Eine Karawanserei auf der gebändigten Meerflut, ein schwimmender Palast, der alles in Schatten stellte an Wohnlichkeit, Behagen und Prunk, was je auf dem Lande gebaut worden war!

Und mit einemmal stand der Gedanke fest in ihm: ich werde dieses Schiff kaufen! Nein, noch besser: ich werde die Majorität der White Star kaufen! Diese Leute aus der Alten Welt haben Ideen, haben Überlieferung, haben Gründlichkeit, haben Genie. Sie fangen die Dinge richtig an: aber sie bleiben auf halbem Weg stecken, es fehlt ihnen der Zug ins Große, wie ihn die Weiträumigkeit der Neuen Welt verleiht. Es gibt in Europa keine wahren Machtbesitzer, keine Feldherrn des Geldes. Wer etwas Großes durchführen will, muß das Geld aus tausend Kanälen in eine Aktiengesellschaft leiten. Alle europäischen Unternehmungen leiden unter der Rücksicht auf den Aktionär, der heute sein Geld einlegt und schon übermorgen Dividende haben will; und der zu greinen beginnt, wenn die Dinge nicht so gehen, wie er es sich ausgemalt hat. Ich werde Astorkapital dahinterstellen und Astormut! Was ist das schon: ein solches Schiff? Zwei solche Schiffe? Ein Dutzend Titanics will ich bauen! Eine Flotte Titanics! Ein Manhattan des Ozeans! Eine schwimmende Stadt für die Beherrscher der Erde!

Ich habe es satt, begann er bei sich aufzubegehren,

mich mit den Kleinbürgern und Proleten New Yorks wegen der Mieten herumzuschlagen. Mögen sich andere diesem undankbaren Geschäft widmen. Ich werde die Häuser verkaufen und nur den Boden behalten, wie es der Herzog von Westminster gemacht hat. Ich werde das Stichwort in Umlauf setzen: Hausbesitz im Zentrum von New York beste Kapitalanlage! Die kleinen Kapitalisten werden sich die Sohlen ablaufen, um für eine Million, für zwei Millionen, für drei Millionen so ein Haus als Anlage zu erwerben, vollgestopft mit schmutzigen Mietern! Sie werden mich noch bitten, ihnen die Häuser zu verkaufen. Werden glücklich sein, wenn sich ihr Geld mit vier Prozent verzinst.

Ich aber werde die Wolkenkratzer des Meeres bauen! Eine Serie von schwimmenden Astoria-Hotels! Die Leute von der White Star sind in Verlegenheit. Sie brauchen Geld. Sie sollen es haben. Aber nicht gegen Zinsen, wie sie sich das denken, gegen Zinsen und Maulhalten. Sie sollen Geld bekommen, viel Geld, jedes Geld — aber unter einer Bedingung: Herrschaft über die Gesellschaft! John Jakob Astor Präsident der größten Schiffahrtsgesellschaft der Welt, der „Astor-Line"! Und Helia Königin der Meere — Helia mit dem Blauen Diamanten auf der Stirn!

Als Astor mit seinen Phantasien bei diesem Punkt angelangt war, gab es ihm einen Ruck. Er sah nach der Uhr: noch fünfundvierzig Minuten. Wie langsam die Zeit vergeht! Er trat wieder in die Shopping-Street zurück, ging mit raschen Schritten bis an deren Ende, bog links ab in einen Seitengang. Da lag in betonter Zurückgezogenheit und Schlichtheit ein schmaler Laden, auf dessen Spiegelscheibe in kleinen Metallbuchstaben stand:

GRIFFIN & CO.
GOLDSCHMIEDE

Man hätte in dem Laden allerdings vergebens nach Griffin oder nach Co. gesucht: denn die Doppelfirma gehörte nur einem einzigen Manne, der den weit minder englischen Namen Halevy trug, ein kleiner, hochschultriger Mann, ein Spaniole aus Amsterdam. Aber dieser Mann mit seinem unscheinbaren Laden war weit mehr, als der schlichte Titel der Firma ansagte. Er war der Einkäufer der Titanen, wenn es sich um außergewöhnliche Schmuckstücke handelte.

Als Astor den Laden betrat, war dieser, wie fast immer, leer; nur ein alter Mann mit weißen, dichten Lokken und rasiertem Schauspielergesicht saß hinter einem kleinen Schreibtisch und blätterte in einem Akt, den er einem eisernen Wandschrank entnommen hatte. Es war der Sekretär Halevys, dessen Faktotum. Der Makler besaß nur diese einzige Hilfskraft in seinem Geschäft.

Da Halevy grundsätzlich nur jemanden empfing, der sich telefonisch angesagt und dem er, wie ein vielbeschäftigter Arzt, eine Empfangsstunde zugesagt hatte, war es zweifelhaft, ob Astor zur Audienz zugelassen werden würde. Er war auf gut Glück gekommen; er konnte auf Ausnahme von der Hausregel rechnen, wenn Halevy gerade frei war: er zählte zu den Intimen des großen Mannes. Kaum war er eingetreten, hob der Sekretär das Hörrohr vom Tischtelefon ab, als habe er ihn erwartet. Mit halblauter Stimme sagte er nur: „Der Oberst." Darauf legte er geräuschlos den Hörer auf die mit Samt überzogene Gabel, erhob sich, ging unhörbar zur dickgepolsterten Tür zum Chefraum, öffnete sie und machte eine einladende Bewegung zu Astor hin.

„Herr Halevy läßt bitten", sagte eine heisere Stimme; sie klang, als dränge sie mühsam durch einen Wattefilter.

Als Astor eintrat, erhob sich Halevy hinter seinem Schreibtisch, der allerdings kein richtiger Schreibtisch war, sondern ein Panzerschrank. In ihm befanden sich die wenigen Wertstücke, die der sogenannte Goldschmied gelegentlich selbst erwarb; allzumeist betätigte er sich nur als Makler, der seine Freunde auf ihm bekannt gewordene, ihren Wünschen entsprechende Objekte hinwies. Er hatte eine erstaunliche Übersicht, wo in der Welt besondere und seltene Schmuckstücke sich befanden. Durch ein ausgebreitetes Netz von Agenten wurde er stets auf dem laufenden gehalten, fast immer erfuhr er es zuerst, wenn sich irgendwo der Besitzer eines solchen Stückes aus Laune oder durch veränderte Umstände von seinem Besitz trennen wollte. Meistens kauften seine Klienten die ihnen empfohlenen Stücke, ohne sie gesehen zu haben, lediglich im Vertrauen auf seine Sach- und Menschenkenntnis. Sie überließen ihm den Erwerb unter Festlegung eines Limits. Man wußte, daß er das Interesse der Käufer wie der Verkäufer gleichmäßig wahrnahm, sich mit zehn Prozent der Verkaufssumme begnügte, und meist wurde der von ihm genannte Preis wie ein gerechter Schiedsspruch von beiden Teilen hingenommen.

Halevy ging Astor ein paar Schritte entgegen, lud ihn mit einer verbindlichen Handbewegung ein, auf dem Aubussonsessel ihm gegenüber Platz zu nehmen, und ließ sich dann wieder in seinen Lederstuhl nieder, dessen abgeschabte Polsterung von der Umgebung seltsam abstach. Als setzte er ein Gespräch fort, das er vor sechs Wochen in Biarritz mit dem Obersten gehalten hatte, begann er:

„Ich glaube, ich habe das Richtige für Sie gefunden, Oberst! Ein antikes Golddiadem ..."

Astor machte eine leicht ablehnende Bewegung mit

der Hand; aber Halevy ging darüber weg mit der überlegenen Sicherheit eines berühmten Arztes, der den törichten Einwand des Kranken beiseite schiebt.

„Bekanntlich ist der Schatz des Priamos, den Schliemann bei seinen Grabungen in Troja gefunden hat, Schmuckgut aus einer viel späteren Periode als der des homerischen Troja. In den unteren Schichten, in denen man Scherben der mykenischen Zeit fand, war keine Spur von Schmuckstücken zu entdecken; offenbar hatten schon die erobernden Griechen oder spätere antike Schatzgräber alles Wertvolle verschleppt. In alten persischen und arabischen Schriften taucht aber immer wieder die Mitteilung auf: im Kronschatz des Dareios Kodomannos habe sich ein Sonnendiadem befunden, das ehedem Helena getragen habe! Der Name Helena ist durchsichtig genug. Er ist von Helios abgeleitet, dem Sonnengott. Die schönste Frau der antiken Welt galt also wohl als Abkömmling des Gottes, als Sonnentochter, wenn nicht als Sonnengöttin selbst."

Halevy hielt einen Augenblick inne. Er wußte genau, welche Gedankenverbindung sich in diesem Augenblick in Astor anspann, wenn auch kein Wimperzucken das Aufsteigen dessen innerer Erregung verriet.

„Als nachmals Alexander das Reich des persischen Großkönigs eroberte, fiel ihm auch die Schatzkammer mit den Reichskleinodien in die Hände. In einem Preisgedicht seines Hofdichters Kallisthenes, das verlorengegangen ist, von dem aber eine baktrische Übersetzung, sich vor etwa zwanzig Jahren in einer Turfanhöhle gefunden hat, wird die große Feier beschrieben: wie Alexander in Babylon zum Sonnenkönig, zum gottgleichen Herrscher von Sonnenaufgang bis Sonnenuntergang, geweiht wurde."

Halevy hielt inne. Es war ganz still im Raum. Dann fuhr er fort.

„Man darf annehmen, daß dem großen Alexander die Krone mit ins Grab gegeben wurde. Aber als nachmals das Alexanderreich unter den Diadochen zerfiel, das ehedem wie ein Garten des Paradieses blühende Zweistromland zu Wüste wurde, durch die nur Beduinenstämme schweifen, haben Räuber das Grab des west-östlichen König-Gottes völlig ausgeplündert. Doch in den mündlich überlieferten Lagerfeuermärchen und in einzelnen fragmentarisch aufgezeichneten arabischen Heldengesängen wird berichtet: die Sonnenkrone der Helena sei zu einem Stamm der Südbeduinen gelangt, werde dort als großes Heiligtum aufbewahrt und von Scheich zu Scheich weitervererbt."

Während Halevy bis jetzt wie aus einer Traumschau heraus vor sich hingesprochen hatte, wandte er sich nun unmittelbar an Astor in seinem gewöhnlichen kühlsachlichen Tonfall.

„Bald nach unserer Unterredung in Biarritz erhielt ich die Nachricht von einem meiner Agenten: er erwarte mich schnellstens in Aden, er habe eine unerhörte Kostbarkeit aufgetrieben, ich müsse selbst kommen; Näheres könne er mir aus bestimmten Gründen nicht schreiben. Ich schiffte mich in Marseille ein und traf den Mann in Aden im Rasthaus des Araberviertels. Er erzählte: es sei ihm auf seinen Erkundungsfahrten gelungen, ins Hadramaut vorzudringen, jenes sagenhafte Land der südarabischen Wüste, das noch nie eines Weißen Fuß betreten hat. In den tief eingeschnittenen Tälern stehen uralte Städte von unwahrscheinlicher Bauart: Häuser, Tempel und Paläste, zwanzig Stockwerke hoch, wie Vorbilder eurer Wolkenkratzer in Manhattan; aber schon tausend Jahre und länger stehen sie da unter der Glut des Wüstenhimmels, völlig abgeschlossen von der übrigen Welt, das Leben rollt an ihnen vorbei, ohne Zeit, ohne Wandel."

Astor machte eine Bewegung, als wolle er etwas fragen. Aber Halevy wehrte mit einer Handbewegung ab.

„Ich erzähle nur nach, was mein Agent mir berichtete, der einer Lüge so unfähig ist wie ... nun, wie eben nur ein Araber aus edlem Blut."

Ob allerdings Halevy jetzt selbst die Wahrheit sprach, war ungewiß. Ein Ton schwang in seiner Stimme, als habe er Gründe, zu verschweigen, ob er etwa selbst im Hadramaut gewesen. Möglich war solches Wagnis bei ihm durchaus: er war einmal während des Beiramfestes in Mekka und bis in die allen Ungläubigen bei Todesstrafe verbotene Kaaba-Zelle vorgedrungen, hatte in einem Felsentempel an der Malabarküste einem blutigen Dhurgafest der Geheimsekte der Thugs beigewohnt und im inneren Tibet die Zaubertänze der schwarz-magischen Rotkappenlamas heimlich belauscht. Er war mit Sprachen und Sitten des Ostens so völlig vertraut, daß ihn Allah selbst für einen Rechtgläubigen gehalten hätte.

„Im Turmpalast eines dieser verschollenen Wüstenhorste lebt ein uralter Scheich. Er ist der Letzte eines Geschlechts, das bis auf Ali, den Schwiegersohn des Propheten, zurückreicht. Er hat nur noch einen Wunsch auf Erden: seinen Stamm, der schiitisch ist, für die vernichtende Niederlage zu rächen, die ihm ein sunnitischer Stamm aus dem Jemen vor nun sechzig Jahren zugefügt hat. Dazu brauchte er angesichts der gewaltigen Übermacht seines Gegners moderne Waffen. Aber Tauschware oder Geld, um sie zu kaufen, besaß der Stamm nicht. Und so hatte sich der Scheich entschlossen, ein Schmuckstück zu veräußern, das sich in seiner Familie seit den Tagen des Propheten fortgeerbt hatte. Wie dieses in seine Familie kam und woher es stammt, das stand auf der Rückseite einer uralten Koranrolle in der krausen Schrift der damaligen Zeit zu lesen; auf ihr befanden sich weiterhin die lückenlosen Eintragungen der Häuptlinge über die wichtigsten Geschehnisse der Stammesgeschichte."

Also doch! dachte Astor, der gespannt zuhörte, ohne aber dieses Interesse in seiner Miene zu verraten.

„An den Besitz dieses Erbstückes war die Prophezeiung geknüpft: solange es in der Familie bleibe, werde der Stamm siegreich sein und blühen. Nun war aber doch offenbar geworden, daß es mit dieser Prophezeiung nicht zum besten stehe, denn der Stamm war nun schon zwei Menschenalter lang verarmt und machtlos und ging seinem Untergang entgegen, wenn nicht ein glorreicher Sieg ihm neues Leben verlieh. Und da die Vernichtung räudiger Sunnitenhunde vor Allah wohlgefällig ist, so hatte der Scheich beschlossen, das nutzlose Erbstück zu verkaufen und mit dem Erlös nützliche Maschinengewehre anzuschaffen, über deren segensreiche Wirksamkeit er durch seine Spione genau unterrichtet war."

Halevy hielt inne, öffnete eine der Schubladen des Panzerschreibtisches, hob eine ziemlich umfangreiche Kassette aus dunkelgrünem Maroquin heraus und stellte sie vor Astor hin.

„Und so ist für den lächerlichen Preis von einer Million Maria-Theresia-Talern, das ist eine halbe Million Dollar, die Sonnenkrone Alexanders, die sich auf geheimnisvollen Wegen in die verschollenen Wadis des Hadramaut verloren hatte, in meinen Besitz gelangt."

Nun drückte Halevy auf den Knopf der Kassette, der Deckel sprang auf. Da lag auf dunkelgrünem Samt ein wahres Wunderwerk antiker Goldschmiedekunst: die Alexanderkrone!

Sie glich insofern dem Schlangendiadem, wie es die ägyptischen Priesterkönige trugen, als sich aus ihm mit geblähtem Halsschild eine Uräusschlange steil aufrichtete. Auch am Stirnreif war ersichtlich, daß er von drei

Ringen eines Schlangenleibes gebildet wurde. Aber er war auch mit den symbolischen Ornamenten des Okeanos bedeckt. Und so war hier die uralte Vorstellung verkörpert: daß die erdumspannende Meerflut die Weltschlange sei, die morgens aus ihrem Schoß die Sonne gebiert und sie abends wieder verschlingt. Daher war auch der Halsschild als Sonne gestaltet, aus deren leuchtender Scheibe rings im Kreis Strahlenfackeln lodern. Über ihnen aber schwebte, wie ein ferner Stern, ein Haupt, das nicht das einer Schlange war: es trug Züge eines Frauenantlitzes, geschlossene Augen, traumbefangen, nicht deutlich erkennbar, als sei es seinem Urwesen noch nicht völlig entboren. Das Wunderbarste aber war der lichte Glanz, der von der Krone ausging. Lag es an der eigentümlichen Behandlung der Oberfläche, lag es am Material: sie sah nicht aus, als sei sie aus Gold oder aus irgendwelchem andern irdischen Stoff. Ein inneres Leuchten ging von ihr aus, als wäre sie Stoff gewordenes Sonnenlicht.

Während Astor mit nicht mehr verhehltem Entzücken das Diadem betrachtete, hatte Halevy über den Tisch die Koranrolle gebreitet und wies auf die Eintragungen der Rückseite hin, in deren verschiedenen Schriftzügen sich der Wandel der Jahrhunderte abzeichnete.

„Die Bestätigung durch dieses Dokument ist für den Kenner einwandfrei", sagte er mit einem leisen Klang von Gelehrtenhochmut in der Stimme. „Natürlich reicht sie nur bis zum Propheten. Die weiteren tausend Jahre bis zum großen Alexander sind Konjektur. Aber die Übereinstimmung des Stückes mit der Beschreibung des Kallisthenes ist so vollständig, die arabischen Überlieferungen decken sich so auffällig mit der Schilderung am Anfang des Dokumentes über den Weg, den das Diadem genommen hat, bis es in den Besitz des Ali-

Enkels gelangte, daß die Beglaubigung als hundertprozentig angesehen werden kann."

„Aber das mit Helena?" fragte Astor zögernd, fast ein wenig ängstlich.

„Hierfür gibt es einen Beweis, der als einwandfrei angesehen werden muß. Ich habe das Gold chemisch untersuchen lassen. Es stellt eine Legierung dar, die sich nur in ganz wenigen Resten auf der Erde erhalten hat: in einigen Armreifen und einer Dolchklinge, die im Palast zu Knossos gefunden wurden, also aus der ältesten Zeit kretisch-minoischer Kultur stammen; und in kleinen Bruchstücken, die man in atlantischen Dolmengräbern in der Bretagne, im Atlas und in Samaria fand. In allen diesen Stücken ist das Gold mit einem völlig unbekannten Metall legiert, das ihm diesen eigentümlichen sonnenhaften Glanz verleiht und zugleich eine sonst durch keine andere Legierung erreichbare Härte. Gelehrte vertreten die Meinung: diese Legierung mit einem heute auf der Erde nicht mehr vorhandenen Metall sei das ‚Erz', mit dem die Mauer der Atlantis-Stadt Poseidonia verkleidet war, von der Plato im Kritias erzählt. Und bekanntlich gibt es eine Hypothese, derzufolge die Erbauer der Dolmengräber an den Mittelmeerküsten, und insbesondere die Träger der sogenannten minoischen Ur-Kultur von Kreta, nichts anderes waren als — Atlantier."

Und dann nach einer kleinen Pause.

„Aber mag dem sein wie immer: sicher ist nach den chemischen Befunden, daß diese Sonnenkrone aus einer Zeit stammt, die am Beginn der uns bekannten Erdkultur liegt, denn die Kunst, solche Goldlegierung herzustellen, ist seither verlorengegangen. Und jedenfalls ist eines höchst merkwürdig: Theopomp von Halikarnaß zitiert einen alten Schriftsteller, der aus Solons eigenem

Munde gehört haben will — Helena sei eine kretische Prinzessin gewesen."

Und wieder nach einer Pause mit gedämpfter Stimme:

„Ich denke, das Sonnendiadem der Helena, das der große Alexander sich aufs Haupt gesetzt: das wäre der richtige Stirnreif für Helia!"

Mit einem Ruck stand Astor auf.

„Ich kaufe das Stück!" sagte er hart und legte die Hand auf das Diadem mit einer Bewegung, die ihm in gewissen Augenblicken seines Lebens eigentümlich war: was diese Hand ergriff, ließ sie nicht mehr los.

Halevy schien die Äußerungen Astors nur als unerwünschte Störung seines wissenschaftlichen Vortrages zu empfinden, und fuhr in lehrhaftem Ton fort:

„Ich muß Sie aber auf einen Fehler des Objektes aufmerksam machen", und wies mit seinem knochigen Greisenfinger auf die Mitte des Sonnenrades. „Hier hat das Gold deutlich eine andere Farbe. Die chemische Analyse hat auch ergeben, daß dies eine gewöhnliche Goldlegierung ist, wie sie im Orient während des Mittelalters üblich war. Diese zwölfeckige Platte wurde also später eingefügt. Was ehedem an deren Stelle war, läßt sich nicht ausmachen: gewisse Anzeichen auf der Rückseite lassen vermuten, daß hier ehemals ein großer Stein eingesetzt war. Eine dunkle Stelle im Gedicht des Kallisthenes könnte vielleicht darauf gedeutet werden, da er einmal von einem ‚blauen Glanz' spricht. Ob aber dieser Stein ursprünglich dem Diadem zugehörte, ist ungewiß; ja man könnte daran zweifeln, da in Zeiten echter alter Kultur Gold und Edelsteine nicht verbunden zu werden pflegten: Gold wurde als göttlichen, Steine aber als dämonischen Ursprungs angesehen. Erst in späteren, barbarischen Zeiten, in denen das Wissen um die magischen Entsprechungen verlorengegangen

war, wurden Arbeiten aus stoffgewordenem goldenen Sonnenlicht mit erdgeborenen Steinen verziert und sie dadurch um ihre geheime Kraft gebracht. Ich möchte annehmen — ohne freilich diese Annahme beweisen zu können —, daß ehedem an dieser Stelle auch nur eine Goldplatte saß, in die ein magisches Zeichen eingeritzt war: das große Ur-Wort, das dem Geweihten übernatürliche Kräfte verleiht. Dieses ur-heilige Zeichen mochte dem barbarischen Makedonen zu anspruchslos erschienen sein, und er war es vielleicht, der es ausbrechen und durch einen Stein ersetzen ließ. Aber wie dem auch sei: dieses Herzstück des Helenadiadems ist verlorengegangen, die Lücke wurde von irgendeinem der späteren Besitzer durch eine belanglose Goldplatte ersetzt. Im magischen Sinne ist dadurch das Diadem entweiht und besitzt heute nur noch Zierwert. Aber auf diesen wird ja heute allein nur geachtet!" schloß Halevy mit einem abschätzigen Lächeln.

„Gleichwohl: ich kaufe das Stück!" wiederholte Astor. „Aber ich möchte nicht von der Gunst Ihres Einkaufs profitieren. Ich zahle siebenhundert Mille. Ein Astor kauft nichts unterm Wert!"

Diese stolze Rede tat Astor wohl und beruhigte etwas seine innere Erregung. Er vergaß dabei allerdings, daß kürzlich Charles Widener eine pontische Tiara — also aus der römischen Kaiserzeit und von jener Art, die er als Goldblech bezeichnete — mit einer Million Dollar bezahlt hatte, und daß überhaupt der Grundsatz, nichts unterm Wert zu kaufen, in der Astorfamilie nicht immer heimisch war.

„Aber Halevy winkte ab.

„Ich habe bei meinen Freunden einen festen Satz. Und was den Begriff des Wertes anlangt", fuhr er mit einem leichten, fast spöttischen Lächeln fort, „so wird er gewissen Dingen gegenüber unfaßbar."

Astor biß die Zähne zusammen. Der verdammte Jude, dachte er, läßt doch keine Gelegenheit vorübergehen, ohne seine Unabhängigkeit zu betonen und sich als den Gebenden hinzustellen! Er hätte jetzt um nichts in der Welt auch nur ein Wort des Dankes aussprechen können, wiewohl eine heiße Welle des Stolzes in ihm aufstieg über diesen Erwerb.

„Nun, wie Sie meinen", sagte er steinern. „Wollen Sie die Güte haben, das Stück noch bis morgen in Verwahrung zu nehmen? Ich hole es selbst ab. Und dann: haben Sie bitte die Güte, auf die Kassette den Namen meiner Frau prägen zu lassen: HELIA ASTOR."

„Gern", erwiderte Halevy; und von nun an schien er die Rolle eines Händlers zu spielen, der ein großes Geschäft glücklich gelandet hat. Er begleitete Astor überhöflich bis an die Eingangstür, verbeugte sich ein wenig zu tief, als er ihm zum Abschied die Hand reichte; aber dann sagte er mit hinterhältiger Liebenswürdigkeit:

„Ich freue mich, Oberst, daß es mir möglich war, Ihnen diesen Erwerb zuzuwenden."

Einen Augenblick lang wußte Astor — das widerfuhr ihm selten — nicht genau, wie er sich verhalten solle. Dann aber konnte er doch nicht umhin zu sagen:

„Es ist an mir, lieber Herr Halevy, Ihnen für den Erwerb dieses seltenen Objektes zu danken."

Aber gleichzeitig legte er die Hand kordial auf die Schulter des um zwei Köpfe kleineren Mannes, um dadurch den Ausdruck seiner Verpflichtetheit wiederum etwas abzuschwächen.

Als Astor in die Shopping-Street einbog, schwand jede Spur von Unmut; nur ein ungeheures Siegesgefühl blieb in ihm zurück.

„Ich bin in der großen Glückssträhne", sagte er bei

sich. „Alles gelingt mir heute. Das ist Helia! Nur sie. Die Sonnentochter zieht das Glück an!"

Um niemand zu begegnen, bog er in einen Nebenkorridor ein und stieg über abseitige Treppen, die zu seinen Zimmern führten. Sein Appartement lag in der vorderen Steuerbordecke der Oberdeckkabinen; von seinem Arbeitszimmer aus sah man durch eines der Fenster tief auf das Verdeck hinab, durch das andere weit hinaus über die wellengefurchte Fläche des Meeres.

Kurz nach ihm trat Josuah ein. Seine Miene war gespannt und ernst, sie stach auffallend ab von der Astors, der einen gelösten und frohen Ausdruck im Gesicht trug wie nur selten.

„Der Mann ist an Bord. Es war nicht ganz einfach. An einer Stelle riß die Spur vollkommen ab. Zufällig fand ich sie wieder."

Astor wartete auf Fortsetzung des Berichtes. Aber Josuah traf keinerlei Anstalten.

„Warum hast du ihn nicht mitgebracht?" frug er mit etwas Unmut in der Stimme.

„Er will nicht kommen."

„Er will nicht? Hast du ihm nicht gesagt, wer der Käufer ist?"

„Ich hatte nicht nötig, es ihm zu sagen. Als ich bei ihm eintrat, empfing er mich mit den Worten: ‚Sie kommen von Oberst Astor. Sagen Sie Ihrem Freund, der Stein ist nicht verkäuflich!'"

Astor trat betroffen einen Schritt zurück. Sind heute alle verrückt? dachte er. Aber Josuah fuhr in seinem Bericht fort, scheinbar gelassen, doch eine tiefe Erregung zitterte unter seinen Worten.

„Er sagte, der Stein habe schon genug Unheil angerichtet. Sein Karma sei abgelaufen. Er will ihn den Göttern opfern."

Astor hatte begonnen auf und ab zu gehen.

„Was?“ schrie er. „Er will meinen Stein opfern? Er ist wahnsinnig! Ein gemeingefährlicher Verbrecher! Man muß ihn einsperren!“ und machte ein paar Schritte gegen die Tür.

Dann aber hielt er an, biß sich auf die Lippe, wandte sich langsam um.

„Das ist wohl nur ein Trick, um den Preis hinaufzuschrauben!“

„Nein“, sagte Josuah ruhig, „der Mann ist ein Chinese, Mitglied des Priesterordens vom Grünen Drachen. Außerdem auch ein Sanyasin, der nur noch auf sein Seelenheil bedacht ist. Er ist ehrlich wie ... nun, wie nur ein Chinese aus edlem Blut.“

Den Satz habe ich doch heute schon einmal gehört! fuhr es Astor durch den Kopf. Aber jetzt war nicht Zeit, sich Spekulationen hinzugeben; etwa darüber, woher es komme, daß nie jemand sagen würde: ehrlich wie ein Amerikaner aus edlem Blut. Jetzt war Zeit zum Handeln. Aber noch zögerte er.

„Hast du den Stein gesehen?“

„Ja. Er ist ... über jede Beschreibung!“

„Dann komm!“ Astor faßte Josuahs Arm, freundschaftlich, aber auch etwas zerstreut. „Wir wollen doch sehen, wer stärker ist: dein Chinese oder ich?“

Die Kabine des Mannes mit dem Stein lag ganz vorn im Bug des Schiffes. Es war eine Vier-Bett-Kabine, der Chinese hatte alle Plätze bezahlt, aber die Betten herausnehmen lassen. Für den gleichen Preis hätte er Erster Klasse reisen können; aber er zog es vor, in diesem entlegenen Teil des Schiffes zu hausen. Diese Kabinen waren beim Publikum nicht beliebt. Schon bei ruhiger See verursachte die Bugwelle ein ständiges wildes Rauschen; bei Sturm aber wird es ein wahrer Höllenlärm, wenn die riesigen atlantischen Brecher sich der Brust des Schiffes entgegenwerfen und mit zerspaltenem Haupt an ihm emporzischen.

Als Lager hatte sich der Chinese eine dünne Matratze auf den Boden gebreitet; darüber lag eine seidene Dekke; eine von langem Gebrauch glattgescheuerte Kopfbank vertrat das Kissen. Zu Füßen dieses primitiven Lagers stand eine derbe blechbeschlagene Kiste, wie sie Seeleute als Berge ihrer persönlichen Habe an Bord zu bringen pflegen. Sonst befand sich nichts in der Kabine als ein kleiner Tisch unter dem Bullauge, davor eine breite Bank ohne Lehne, daneben zwei Hocker.

Auf der Bank saß mit unterkreuzten Beinen der Chinese. Es war fast völlig finster in der Kabine, ihr Bewohner hatte das Bullauge mit einem Pappendeckel dicht abgeschlossen. In dessen Mitte war ein kleines kreisrundes Loch eingeschnitten, durch das ein Pfeil Sonnenlicht hereinfiel. Vor sich auf den Tisch hatte der Chinese eine kleine bronzene, oben abgestumpfte Pyramide gestellt, bedeckt mit alterümlichen Schriftzeichen. Auf diesem Sockel lag der so heiß gesuchte Stein. Der goldene Lichtpfeil fiel auf ihn, verwandelte sich in blaue Flamme und fuhr aufwärts in das Gesicht des Chinesen. Der saß vorgekrümmt, steif wie im Starrschlaf: Augäpfel nach oben verdreht, Arme im Krampf ausgestreckt, Finger verkrallt, als wollten sie in Todesangst nach etwas greifen.

Josuah klopfte einmal, zweimal, ein drittes Mal. Keine Antwort. Nun öffnete er die Tür, die beiden Freunde traten in den dunklen Raum. Was da vorging, konnten sie nicht wahrnehmen, denn der Chinese saß mit dem Rücken gegen die Tür. Nur sein gespenstischer Umriß war zu erkennen, sein Schatten gegen das blaue Leuchten, das er verdeckte. Astor und Josuah blieben stehen, sie warteten, bis sich der Mann erheben würde.

Der aber schien sie nicht zu bemerken. Zuweilen

brach ein gequältes Seufzen aus seiner Brust, die Arme zitterten, die Finger griffen ins Leere. Dann brach ein wilder Aufschrei aus ihm heraus. Und nun mit einemmal löste sich der Krampf, der Oberkörper richtete sich auf, der Mann nahm ein gelbes Seidentuch, das neben ihm auf dem Tisch lag, und warf es über die kleine Säule. Nun sah es aus, als stünde da eine Nachtlampe, die ein gedämpftes grünliches Licht ausstrahlt und den Raum mäßig erhellt. Der Mann wandte sich gegen die Eingetretenen und lud sie mit einer Handbewegung ein, auf den Hockern Platz zu nehmen.

Ohne Einleitung wandte er sich an Astor und begann mit müder Stimme, langsam, ein wenig stockend:

„Ich habe Ihr Ersuchen meditiert. Ich kann Ihnen jetzt einen anderen Bescheid geben. Ich bin bereit, Ihnen den Stein zu überlassen."

Astor warf einen raschen Blick zu Josuah hinüber, der scheinbar teilnahmslos dasaß. Aber das aufzukkende spöttische Lächeln um seine Lippen erfror, als der Chinese nach kurzer Pause in seinem mühsamen Englisch und in schleppendem Tonfall fortfuhr:

„Nein, ich verkaufe ihn nicht. Aber ich bin nicht stark genug für ihn. Vielleicht sind Sie es."

Astor fühlte ein Frösteln das Rückgrat entlang. Das klang wie Antwort auf seine eigenen Worte droben in der Kabine! Er war nicht imstande, ein Wort herauszubringen. Aber gleichmütig fuhr der Chinese fort, wie ein Dozent vor geladenen Zuhörern.

„Edelsteine sind formgewordene Kraft. Die kleinen, die getrübten, haben wenig Wirkung. Falscher Schliff zerstört den magischen Strom. Aber die großen, die völlig reinen, bei denen der Schliff dem Formwillen entspricht: sie sind Quellen gewaltiger Mächte. Wie sie wirken, zum Guten, zum Bösen: das hängt vom Besitzer ab. Von seiner eigenen magischen Kraft, die die Kraft des Steins lenkt, bändigt, aufhebt oder stärkt. Sie, Oberst, sind im Widder geboren, ich im Skorpion; meine Kraft ist zu schwach."

Eine Pause. Dann, indem er auf die grüne Lampe wies:

„Dieser Stein ist böse. Er hat seinen Besitzern viel Unglück gebracht. Ich wollte ihn opfern. Ich bin auf dem Weg in meine Heimat. In Szechuan in einer Felsenhöhle thront der Vollendete, umgeben von den achtzehn Lohans. Sie beschließen, was auf Erden Schicksal wird. Dahin wollte ich ihn bringen. Wollte ihn in den Spalt werfen, der sich zu Füßen des Vollendeten öffnet, der hinabreicht bis in den Mittelpunkt der Erde. Aber ich bin zu schwach. Er ist stärker als ich."

Die Rede des Chinesen war allmählich in ein leises Murmeln übergegangen, als bete er eine buddhistische Litanei. Dann erhob er sich schwerfällig und trat vor Astor: riesengroß, hager, mit schlotterndem Gewand stand er vor ihm, kahler, fleischloser Schädel, stumpfe schwarze Augen in tiefen Höhlen.

„Vielleicht sind Sie der Starke, der ihn bändigt, Oberst Astor! Ich überlasse Ihnen den Schah Akhbar. Vielleicht sind Sie sein rechter Herr!"

„Zu welchem Preis?" fragte Astor mit erstickter Stimme.

„Dieser Stein hat keinen Preis. Noch vor einer halben Stunde hätte Ihr ganzes Vermögen nicht ausgereicht, ihn mir abzuhandeln. Aber inzwischen bin ich untergetaucht. Ich weiß, was mir droht, wenn ich ihn behalte. Verkaufe ich ihn, droht mir das gleiche. Aber prüfen Sie sich und ihn, bevor Sie ihn annehmen. Schauen Sie in die Zukunft. Wie weit Sie sehen können, steht bei Ihnen."

Nach diesen Worten holte der Chinese aus der Tischlade eine mit grünen Drachen bemalte Kumme, in der ein Stück schmutzigbraunes Harz lag. Stellte sie auf den Tisch. Ging lautlos auf seinen Filzsohlen zu einem Wandbord, langte einen niedrigen Ständer herab mit einem Stück roter Wachskerze darin, stellte ihn neben die Kumme. Zündete die Kerze an. Nestelte aus dem Gewand ein Ledertäschchen heraus, das er an einer Art Rosenkranz auf der Brust trug. Entnahm ihm einen schmalen Papyrusstreifen, bedeckt mit allerlei seltsamen Zeichen. Hielt den Streifen gegen die Stirn, verbeugte sich dreimal; hielt ihn gegen den Mund, verbeugte sich zweimal; hielt ihn an die Herzgrube, verbeugte sich einmal. Murmelte einige rhythmisch klingende Zeilen. Dann entzündete er den Streifen, warf ihn brennend auf das Harz, verlöschte die Kerze. Aus der Kumme wirbelte eine Rauchsäule auf, verbreitete sich in Ringen durch die Kabine. Es roch süß nach Ambra, dazwischen aber schwebte ein leicht stechender Geruch. Nun nahm er das Tuch von der Säule mit dem Stein und trat zur Seite. Die blaue Flamme warf auf die gegenüberliegende weißlackierte Tür eine zwölfeckige Figur.

Astor und Josuah waren aufgesprungen und starrten benommen auf den Stein. Der Anblick, den er bot, war allerdings über jede Beschreibung. Sein Blau war nicht streng wie das des Saphirs, nicht brennend wie das Blau tropischer Schmetterlinge, nicht kindlich wie das Blau von Vergißmeinnichtblüten: es war das Blau eines klaren Bergsees, in dem sich der Frühlingshimmel widerspiegelte. Es lockte, und gleichzeitig drohte dahinter Ahnung von Gefahr.

Nun begannen die Rauchringe leise niederzusinken, umhüllten den strahlenden Stein mit einem Hof von grauem Dunst. In dem Spiegelbild an der Wand entstand ein Ziehen, Wallen, Steigen, es war, als ob sich da etwas bilden wolle. Die beiden Männer vergaßen den Stein, starrten gebannt auf den bewegten Lichtkreis. Allmählich stillte sich das Wogen und Wallen. Umrisse wurden sichtbar in dem getrübten blauen Feld. Mit einemmal hellte es sich auf zu blendendem Weiß: und wie aus Wolken trat ein Frauenantlitz hervor. Es war Helia. Das reine Oval ihres Gesichts, ihre leicht unterschatteten Augen, von starken Jochbögen überwölbt, ihre zugleich strengen und gütigen Züge, das leise Lächeln um die Lippen. Aber auf den goldbraunen Wellen ihres Haares, das sie stets schmucklos trug, lag das Alexanderdiadem. Die Uräusschlange hielt die Strahlensonne. In der Mitte ihres aufgeblähten Halsschildes jedoch strahlte — Flammenbündel von blauem Glanz — der Schah Akhbar!

Einige Sekunden stand das Bildnis still und leuchtend. Dann zogen leichte Schleier darüber, es versank in die Tiefe der Zeit, aus der es aufgestiegen war. Nun brauste ein wildes Wallen und Wogen über den Lichtkreis hin. Weiße Blitze zuckten auf. Funkenregen fegten darüber weg. Wilder Aufruhr, unkenntlich in seinen Einzelheiten, drang vor, sank wieder zurück, als könne sich dem chaotischen Geschehen kein klares Bild entringen.

Astor wandte sich mit einem Ruck ab, griff nach dem Bullauge, riß den Pappdeckel herab. Nun drang das Licht der Abendsonne voll in die Kabine. Das Lichtfeld an der Tür verschwand. In kahler Nüchternheit stand der Raum um die drei Männer. Zwischen ihnen lag auf seinem bronzenen Sockel der Blaue Diamant, unbewegt, in einem stillen Glanz, völlig unbeteiligt an allem, was um ihn geschah.

„Ich nehme den Stein an", sagte Astor ruhig, als habe ihn nicht eben heftigster Sturm durchtobt. Er streckte dem Chinesen über den Tisch weg die Hand entgegen. Aber Josuah riß ihm den Arm zurück und schrie mehr, als er sagte:

„Tu's nicht, John! Laß die Hand davon!"

Kalt schob Astor den Freund beiseite.

„Ich nehme den Stein an!" wiederholte er scharf und ergriff die Hand des Chinesen. „Aber wann immer Sie die Zeit für gekommen halten, die keine Gefahr mehr bedeutet: präsentieren Sie diesen Scheck, um dem Vollendeten ein anderes Opfer darzubringen."

Setzte sich, zog Scheckbuch und Füllfeder heraus und schrieb mit seiner steilen harten Schrift: Drei Millionen. Dann schob er den Scheck dem Chinesen hin.

Dieser starrte auf den Fetzen Papier, der ein riesiges Vermögen darstellte. Ich könnte ein Kloster errichten zu Ehren des Vollendeten für suchende Brüder von der ganzen Erde! schoß es ihm durch den Kopf. Seine knöchernde Hand glitt zögernd vor. Dann hielt er inne. Die Hand zuckte zurück. Aber der Mann hat ja recht, dachte er weiter. Ich kann abwarten, bis Saturn aus dem Haus der Fische tritt. Solange das Papier bei mir bleibt, ist nichts geschehen. Nun griff er danach, faltete den Scheck zusammen, steckte ihn in den Lederbeutel und versenkte ihn in sein Gewand.

Nun erst nahm Astor den Stein, hob ihn behutsam vom Sockel, schmiegte das Seidentuch um ihn und steckte ihn in die linke Brusttasche. Sorgfältig knöpfte er den Rock zu, er wollte den Druck des Steins an seiner Brust spüren. Erhob sich; stand steil vor dem Chinesen, der ihn zaglos anblickte; ging rasch hinaus. Verstört folgte ihm Josuah.

Als sie das Verdeck betraten, berührte eben die Sonne den Horizont. Eine breite Feuerstraße lief von ihr über das hyazinthene Meer. Der Knauf der Bugflagge stand mitten in der Sonnenscheibe und schwankte ein wenig auf und ab. Das Schiff schien auf breiter Bahn dem feurigen Gestirn zuzueilen. Der Schaum der Bugwelle, die wie ein Flügelpaar sich vom Schiff wegspreitete, glitzerte in allen Farben des Regenbogens.

Aber für diesen Anblick hatte Astor kein Auge. Er lief mehr, als er ging, durch die Gruppe der Dritte-Klasse-Passagiere, die noch ein wenig Luft schöpfen wollten, bevor sie sich an den für ihre Begriffe märchenhaft bestellten Dinnertisch setzten. Die Treppe zum Promenadendeck nahm er mit großen Sätzen und verschwand auf dem Deck, ohne sich nach dem Freund umzusehen.

Josuah blieb stehen, ging langsam an die Reling, setzte sich auf einen Poller. Er blickte die Sonnenbahn entlang, die allmählich schmäler wurde, lauschte dem unablässigen Gebrodel um den Bug und sah abwesend zu, wie der Vordersteven die gläserne Flut aufschnitt gleich einer Pflugschar.

Fliegenden Schrittes eilte Astor die Shopping-Street entlang. Sie war fast menschenleer, da die Läden während der Dinnerstunde geschlossen wurden. In der Befürchtung, auch die Tür von Griffin & Co. verschlossen zu finden, drückte er die Klinke zu heftig und fiel beinahe dem Gnom mit den weißen Locken in die Arme, der eben lautlos durch den Laden schlurfte, um den Aktentresor zu schließen. Gegen den Stil des Hauses schritt Astor an ihm vorüber und öffnete die Tür zu Halevys Arbeitszimmer.

„Gut, daß Sie noch da sind!" rief er etwas atemlos und setzte sich dem Goldschmied gegenüber, der vor Erstaunen über den so formlos hereinprasselnden Besuch sich gar nicht erhoben hatte.

„Halevy", fuhr Astor fort, „Sie haben mir vorhin die Geschichte von der falschen Goldplatte im Alexanderdiadem erzählt. Auch ich möchte, wie mein großer Vorbesitzer, einen Stein in die Sonnenscheibe einsetzen! Ich glaube, ich habe einen geeigneten gefunden."

„Ich sagte Ihnen aber auch, Oberst, wofür ich diese Tat Alexanders ansehe: für Barbarei eines Zerstörers echter alter Kultur!" erwiderte Halevy fast grob. „Ebenso können Sie geschliffenes Glas einsetzen lassen."

„Wenn Sie sehen, was ich soeben gekauft habe, werden Sie Ihre abfällige Meinung über barbarische Steine und geschliffenes Glas bestimmt revidieren!" sagte Astor behaglich. Die Spannung der letzten Stunden war von ihm gewichen.

„Wohl aus dem Warenhaus Depré?" fragte Halevy spöttisch. „Dem Hoflieferanten der neuen Makedonen?"

„See and wait", erwiderte Astor, erhob sich, griff in die Brusttasche, legte das kleine Bündel auf die weiche Schreibmappe, faltete vorsichtig das Seidentuch auseinander und hob es plötzlich ab, so daß der Stein mit einemmal vor den Augen Halevys lag.

Der wurde seiner kaum ansichtig, als er entsetzt aufsprang, zurücktaumelte und sich mühsam an der Platte des Schreibtisches festhielt. Er starrte bald auf den Stein, bald auf Astor.

„Wer bist du?" keuchte er. „Wer bist du, dem alles glückt? Ist der große Makedone wieder auferstanden, der den Osten mit dem Westen vermählt? Bist du der Sohn der Astoreth, der die Tochter des Helios raubt? Soll wiederum das Symbol der Unzucht über der Erde aufgerichtet werden? Der Same der Giganten eindringen in den goldenen Schoß der Göttertochter, um ein Geschlecht von Titanen zu zeugen? Apage! Apage, Satanas! Laß ab! Laß ab! Du entfesselst den großen Brand! Diener des Baal, Leichenfürst, Abgesandter der schwarzen Irgul!"

Halevy brach auf seinem Sessel zusammen, mit ausgebreiteten Armen fiel er vornüber, die Stirn schlug hart auf die Kante des Schreibtischs, seine Haltung war nun sehr ähnlich der des Chinesen, als er den Stein um Gesichte beschwor.

Aber Astor war gegen hysterische Krisen völlig immun. Schwerer Anfall von Geschäftsneid! dachte er höhnisch bei sich. Er trat auf Halevy zu, legte hart seine Hand auf dessen Schulter.

„Fassen Sie sich, Mann!" sagte er kalt und gebieterisch. „Sparen Sie Ihre kabbalistischen Deklamationen für eine Logensitzung im Groß-Orient auf. Wollen Sie den Stein einsetzen — oder soll ich den Kram zu Depré bringen?"

War es der Strom von Kraft, der von der Hand Astors in den Zusammengesunkenen überdrang, war es die Vorstellung, daß ehrfurchtlose Hände an diese Zeugen einer erlauchten Vergangenheit rühren könnten: kurzum, Halevy richtete sich auf, sah mit erloschenem Blick, in dem alles Leid der Welt enthalten schien, an dem riesigen Mann hinauf, dessen stählernes Cäsarenantlitz mitleidlos und unbewegt auf ihn hinabblickte. Dann mit seiner gewöhnlich schleppenden Stimme:

„Sie sind der Widdergeborene! Ihrer ist der Befehl. Unser das Gehorchen."

Während Astor wieder hinter den Schreibtisch trat, stand Halevy langsam auf, nahm behutsam und scheu den Stein auf, hielt ihn auf der flachen Linken wie ein Venerabile vor sich hin, führte die Rechte an die Stirn, verneigte sich und flüsterte:

„Gesegnet sei dein Eintritt, Sohn der Astoreth!"

Es war nicht erkennbar, ob er mit dieser Anrede den Blauen Diamanten auf seiner Hand meinte — oder darüberweg Astor, der aufrecht vor ihm stand.

Dieser war durch die feierliche Anrede des seltsamen

Juden doch etwas eigen berührt; dann aber straffte er sich und sagte kalt:

„Morgen, wann?"

„Zu Mittag, Oberst", sagte Halevy mit scheuer Höflichkeit, fast unterwürfig.

Astor schritt hinaus, ohne Halevy die Hand zu reichen, mit federnden starken Schritten. Die Erlebnisse dieses Nachmittags fielen von ihm ab wie welke Blätter. In der Kabine wartete sein malaiischer Diener mit Wäsche und Abendanzug. In wenigen Minuten war er gewaschen, rasiert, angezogen und trat hinüber in den Privatsalon, wo für ihn und Helia gedeckt war. Sie erwartete ihn schon, erhob sich, ging auf ihn zu, schmiegte sich an seine Brust.

„Du kommst spät, mein Freund!" sagte sie mit weicher, dunkler Stimme.

„Verzeih, Geschäfte!" erwiderte er leichthin und küßte sie sehr zart auf Stirn, Augen und Mund. Dann gab er ihr den Arm, führte sie an ihren Platz mit huldigender Dienstbarkeit, wie es ein Kavalier der alten Schule nicht besser getroffen hätte, und begann mit ihr über hundert Nichtigkeiten zu plaudern. Dazwischen hielt er zuweilen inne, blickte auf ihren goldbraunen Scheitel, als sähe er das Bild vor sich, das er auf der weißen Kabinenwand erblickt hatte.

Du wunderbare Frau! dachte er bei sich. Ost und West vereinigen sich, dich zu krönen!

Sie saßen noch bei Tisch, als Mao eine Depesche brachte.

„Entschuldige, Liebe!" sagte Astor. Er überflog den Inhalt anscheinend gleichmütig, aber sein Gesicht leuchtete doch auf.

„Gute Nachricht?" fragte Helia. Die Frage war freilich nur eine Form, sie sah genau, daß es eine sehr gute Nachricht war.

„Gesiegt!" rief Astor und steckte das Formular in die Tasche.

„Bravo!" jubelte Helia.

„Einen Augenblick ..." Astor schrieb einige Zeilen auf einen Zettel und gab ihn Mao.

„Such Herrn von Prittwitz, sag ihm, ich erwarte ihn in einer halben Stunde."

„Nun mußt du mir aber die ganze Sache erklären", begann Helia. „Du hast mir zwar schon einiges davon erzählt; aber ich habe fast nichts verstanden. Denk daran, daß du keine geschäftskluge Amerikanerin geheiratet hast, sondern eine Musikantin, die den Unterschied zwischen Aktien und Obligationen nie begreifen wird. Und wenn du gar Investitionen sagst, bin ich ganz verloren!"

„So geht es mir, wenn du von Es-dur und cis-moll sprichst!" lachte Astor. „Es ist doch ein schreckliches Unglück, daß du einen Geschäftsmann geheiratet hast und keinen Künstler."

„Ach, du bist ja gar kein Geschäftsmann!" lachte Helia zwischen Scherz und Ernst. „Du bist auch ein Künstler. Du machst dir ein Phantasiebild von einer Sache: und das willst du verwirklichen. Du gestaltest in Menschen und Dingen wie andere in Farben oder in Tönen.

An das Werk wendest du deine ganze Kraft, deine Leidenschaft, dein Ich. Wärst du nicht zufällig ein Vermögenserbe, so würdest du bestimmt ein großer Mann der Wissenschaft oder ein großer Künstler sein. Vor dreihundert Jahren wärst du ein Kriegsmann oder ein Seeräuber geworden. Aber mir ist es eigentlich lieber, daß du nicht schon vor dreihundert Jahren gelebt hast!"

„Seeräuber, so nennt mich zuweilen der alte Straus! Er hat einmal den seltsamen Ausspruch getan: Wikinger kann man totschlagen, oder man kann sie lieben: nur kritisieren kann man sie nicht."

„Ich halte mich an das zweite", sagte Helia ernst und fest.

Darauf erzählte ihr Astor die Geschichte vom Ziegfeld-Krieg, der eben durch die Annahme seiner Offerte so glänzend für ihn beendet war. Helia hörte gespannt zu: in diesem leidenschaftlichen Geschehen wurde ihr erst vieles von Astors Umwelt lebendig, was ihr bisher nur leerer Name und farbloser Begriff war. Zu sehen, wie stark Helia an diesen Dingen Anteil nahm, nur weil sie seine Dinge waren, machte Astor im tiefsten glücklich.

Als er geendet hatte, fragte Helia.

„Und nun hast du natürlich schon etwas Neues vor? Dir ist doch nicht wohl, wenn nicht Kampf und Sturm um dich ist!"

„Wie schön, daß du das sagst, Helia! Meine frühere ... also die Mutter meines Sohnes lag mir immer in den Ohren: wir hätten doch weiß Gott Geld genug, ich solle mich nicht immer wieder in Gefahren und Aufregungen stürzen. Sie hat nichts von mir gewußt. Du, Helia, weißt von mir!"

„Fühlst du das? Aber ich weiß auch, daß das alles noch nicht dein Eigentliches ist. Eines Tages wird es vor dich hintreten und dich fordern. Es gibt glückliche Naturen, die sind von Anfang an in ihrem Eigentlichen. Mozart war so einer; und sein Schicksalsbruder Raphael, dessen Bilder du nicht magst. Andere leben und schaffen in Ruhm und Glanz; aber dann kommt es ganz spät über sie: das Eigentliche."

Helia ging auf Astor zu und legte ihre Hände auf seine Schultern.

„Du tust, was du mußt, John. Du gehörst zu den späten Naturen. Eines Tages wird es da sein, dein Eigentliches!"

Sie küßte ihn auf die Stirn, fast mütterlich. Sie war ein Mädchen von einigen zwanzig, er ein Mann von sechzig. Aber in diesem Augenblick war sie die aus dem Urwissen Schöpfende, die ewige Eva. Geschlecht um Geschlecht geht der Weg der Frauen zurück bis zur ersten Mutter. Wurzellos sind dagegen die Männer; immer beginnen sie neu; ihr Geist erbt sich weiter, nicht ihr Blut.

Prittwitz ließ sich melden.

„Du willst arbeiten, ich will noch zu Sylvaine hinüber und ein wenig üben. Werde bald schlafen gehen, ich bin müde. Gute Nacht, mein Freund!"

Astor stutzte einen Augenblick. Sie entzog sich ihm! Und er hatte sie sich eben so nahe gefühlt wie noch nie. Immer blieb eine feine Grenzlinie zwischen ihm und ihr. Es sind zwei Welten, in denen wir leben, dachte er. Hier ist Sturm, drüben Stille. Nie werde ich die Linie überschreiten können, nie!

Herr von Prittwitz war seit zwei Jahren Astors Privatsekretär. Er war Hauptmann im deutschen Generalstab gewesen, mit glänzenden Aussichten, wie es hieß. Aber er hatte den Dienst quittiert, weil er ein armes Mädchen heiraten wollte, von dem er ein Kind hatte. Astor fand Gefallen an dem ernsten, schweigsamen

Manne, der ein neues Leben anfing, um Treue halten zu können. Er ließ ihn in verschiedenen Abteilungen arbeiten und verfolgte genau sein Tun. Überall erfaßte Prittwitz bald das Wesentliche, blieb nie an der Oberfläche, drang stets mit einer stillen Zähigkeit in das Innere der Probleme. Nüchtern und genau prüfte er alle Umstände bis in die letzten Einzelheiten; erst aus einer völligen Beherrschung des Stoffes heraus ergab sich ihm der einzuschlagende Weg, der häufig in völlig anderer Richtung lief, als der erste Eindruck wies. An dem als richtig Erkannten aber hielt er unbeirrbar fest. Astor fühlte diese Art der seinigen verwandt; es war die gleiche kalte Leidenschaft zur Sache. Nach einem Jahr machte er ihn zu seinem Adjutanten. Er wußte: auf diesen Mann konnte er sich verlassen, in jeder Lage. Der war kein Stellenjäger, schielte nicht nach einer besseren Gelegenheit; war einer von denen, die Treue hielten. Astor hat diese Wahl nie zu bereuen gehabt.

„Nun, wie steht es mit den Aktien von White Star?"

Prittwitz nahm aus einer Mappe einige Tabellen.

„Die Gesellschaft steht auf schwachen Füßen. Sie hat sich mit dem Bau der drei Riesendampfer Olympic, Titanic und Gigantic weit übernommen. Jeder von ihnen — die Gigantic soll Ende des Jahres von Stapel gehen — kostet ohne innere Ausstattung und Ausrüstung fünf Millionen Dollar; im ganzen werden es wohl sieben bis acht pro Schiff sein. Die Aktien sind seit Jahresfrist stark gefallen; erst in den letzten Wochen sind sie gestiegen, auf Grund von hoffnungsvollen Berichten über die Titanic. Offenbar hat die Verwaltung durch Interventionskäufe den Kurs gestützt und in die Höhe getrieben; die Bewegung an den verschiedenen Börsen" — dabei wies Prittwitz auf die Tabellen — „zeigt deutlich die geringste Widerstandskraft des Marktes. Auch die letzten Tage wurden noch Stützungskäufe notwendig."

„Woher wissen Sie das?"

„Ich spiele täglich eine Schachpartie mit dem ersten Funkoffizier. Das ist gut angelegte Zeit. Man erfährt dabei so manches, was nützlich sein kann."

„Lernt man das beim deutschen Generalstab?" lachte Astor. Und dann nach kurzer Pause: „Sie meinen also: die Gesellschaft ist in der Klemme und will sich drüben sanieren?"

„Ich wüßte nicht, zu welchem Zweck sonst der Verwaltungsrat in corpore mit auf der Reise ist. Macht das Schiff weiter so gute Fahrt, so werden sie ihr Ziel erreichen. Und die Titanen an Bord der Titanic — die Reklame ist gar nicht schlecht."

Astor blickte starr vor sich hin, dann sagte er langsam:

„Gegebenenfalls würde ich an der Gesellschaft Interesse nehmen."

„Das dachte ich mir, als Sie nach den Aktien fragten."

„Was halten Sie davon?"

„Ich halte den Gedanken für grundsätzlich richtig. Amerika besitzt keine seiner Bedeutung entsprechende Handelsflotte. Seine Seegeltung zu stärken, wäre eine nationale Tat. Die Mittel, die Sie durch die Beendigung des Ziegfeld-Krieges frei bekommen, verlangen ohnedies nach Anlage. Eine neue Flotte aufzubauen, ist langwierig und kostet viel Lehrgeld."

„Also wäre die White Star gerade das richtige Objekt?"

„Ja. Aber unter einer Bedingung — wenn ich mir einen Rat erlauben darf."

„Ich bitte dringend darum. Sie wissen, was ich von Ihnen halte, Prittwitz."

„Absolute Herrschaft über die Gesellschaft! Ich habe Ismay beim Poker beobachtet. Eine Spieler-Natur. Hemmungslos, wenn es über ihn kommt. Sie müssen darauf gefaßt sein, selbst an seine Stelle zu treten, sich ganz der Gesellschaft zu widmen. Ich weiß nicht, ob Sie das werden tun wollen, Herr Oberst ... jetzt."

„Sie meinen ...? Nein, Sie irren sich. Eine große Aufgabe ...!" Und dann ablenkend: „Mit Ismay haben Sie recht."

„Darin liegt eine große Schwierigkeit. Er wird sich das selber sagen, er ist höllisch klug. Astor, der die Aktien in der Hand behält, ist kein Partner für ihn. Banken sind für ihn bequemer. Die hat er in der Hand, nicht sie ihn. Wenn aber Ismay Ihr Interesse erfährt, so benützt er Sie nur, um die Bankherren hitzig zu machen."

„Das wollen wir von vornherein abriegeln! Nach Ihrer Meinung würde ein Baisseangriff die Kurse zum Stürzen bringen?"

„Sicher!"

„Nun, so wollen wir an der morgigen Börse unter Decknamen zwei bis drei Millionen bestens anbieten. Auf einen solchen Überraschungsangriff hin werden die Aktien ins Rutschen kommen, es entsteht Panik, das Publikum wird glauben, der Titanic sei etwas zugestoßen. Beruhigungsdepeschen nützen in solchem Fall erfahrungsgemäß sehr wenig; im Gegenteil, sie verstärken die Aktionärsangst. Eine starke Aufnahmestellung besteht nicht: ehe wir Sandy Hook sichten, ist der Markt der White-Star-Aktien eine Trümmerstätte. Dann rührt kein Bankherr an die Gesellschaft; die sehen nicht auf das Objekt, sondern nur auf den Kurszettel, es dauert lange, bis sie solchen Schreck überwinden. Wenn ich auf dem Plan erscheine, wird mich der Aufsichtsrat mit den richtigen Gefühlen begrüßen!"

„Der Plan ist gut. Flankenangriff mit starken Kräften, überraschend angesetzt! Das dürfte die Linie des Gegners aufrollen. Es fehlt an Reserven. Die Verwaltungsgruppe ist schwach. Sie sitzt auf ihren Aktienpaketen und kriegt es mit der Angst, wenn die Kurse zu rasseln beginnen."

„Also gut. Geben Sie die nötigen Depeschen auf. Chiffriert. Bis drei Millionen an morgiger Börse verkaufen. Langsam beginnen, bei weichenden Kursen heftig nachstoßen. Rückmeldung unnötig. Die Kurse werden wir morgen mittag an den Gesichtern der Herren Aufsichtsräte ablesen!"

Nachdem Prittwitz das Zimmer verlassen, ging Astor einigemal nachdenklich auf und ab. Dann läutete er nach Mao.

„Ich gehe zu Herrn Lorillard hinüber. Du brauchst nicht auf mich zu warten. Falls Depeschen kommen, leg sie auf den Tisch in meinem Schlafzimmer."

Im Vorraum kam er an der Tür vorüber, die zum Musikzimmer Helias führte, zu Melusinens Wasserschloß, wie er es zuweilen scherzhaft nannte. Durch die Doppeltür drangen nur einzelne ferne Töne.

Er hielt den Schritt an. Behutsam öffnete er die Außentür. Nun vernahm er deutlich, wenn auch gedämpft, das Flügelspiel drinnen. Sylvaine phantasierte. Bald klang es wie silberrieselndes Wellenspiel, bald wie brausendes Aufrauschen erregter Flut.

Astor fiel ein Erlebnis ein, das lange zurücklag. Auf einer Forschungsreise in der Südsee hatte das Expeditionsschiff vor einer abgelegenen Insel der Marquesas Anker geworfen, um Wasser und Früchte aufzunehmen. Die Reisegesellschaft ging an Land und wurde von den Bewohnern des Dorfes friedlich aufgenommen. Der Häuptling veranstaltete ein Tanzfest: lärmend, farbig, ausgelassen, wie solche Feste auf den

Südsee-Inseln zu sein pflegen. Er selbst hatte sich bald entfernt, war die Küste der Innenlagune entlang gewandert. Sein Weg wurde durch einen breiten, aus dem gebirgigen Innern der Insel herabbrauschenden Bach unterbrochen. Er ging ihn entlang aufwärts und kam an einen kleinen See, offenbar das Quellbecken des Baches, denn es war kein Zufluß zu sehen.

Astor legte die Kleider ab, sprang in die lockende Flut. Unbeschreibliches Wohlgefühl umgab ihn, immer wieder tauchte er unter und schwamm mit offenen Augen. Ihm war, als befände er sich in einer verzauberten Welt. Nur mit Bedauern tauchte er auf, um Luft zu schöpfen, ließ sich gleich wieder untersinken in diese farbige Welt ohne Schwere und Grelle.

Mit einemmal kam ihm ein Wesen entgegen, das unter Wasser schwamm wie er. Es war von einer Haut silberner Perlen überzogen, ein Halbwesen zwischen Mensch und Fisch. Als er auftauchte, kam auch das Wesen über Wasser, lachte ihn fröhlich an. Da war nun der Spuk vorüber. Es war ein liebliches Mädchen, wie man sie häufig auf diesen Inseln sieht. Große braune Augen, zwei Reihen blendendweißer Zähne, in den Haaren ein Kranz von bunten Muscheln. Aber der Körper unter Wasser hatte noch immer das silberne Perlgewand ,die Umrisse waren weich und undeutlich, man konnte meinen, der Leib des Mädchens ende in einen silberschuppigen Fischschwanz.

Als wären sie in ein ihnen nicht gemäßes Element aufgetaucht, gingen beide sogleich wieder unter Wasser, schwammen nebeneinander her, glitten durch farbige Grotten und Klüfte, kehrten zurück in das große blaue Becken, umkreisten einander in weiten Ringen, grüßten im Vorübergleiten.

Noch einmal sah er das silberne Wesen in unbegreiflicher Schnelle die blaue Tiefe des Beckens umrunden:

dann schoß es in eine der dunklen Klüfte, blitzte noch einmal auf, verschwand. Er hätte schwören mögen, daß es mit einem Fischschwanz seine Fahrt steuerte.

Am Abend lichtete das Schiff die Anker. Die übrigen Mitglieder der Expedition waren durch das ausgelassene Fest angeregt und tauschten laut die bestandenen handfesten Abenteuer aus. Astor aber war einsilbig und in sich gekehrt.

An dieses fast vergessene Erlebnis mußte Astor denken, als er jenseits der Tür die Klänge von Sylvaines Spiel vernahm, die anschwellten und abebbten, rauschten und rieselten, als sei der Raum drinnen erfüllt von flutendem Wasser. Einen Augenblick lang war er versucht, die Tür zu öffnen und einzutreten; aber dann sah er wieder vor sich, wie damals das Wesen der farbigen Tiefe entschwand, wie ein silberner Pfeil. Er schloß behutsam die äußere Tür und setzte seinen Weg fort.

Josuahs Kabine lag am Achterende des Bootsdecks. Hier befand sich ein Block, in dem die technischen Offiziere untergebracht waren. Es war Josuah gelungen, eine dieser Kabinen zu bekommen. Sie waren Sturm und Unwetter mehr ausgesetzt als die im Unterdeck: aber das war Josuah gerade recht. Auch behagte ihm ihr seemäßiger Habitus; er fühlte sich hier auf einem Schiff, nicht in einem Luxushotel.

Auf dem Schreibtisch standen einige Gegenstände, von denen er sich in keiner Lebenslage trennte. Ein goldbronzener Buddha, in einer hundertblättrigen Lotosblume thronend; er blickte aus schmalen Augen gelassen auf das Treiben der Welt, dem er für sein Teil entrückt war. Ein Dutzend Bücher, in denen nach Josuahs Meinung alles enthalten war, was der Menschengeist an wahren Einsichten errungen hat. Eine schmale Frauenhand aus altersgebräuntem Marmor. Eine byzantinische Ikone, darstellend den Christos-Pantokrator, mit erlauchter Gebärde das Weltgericht verkündend. Ein faustgroßes Stück durchsichtigen Bernsteins, in ihm eine Ameise eingeschlossen, die ihre Zangen in den Leib einer Fliege bohrt — Momentbild des Lebens, festgehalten vor einer Million Jahren an der Nebelküste Samlands.

Dieser Raum hatte eine gewisse Verwandtschaft mit der Funkkabine am anderen Ende des Schiffes. In ihm liefen die Ätherwellen zusammen, die über Raum und Zeit hinweg von Sendern in die Welt des Geistes ausgestrahlt worden sind: und ein gleichgestimmter Empfänger wird durch sie erregt und bewegt. Aber es war nicht gewiß, ob dieser Empfänger auch selbst ein Sender war. Es mochten auch hier — wie drüben — andere Kräfte sein, die senden, und andere, die aufnehmen.

Josuah saß unter der Leselampe, seine Rechte lag lässig auf der Marmorhand, die ehedem einer griechischen Göttin zugehört haben mochte. Er war in die Bhagavad-Gita vertieft.

Er legte das Buch beiseite und sah nachdenklich vor sich hin. Da klopfte es an die Tür. Astor trat ein. Betroffen blieb er stehen. Es war das erstemal, daß er Josuah in seiner Kabine aufsuchte. Er wußte nicht recht, was es war: ein Hauch von Fremdheit schlug ihm entgegen. Aber vielleicht war es nur, daß er dem Freunde gegenüber ein schlechtes Gewissen hatte.

Josuah stand auf und begrüßte ihn mit jener offenen Herzlichkeit, die Astor so sehr an ihm liebte. Mit einem Gefühl der Erleichterung legte er Hut und Mantel ab. Gleichwohl sprach er ein wenig hastig und übersprudelnd, wie es sonst nicht seine Art war.

„Sei mir nicht böse, Josy, weil ich dir davonlief! Aber ich mußte mich eilen, um Halevy noch zu erwischen. Denk dir, welch ein Zufall! Heute nachmittag, während du den Chinesen aufgestöbert hast, habe ich bei dem alten Juden ein Diadem für Helia gekauft. Ein fabelhaftes Stück! Alexander der Große hat es getragen, es stammt von der trojanischen Helena! Und das Seltsamste ist: der Blaue Diamant paßt haargenau in eine Stelle des Diadems, die in späterer Zeit mit einer Goldplatte verdeckt wurde: der Stein muß ehemals dort gesessen haben. So wie wir es auf dem Laternamagica-Bild gesehen haben, das uns der chinesische Zauberer in seiner Kabine vorgegaukelt hat! Jetzt habe ich endlich, was ich gesucht habe: den Schmuck für Helia, der nur einmal in der Welt ist. Ein einzigartiger Glücksfall. Und das verdanke ich dir, alter Junge!"

Josuah hatte die Mitteilungen Astors mit steigendem Entsetzen angehört; aber der sprach über ihn hinweg und merkte nichts davon. Als er mit seinem Bericht zu Ende war, hatte sich Josuah wieder gefaßt und sagte scheinbar ruhig:

„Du stürmst deinen Weg, John — wer kann dir raten?"

„Was meinst du damit?" fragte Astor betroffen.

„Ich habe vielleicht zu lange unter Menschen gelebt, die im Nicht-Tun die Bestimmung des Menschen sehen, im Gewährenlassen der Schicksalsmächte. Ihr West-Menschen seid anders. Ihr stellt euern Willen gegen die Welt — selbst gegen Götter und Dämonen. In Wahrheit: ihr seid Titanen!"

„Hast du Sorge wegen der Redereien des Chinesen? Gut, daß du die Deklamationen des alten Kabbalisten Halevy nicht gehört hast, als ich ihm den Stein brachte! Dich haben die Mönche in Urga angesteckt, du bist ja der reine Buddhist geworden, Josy."

Astor warf sich in den Sessel zurück, lachte ein unbekümmertes amerikanisches Lachen und schlug sich auf die Brust.

„Hier, diese Brust gegen alle Pfeile der Dämonen!"

Mit Grauen und Bewunderung blickte Josuah auf den Freund.

„Vielleicht hatte der Chinese recht, vielleicht bist du der Starke! Vielleicht haben Götter und Dämonen nur Macht gegen die, die an sie glauben. Ihr glaubt nur an euch: darum sind sie machtlos gegen euch. Und wohin ihr kommt, sterben sie. Oder haben sie vielleicht nur den Kampfplatz verlegt? Aus der Unendlichkeit des Raums in die Tiefe eurer Brust?"

„Sie sollen sterben! Außer uns — und in uns! Ich weiß nicht, wer uns in die Welt gesetzt hat. Aber das weiß ich, daß wir zum Tun in die Welt gesetzt sind, nicht um von Göttern und Dämonen zu träumen!"

„Ihr Täter seid doch auch nur Träumer!" erwiderte Josuah nachdenklich. „Traum der Herrschaft, Traum der Macht, Traum des Reichtums: davon seid ihr besessen, ihr Friedlosen! Ist es nicht besser, von Frieden zu träumen, von Schönheit, von Einklang? Wer davon die Menschen träumen macht, macht sie glücklich. Darum lieben die Menschen die Dichter. Was wäre Achill ohne Homer?"

„Was wäre Homer ohne Achill?"

„Die großen Täter sind selbst große Dichter gewesen! Nur insoweit sie Dichter waren, sind sie groß. Alexander, Timur, Napoleon: sie sind Träumen nachgejagt. Sie sind freilich an ihnen zerbrochen. Aber weil sie geträumt haben und nicht nur getan: darum sind sie zeitlos Große, nicht nur Große in der Zeit!"

„Und was ist bei ihren Träumen herausgekommen? Blut und Mord und ständiger Krieg! Wir Kämpfer gegen die Träume sind in Wahrheit Kämpfer für das

Glück der Menschen. Wir kämpfen gegen Not und Armut, Krankheit und Tod. Deine gelbe Welt" — und dabei wies er auf den Buddha, der unbewegt auf ihn hinabsah — „sucht dem Leid zu entrinnen durch Flucht in den Traum eines Gottesnichts."

„Und ihr flüchtet in den Traum vom Fortschritt!"

„Der Fortschritt mag auch ein Traum sein; aber er ist wenigstens ein nützlicher Traum. Er macht die Menschen glücklich, weil er erreichbare Ziele vor sie stellt."

„Glaubst du? Ist der chinesische Reisbauer, der seine Scholle pflügt, kärglich, aber zufrieden lebt und in Frieden stirbt, weil er gewiß ist, zu seinen Ahnen versammelt zu werden, nicht glücklicher als der Heizer, der im Bauch dieses Titanenschiffes robotet?"

„Das sind Sentimentalitäten! Keiner von diesen Heizern würde mit deinen Reisbauern tauschen oder mit einem der Matrosen auf dem Segler, an dem wir gestern vorübergefahren sind. Sie essen besser, haben kürzeren Dienst, arbeiten ohne Gefahr."

„Aber sie leiden Schaden an ihrer Seele! Sie verzehren sich in Neid und Gier nach dem scheinbaren Glück der Titanen, die in Spiegelsälen tanzen."

„Neid und Gier sind gut! Ohne sie würden die Menschen einschlafen. Von Neid und Gier gilt, was du mir einmal aus diesem Buch vorgelesen hast, das anscheinend dein Taschenbrevier ist!" Dabei hob Astor ein zerlesenes Exemplar von Goethes Faust auf, das auf dem Tisch lag, und ließ es ein wenig respektlos wieder fallen. „Sie wollen Böses und schaffen Gutes. Aus dem Schlammglück der Zufriedenheit erwächst nichts. Deine geliebten Reisbauern sind zufrieden und glücklich, schön. Aber wenn der Jangtse steigt, knien sie vor dem Hausaltar und opfern dem Flußgott Reis; der Sohn des Himmels zieht mit hundert Mandarinen in den Drachentempel und verrichtet den großen Hokus-Pokus: doch der Jangtse kehrt sich nicht daran, sondern überschwemmt das Land; eine Million Reisbauern versammelt sich sofort zu ihren Vätern, indem sie ersaufen, zwei weitere Millionen etwas später, indem sie verhungern. Bei uns hingegen bewirken Neid und Gier, daß der Mississippi eingedeicht wird: und das nützt! Unsere Baumwollbauern und Fabrikarbeiter sind vielleicht unzufrieden; aber sie ersaufen nicht und verhungern nicht."

„Es gibt noch andere und bessere Motive zum Schaffen als Neid und Gier", erwiderte Josuah. „Es hat wunderbare alte Kulturen gegeben — in Ägypten, im Zweistromland, in China vor der Verfallzeit, im Inkareich, wahrscheinlich auf der verschollenen Atlantis —, da wurden auch Deiche, Straßen, Wasserleitungen, Brükken und sonstige Werke der Zivilisation gebaut: nicht aus Neid und Gier, sondern aus dem Gemeinsinn, als Dienst am Ganzen. Diese Völker haben keineswegs geschlafen, sich nicht mit dem Schlammglück der Zufriedenheit begnügt, wie du das eben so hübsch gesagt hast. Die Reste erhabener Tempel und Heiligtümer, gewaltiger astronomischer Bauten, hochstehender Bildwerke geben uns heute noch davon Kunde, daß bei diesen Völkern Technik und Wissenschaft, Kunst und Religion in schönem Einklang standen — also jener allein menschenwürdige Zustand herrschte, den wir als Kultur bezeichnen."

„Das sind auch Sentimentalitäten! Die ägyptischen Pyramiden wurden errichtet aus dem Schweiß eines Sklavenvolkes, das in elenden Fellachenhütten schlechter lebte als der letzte unserer Arbeiter. Das Sonnenreich der Inkas, habe ich mir sagen lassen, war ein kommunistischer Termitenbau, in dem es auch nicht die geringste persönliche Freiheit gab: der Inka und seine Beamtenschaft teilten dem Bürger Arbeit, Essen, Wohnung zu; er mußte das Weib heiraten, das ihm vorgeschrieben wurde; mußte nach Reglement leben und sterben und durfte als Entschädigung den Sonnentempel in Tiahuanako bewundern, dessen Mauern innen und außen mit Goldplatten ausgelegt waren. Jeder Tramp bei uns würde sich dafür bedanken, in solch einer Kultur zu leben! Babylon hat nicht viel anders ausgesehen als New York: eine riesige Großstadt mit Palästen für die Reichen, mit Slums für die Armen; nach dem, was mir heute Halevy erzählte, hat es dort sogar sechshundert Fuß hohe Wolkenkratzer gegeben. Die Memnonsäulen mögen ja schöner gewesen sein als unsere Freiheitsstatue — was mir aber auch noch nicht ganz gewiß ist, denn Ruinen pflegen uns nun einmal besser zu gefallen als unzerbrochene Sachen. Und die Tempel der Mayas waren sicher erhabener als unsere Kirchenpaläste. Aber dafür haben wir elektrisches Licht und Kanalisation, Pest und ägyptische Augenkrankheiten sind bei uns verschwunden — und das ist auch etwas wert! Reden wir uns doch nicht ein, daß nur gestorbene Kulturen echte Kulturen waren, und daß wir bloß eine leere Zivilisation besitzen! Ein Dampfschiff ist auch ein Kulturwert!"

„Zugegeben — wenn es der Sicherung und Besserung des Verkehrs dient, wenn es den Güteraustausch unter den Völkern fördert und dadurch Not bekämpfen hilft; nicht aber, wenn es dem Reichtum und der Eitelkeit einer Handvoll Menschen dient, die alles verderben, womit sie in Berührung kommen. Die Titanic ist ein Hochmutwerk!"

„Nun, du wirst Gelegenheit haben, deine Ideen hinsichtlich der Gestaltung von Dampfschiffen und der sozialen Lage von Heizern in die Praxis umzusetzen", sagte Astor nach einer kleinen Pause. „Ich werde die

White Star kaufen. Die Ziegfeld-Leute haben meine Bedingungen angenommen."

Josuah sprang hoch und pflanzte sich vor Astor auf. Fassungslos rief er aus:

„Das kann nicht dein Ernst sein, John! Kaum daß du aus dieser fürchterlichen Ziegfeld-Geschichte herausgekommen bist, willst du dich wieder in solch ein wüstes Abenteuer stürzen? Natürlich würde es deiner Eitelkeit schmeicheln, wenn auf den größten und schönsten Schiffen der Erde die Astorflagge weht! Auch wirst du Geld damit verdienen — in deinen Händen wird ja alles zu Geld! Aber du bist doch nicht irgendeiner von den Titanen, die allein nur in Geldverdienen und in Eitelkeitbefriedigung die Bestätigung ihres Daseins finden! Du mußt Herr deines Tuns sein — nicht sein Knecht! Dein Tun, John, muß Sinn haben!"

Astor hatte zuerst verwundert, dann etwas bestürzt diese leidenschaftliche Rede des Freundes vernommen: nie noch hatte er den philosophischen Menschenforscher so in Erregung gesehen. Josuah hielt einen Augenblick inne, setzte sich neben Astor, legte, wie um seinen Ausbruch zu entschuldigen, seine Hand auf dessen Schulter und fuhr dann ruhiger fort:

„Du hast heute hundert Millionen verfügbar, John. Eine Armee von hundert Regimentern ist bereit, auf deinen Befehl zu marschieren, wohin du sie schickst. Eine gewaltige Macht in deiner Hand! Willst du sie Ismay und Genossen überlassen, damit noch ein Dutzend solch sinnloser Schiffe gebaut werden, die den Ozean verpesten? Schwimmende Luxushotels für das Geldgesindel der Erde, das mit der Macht in seinen Händen nichts anzufangen weiß?"

Er hielt einen Augenblick inne und fuhr dann sachlich fort:

„Ich habe dir gestern das Tennessee-Tal-Projekt dargelegt, das Professor Morgan und seine Leute ausgearbeitet haben. Das nimm in die Hand! Dort laß deine hundert Regimenter aufmarschieren! Dort setz deine wütende Energie ein, deinen stählernen Willen, die Kraft deiner schöpferischen Phantasie. Dies wäre die große Tat, nach der du suchst!"

Josuah erhob sich wieder, ging einige Male erregt in der Kabine auf und ab und blieb wieder vor Astor stehen. Erfüllt von seiner Zukunftsschau, redete er sich in leidenschaftliche Glut.

„Eine Landschaft, groß wie ein Königreich, im Herzen Amerikas, verwüstet durch den sinnlosen Raubbau von Generationen, von armseligen Wanderfarmern dünn besiedelt: zeig hier an einem leuchtenden Beispiel, daß durch Plan und Wille das menschliche Zusammenleben in allen seinen Formen sich mit neuem Leben erfüllen läßt, wie das kürzlich der junge Anwalt Franklin Roosevelt, ein Freund Morgans, ausgedrückt hat. Zeig an diesem Beispiel, daß Technik nicht zum Verderben des Menschengeschlechts auszuarten braucht, sondern zur Grundlage echter Kultur werden kann: wenn sie von sittlichen Gedanken gezügelt wird! Schaff Heimstätten für den neuen amerikanischen Menschen! Nicht blinde Untertanen unbekannter Herren, deren Ziele ihnen fremd sind: sondern willige Mitarbeiter starker Anführer zu gemeinsamem Ziel. Freie Männer auf freiem Boden, dienstbar sich selbst und ihrer Gemeinschaft. Ein gewaltiges Kraftwerk wird errichtet werden, nicht als Geldhecke wilder Unternehmer, sondern als dienstbarer Helfer menschlicher Arbeit. Nachdem das Wasser Dienst getan, berieselt es die Felder, die doppelte Frucht geben. Keine Zusammenballung seelenloser Arbeiter in naturfernen Industriestädten, sondern zweckvolle Zerstreuung der

Arbeit über die gottgeschenkte Erde. Richtig verwendete Technik entfernt uns nicht von der Natur: sie bringt uns ihr wieder nahe. Der bodensässige Bauer wird den Teil des Jahres, darin er dem Boden keine Arbeit zuzuwenden braucht, handwerkliche Arbeit verrichten, der bodensässige Arbeiter seine Freizeit zur Pflege seines Stück Landes verwenden. Statt zwei Millionen hoffnungsloser Landproleten werden zwölf Millionen selbstbewußte, in sinnvoller Arbeit und wohlhäbiger Sicherheit werkende Landbürger auf diesem Gebiete leben! In ihren befriedeten, nicht mehr von der Sorge um den nächsten Tag und um die Zukunft der Kinder zermürbten Seelen werden geistige Werte Wurzeln fassen, und damit wäre der Nährboden vorbereitet für echte Kunst und wahre Religion."

Josuah setzte sich wieder neben den Freund, ergriff dessen Hand und sprach nun ruhiger:

„Du würdest die Unterstützung der Besten des Landes finden, John, die Zeit ist reif für solche Tat! Ihr Astors wart generationenlang Heimstättenbauer — aber auf falschem Weg, verblendet durch die Gier: wandle du die Schmach deiner Väter um in Segen. Ein Königreich liegt vor dir, John! Du könntest in Wirklichkeit umsetzen, was der Seher hier in meinem Taschenbrevier als große Vision geschildert hat. Als schönsten Gewinn seines Lebens ersieht er sich: Raum zu schaffen für Millionen, auf freiem Grund und Boden mit freiem Volk zu stehen! Dieser wilde Tatmensch Faust ist — wie du, John! — durch alle Reiche des Lebens gestürmt, hat den Dämonen die Hand gereicht, hat sich Helena erobert: und hat doch erst in diesem großen Werk, das er für andere tat, seine Erlösung und seine Krone gefunden!"

Josuah hatte die letzten Worte leise, aber mit leidenschaftlicher Inbrunst gesprochen. Astor erhob sich, sah lange durch das Fenster hinaus auf das dunkle Meer. Dann zog er schweigend seinen Mantel an. In der Tür wandte er sich noch einmal um und sagte langsam:

„Das ist der Traum eines Dichters! Aber vielleicht hast du recht; vielleicht sind auch die anderen Dinge nur Träume, denen mir nachjagen. Ich will es bedenken, lieber Josy!"

Mit diesen Worten verließ Astor Josuahs Kabine. Dieser war in der Mitte des Zimmers stehen geblieben und blickte noch lange auf die geschlossene Tür. Dann schüttelte er mit einem Ausdruck tiefen Schmerzes den Kopf. Er nahm den Bernstein auf, sah lange in ihn hinein, gebannt von diesem Abbild blinder Gier des Lebens.

„Noch immer ist das in uns!" sprach er leise vor sich hin. „Ewig bist du, Töterin Leben! Vermögen wir nie stärker zu sein als du?"

Der Orgelbauer

Als Astor das Bootsdeck betrat, schlug die Nacht um ihn wie ein dunkles Tuch. Der Nordwest war eingeschlafen, die Luft war lau und weich. Nicht mehr liefen Wellenlämmer über das Meer; in ruhigen Atemzügen hob und senkte sich die Dünung.

Astor war es schwer ums Herz wie noch nie. Die wilden Erregungen, die ihn an diesem ereignisreichen Nachmittag durchtobt hatten, waren plötzlich gestillt. Hatte er die letzten Stunden einem überheizten Kessel geglichen, aus dem hochgespannter Dampf zu raschem und wildem Tun nach außen drängte: so war jetzt in ihm eine Leere, in die von außen unbekannte Kräfte einzudringen suchten.

Er nahm den Hut ab, ging den Bootsgang vor, stieg die Treppe zum Achterdeck hinab und tastete sich die Reling entlang; dann eilte er die wenigen Stufen zum Quarterdeck hinauf, auf dem sich der freie Platz für Bordspiele befand. Er ging bis zum Heck und lehnte sich über die Brüstung, von der man über den Hintersteven weg auf das Gebrodel des Kielwassers hinabsah. Ein breiter Schaumstreifen zog hinter dem Schiff her, wogte auf und nieder in majestätischer Gelassenheit.

Astor befand sich in einem seltsamen Zustand. Er fühlte in sich ein Fluten ungeformter und halbgeformter Gedanken, ihm völlig ungewohnt. Er kannte wohl auch Zeiten des Nichtdenkens. Wenn er zu Pferde saß und auf freier Wildbahn dahinbrauste, wenn er in der Sierra den blutdürstigen grauen Bären beschlich, wenn er in den Stromschnellen des Yukons einen riesigen Lachs an der Leine hatte: dann waren Organe in ihm wirksam, die unmittelbar Wille in Tat umsetzten, ohne den

Umweg über das Denken. Und es gab auch Zeiten der Erschöpfung bei ihm, kurze Perioden freilich nur nach überstarker geistiger Anspannung, in denen sein Denkapparat völlig stillstand wie ein Motor ohne Strom und Zündung. War aber der Apparat in Gang: dann war sein Denken von vollkommener Klarheit und fast körperlicher Gegenständlichkeit. Alle Eindrücke, Erfahrungen, Vorstellungen, die jemals durch sein Gehirn gegangen waren, standen seinem Willen zur Verfügung: sie tauchten aus dem Dunkel auf, wenn er sie rief, standen in grellem Licht, bis er sie entließ. Allem Fremden, Ungerufenen war der Eintritt in die Geheimkammer seines Willens-Ichs verwehrt; wie ein ungeheures, ringsum geschlossenes Gewölbe war die Gedankenwerkstatt in ihm. Nun aber fühlte er sich in befremdlicher Weise aufgeschlossen. Als stünden viele Türen in ihm offen. Fremde Gestalten traten in ihn ein, fremde Stimmen hallten in ihm wider.

Aus dem Gespräch mit Josuah war ein Satz in ihm hängengeblieben. Der schwang unablässig auf und ab wie Geläut einer Glocke: „Dein Tun muß Sinn haben!" Was hieß das eigentlich: „Sinn"? Immer wieder ließ er die Kraft seines Denkens gegen dieses Wort los; aber es entglitt ihm immer wieder, es war unfaßbar, genau so wie sich Glockengeläut nicht fassen läßt. Und genau so wie Glockengeläut an die Seele rührt, ihr etwas sagt, ohne daß sie genau weiß, was: so sprang der Klang des Wortes „Sinn" zu ihm in geheimnisvoller, aber eindringlicher Sprache und ließ ihn nicht zur Ruhe kommen.

Sinn! Sinn! wiederholte er immer wieder bei sich, so wie er heute in der Funkkabine die Worte „Michael bietet Einhundertsechzehn" immer wieder vor sich hingesagt hatte. Während aber diese Worte wie ein Alarmsignal in ihm wirkten, auf das hin seine inneren

Truppen sich marschbereit machten und auf Befehl und Anruf warteten, stand jetzt nichts in ihm auf, er war ein Feldherr ohne Truppen, war wehrlos dem Angriff dieses Wortes „Sinn" preisgegeben.

„Dein Tun muß Sinn haben!" klang es immer wieder in ihm. Warum „muß"? Und dennoch: er konnte diesen Befehl nicht mit einem Achselzucken abtun, wie etwa, wenn ihm jemand gesagt hätte: Du mußt die Mieten in Haarlem ermäßigen, sie sind für diese Leute zu hoch. Was gingen ihn „diese Leute" an? Mochten sie ausziehen, wenn ihnen die Miete zu hoch war. „Muß" war nur dann, wenn sie auszogen und neue Mieter ausblieben. Dann wußte er, wieso und warum er mußte.

Es war Astor, als ob jetzt andere Organe in ihm dächten als sonst: das Blut der Ahnen in seinen Adern, Erinnerungen, die in seinen Zellen gespeichert waren, das Licht der Sterne, das auf ihn niederregnete, unzählige unbekannte Ströme, die durch seinen Körper hindurchwehten, wie Wind durch ein Gitter.

Warum mußte er eben jetzt an seinen Urgroßvater denken, den Begründer der Astor-Dynastie? Der war vor nicht viel mehr als hundert Jahren in New York eingewandert, wahrscheinlich auf solch elendem Segler wie der, an dem sie gestern vorübergefahren waren. Mit sieben Flöten aus der Fabrik seines Onkels in London im Koffer, mit fünfundzwanzig Dollar in der Tasche als Betriebs-Kapital. Zuerst wollte nichts glükken, der Verkauf von Flöten kam nicht in Gang. Er hatte schließlich für einen Bäcker Kuchen auf der Straße feilgeboten, hatte als Geschäftsdiener bei einem Pelzhändler für zwei Dollar die Woche Felle geklopft.

Dann aber begann es besser zu gehen. Er heiratete als Fünfundzwanzigjähriger die arme Sarah Todd; machte mit Hilfe ihrer Verwandten einen kleinen Handel in der Queen-Street auf: mit Pelzen, die er von Indianern gegen Rum eintauschte. Und hier taten ihm seine Flöten guten Dienst. Er gewann unter den Indianern gewaltiges Ansehen als „der Mann, der auf einem Stock Musik macht". Ab und an schenkte er auch einem Häuptling einen solchen Musikstock, unterwies ihn, ein paar der Stammesmelodien auf ihm zu blasen. Das war vortefflich angelegtes Kapital: Astor wurde in den Clan aufgenommen, die geheimen Stammesverbindungen ebneten ihm die Geschäftswege bis in die tiefsten Wälder.

Unermüdlich arbeitete er, lebte kärglich, sparte, legte Cent auf Cent zurück. Sarah war eine tüchtige Frau, sie hat ihm treu geholfen, Kinder geboren, das Erworbene zusammengehalten. Allmählich waren sie zu bescheidenem Wohlstand gelangt. Das hatte Sinn gehabt: das war ehrlicher Kampf gegen die Not des Lebens.

Dann aber war der Reichtum gekommen; und mit ihm begann das andere Leben. Organisierung des Pelzhandels im großen. Gründung der Amerikanischen Pelz-Gesellschaft, die sich das Handelsmonopol bis zum Missouri erschlich. Expeditionen in die Einöden des Westens. Hunderttausend Biber im Jahr wurden totgeschlagen, ganze Indianerstämme mit Feuerwasser vergiftet. Die Trapper jagten die Rothäute wie schutzloses Wild; die Rothäute skalpierten die Trapper und banden sie an den Marterpfahl; verbrannten Weiber und Kinder in den Faktoreien. Astor aber saß in seinem Laden in New York; schickte die Pelze, Ernte von Blut und Mord, Betrug und Unrecht, nach London; verdiente am Stück, das ihn einen Dollar gekostet hatte, fünf. Dann fing er den Teehandel an. Rüstete Schiffe aus, flinke Klipper, welche die schreckliche Reise ums Kap Hoorn machen mußten. Von vieren ging jeweils eines mit Mann und Maus unter; aber die drei anderen brachten so viel Nutzen, daß sie das Verlorene zehnfach aufwogen.

Und dann kam ihm die große Idee mit den New Yorker Grundstücken.

Den gewaltigsten Fischzug aber machte er in der großen Krise. Die Banken hatten sich auf Grund einer ihnen gefälligen Auslegung der Verfassungs-Bestimmungen das Recht genommen, Banknoten zu drucken. Nun begann die Menge des Papiergeldes anzuschwellen, Gold- und Silbergeld verschwand, die Preise stiegen. Astor sah die Katastrophe kommen und baute rechtzeitig vor. Verkaufte unter der Hand seinen Besitz an Bankaktien bis auf die der Manhattan-Bank; zog seine Guthaben zurück; den Ertrag der Handelsgeschäfte ließ er im Ausland und kaufte dafür Sovereigns, Louisdors, Dukaten, Goldrupien, Silbertaels; deponierte sie in den Tresors der Bank von England und der Bank von Hongkong gegen Zertifikate; trat von der Präsidentschaft sämtlicher Banken zurück, sein hohes Alter vorschützend.

Dann begab er sich nach Europa, angeblich, um seine schwerkranke Lieblingstochter Eliza zu pflegen. Kurz vorher hatte er deren Verlobung mit dem hoffnungsvollen, später zu Ruhm und Vermögen gelangten Zahnarzt Eleazar Parmly durch schroffen Einspruch gelöst und sie an einen Adeligen, den Grafen Rumpff, verheiratet. Lebte mit dem jungen Paar mehrere Jahre in Paris, in Frankfurt, in Nizza; ließ sich durch den Schwiegersohn in die Kreise der Hofgesellschaft einführen; protzte mit Schlichtheit und Bescheidenheit, knüpfte aber wertvolle Verbindungen an. Erzählte jedermann, wie wenig er mit der Entwicklung der amerikanischen Verhältnisse einverstanden sei; deshalb habe er seinem Land den Rücken gekehrt. Dadurch schürte er Mißtrauen und Besorgnis, die immer mehr um sich griffen.

Dann kam der Krach. Achthundert Banken stellten die Zahlungen ein. Geld war nirgends zu bekommen. Die Grundstückspreise stürzten. Die Schuldner wurden sämtlich schwach. Da machte er sich auf die Rückreise. Die Überfahrt war überaus stürmisch, beinahe wäre das Schiff gesunken. Als er in New York an Land trat, empfing ihn die Nachricht, daß Sarah gestorben war, seine Gefährtin von fast fünfzig Jahren. Er hatte sie zu Hause gelassen, weil ihm ihre Hausbackenheit bei seinem Eintritt in die große Welt hinderlich gewesen wäre; sie hatte ihre Gewohnheiten aus der Queen-Street nie abgelegt.

Das gab ihm einen harten Stoß. Eliza war tot. Sarah war tot. An beiden hatte er gehangen. In seiner Art freilich, als ein Tyrann, der auch in seinem Hause unumschränkter Herr ist. Die anderen Töchter und Söhne warteten nur darauf, ihn zu beerben. Aber sie sollten sich irren; er hatte noch nicht Lust, von seinem Thron herabzusteigen!

Er zog wieder in sein altes Arbeitszimmer. In ihm hing als einziger Schmuck ein Gemälde: die Wegkreuzung der beiden Straßen Broadway und Bowery von ehedem. Ein kleines Landwirtshaus, ein paar Pappeln, breite sandige Chausseen, auf deren einer ein Reisewagen mit vier Pferden einherrappelt. Sonst weit und breit leeres Land. So hatte die Gegend ausgesehen, als er mit seinen Grundstückskäufen begonnen hatte. Nun war sie längst zugebaut, der Broadway weit hinaus eine Straße mit stolzen Häusern. „Immer eine Stunde früher als die andern wissen, was kommen wird: das macht den Kaufmann aus!" pflegte er häufig zu sagen. Dieses Bild erschien ihm wie ein Denkmal der Voraussicht, die er sein ganzes Leben lang geübt hatte.

Und nun begann er zu arbeiten, wie er noch nie gearbeitet hatte. Vom Morgengrauen bis spät in die Nacht saß er über Geschäftspapieren, Hauptbüchern, Berichten, empfing Besuche, hatte lange Konferenzen, bestellte seine Direktoren oft noch um Mitternacht. Kümmerte sich um jede Einzelheit. Tobte über das geringste Versehen. Schrieb mit seiner krausen Handschrift täglich Befehle an die verschiedenen Abteilungschefs. Er war der Schrecken seiner Mitarbeiter.

Unaufhörlich jammerte er über seinen Ruin, an dem eine korrupte Staatsverwaltung Schuld trage. Aber die Manhattan-Bank wurde auf wunderbare Weise vor dem Zusammenbruch gerettet, indem die Bank von England bei ihr ein großes Golddepot hinterlegte und ihre Akzepte garantierte. Agenten aus Paris, Wien, London, selbst aus Hongkong, erschienen in New York, kauften Goldzertifikate zu Spottpreisen, Hypotheken, Grundstücke, Häuser. Astors Schiffe wurden bis an den Rand mit Waren für unbekannte Rechnung beladen, die aus den Zusammenbrüchen billig aufgekauft worden waren; brachten sie nach den europäischen Häfen, wo sie zu hohen Preisen losgeschlagen wurden.

Als sich der Sturm gelegt hatte, stellte sich heraus, daß alle diese Transaktionen für Astors Rechnung gingen! Sein Vermögen hatte sich durch diese Krise verdreifacht. Nun war er wirklich zum unbestrittenen König von New York geworden.

Noch fünf Jahre lebte er, hoch geehrt, als ein Vater des Vaterlandes gepriesen. Aber kurz vor seinem Tode spielte sich die berühmt gewordene Szene ab, welche zeigte, daß er in seinem Inneren immer noch derselbe war, als der er vor fünfzig Jahren begonnen hatte. Als er die Mietlisten revidierte, entdeckte er, daß in einem seiner unzähligen Häuser eine Witwe die Miete schuldig geblieben war. Obwohl er vor Schwäche kaum mehr

Nahrung zu sich nehmen konnte, tobte er über diese Saumseligkeit. Er ließ den Verwalter des Hauses rufen, machte ihm eine fürchterliche Szene, verlangte, man solle die Frau sofort auf die Straße setzen, wenn sie nicht zahle. Selbst sein Sohn fühlte Mitleid mit der armen Frau; steckte im Vorzimmer dem Hausverwalter den Betrag zu; der brachte ihn der Alten. „Seht ihr, ich weiß besser, wie man mit solchen Leuten umgehen muß!" Dies waren fast seine letzten Worte; er war schon vom Tod gezeichnet.

Das war das Leben des Mannes, von dem er, Astor, abstammte. Seine Nachfolger hatten nicht viel anderes getan, als auf den Wegen weiterzugehen, die jener gebahnt hatte. Sein Sohn William, ein schmutziger Geizhals trotz seines riesigen Vermögens, tat sich mit Cornelius Vanderbilt zusammen, um durch die New Yorker Straßenbahn die Bevölkerung der Stadt auszurauben. Dessen älterer Sohn John Jakob der Zweite erwarb von dem berüchtigten Tweed, der durch politische Korruption die Stadtverwaltung um Dutzende von Millionen brandschatzte, ausgedehnte Grundstücke zu einem so lächerlichen Preis, daß darüber bei den Kundigen ein vielsagendes Kopfschütteln entstand. Sein jüngerer Sohn William, Astors Vater, heiratete die reizlose Schermerhorn-Tochter, nur weil sie Erbin riesiger Grundstücke war; mehrte mit den bewährten Methoden weiter das Vermögen der Astor-Familie.

So hatte ihn denn der übermächtige Schatten des dämonischen Urgroßvaters gänzlich untergezwungen. Nach der Abdankung seines Vetters, des englischen Lords, hatte er schließlich den Astor-Thron bestiegen. Und nun tat auch er, was alle Astors getan hatten: Grundstücke kaufen, Mieten steigern, Häuser bauen. Vielleicht etwas weniger gierig, vielleicht etwas weniger hart, vielleicht mit etwas weniger schmutzigen Praktiken — aber im Grunde genommen war es doch die vom Alten aus der Queen-Street vorgeschriebene Linie. Dann hatte er sich in diesen eigentlich albernen Ziegfeld-Krieg gestürzt, aus verletzter Eitelkeit letzten Endes; oder richtiger: weil die Grundsätze des alten Dämons verletzt worden waren!

Und was kam schließlich heraus bei dieser Bilanz seines Tuns? Hatte er etwas „geschaffen", wie die Deutschen das nennen? Er hatte den Wert der ererbten Grundstücke nach neuen Methoden weitergesteigert, übernommene Rechte bis zum Weißbluten der Gegner ausgenützt. Hatte nur die Macht angewandt, die ihm, wie seinen Vorfahren, das Bodenmonopol verlieh!

Übermächtig stieg wieder der Ausspruch Josuahs vor ihm auf, wenn er das Wirken von vier Astor-Generationen an seinem prüfenden Blick vorüberziehen ließ. Wo war der „Sinn"? Was hatten die Astors angefangen mit dieser ungeheuren Macht, wie sie ehedem nur große Könige in Händen gehabt hatten? Was hatten sie geleistet? Was in die Welt gestellt, das früher nicht in ihr war? Was getan, das die Menschen reicher, froher, glücklicher machte?

Der Zauberer von Menloo-Park, der alte Edison, der hatte sein Leben daran gewandt, unermüdlich zu erforschen und zu erfinden, hatte neben hundert anderen Dingen den Menschen die Glühlampe geschenkt, einen der wirklichen Fortschritte der Menschheit. Ford, dessen märchenhafter Aufstieg sich eben jetzt vollzog: er hatte das Wunder des Kraftwagens, bisher ein Sportspielzeug für die oberen Zehntausend, dem letzten Arbeiter zugänglich gemacht durch wunderbares Zusammenwirken von technischer und kaufmännischer Intelligenz. Und selbst jener Gillet mit seinem lächerlichen Rasierapparat: unzähliche Menschen hat er eine lästige

Arbeit abgenommen. Wenn diesen Männern die Nutznießer ihrer Geschenke einen geringen Tribut entrichteten, sie dadurch reich, selbst ungeheuer reich wurden: sie verdankten diesen Reichtum allein der schöpferischen Leistung ihres Hirns, der Zähigkeit ihrer Arbeit, dem Wagemut ihres Handelns.

Was aber haben wir Astors getan? Wir haben „Rechte" ausgenützt, die uns unter längst überholten Umständen verliehen worden sind; durch Gesetze, deren Verfasser nicht über die allernächste Zukunft hinaus dachten, vielleicht nicht denken konnten.

Was wir Astors erworben haben durch unseren Grundbesitz, haben wir gar nicht selbst erworben! Es ist uns zugewachsen durch das Wachstum der Stadt, durch das Wachtsum des Landes, dadurch, daß New York der wichtigste Knotenpunkt der Neuen Welt geworden ist. Haben wir das bewirkt? Haben wir etwas dazu getan? Auf längst verstaubte Rechte haben wir gepocht! Haben dem ganzen Land eine Steuer auferlegt wie ehedem in der Alten Welt Fürsten, Bischöfe, Klöster, Barone. Aber diese haben wenigstens aus diesen Steuern Leistungen für die Allgemeinheit bestritten; das Land verteidigt, Dome errichtet, Bildung gepflegt, Künste gefördert. Was aber haben wir getan? Wie Könige gelebt, aber nicht wie Könige gehandelt. Zuweilen wie Mönche gelebt, aber nicht wie Mönche gehandelt. Wir haben Macht geübt, um noch mehr Macht zu erwerben, aber nie ein Machtamt versehen. Wir haben unseren Töchtern Grafen und Herzöge gekauft, deren einziges Verdienst darin besteht, Vorfahren zu besitzen, die Verdienste gehabt haben. Wir haben Kunstwerk zusammengerafft, die nicht unter unserer Sonne entstanden sind. Wir haben Medici gespielt, ohne Medici zu sein.

Und was bin ich jetzt im Begriff zu tun? Doch auch

nur, was wir Astors immer taten, was die Titanen immer taten und immer tun: in unseren Besitz zu bringen, was andere schufen, weil wir die Macht haben, Macht aus anderer Tun!

Daß ich die White Star in die Hand bekommen will, ist zuletzt doch nur Eitelkeit; und das Ende wird sein, daß ich damit Geld machen werde. Immer wieder Geld! In unseren Händen wird alles immer zu Geld. Allein nur Geld. Häuser werden zu Geld, Fabriken werden zu Geld. Das Wirkliche löst sich auf in Unwirkliches. Das Wesen wird Schein!

Was gehen mich eigentlich diese Schiffe an? Wenn ich die Titanic kaufe, ist sie dann mein Schiff? Meine Segeljacht, die Katasauqua, die ist wirklich mein Schiff. Die fahre ich als Kapitän. Wie der grobe Kerl uns gestern stolz herübergeschrien hat: Eigentümer und Schiffer!

Was gehen mich die Leute an, die auf diesem Schiff fahren? Zumeist ist es doch nur Gesindel. Gut gewaschenes oder schlecht gewaschenes: das ist der ganze Unterschied. An Bord der Katasauqua gehen, Helia in der Kajüte. Mao als Schiffskoch und Steward in der Kombüse, und dann losziehen auf Abenteuer, irgendwohin in die Welt: das hat Sinn. Schiffe bauen, die schnell und sicher den Verkehr bewirken, auf denen allen Fahrgästen bescheidene Behaglichkeit geboten wird, wie sie sich für Reisende schickt: das hat Sinn. Aber Schiffe bauen, die um vier Stunden schneller über den großen Teich fahren, auf denen hundert Bevorzugte in französischen Betten schlafen, statt in Kojen: das hat keinen Sinn!

Vielleicht hatte Josuah doch recht mit seiner phantastischen Idee vom Tennessee-Tal! dachte Astor. Freilich fühlte er in sich einen starken Widerstand: das Projekt roch nach Sozialismus, sogar nach Kommunismus!

Nach einem Plan die Wirtschaft gestalten, die Freiheit des Konkurrenzkampfes einschränken, sich am Ende gar vom Staat dreinreden lassen: sein amerikanischer Freiheitsglaube, die Gewohnheit eines langen Lebens sträubten sich gegen diese Vorstellung. Aber dann wurde wieder das Gefühl überstark in ihm, daß er bei all seinem bisherigen Tun doch auch nur den Gesetzen anderer gehorcht hatte, nicht seinem eigenen Gesetz. Sein Ahnherr, dieser Dämon, hatte ihm sein Tun vorgeschrieben; den blutigen Spuren der Pioniere war er gefolgt: er war der Epigone einer versunkenen Zeit!

Auf einmal war es Astor, als würde es hell um ihn und in ihm; als fielen Wände nieder, die ihn von sich selbst getrennt hatten. Der Rebell in ihm, der gezähmt worden war, richtete sich wieder auf. Der Knabe John, der mit Gott gehadert hatte wegen dessen Liebesbefehls; der Mann John Jakob, der in die Einsamkeit Alaskas und der Orinoko-Wildnis geflohen war; der Titan John Jakob Astor, der sich Helia geholt hatte, das Wesen aus einer anderen Welt.

Nun wußte er, was das Wort „Sinn" bedeutet! Ich will mein Leben neu beginnen, stand es plötzlich klar vor ihm. Es ist noch nicht zu spät. Wir Astors sind ein zählebiges Geschlecht. Der Alte ist fünfundachtzig geworden, mein Großvater dreiundachtzig. Ich habe noch zehn Jahre vor mir, vielleicht zwanzig. Genug, um Großes zu tun, wenn man Macht in Händen hat. Das Wirkungsleben Napoleons hat kaum zwanzig Jahre gedauert. In zehn Jahren hat Alexander der Welt ein neues Gesicht gegeben. Ich will nicht mehr bloß handeln und herrschen, ich will schaffen! In unserem Lande denkt jeder nur an sich, niemand ans Ganze. Das Land ist in Gefahr, ich fühle es deutlich. Aus der Alten Welt kommen Gedanken herüber, die unseren Titanenbau zersprengen werden, wenn wir nicht rechtzeitig umbauen! Es braucht eine starke Hand, die unser Volk zurückreißt vom Abgrund, an dem es steht. Vielleicht kann ich der Mann der starken Hand sein!

Ich will alle Eitelkeiten abtun. Ich werde den Schah Akhbar dem Chinesen zurückgeben, mag er ihn dem Vollendeten opfern: jetzt verstehe ich, was er damit gemeint hat. Die Alexanderkrone mag Halevy an Widener verkaufen für seine Sammlung antiker Blechsachen. Helia wird meinen Weg mit mir gehen. Du tust, was du mußt! hat sie zu mir gesagt. Welch eine wunderbare Frau! Welch eine Gefährtin!

Eine heiße Welle der Dankbarkeit stieg in ihm auf: für Helia, für diese Nachtstunde, für das Leuchten, das in seinem Innern war. In diesem Augenblick fiel ein Meteor. In großem Bogen glitt er dahin über den schwarzsamtenen Grund. Dann plötzlich erlosch er. Aber nun stand dort im weiß-blauen Glanz ein Stern, den er früher nicht beachtet hatte und der ihm wie eine Verheißung erschien.

Währenddessen war jemand hinzugetreten und fragte höflich, ob es gestattet sei, Platz zu nehmen. „Bitte", antwortete Astor ein wenig mürrisch; denn der Fremde erschien ihm als Störung in seinem ungewohnten Alleinsein mit dem ruhevollen Himmel über ihm und den unruhigen Gedanken in ihm.

Soweit man in der Dunkelheit erkennen konnte, war der Mann bescheiden angezogen. Er trug eine kurze Joppe, auf dem Kopf hatte er eine Pelzmütze, wie sie deutsche Bauern tragen, um den Hals war ein gestrickter Schal zweimal geschlungen. An einem Lederriemen hing ein ungewöhnlich großer Feldstecher. Sobald er sich gesetzt hatte, nahm er das Glas vor die Augen, begann unverwandt bald dieses, bald jenes Sternbild zu betrachten. Dieses Gebaren verdrängte alsbald

Astors Groll. Die anscheinende Vertrautheit des Mannes mit den Gestirnen verbreitete um ihn ein Gefühl von Ruhe und Zuversicht, das Astor wohltat. Es war doch gut, nicht allein zu sein.

„Sie scheinen sich auszukennen in den Sternen?" sprach er den Mann mit der Pelzmütze an. „Können Sie mir sagen, wie jener große weißblaue Stern heißt?"

„Er hat gar keinen Namen. Um über ihn reden zu können, bezeichnen ihn die Astronomen als „Nova gemini", den neuen Stern in den Zwillingen. Vor neunzehn Tagen war er nämlich noch gar nicht vorhanden; oder besser gesagt, er führte nur auf den fotografischen Katasterplänen des Himmels ein bescheidenes Dasein als Sternlein sechzehnter Größe, er trug die Nummer siebenundzwanzigtausenddreihundertvierundvierzig."

„Aber er ist doch größer und heller als irgendein anderer Stern am Himmel."

„Ja, seit sieben Tagen. Vor fünfzehn Tagen wurde zufällig festgestellt, daß er auf die Größe zwölf angewachsen war. Seit damals wird er ständig beobachtet. Er wurde mit unheimlicher Schnelligkeit immer größer und heller. Vor sieben Tagen erreichte er seine größte Helle, er war bedeutender als selbst der Sirius oder der Aldebaran. Seither hat er etwas abgenommen. Und wenn es sich mit ihm ähnlich verhält wie mit den anderen Neusternen, etwa dem von Tycho Brahe in der Kassiopeia beobachteten; oder von Kepler im Schwan; oder der Nova in der Krone von 1866; oder der Nova Persei von 1901: so dürfte er binnen weniger Tage für freie Augen nicht mehr sichtbar sein, zu teleskopischer Kleinheit zurücksinken, vielleicht ganz vom Himmel verschwinden."

„Ein Stern? Verschwinden? Ich dachte, die Sterne stehen seit Erschaffung der Welt und werden bleiben in alle Ewigkeit."

„Das ist ein Irrtum. Auch die Sternenwelt ist ein Organismus mit Geburt, Leben und Tod, mit Bewegung und Entwicklung: genau so wie die Zellenstaaten Pflanze, Tier und Mensch und, wie man neuerdings annimmt, die einzelnen Atome. Auch Sonnen und Sterne sterben. Zuweilen entsteht in einem solchen glühenden Ball durch innere Verlagerungen ein ungeheurer Überdruck, er glüht auf zu unvorstellbarer Hitze, dehnt sich gewaltig aus, explodiert, zerstiebt zu kosmischem Weltenstaub. Eine solche kosmische Katastrophe findet jetzt dort drüben statt. Das heißt, genau gesprochen, sie hat vor etwa hunderttausend Jahren drüben stattgefunden."

„Wieso das?" fragte Astor überrascht.

„Dieser Stern ist so weit von der Erde entfernt, daß der Lichtstrahl von ihm zu uns hunderttausend Jahre braucht, obwohl dieser bekanntlich in der Sekunde fünfzigmal die Strecke von Europa nach New York durchlaufen würde. Was jetzt vor unseren Augen so zauberhaft glänzt, hat sich vor dieser langen Zeit dort oben begeben, die Nachricht davon langt erst jetzt hier an. Wahrscheinlich werden außer dieser Lichtbotschaft auch noch andere, weit weniger erfreuliche Botschaften herübergelangen: ein Platzregen von kosmischen Strahlen verschiedenster Art, die allerlei Unheil anzurichten pflegen. Und wiederum: falls etwa in diesem Augenblick irgendwo ein ebenso entfernter Stern explodieren und zu Staub zersprühen sollte: so würden wir von diesem großartigen Ereignis gar nichts bemerken, sondern erst die Menschen, die in hunderttausend Jahren ihren Blick auf diesen Himmel richten. Vorausgesetzt natürlich, daß dann noch Menschen auf der Erde leben werden."

„Wieso das?" wiederholte Astor.

„Es ist anzunehmen, daß bis dahin längst der Mond

auf die Erde gestürzt sein wird und ungeheure Katastrophen jede Spur von Leben ausgetilgt haben werden. Die Sintflut und der Sintbrand, die der Absturz unseres Mondes bewirken wird, dürften um vieles gewaltiger sein als diejenigen, die der Absturz des Mondes in der Tertiärzeit hervorgerufen hat. Wobei ja nach übereinstimmendem Bericht sämtlicher Flut-Sagen immerhin an besonders hoch gelegenen Stellen der Erde, auf dem Pamirplateau etwa, im peruanischen Hochland, auf dem Ararat einige Menschen davongekommen sind."

„Und warum muß sich eine solche Katastrophe wiederholen?"

„Weil die Erde so töricht war, nach einer mondlosen Zeit sich wieder einen durch den Weltraum schwirrenden Körper als Trabanten einzufangen. Wahrscheinlich auf Wunsch junger Liebesleute, die gern im Licht des Mondes schwärmen, ohne etwas von der Gefahr zu ahnen, die diese himmlische Nachtbeleuchtung mit sich bringt. Da auch im Weltraum keine Bewegung ohne Reibungsverlust vor sich geht, verlangsamt sich von Jahr zu Jahr die Schnelligkeit des Mondumlaufes um geringe, aber immerhin meßbare Größen. In gleichem Maß erhöht sich die Anziehungskraft der Erde auf den Mond, dieser nähert sich ihr zunehmend, umläuft sie also nicht in einem Kreis, sondern in einer immer enger werdenden Spirale. Umgekehrt wirkt aber auch seine Anziehungskraft immer stärker auf die Erde: die Höhe der Flutwelle, die er um sie herführt und die heute wenige Meter beträgt, wächst, wird einige hundert Meter, schließlich einige tausend Meter hoch. Um den Äquator, wo sich die Flut zusammenballt, verschwinden Kontinente; von den Polen werden die Wasser abgezogen, neue Kontinente tauchen auf. Aber auch die Luft strömt von den Polen weg, die Weltraumkälte bricht ein, die Vereisung schreitet bis zu den Wendekreisen vor. Im Erdinneren steigt ebenfalls die Flut: in wütenden Ausbrüchen ergießt sich aus alten und neu aufgerissenen Vulkanen das Magma über die zuckende Erde. Dann tritt der Kataklysma ein: der Mond stürzt nieder. Freilich nicht wie ein Ziegelstein. Allmählich haben sich Teile von ihm abgerissen, der Anziehung der Erde gehorchend, nicht mehr der seinigen. Sein Eispanzer löst sich in Hagelstürme und Wolkenbrüche auf von unvorstellbarer Gewalt. Schließlich zerreißt sein Kern: Meteoriten bis zur Größe von Gebirgen fegen über die Erde hin als glühender Eisenregen. Schließlich ist der Mond ganz zerspellt, seine Trümmer liegen auf der Erdoberfläche zerstreut, die aussieht wie jetzt das Mondgesicht. Dann beginnt wieder eine mondlose Zeit. Ein Aeon ist abgelaufen."

„Das ist doch nur eine Theorie?" sagte Astor, und es war ersichtlich, daß für ihn Unsinn und Theorie gleichbedeutend waren.

„Theorie heißt Schauung. Sie ist zuweilen irrig, oft aber ist sie Wahrheitsschau. Diese Mondabsturz-Theorie macht vieles erklärlich, was bisher unerklärlich war: die Schichtung der Salzlager, der Kohlenflöze, der Erdölhorizonte. Und wenn man die Flut-Sagen der verschiedenen Völker vernimmt oder die Prophezeiungen künftigen Weltuntergangs: so hat man den Eindruck, daß sich darin vor Urzeit Erlebtes widerspiegelt, Erinnerungen, die von Mund zu Mund weitergegeben wurden, über die Jahrtausende weg auf uns gekommen. ‚Ein großer Hagel fällt auf die Menschen. Die Sterne fallen auf die Erde. Es wird ein großes Erdbeben, wie solches nie gewesen seit Menschen leben. Die Sonne wird schwarz und der Mond wird wie Blut. Alle Inseln verschwinden, und kein Berg wird gefunden.' So wird der Weltuntergang in der Apokalypse geschildert von einem Mann, der in Kleinasien lebte. Beinahe gleichlautend singt etwa zur gleichen Zeit hoch im Norden, in Island, ein schauender Dichter im Völuspa-Lied: ‚Die Sonne erlischt. Das Land sinkt ins Meer. Vom Himmel fallen die heiteren Sterne. Rauch und Feuer rasen umher. Hohe Hitze steigt himmelan.' Und Plato spricht ausdrücklich von den Proselenen, also von Menschen, die vor dem Mond gelebt haben. Er erklärt auch die uralte, ähnlich bei vielen Völkern erhaltene, Fabel vom Sohn des Helios, der mit dem falsch gelenkten Sonnenwagen auf die Erde stürzt, so daß sie in Flammen aufgeht, mit fast wissenschaftlicher Genauigkeit folgendermaßen: ‚Der wahre Kern daran ist die veränderte Bewegung der die Erde umkreisenden Himmelskörper und die periodische Vernichtung alles Irdischen durch ein großes Feuer.' Das sind so auffallende Übereinstimmungen, daß man die dereinstige Wiederkehr von Sintflut und Sintbrand als Gewißheit ansehen muß."

„Aber was hat dann all unser Tun und Streben für einen Sinn?" fragte Astor nach einer Weile, nun doch etwas erschüttert von den ruhigen Worten des seltsamen Mannes.

„Diese Frage darf nicht gestellt werden!" erwiderte dieser fast hart.

„Die Frage nach dem Sinn ist doch die wichtigste aller Fragen!"

„Nach dem Sinn für uns wohl; nicht nach dem Sinn außer uns! Solche Fragen zu stellen ist Hochmut."

„Wieso das?" fragte Astor zum drittenmal.

„Weil wir nur Menschengedanken denken können, nicht die Gedanken des Welten-Herrn. Wenn Sie ein Geschäft eingeleitet haben, so bewegt Ihr großer Gedanke unzählige andere Menschen, die von ihm nichts wissen. Diese handeln in ihrem kleinen Kreis nach ihren kleinen Gedanken. Ob sie richtig handeln, ob nicht richtig: darauf haben Sie, der Lenker, keinen Einfluß — und so wird wohl auch der Welten-Herr darauf angewiesen sein, daß seine Untergebenen richtig handeln: zu seinem Ziele, von dem sie nichts wissen. Wie aber, wenn einer Ihrer Untergebenen unaufhörlich fragen würde: wozu tue ich das? was ist der Sinn meines Tuns? Sie würden ihn anherrschen: was geht das dich an? Bist du ich? Geh an deine Arbeit! Tu, was du mußt. Und tu es richtig nach deinem besten Können! Dein Fragen ist Hochmut!"

Astor erwiderte nichts. Beide Männer waren eingehüllt in Stille wie in eine Wolke. Die Kielwelle rauschte unablässig weiter, als hätte sie das Amt, zu rauschen. Die Sterne zogen ihre Bahn, als wäre es ihr Amt, dahinzuziehen durch den unendlichen Raum. Endlich fragte Astor:

„Wer sind Sie? Sind Sie ein Astronom?"

„Ich bin ein Orgelbauer", erwiderte der Mann mit der Pelzmütze. Er hatte jetzt wieder die frühere Stimme: bescheiden, leise, gütig. Er gab Astor eine Karte, die dieser zerstreut in die Manteltasche schob. Er hätte gern das Gesicht des sanften und so beredsamen Mannes gesehen; aber der war schon aufgestanden und im Dunkel verschwunden.

Einsamer Weg

Seit dem Weggang des Orgelbauers war auf Astor ein beklemmendes Gefühl von Einsamkeit niedergestürzt. Das Dunkel um ihn war mit einemmal tiefer und drohender; die Sterne hatten mit einemmal ihren friedlichen Glanz verloren und blickten auf ihn wie Millionen Augen eines übergewaltigen Wesens; das Meer erschien mit einemmal als schrecklicher Abgrund von endloser Weite und schauerlicher Tiefe, über dem er auf einer lächerlichen Planke hinglitt; das Rauschen des Kielwassers hörte sich mit einemmal an wie ein Chor von Stimmen, die aufschreien in Verzweiflung.

Von Astor war das Gefühl der Sicherheit und des Verlasses gewichen. Himmel und Meer sind sonst nur Kulissen eines Theaters, auf dem das sich riesenhaft dünkende Ich als Hauptdarsteller inmitten belangloser Mitspieler seine zuweilen fröhliche, zuweilen betrübsame, zuweilen kurzweilige, zuweilen tragische Rolle spielt. Nun aber fühlte sich Astor klein, nichtig, verloren; als Staubkorn eines Staubkorns in der grenzenlosen Unendlichkeit.

Mit einem Ruck stand er auf und schüttelte sich. Das kam davon, wenn man wie ein Jüngling in leichtem Paletot auf einer Heckbank saß! Er stieg rasch die Treppe hinab. Richtig, er wollte doch den Chinesen aufsuchen in seinem Bau! Aber er scheute sich, über das dunkle Bootsdeck zu gehen. Ihn verlangte nach Licht, Wärme und Menschennähe. Er öffnete die Tür zum Hauptdeck, stieg eine Treppe hinab und kam in einen großen Saal, der behaglich eingerichtet war, wenn auch weit weniger prunkvoll als die Räume des Schiffes, die er kannte. Es war wohl der Gesellschaftsraum der Zweiten Kajüte.

Ein köstliches Gefühl von Geborgenheit und Behagen überkam Astor. Er sah und fühlte hundert kleine Dinge, die ihm zu ungefühlter Gewohnheit geworden waren, gleichsam zum erstenmal. Die wattige Wärme, die ihm entgegenschlug, das gedämpfte Licht hinter matten Glaskugeln, den weichen Teppich, der sich unter seine Füße schmiegte, das feine Aroma von Zigarrenrauch, Alkoholdunst und Kaffeeduft. Beruhigend, wie ein friedlicher kleiner Bach, murmelten an seinem Ohr vorüber die halblauten Stimmen der Menschen, die scheinbar vertraut und aufgeschlossen miteinander sprachen.

Er ging zur Bar hinüber. Ein heißer Burgunder-Punsch würde ihm gut tun. In dieser behaglichen Umwelt begann das abscheuliche kosmische Gefühl abzuklingen. Er hatte wieder festen Boden unter den Füßen. Nur eine ungewöhnliche Schärfe der Sinne war geblieben: ihm war, als wären Menschen und Wände durchsichtig für seinen Blick; als höre er nicht nur, was die Leute miteinander sprachen, sondern auch was sie dachten.

Er kletterte auf einen der hohen Barstühle, stellte die Füße auf die Messingstange und legte beide Arme auf die Marmorplatte. Wie ein Grundstücksmakler in Kansas-City, dachte er; aber sonderbar, dieser Gedanke tat ihm wohl. So hatte er lange nicht mehr an einer Bar gesessen, ach, wie lange nicht mehr! Hier wußte niemand, daß er der große Astor war, hier war er ein Bargast wie jeder andere. Wie die soliden Geschäftsleute, die sich neben ihn setzten und von denen einer eine Lage von einem besonders ausgefallenen Getränk bestellte. Während Astor auf seinen Punsch wartete, knabberte er Salzmandeln und geröstete Maiskörner. Wie hübsch war es, in die sanft widerstrebenden Mandeln zu beißen, auf die krachenden Kerne. Wie gut schmeckten diese milden Erdfrüchte.

Aufmerksam sah er zu, wie der Barmixer in weißer Jacke und hoher Leinenmütze seines Amtes waltete. Er langte bald diese, bald jene Flasche vom Regal, die in ihren glitzernden, geschliffenen Leibern geheimnisvolle Essenzen der fernsten Länder bargen; goß wohlabgemessene Mengen in das silberne Milchgefäß, von einem viel, vom anderen wenig, von etlichen wurden nur wenigen Tropfen in die Mischung gesprengt. Eine rote stachelige Frucht zerquetschte er in einer Glaspresse, goß den Saft hinzu. Wie ein Maler sorgfältig die Farben mischt, so mischte der Mixer die Aromen ferner Zonen, er wußte anscheinend genau, auf welche Weise die gewünschte Wirkung erzielt wurde. Dann schwenkte er das silberne Gefäß liebevoll zwischen den Händen. Er brauchte nicht zu messen oder zu probieren; als ein echter Künstler hatte er das Maß in den Fingerspitzen.

Sonderbar, dachte Astor, dieser Barmixer versah sein Amt mit Ernst und Überzeugung, als gäbe es in der ganzen Welt nichts Wichtigeres, als Cocktails zu mischen! Mit zärtlicher Bewegung goß er das Werk seiner Hände und seiner Phantasie in die eisgekühlten flachen Schalen. Aber er sah mit Enttäuschung, wie die Männer nach einem flüchtigen Anklingen das Getränk mit einem Ruck hintergossen — als sei es ein gewöhnlicher Bauernschnaps.

Der Spender des Cocktails, ein kleines bewegliches Männlein mit schlauem Spitzmausgesicht, stiftete noch eine zweite Lage, schließlich eine dritte. Der Mixer bereitete sie mit gleichem Ernst, aber Astor nahm wahr, daß er nun weniger Sorgfalt auf die Auswahl der Essenzen verwandte; für diese Banausen war eine geringere Mischung gut genug.

„Auf das Blaue Band!" rief das Männlein und stieß mit seinen Freunden an. Er war der Mittelpunkt der kleinen Gesellschaft. Offenbar nicht nur als Cocktailspender, sondern auch wegen der Mitteilungen, die er seinen Freunden zum besten gab. Sie sahen auf ihn mit jenem Respekt, den erfolgreiches Handeln den Mitmenschen einflößt.

„Wenn wir das Blaue erobern, gibt's eine Riesenhausse in White-Star-Aktien! Schon jetzt steigen sie von Tag zu Tag. Ich habe das kommen sehen und bin vor vierzehn Tagen mit fünfzigtausend eingestiegen. Beim Baumwollverkauf kommt man ja mit verschiedenen großen Geschäftsleuten zusammen. Ich habe diesmal Mr. Brown — Sie wissen, von Brown und Browns — bei unseren Kunden eingeführt. Die wollen doch auch mal den Chef sehen, nicht nur den Prokuristen, wenn auch natürlich dieser die Geschäfte macht. Und überall hörte ich Wunderdinge über die Titanic und was für große Hoffnungen auf sie gesetzt werden. Dabei standen die Aktien der White Star damals weit unter pari. Als ich dann aber unsere Plätze belegte und sah, wer alles auf dem Schiff mitfährt: Astor und Widener, Guggenheim und Waverley, Major Butt und all die anderen großen Kanonen, außerdem noch Generaldirektor Ismay und der ganze Aufsichtsrat — da wußte ich Bescheid! Da ist irgendeine große Transaktion im Gang, sagte ich mir. Und richtig: seit ich eingestiegen bin, hat sich der Kurs um zwanzig Punkte gehoben! Gewinn bis heute zehn Mille! Glauben Sie mir: bis wir an Land sind, stehen die Aktien auf pari. Wer klug ist, kauft White Star! Ich weiß, daß auch die Aufsichtsräte kaufen. Auch Astor, hörte ich, kauft. Man muß sich immer nach den großen Leuten richten. Rechtzeitig hinein, rechtzeitig heraus: das ist mein Prinzip. Natürlich muß man die richtigen Tips haben."

„Prost Titanic!" rief begeistert einer der Cocktailgenossen, als die dritte Lage aufmarschierte. Alle stießen mit dem Spender an, der sich als ein so kluger und vorausblickender Mann erwiesen hatte. Natürlich beschloß jeder insgeheim, anderntags Aktien zu kaufen, um diesen herrlichen Tip auszunützen. Sie hatten noch vier Tage Fahrt vor sich, man kam also noch zurecht. Daß die Aktien, die heute sechzig notierten, bei der Ankunft in New York mindestens auf hundert stehen würden, erschien ihnen als völlig sicher.

Das Männlein war mit der Wirkung seiner selbstlosen Information zufrieden. Die fünfzehn Extra-Cocktails, zu zwei Dollar das Glas, waren eine vortreffliche Kapitalanlage: durch sie würde eine kleine Privathausse in White Star bewirkt werden. Er selbst wird die Ankunft des Schiffes in New York nicht abwarten, er hat seine Aktien schon bei achtzig zum Verkauf limitiert; man soll nicht das Letzte mitnehmen, wenn man schlau ist! Dann hatte er zwanzig Mille intus, das war mehr, als er am Baumwollverkauf während des ganzen Jahres verdiente. Brown war knickerig in den Provisionssätzen, vielleicht würde er doch seine Stellung wechseln oder auf eigene Rechnung arbeiten, seine Kunden würden ihm gewiß treu bleiben; aber andererseits war sicher, und solche Informationen fallen einem nur zu, wenn man als Vertreter eines großen Hauses auftritt.

Astor erhob sich, zahlte und machte sich auf den Weg. Morgen wird das Männlein keine Cocktail-Lagen mehr schmeißen, dachte er. Sein wirklicher Verlust wird weit größer sein als sein eingebildeter Gewinn. Wahrscheinlich hat er auf Pump spekuliert, er wird die Differenz nicht decken können, wird bankrott sein, wenn er in New York an Land geht. So also ist das! Wir da oben kämpfen unsere Kämpfe, und da unten werden

Existenzen zertreten. Aber wer hat ihn geheißen, mit Dingen zu spielen, die ernst sind? Er soll Baumwolle verkaufen, das ist sein Amt, das ist die Sache, die er versteht. Er möchte aber lieber durch List reich werden als durch Arbeit wohlhabend. Doch dann fiel ihm ein: sicher hatte der Mann Frau und Kinder, die er mit in den Abgrund riß. Einen Augenblick dachte er daran umzukehren, den Mann beiseite zu rufen, ihm zu sagen, er solle morgen zum ersten Kurs verkaufen, dann kam er vielleicht mit einem blauen Auge davon. Aber nein, war sein nächster Gedanke, das geht nicht an. Der Mann würde herausbringen, wer der geheimnisvolle Ratgeber war, die ganze White-Star-Transaktion konnte daran scheitern! Keine Sentimentalitäten, Astor! Du bist kein Kindermädchen. Das Leben ist hart: sehe jeder, wo er bleibe. Ich habe das Rad ins rollen gebracht, ich kann es nicht mehr aufhalten.

Astor hatte den Gesellschaftsraum verlassen; er stieg eine Treppe hinab, ging Korridore entlang, kletterte wieder Treppen hinauf und wanderte durch das Schiff wie durch eine unbekannte Stadt. Straßen entlang, über Plätze hin, durch abseitige Winkel und Ecken. Überall sah er Menschen: in Gespräch, in Streit, in Beratung, in Nachsinnen. Fremde Menschen, jeder ein eigener Lebenskreis, in seine eigenen Gedanken, Sorgen, Nöte eingehüllt — was wußte er von ihnen!

Ihm war seltsam zumute auf seiner Wanderung durch dieses Schiff, durch diese schwimmende Stadt. Als sei er hellsichtig geworden, wurde er Lebensschicksale gewahr, die bisher völlig außerhalb seines Blickes gelegen hatten. Die verwirrende Vielfalt des Lebens wurde ihm offenbar. Wie ein Traumwandler ging er mitten hindurch und vernahm, was er bisher nie vernommen hatte.

Leise und langsam wurde die Tür geöffnet, die vom großen Festsaal der Ersten Kajüte nach dem Musikzimmer führt. Durch die schmale Öffnung glitt Clarissa; ihr folgte, ebenfalls seltsam gleitend, ihr Bruder, der im Frack aussah wie ein griechischer Athlet vom besten Londoner Schneider angezogen.

Unhörbar schloß Elemer hinter sich die Tür. Der eben noch laute Klang des Orchesters erlosch. Aber die dämmerige Leere des kleinen Saales war erfüllt von den gedämpften Wogen ferner und entkörperter Musik.

Clarissa hatte sich mit einer haltlosen Bewegung gegen den Türvorhang geworfen, schlug beide Hände über die Augen, als schmerze sie selbst das schwache Licht der abgeblendeten Wandleuchter. Elemer hatte die Klinke nicht losgelassen, starrte gegen die Tür, als blicke er durch ein Fenster in die Ferne.

„Unser Walzer!" flüsterten die Geschwister gleichzeitig, jeder zu sich und doch auch jeder zum anderen. „Unser Walzer!" wiederholten sie und sahen sich an mit schmerzlichem Lächeln; aber sie sahen doch auch aneinander vorbei in die Ferne der Zeit.

So endlos lang her war es schon — und doch erst wenige Monate —, daß sie auf der Margarethen-Insel für die Weltmeisterschaft in St. Moritz trainierten!

„Unser Walzer!" flüsterte das Mädchen noch einmal mit zerbrochener Stimme und griff mit einer verirrten Handbewegung hinüber zum Bruder. Der aber hatte die Klinke losgelassen und machte zögernd ein paar Schritte nach rückwärts, wie angezogen von dem wogenden Klang um ihn: und begann nun einen Tanz, der in befremdlicher Weise einem Schlittschuhlauf glich. Dieselben Wendungen, Kehren, Schritte. Als glitte Eisen über Eis, glitten die Füße über das Parkett.

Clarissa blickte mit weit offenen Augen auf den Bruder, ein beseligtes Lächeln spielte um ihre Lippen.

Welch unbegreifliches Wunder war da geschehen, daß alle Hemmungen der Wunde und der Seele von ihm gewichen waren? Und ebenfalls wie über Eis gleitend kam sie auf ihn zu, sie umfingen sich zart und schwerelos: und schwebten in nie gesehenem Tanz durch das Halbdunkel des Raumes.

Durch die gegenüberliegende Tür war Astor eingetreten, ohne daß die Tanzenden seiner gewahr wurden. Als hätte er unversehens einen geweihten Raum betreten, wandte er sich beiseite in eine dunkle Nische. Er hatte Tänze heiliger Hetären im verbotenen Tempel zu Jaipur gesehen; Ritualtänze javanischer Prinzen; Zaubertänze halbwüchsiger Mädchen auf Bali; urzeitliche Tänze der Sonora-Indianer im Meskal-Rausch. Aber dieses holde Wunder völlig aller Erdenschwere gelösten Tanzes übertraf alles. Es war sichtbar gewordene Musik, war Auflösung zweier Menschen in reinen Einklang.

Nun verstummte die Musik im Saal. Der schwebende Reigen der Geschwister erlosch, sie standen stumm einander gegenüber, selbst verwundert über das seltsame Geschehen, dessen Träger sie geworden. Da nahm Clarissa behutsam das Haupt des Bruders zwischen ihre schmalen Hände, zog ihn an sich, küßte ihn hauchzart auf den Mund, wie wenn ein Schmetterling sich auf eine Blüte niederläßt. Dann verließen sie den Raum, eines den Arm um die Schulter des anderen gelegt, beide gleich hoch gewachsen, beide den gleichen Ausdruck stiller Seligkeit in den Zügen. Sie schritten dahin mit schwebendem Schritt, wie Gestalten Botticellis über beblümte Wiesen schreiten.

Zwei Erzengel! dachte Astor und trat noch tiefer in das Dunkel der Nische zurück. Um sie ist die Eisluft eines anderen Sterns, von dem sie herabgestiegen sind!

Im Wintergarten, der sich an die Bibliothek anschließt, saß hinter Palmen und Blattpflanzen über einen vergilbten Folianten gebeugt Halevy. Das Buch war eine nur in wenigen Exemplaren erhaltene Schrift des Hermes Trismegistos, darin er in dunklen Worten das Ergebnis seiner Forschungen niederlegt: durch welche magische Praktiken die Erzväter ihre Lebensfrist auf Hunderte von Jahren erstreckt hatten.

Ein Mann betrat eiligen Schrittes die Bibliothek; blickte suchend umher; niemand war im Raum. Dann entdeckte er den Wintergarten, ging auf ihn zu.

Sein Äußeres war nicht auffällig, aber doch ein wenig fremdartig. Ein etwas zu langer altmodischer Schlußrock flatterte um seine Knie; unter der Weste sahen bunte Quasten einer Art von Schal vor; an den Schläfen kräuselten sich die Haare in ungewohntem Schnitt; das Gesicht war von tiefschwarzem Bart umrahmt; unter der hohen, wachsbleichen Stirne glühten die Augen aus tiefen Höhlen. Der Mann war offenbar ein Ostjude, der die Ghetto-Tracht soweit als möglich den westlichen Gepflogenheiten angepaßt hatte.

„Da seid Ihr ja, Meister!" begrüßte er Halevy, indem er den Wintergarten betrat. Mit raschen Bewegungen, die nicht recht zu seiner behäbigen, untersetzten Gestalt paßten, rückte er einen mageren Chippendale-Stuhl neben den umfänglichen Klubsessel, in dem sich der kleine Halevy beinahe verlor.

„Ihr habt mich sprechen wollen?" sagte dieser mit müder Stimme und reichte ihm seine schmale, kraftlose Hand über das Buch weg. „Der Zadik von Sadagora hat Euch zu mir geschickt?"

„Ja, Meister. Ihr wißt aus seinem Brief, zu welchem Zweck. Ich komme vom Zionisten-Kongreß. Die dort gefaßten Entschließungen sind Euch bekannt. Nun geht es darum, die Judenschaft der einzelnen Länder unter Führung prominenter Persönlichkeiten zusammenzufassen und die Beschlüsse verbindlich anzunehmen. Auf dem Kongreß war nur der polnische Sanhedrin offiziell vertreten und ist mit der Annahme vorangegangen. Von den anderen Ländern waren zwar wichtige Persönlichkeiten anwesend, aber ohne Mandat. Ich bin beauftragt, in Amerika die Aktion vorzutreiben. Ein Fünfer-Komitee führender Juden soll gebildet werden. Der Zadik meint, Ihr könntet mir hierbei behilflich sein; Ihr hättet weitreichende Beziehungen in den Staaten!"

Halevy gab keine Antwort. Er hielt den Hermes Trismegistos noch immer aufgeschlagen auf den Knien, wie einen Schutzwall gegen den eifervoll sprechenden Abgesandten des Sanhedrin. Der fühlte sich ein wenig unbehaglich, er hatte wärmeren Empfang erwartet. Der Name des großen Zadik pflegte sonst die Seelen wie das Wort Sesam zu öffnen. Aber er war gewohnt, Widerstände zu brechen. Er fuhr daher mit geheimnisvoll gesenkter Stimme fort:

„Ich war bei Benjamin Straus. Er hat meinem Plan zugestimmt! Er wird einen bedeutenden ... einen sehr bedeutenden Betrag für den Palästina-Fond stiften. Aber mehr noch: er wird an die Spitze des amerikanischen Komitees treten! Er hat auch mit Stead gesprochen und ihn für unsere Sache gewonnen. Ihr begreift, wie wichtig es ist, daß auch jemand von der anderen Seite für uns eintritt! Noch dazu dieser makellose Mann, auf den die Welt hört, weil er sich stets für die Sache der Gerechtigkeit eingesetzt hat! Nun, was sagt Ihr zu diesem Erfolg?"

Die erloschenen Augen Halevys blickten unverwandt in die glühenden des Rabbi. Dann sagte er tonlos:

„Geht Straus mit nach Palästina?"

Der Abgesandte des Zadik stutzte. Dann sprudelte er eifrig hervor:

„Straus selbst? Nein! Er ist ein alter Mann, der sich nicht mehr losreißen kann aus dem Boden, in dem er wurzelt. Und dann: es ist überaus wichtig, daß solche Männer in der Etappe bleiben, für den ständigen Zufluß von Geldmitteln sorgen, während wir Pioniere an die Front gehen!"

„So also sieht der Aufbruch Israels in das Land der Verheißung aus!" murmelte Halevy. „Ein paar hunderttausend jüdische Proletarier werden aus den Ghettos und Slums nach Palästina verpflanzt; ein paar tausend Idealisten gehen mit; ein paar hundert Ehrgeizige besetzen die Führerstellen. Die übrigen bleiben daheim, auf dem Boden, in dem sie wurzeln. Sie finanzieren das Unternehmen. Die Welt-Judenschaft spaltet sich in zwei Gruppen: in die Scheckaussteller und die Scheckempfänger. Eine Wohltätigkeits-Aktion großen Stils, um nichts mehr!"

Die Stimme Halevys hatte einen bitteren Beiklang angenommen. Aber der Rabbi ließ sich nicht beirren.

„Ist das nicht ein erhabenes Ziel: zunächst einmal die Ärmsten und Verlorensten aus Abrahams Samen in lebenswürdige Verhältnisse zu bringen?"

Wiederum antwortete Halevy nicht. Er schloß die Augen. Dann sah er den geduldig wartenden Rabbi groß an, sagte kaum vernehmbar:

„Und was ist damit für die Jugendfrage erreicht?"

Der Rabbi war tief betroffen. Doch er faßte sich und begann leidenschaftlich die Sätze, die ihm aus seinen Propaganda-Reden geläufig waren:

„Der Zionismus ist die wahre und einzige Lösung der Judenfrage! Mit der Errichtung eines jüdischen Nationalstaates wird sich die Stellung der Juden unter den Gesamtvölkern grundlegend ändern. Sie werden Achtung finden, wie die Engländer geachtet sind, wo immer sie auf der Erde wohnen. Das neue Zion wird den geistigen und seelischen Mittelpunkt darstellen für alle über den Erdkreis zerstreuten Juden: wie ehedem der heilige Tempel Salomonis, nach dem hin sie sich verneigten, wenn sie das große Gebet sprachen! So haben es die Propheten verheißen, so wird es geschehen!"

„Nein!" erwiderte Halevy scharf. „Statt aufzugehen in den Völkern, unter denen sie wohnen, werden sie noch ganz anders Fremde sein unter Fremden! So haben es die Propheten nicht verheißen! ‚Ich habe euch unter die Heiden zerstreut, hat der große Ezechiel gesungen, euch in alle Länder zerstäubt! Aber ich will euch alle aus den Heiden heimholen, euch aus allen Ländern versammeln, euch wieder in euer Land führen!' Alle, so lautet die Verheißung, alle! Als Moses mit dem Volk Israel ins gelobte Land zog, da sind die damaligen Straus und Rothschild, Schiff und Pereira nicht in Ägypten zurückgeblieben. Alle zogen mit, alle bis auf den letzten Mann! Sie ließen Wurzelboden und Fleischtöpfe und Bankgeschäfte dahinten, zogen ins Ungewisse: durch Wüste und Meer, durch Hunger und Durst, durch Kampf und Gefahr. So hat noch jede echte Landnahme stattgefunden, nicht mit Banknoten und Landankaufskommissionen. So sind die Pilgerväter übers Meer gezogen, haben mit Schwert, Pflug und Bibel einen Erdteil erobert. So die Mormonen in den ungewissen Westen, schlugen sich durch tausend Gefahren: bis sie in der Wüste am Salzsee die neue Stiftshütte aufrichteten!"

„Das waren andere Zeiten!" erwiderte der Rabbi, nun doch ein wenig verwirrt durch diesen unerwarteten Angriff. „Damals gab es noch freies Land auf der Erde!"

„Warum habt ihr Zionisten nicht Uganda angenommen, das euch die Engländer anboten? Ein ungeheures Land, fast menschenleer, wohnsam, ein Land, darin Milch und Honig flösse, wenn ein zukunftsfähiges Volk auf ihm siedelt! Dort könnten alle Juden der Erde wohnen, ein großes Volk mit großem Namen, ein Segen der Erde, wie es nach unserer Schrift der Herr Abraham verhieß!"

„Uganda ist nicht Zion! Nicht das Land unseres Volkes! Nicht unser Land!"

„Unser Land? Diese schmale Kalkrippe zwischen Arabien und dem Meer, um die sich seit viertausend Jahren die Völker raufen — ist das unser Land? Darin die Assyrer und Ägypter, die Perser und Griechen, die Römer und Sarazenen, die Normannen und Türken Herren waren, wir Juden immer nur Gäste für kurze Frist? Das die Christen das Heilige Land nennen? Wo der Felsendom der Moslim auf der höchsten Spitze Zions ragt? Wo Religionen, Mysterien, Sekten ohne Zahl sich ein Stelldichein geben? Wo neben den Weihtümern unserer erlauchten Richter und Könige die Traktoren von Chaluzen-Kollektiven rasseln? Diese von Kampf und Haß der Jahrhunderte zerwühlte Scholle soll das gelobte Land sein? Nein! Das gelobte Land ist immer und überall auf Erden, wo eine starke Gemeinschaft auf eigener Scholle wohnt und dem Boden Frucht und Segen abringt!"

„Das werden wir tun!" rief der Rabbi aus. „Aber wir wollen es in Palästina tun, dort, wo die Gebeine unserer Erzväter und Erzmütter ruhen! Freilich gehört heute das Land den Türken; darum müssen wir vorerst Realpolitik treiben. Wir haben vom Sultan die Siedlungserlaubnis. Aber wir können nicht mit leeren Händen kommen. Wir müssen das Land entwässern und bewässern; zeitgemäße Kulturen anlegen; Krankenhäuser, Universitäten bauen; Fabriken und Industrien errichten."

„Und dann müßt ihr naürlich auch Maschinengewehre und Kanonen haben, Presse und Welthandel, Parlament und Polizei! Nach dreißig Jahren werdet ihr — wenn euch nicht vorher die Araber ins Meer werfen — ein genau so verruchter moderner Staat sein wie all die anderen, die den Erdkreis verpesten! Nur daß ihr unter euch hebräisch sprechen werdet statt französisch oder bulgarisch; und Sabbatruhe halten statt Sonntagsruhe. Vergessen werdet ihr, was der Prophet sang: ‚Ich will euch ein neues Herz geben und einen neuen Geist! Ich will euch das steinerne Herz aus der Brust nehmen und euch ein fleischernes eintun!' Wo ist es, das neue Herz?"

Der Rabbi machte eine verzweifelte Bewegung, er wollte Halevy unterbrechen, aber der fuhr in steigender Erregung fort:

„Doch auch das alte Herz habt ihr nicht mehr! Solange ihr, Rabbi, ehrlich euern Kaftan getragen und nicht die Schaufäden schamhaft unter der Weste verborgen habt; solange ihr schicksalsergeben der Erwartung lebtet, daß dereinst — wann ER es für gut befinden wird! — der HERR-HERR den Sohn Davids senden und das Reich der Herrlichkeit aufrichten wird: so lange wart ihr in eurem Land, im gelobten Land eurer Träume! Wer aber hinausgetreten ist aus der Ghettowelt und der Talmudluft; wer die Sprache der Gojim spricht, die Bücher der Gojim liest, die Taten der Gojim tut: der hat aufgehört, Jude zu sein, der darf sich nicht auf Verheißungen berufen, die ihm nicht mehr gelten. Der muß auf immer abtun das vermoderte Kleid eines jahrtausendalten Irrtums: seines Glaubens!"

Der Rabbi war zurückgeprallt vor den schneidenden Worten Halevys, von dem alle Müdigkeit gewichen war. Beschwörend hob er beide Hände.

„Irrtum?“ rief er aus. „Unser heiliger Glaube Irrtum? Es soll Irrtum sein, was Gott durch den Bund beschworen hat? Was der Allerhöchste unserem Volk versprochen durch Sendboten und Propheten, seit Erschaffung der Welt her?“

Halevy erhob sich. Der Foliant mit den Untersuchungen über das Lebensalter der Erzväter polterte zu Boden. Der hochschulterige kleine Mann war seltsam verändert. Verfallen, verwest. Wie aus dem Abgrund der Zeit heraufgestiegen.

„Unser Volk?“ klang hohl seine Stimme. Es war, als wiederhole er eine jahrtausendalte Frage. Ein kalter Hauch wehte dem Rabbi ins Gesicht. „Unseres Volkes Leben war ausgelebt, als der Tempel fiel! Für immer fiel, das große Symbol unseres Volkstums! Da war es da: das Ende! Aber in ungeheuerlichem Hochmut haben wir uns aufgelehnt gegen das Schicksal. Die ewigen Gesetze der Natur haben wir betrogen. Über unsere Todesstunde haben wir weggelebt. Körperlose Seelen eines gestorbenen Volkes, wandern wir seither über die Erde, wir Juden! Gespenster unserer selbst, die ewigen Revenants der Geschichte, von allen Völkern gemieden, verachtet und gehaßt!“

Wie gebannt hatte der Rabbi diesem Ausbruch zugehört. Nun riß er seine Weste auf; zog an der Lederschnur die Tefillim hervor, in die Thorasprüche eingeschlossen sind; hielt sie wie ein Amulett abwehrend vor sich hin; schüttelte drohend die Faust.

„Jetzt erkenne ich, wer Ihr seid, Meister vom Stuhl! Asrael seid Ihr, Gottes Widersacher! Aber der HERR vergilt denen, die ihn hassen! Er säumt nicht, daß er sie umbringe!“

Zornbebend und aufrecht stand der Zions-Apostel vor dem Verwachsenen, der in sich zusammengesunken und wie erloschen dastand.

Dann eilte er hinaus, als stünde leibhaftig der Böse hinter ihm. Die Schöße seines Rockes schlugen um seine Knie. Die Schaufäden lösten sich und flatterten hinter ihm her. Halevy aber hob den Hermes Trismegistos auf, glättete sorgfältig das Titelblatt, das beim Hinabfallen des Buches eine böse Ecke davongetragen hatte.

Im Bierzimmer der Dritten Klasse herrschte schon Polizeistunden-Stimmung. Nur an einem entfernten Tisch saßen noch drei Personen, zwei Männer und eine Frau, spielten Domino. Aber dieses solide Spiel schien nur ein Vorwand zu sein; denn zwischendurch hielten sie lebhafte, wenn auch mit leiser Stimme geführte Gespräche.

Eben hatte der Kellner drei große Bier vor sie hingestellt und zog sich nun in das Halbdunkel hinter der Bar zurück, wo er unter dem Anschein des Zeitungslesens in jene Art von Halbschlaf mit offenen Augen verfiel, den sich Angehörige nächtlicher Berufe angewöhnen.

„Ich fürchte, wir werden die Kosten der Überfahrt nicht hereinbringen, sondern auf Spesenkonto buchen müssen!" sagte der eine Mann, offensichtlich die Hauptperson der späten Gesellschaft. Er war von abschrekkender Häßlichkeit und hätte jedem Verbrecheralbum zur Zierde gereicht: kahler Kopf, fleischige, rote übergroße Ohren, weißblonde Brauen und Wimpern, plattgedrückte Nase, vorstehende, fast farblose Augen. Dieser Schädel saß auf einem untersetzten Körper, breit und massig wie der eines Gorilla. Wie von einem solchen waren auch die Arme: übermäßig lang, riesige plumpe mit Sommersprossen bedeckte Greifhände dran.

„Das wäre gelacht!" erwiderte die Frau, eine reizvolle Brünette, lebhafte braune Augen, Ponyfrisur in die Stirn, starkes blendend weißes Gebiß, mit echt pariserischer, gleichzeitig schlanker und üppiger Figur. „Wohnen da sozusagen Tür an Tür mit den reichsten Leuten der Welt und sollen an unseren Pfoten saugen!"

„Das ist richtiges Weibergeschwätz", brummte der Kahlkopf. „Gerade diese enge Nachbarschaft ist ein Hindernis! Am festen Land, wenn solche Geldhammel in einem Hotel wohnen, hast du hundert Möglichkeiten, sie zu scheren. Kannst vom Schloß der Zimmertür Wachsabdruck nehmen und einen Nachschlüssel machen lassen; kannst vom oberen Stockwerk auf den Balkon hinunterklettern; kannst vom Nebenraum das Schloß der Verbindungstür heraussägen; kannst Feueralarm veranstalten und als Pompier verkleidet ungeniert ein- und ausgehen, wo du willst. Versuch das auf einem Schiff!"

„Und wie ist's mit dem Safe? Wozu haben wir den berühmten Luigi bei uns?" sagte spitzig die Frau, halb zu dem anderen hinüber, der aufmerksam den Darlegungen des Einbruchprofessors zuhörte, dabei aber unaufhörlich die Frau ansah. Er war schlank und groß, rassiger Kopf und rassige Hände, dunkelbraune Haut, schwarze Locken, im linken Ohrlappen trug er einen goldenen Ring.

„Ursoni hat das Lokal ausbaldowert", erwiderte Parnell. „Er hat einen Tresor gemietet und ein Lederköfferchen voll mit Wallace-Romanen deponiert. Umstände, sag' ich euch! Betreten nur zwischen zehn und eins möglich. Die Schlüssel zur Safetür liegen beim Kommodore im Kassenschrank. Dort muß sie der Purser holen, der von einem Quartiermeister begleitet wird. Zu den Tresoren hat einen Schlüssel der Inhaber, den Gegenschlüssel der Kapitän. Unmöglich was zu wollen!"

„Und ohne Schlüssel?"

„Unmöglich, sag' ich dir, Isabeau! Der Zugang zum Safe geht von der Kapitänstreppe ab, wo Tag und Nacht rauf und runter gelaufen wird. Und die Panzertür — grausam, wie sie Ursoni schildert! Zehn Zoll dick, fünf Schlösser, die Riegel Stahlkolben auf den Millimeter eingepaßt. Die Bank von England hat keine besseren Türen!"

„Paß auf den Ursoni auf, Parnell!" sagte Isabeau verdrießlich. „Fährt für unser Geld Erste Klasse und spielt Poker für unser Geld; aber für uns tut er nichts. Statt bei einem alten Reff zu schlafen und sich dafür einen tüchtigen Scheck geben zu lassen, scharwenzt er um ein junges Mädel rum. Ein halbes Kind, sag' ich euch. Die kriegt er nie ohne Ring am Finger!"

„Ring am Finger — das wäre gar nicht schlecht! Dann wären Luxuskabine und Pokerverluste eine gute Kapitalsanlage. Eine Lebensrente für uns, wenn einer der Unsrigen so einen Goldfisch fängt! Das ist besser, als bei den älteren Damen den Gigolo zu spielen. Die kennen sich aus und zahlen nur nach Tarif!"

„Wenn du dich nur nicht irrst!" maulte Isabeau. „Ich weiß von so einem. Der hat die ganze Blase verpfiffen, als er fest im Sattel war!"

„Laß den Ursoni! Den hab' ich in der Hand, Luigi weiß auch davon, was?"

„Per bacco!" zischte dieser durch die Zähne. „Der Schuft soll sich hüten. Er steht auf der Liste. Hat nur Urlaub, solange er sich hält."

Es war spät, als Astor sein Schlafzimmer betrat. Er fühlte sich müde und doch gleichzeitig in befremdlicher Weise wach. Wie lang war dieser Tag gewesen! Was alles hatte er ihm an Erleben gebracht! Wie reich ein Tag sein kann, wie verwirrend reich!

Da war dieses erregende Gespräch über das Jenseits

und den Hintergrund der Welt, unversehens in das Kaffee-Geschwätz eingebrochen; Endkampf und Sieg im Ziegfeld-Krieg; das verschollene und wiedererstandene Alexander-Diadem mit seinen gespenstischen Wächtern; der Aufmarsch gegen die White Star; Helias Liebeswort, das ihn so tief bewegt hatte; Melusinens Wasserschloß; Josuahs leidenschaftliche Phantasie über das faustische Siedlungswerk im Tennessee-Tal; das Nachterlebnis unterm Sternenhimmel, das sich in der Erinnerung ausnahm wie übergewaltiges Orgelbrausen. Und schließlich der einsame Weg durch die schwimmende Stadt: wie der Kalif al Raschid war er, ein unerkannter Fremdling, mitten durchs Leben geschritten, in verborgene Schicksale Einblick getan.

Während diese Erlebnisse an ihm vorüberzogen, entkleidete sich Astor, trat in den Baderaum, ließ die eiskalte Dusche auf sich herabregnen, rieb sich trocken und schlüpfte ins Nachtgewand. Dann machte er seine Turnübungen, die er nie unterließ.

Nun löschte er das Licht und trat ans Fenster; er wollte noch einmal den blauglänzenden Stern erblikken, der ihm so bedeutungsvoll aufgeleuchtet. Aber er war nicht mehr zu sehen. Natürlich nicht, sagte sich Astor, er hatte ja im Osten gestanden, während jetzt vor meinem Fenster über das Verdeck weg Westen liegt! Das Deck war völlig dunkel, kein Licht durfte den Ausblick von der Brücke stören, nur in schattenhaften Umrissen waren Fockmast, Ladebäume, Reling und Schergang erkennbar. Das Meer war ein stumpfschwarzer Abgrund, auf dem sich in zwei wegstrebenden Linien die Bugwelle abzeichnete, von den Positionslaternen matt beschienen. Davor stand wieder der ausgestirnte Himmel, bestickter Vorhang aus Samt, auf den das Schiff unaufhaltsam zustrebte, als verhülle er das ungewisse Ziel der Fahrt.

Wieder überfiel Astor jenes kosmische Gefühl des Verlorenseins im unermeßlichen Raum, demgegenüber ihm all sein Wollen und Tun so nichtig und eitel erschienen war. Er hatte sich vor ihm ins Gewimmel des Lebens gerettet. Aber das war doch nur fremdes Leben gewesen, an dem er nicht teilhatte; er war an ihm vorübergegangen als ein Fremder; es war nicht sein Leben.

Was ist denn heute mit mir los! rief er sich zurecht. Nie bisher hatte er dieses Gefühl der Zerspaltenheit gekannt! Er und die Welt um ihn: immer hatte er sie als ein unteilbares Ganzes gefühlt. Er, Astor, war die Welt; und die Welt war er, Astor. Und nun dieses schreckliche Gefühl der Verlorenheit, des rettungslosen Alleinseins, des Frierens in der Todeskälte des leeren Raums!

Eine nie gekannte Sehnsucht wallte in ihm auf, eine nie gekannte Angst. Helia! rief es in ihm. Sie war doch da, sie konnte doch nicht auch verloren sein im endlosen Raum! Rasch öffnete er die Tür zum Wohnzimmer, schritt lautlos über den Teppich, leise drückte er die Klinke der gegenüber liegenden Tür nieder, ganz wenig öffnete er sie, er wollte sich nur überzeugen, daß Helia da war, nahe bei ihm, wollte nur die leisen Züge ihres Atems vernehmen.

Da aber drang Licht aus ihrem Zimmer. Die kleine, seidenverhüllte Lampe auf dem Nachttisch brannte noch. Ihr matter Schein fiel auf Helias still schlafendes Gesicht, das in die braunen Schatten ihrer Locken eingebettet war. Von der einen Schulter war das Hemd abgeglitten, sie leuchtete in perlmutternem Glanz. Langsam öffnete sie die Augen, wandte ein wenig das Haupt zu ihm hinüber. So vorsichtig er die Tür geöffnet, er hatte sie doch geweckt. Und nun vernahm er ihre Stimme:

„Bist du es, John? Oh, komm!"

Dieser leise Ruf überrieselte Astor mit rauschendem Glücksgefühl. Er mußte sich einen Augenblick an die Wand lehnen, der Boden wankte ihm unter den Füßen. Nie noch hatte Helia ihn gerufen!

Es hatte sich ganz von selbst verstanden, daß sie vom ersten Tag an getrennte Schlafzimmer innehatten. Helias Gemach war ihr eigenes Reich geblieben: sie gewährte den Eintritt, sie versagte ihn, stets war er der Fordernde, der Bittende gewesen. Das war, es kam ihm mit einemmal klar zum Bewußtsein, die feine Scheidelinie, die er zwischen sich und ihr stets noch gefühlt hatte. Wie ein kaum sichtbarer Sprung in einem edlen Glas, feiner als das feinste Frauenhaar, aber es ist doch ein leises Klirren in seinem Klang. Gewiß, Helia liebte ihn: dieses Gefühl hatte ihn mit tiefem Glück erfüllt. Aber nun wußte er: bis jetzt hatte sich Helia nur von ihm lieben lassen! Was sie gefühlt hatte, was er für Liebe nahm: das war doch nur die Liebe einer Tochter zum Vater gewesen, den sie verehrt; der Schwester zum Bruder, auf den sie stolz ist; der Freundin zum Freund, mit dem sie der Gleichschritt kameradschaftlicher Wanderschaft verbindet. Sie hatte sich ihm gewährt, sie hatte sein Fordern gewähren lassen: aber nie hatte sie ihn gefordert.

Und mit einemmal fiel es Astor schwer aufs Herz: nie, nie hatte ihn je eine Frau gefordert! Immer war er nur der Begehrende gewesen, der Fordernde! Die Frauen hatten sich ihm immer nur gewährt. Bis heute, bis eben jetzt! Ein alter Mann hatte er werden müssen, bis es geschah, daß eine Frau ihn, Astor, rief!

Wieder griff er hinter sich nach Halt, denn er fühlte sich schwanken. Ihm war, als käme dieser leise Ruf aus einer anderen Welt; als sei sein bisheriges Leben ein Abgrund, der ihn von jener anderen, längst vergessenen, trennte; als dränge dieser Ruf zu ihm herüber aus dem Urschoß der Zeit, aus dem er, ein verlorener Wanderer, ins Dasein eingetreten war!

Zagend, als täte er erste Schritte in ein unbekanntes Land, trat er in das Gemach. Es war vom mondenden Licht der kleinen Lampe sanft durchhellt. Stockend näherte er sich Helias Lager. Mit einem verwirrten Lächeln, das er noch nie an ihr wahrgenommen, blickte sie ihn an.

„Bist du da, Liebster?" flüsterte sie. Zum erstenmal sah er sie, immer hatte sie ihn nur im Dunkel an sich genommen. „Komm!" flüsterte sie noch einmal und breitete sehnsüchtig die Arme nach ihm aus. Mit einem schmerzlichen Aufschluchzen des Glücks nahm sie ihn auf, sank zurück; und die vermeint hatten, seit Wochen Gatten zu sein, fühlten sich zum erstenmal vermählt.

Das Blaue Band

Für den Aufsichtsrat der White Star war auf dem Schiff ein Konferenzraum eingerichtet, an den sich das Arbeitskabinett von Präsident Bruce Ismay anschloß sowie die Zimmer seiner Sekretärin und verschiedener Hilfsbeamter.

Der Konferenzraum wurde von den Aufsichtsräten auch als Konversations-, Lese- und Spielzimmer benützt. Er war behaglich eingerichtet; nur ein großer runder Sitzungstisch und verschiedene Wandkarten erinnerten an seine Bestimmung. Da hing ein farbiger Querschnitt des Schiffes, auf dem das ganze Gewirr seiner Räumlichkeiten nebst ihrer Verwendung ersichtlich war; eine Reihe von Schaubildern, in die viermal täglich die zurückgelegte Wegstrecke, die berechnete Durchschnittsgeschwindigkeit, die Ergebnisse der Logmessungen, der Barometerstand, die Besteckaufnahme eingetragen wurden; ferner eine große Seekarte, auf der mittels eines Fähnleins der jeweilige Schiffsort angezeigt war.

Vor dem mächtigen Kamin, in dem hinter Holzscheiten angebrachte Glühlampen ein Feuer recht kümmerlich vortäuschten, saßen in tiefen Klubsesseln drei Mitglieder des Aufsichtsrats und taten, was auch gewöhnliche Seereisende um elf Uhr vormittags zu tun pflegen: sie frühstückten. Neben jedem Sessel standen auf niedrigem Tischchen eine Schüssel raffiniert zubereiteter Sandwiches, eine Kristallflasche mit schottischem Whisky und eine grüne Flasche Sodawasser, dazu ein Kelchglas, in dem diese beiden feindlichen Flüssigkeiten gemischt werden sollten. Die Shagpfeifen waren in Brand, der aufkräuselnde Rauch verbreitete um die drei Männer eine nachdenkliche Stimmung.

Der eine von ihnen war Percy Chubb, ein kleiner

rundlicher Mann mit weißblonden, schütteren Haaren, wasserblauen Augen und rosiger Gesichtsfarbe, um den eine Wolke selbstbewußter Sattheit lag. Er war Besitzer einer großen Anzahl von Spinnereien und Webereien in Manchester, die er von Vater und Großvater ererbt hatte, eines Landgutes und historischen Schlosses in der Grafschaft Sussex und einer berühmten Sammlung von altenglischem Porzellan.

Der andere hieß Harold Sanderson, ein langer, dürrer Schotte mit grauen Haaren und vorstehenden Kinnbacken, die an einen Nußknacker erinnerten, seine tiefliegenden dunklen Augen verrieten cholerisches Temperament. Er hatte ausgebreitete Interessen in der Maschinen- und Werftindustrie. Auch hieß es, er sei Großaktionär von Waffenfabriken und sonstigen Rüstungsindustrien; aber diesen Teil seiner Interessen verbarg er sorgfältig, sie mochten ihm nicht recht vereinbar scheinen mit der streng puritanischen Christengesinnung, die er geflissentlich an den Tag legte. Hingegen tat er sich viel auf seinen Rennstall zugute, der zu den besten Englands zählte.

Der dritte war Viscount Aberdeen, bis vor kurzem Abteilungsleiter im Auswärtigen Amt, der allerdings nie an führende Stellung gelangt oder in der Öffentlichkeit bekannt geworden war. Er gehörte zu jener Sorte von einsichtigen und umsichtigen Beamten, die in den Auswärtigen Ämtern aller Länder zu finden sind, aus deren gründlichen Vorarbeiten die Staatssekretäre und Minister oberflächliche Folgerungen zu ziehen pflegen. Sein angestammtes Vermögen und sein angestammter gesellschaftlicher Rang gewährten ihm die äußere, seine umfassende Bildung und seine auf Grund wohlangewandten Aufenthalts im Auslande gesammelte Kenntnis andersartiger Lebensformen die innere Unabhängigkeit, welche Voraussetzung sein sollte für Personen, die auf die Lenkung von Völkerschicksalen Einfluß nehmen. Er war ein mittelgroßer, schlanker, sehniger Mann mit auffallend schönen Händen und einem schmalen Kopf mit gleichzeitig rassig scharfen und geistig vertieften Zügen, wie man sie in der englischen Aristokratie als Ergebnis der Mischung verschiedener edler Blutlinien nicht selten findet. Er hatte vor etwa Jahresfrist den Dienst quittiert, da seine politische Auffassung zum Kurs des Amtes in allzu schroffem Widerspruch standen. Auf Wunsch seines Verwandten, des Lords Pirrie, war er in den Aufsichtsrat einiger diesem nahestehender Unternehmungen eingetreten. Dem der White Star gehörte er noch nicht eigentlich an, da seine Zuwahl erst in der nächsten Generalversammlung erfolgen sollte; inzwischen hatten ihn aber dessen Mitglieder bereits kooptiert, und er nahm an den Sitzungen als Gast teil.

Der Sechste Offizier der Titanic, der junge Moody, betrat das Zimmer mit kurzem Gruß, um auf den Schaubildern die Positionen zu ergänzen. Chubb erhob sich, trat an die Kartenwand, prüfte sorgfältig die neuen Eintragungen. Als Aufsichtsrat einer Schiffahrtsgesellschaft fühlte er sich verpflichtet, nautisches Interesse an den Tag zu legen.

„Das Schiff läuft großartig! Seit gestern wieder zwanzig Minuten zum Blauen Band aufgeholt! Wenn Vickers nicht so ein Bock wäre, könnten wir es schaffen. Wir haben noch etwa siebzig Stunden Fahrt vor uns. Pro Stunde eine Meile mehr, jede Meile zu rund drei Minuten: macht eine Einsparung von dreieinhalb Stunden. Wir würden also die Mauretania um eine Stunde schlagen!" Chubb stellte diese Berechnung an, als handle es sich um Kattun: Leistungsfähigkeit des Webstuhls und so viel Meter pro Stunde, macht in der und der Zeit garantiert so und so viel Stück Ware.

„Vickers hat ganz recht, daß er sich auf Minutenjägerei nicht einläßt", sagte langsam der Viscount in seinem scheinbar gleichmütigen Tonfall. „Schließlich sind wir nicht auf dem grünen Rasen von Epsom, ein Schiff ist kein Derbyhengst und der Kommodore kein Jockei!"

„Es handelt sich nicht um Minuten und nicht um das Blaue Band", knurrte Sanderson, es klang, als ob er Haselnüsse knacke, „so wenig wie in Epsom: sondern um den Stall und um die Zucht. Es handelt sich um den Kampf zwischen England und Deutschland!"

„Wieso um die Deutschen?" fragte Chubb. „Das Blaue Band hält doch die Cunard-Line?"

Der Schotte ging über diesen Einwand des blonden Optimisten weg.

„Die Deutschen machen uns seit dreißig Jahren die Herrschaft in der Linienschiffahrt streitig, besonders in der Atlantikfahrt, und zwar, seien wir offen, sehr erfolgreich! In der Zeit hat die Cunard nur zweimal mühsam das Blaue Band erobert. Wir haben um Nasenlängen gesiegt; dann haben die Deutschen neu aufgeholt und uns um Pferdelängen geschlagen. Wenn nächstes Jahr die Hapag die Riesen Vaterland und Imperator herausbringt mit ihren hunderttausend Pferden und achtundzwanzig Meilen: dann Adieu Mauretania und Titanic! In der Kriegsmarine wird es uns ebenso gehen. Wo bleibt da unser ‚Rule Britannia'? Wir müssen die deutsche Flotte vernichten, wie wir die spanische Armada vernichtet haben, die holländische und die französische Flotte. Sonst überholen uns die Deutschen auf allen Gebieten! Vor hundert Jahren waren wir das erste Industrievolk der Welt — heute schießt die Konkurrenz der Deutschen überall hoch. Die Klauen des englischen Löwen sind stumpf geworden."

„Ganz meine Meinung!" pflichtete Chubb lebhaft bei.

„Sehen Sie sich unser Baumwollrevier an. Ein Drittel der Spindeln und Stühle liegt still, weil es an Export fehlt."

„Nicht wegen der Deutschen! Sondern in Indien, in Japan, in China sind Spindeln und Webereien errichtet worden. Ihr Konkurrent sitzt hier!" und damit wies der Viscount auf Sanderson. „Die Herren Maschinenfabrikanten liefern an unsere früheren Kunden Spinnmaschinen, Webstühle, Dampfkessel, Turbinen, mit denen nun diese den Herren Kattunfabrikanten die Lieferungen wegnehmen. Die Zeit unseres Welt-Industrie-Monopols ist eben endgültig vorüber. Doch es ist unsinnig, sich gegen den Gang der Zeiten zu stemmen. Wir benehmen uns wie ein Lateinprofessor, der jahrelang seine Schüler unterichtet hat — und nun darüber verstimmt ist, daß sie ebenfalls Latein können, einige sogar besser als er selbst."

„Sie sind ja ein hitziger Deutschenfreund!" brummte Sanderson. „Genau wie Haldane, der sich aber trotzdem eine gründliche Abfuhr geholt hat bei seiner jüngsten Expedition zum Kaiser. Das kommt davon, wenn man Philosophen in der Politik verwendet!"

„Ich bin kein Deutschenfreund, sondern ein Englandfreund", antwortete Aberdeen nachdrücklich. „Eben deshalb beklagte ich den Mißerfolg Haldanes aufs tiefste. Die Schuld liegt freilich nicht bei ihm, sie liegt drüben. Aber das ändert nichts an der Tatsache, daß das Scheitern unserer Versuche, mit Deutschland zu einer Verständigung zu gelangen, ein europäisches Unglück ist, und nicht zumindest eines für uns."

Fünf Herren betreten jetzt kurz nacheinander das Konferenzzimmer und begrüßen die Anwesenden.

„Ist Ismay nicht hier?" fragt Montgomery, der ehemalige Oberst des berühmten indischen Lanzenreiter-

Regiments, seit seiner Pensionierung in allerlei nicht immer ganz zweifelsfreien Geschäften tätig. „Er hat uns für halb zwölf zu einer dringenden Sitzung berufen."

„Er war vor einer halben Stunde hier", sagt Chubb.

Da tritt auch schon Ismay ein, begleitet von Griscom, dem Vizepräsident der Gesellschaft. Er hält in der Hand ein Paket Depeschen, setzt sich an den runden Tisch und ersuchte die Herren, Platz zu nehmen.

„Wir sind vollzählig", beginnt er, „ich eröffne die Sitzung. Meine Herren, ich muß Ihnen eine überaus unangenehme Mitteilung machen!"

„Ein Maschinenschaden? Ein Schiff verlorengegangen?" fährt der ängstliche Chubb auf.

„Weit schlimmer. Kurssturz unserer Aktien!"

Er blätterte in den Depeschen.

„Die Zentrale und sämtliche Agenturen melden dringende Anfragen, was denn mit der Gesellschaft los sei. Die Börsenbüros hätten große Verkaufsaufträge, vorbörslich ist der Kurs in der Kulisse bereits um fünfzehn Punkte gewichen, es wird eine Panik an der Börse erwartet. Unsere Banken drohen mit einer Sperrung der Kredite."

Bebend vor Zorn wirft er die Depeschen in die Mitte des Tisches. Ein Teil der Männer ist aufgesprungen, einige nehmen Depeschen auf, lesen den Text, rufen durcheinander.

„Was ist denn da los? Das kann nur die Cunard-Line sein! Nein, die Deutschen! New York drahtet: wilde Gerüchte über den Stand der Gesellschaft! Aus Paris: zehntausend Pfund ohne Limit angeboten! Unser Agent aus London: Aufnahmefonds erschöpft, kein Käufer auf dem Markt!"

Nur Aberdeen und Sanderson bleiben ruhig. Ersterer besaß keine Aktien: er engagierte sich grundsätz-

lich nicht bei Gesellschaften, in deren Aufsichtsrat er saß; die Verwaltung müsse finanziell uninteressiert sein, war seine Meinung. Sanderson hingegen war stark betroffen: die Werft Harland & Wolff, deren Hauptaktionär er war, hatte aus dem Bau der drei Riesendampfer ungedeckte Forderungen von über einer Million Pfund; außerdem besaß er ein dickes Paket Aktien White Star. Aber er behält seine steinerne Ruhe.

Ismay drückt auf die Tischglocke. Alle nehmen wieder Platz.

„Es hat keinen Zweck zu toben, meine Herren! Wir müssen handeln. Von wem immer dieser schändliche Angriff erfolgte: wir müssen ihn abwehren. Wenn wir den Kurs der Aktien nicht stützen, ist die Gesellschaft verloren. Dann sind die mit dem amerikanischen Kapital angeknüpften Verhandlungen auf immer zerstört."

Aberdeen meldet sich zu Wort.

„Als mich Lord Pirrie einlud, in den Aufsichtsrat der Gesellschaft einzutreten, war ich der Meinung, sie sei ein Schiffahrtunternehmen; jetzt sehe ich zu meiner Verwunderung, daß White Star ein Finanzunternehmen ist, das ein Börsensturm weit mehr gefährdet als ein Seesturm. Bisher haben wir von unserem Herrn Präsidenten stets nur günstige Mitteilungen erhalten. Es scheint aber, daß die Finanzgebarung der Gesellschaft die gebotene Vorsicht außer acht gelassen hat, sonst könnte ein Börsenmanöver nicht solche Aufregung hervorrufen. Ich spreche daher wohl im Sinne der Anwesenden, wenn ich den Herrn Präsidenten bitte, uns eine ungeschminkte Darstellung des Standes der Gesellschaft zu geben."

Peinliches Schweigen trat ein. Sie hatten alle vergessen, daß sich in ihrer Mitte ein Neuling befand, der von der Gesellschaft nichts anderes wußte, als was die offiziellen Bilanzen und Geschäftsberichte in die Öffentlichkeit brachten. Ismay faßte sich zuerst und wandte sich mit glatter Höflichkeit an den Sprecher.

„Ich bin gern bereit, Ihnen jede gewünschte Auskunft zukommen zu lassen, Viscount. Sie werden daraus ersehen, daß die Verwaltung völlig richtig disponiert hat — wenn auch durch unvermeidliche Bauüberschreitungen und andere unvorherzusehende Umstände diese Dispositionen durchkreuzt wurden und dadurch Schwierigkeiten entstanden sind. Aber im Augenblick haben solche rückschauenden Betrachtungen keinen Zweck. Es muß unverzüglich gehandelt werden, um eine Katastrophe zu verhüten. Ich stelle daher an die anwesenden Mitglieder des Aktienkonsortiums das Ersuchen, den Stützungsfonds um hunderttausend Pfund zu erhöhen. Ich werde dann telegraphisch Auftrag geben, alles auf den Markt kommende Material aufzunehmen, hierauf den Kurs unserer Aktien um mindestens zehn Punkte hinaufzusetzen. Damit dürfte die Baissepartei, die offenbar ungedeckte Stücke verkauft, aufgeschwänzt werden, sich hastig eindecken müssen und die Baisse in eine Hausse umschlagen."

Ismays Rede klang überaus siegesgewiß; aber die Mitglieder des Konsortiums hörten aus ihr nur heraus, daß sie erneut mit Geld antreten sollten. Einige von ihnen, die im Kopfrechnen nicht ganz fix waren, schrieben Zahlen auf den vor ihnen liegenden Block und rechneten aus, wieviel die auf sie entfallende Quote betrug.

Das verlegene Schweigen wurde durch die knarrende Stimme Sandersons unterbrochen.

„Mr. Griscom, wollen Sie für mich fünfzigtausend notieren", erklärte er so ruhig, als bestelle er einen Wermut. Er war innerlich entschlossen, sich den Betrag von der Werft zurückerstatten zu lassen, die das größte

Interesse daran hatte, daß die Gesellschaft aufrecht blieb; zudem hatte sie an den Lieferungen hoch verdient.

Dieser Vorstoß Sandersons, der großes geschäftliches Ansehen genoß, machte den anderen Mut; außerdem hatte er weit mehr als seine Quote übernommen, so daß sie viel geringere Beträge zu übernehmen brauchten, als sie gefürchtet hatten.

Griscom fertigte rasch eine Liste an und ließ sie unterzeichnen. Dann entfernte er sich, um die Depeschen aufzugeben. Von den Anwesenden wich der Druck, der auf ihnen gelastet hatte; sie fühlten sich wie aus einem Schiffbruch gerettet. Es wurden Meinungen darüber ausgetauscht, wer diesen unerwarteten Einbruch in das so pfleglich betreute Kursgebäude bewirkt haben mochte.

Da kam Griscom schreckensbleich zurück.

„Eine neue Katastrophe!" rief er mit Würgen in der Stimme. „Die Funkstation ist außer Betrieb! Irgendwelche Spulen sind durchgebrannt. Vor Abend kann der Apparat nicht wieder in Betrieb sein!"

Ismay hieb mit der Faust auf den Tisch.

„Da soll doch . . .", schrie er, sprang auf, eilte hinaus und lief in sein Zimmer. Durch die offene Tür hörte man ihn am Telefon brüllen und schließlich den Hörer auf die Gabel schmettern. Er kam zurück, ließ sich auf seinen Stuhl fallen, stützte verzweifelt den Kopf in die Fäuste.

„Das sind die Herrn Techniker!" stöhnte er. „Dies muß noch angeschafft werden und das noch und jenes noch, alles kostet ein wahnsinniges Geld: und wenn man die Errungenschaften der Neuzeit braucht, versagen sie!"

Dann sprang er wieder auf, straffte sich und rief mit gebieterischer Stimme:

„Jetzt bleibt nur eins: wir müssen das Blaue Band kriegen! Wenn wir als Sieger im Hafen von New York einfahren, dann ist der Börsenkrach mit einem Schlag überwunden! Ich bitte daher die Herren, den Beschluß zu fassen: die Fahrgeschwindigkeit der Titanic um zwei Knoten die Stunde zu steigern. Leidet die Maschine Schaden, so mag sie Schaden leiden; selbst eine Hauptüberholung ist billiger als eine ..."

Er brach ab mit einem schnellen Blick auf Aberdeen. Der Teufel mochte diesen unbequemen Menschen holen, den ihm Pirrie aufgehalst hatte!

Dieser meldete sich wieder zu Wort.

„Ich muß dem Antrag des Herrn Vorsitzenden nachdrücklich widersprechen", begann er ruhig, aber sehr bestimmt. „Es ist nicht Sache des Aufsichtsrates, in die Leitung des Schiffes einzugreifen. Die Verantwortung für die Führung liegt beim Kommodore."

Ismay vermochte nur mit Mühe seine Wut zu beherrschen. Seine Stimme klang wie eine gespannte Stahlsaite.

„Ich danke Ihnen für die Belehrung, Viscount Aberdeen! Aber jetzt ist es nicht an der Zeit, Doktorfragen zu erörtern. Hier handelt es sich um Interessen, die über den Horizont der Schiffsleitung hinausreichen. Außergewöhnliche Umstände verlangen außergewöhnliche Maßnahmen. Mir liegt es natürlich fern, der Schiffsleitung Anweisungen zu erteilen. Der Aufsichtsrat soll auch nur den Wunsch aussprechen, daß die Fahrgeschwindigkeit gesteigert wird. Damit enthebt er die Schiffsleitung der unter normalen Umständen bestehenden Verpflichtung, in erster Linie auf Schonung des Materials bedacht zu sein. Diese Rücksicht bringt es mit sich, daß die Maschine bei weitem nicht voll ausgenützt wird, sondern große Reserven in ihr stekken. Jetzt aber geht es ums Leben; jetzt muß sie hergeben, was sie hergeben kann. Diesen Wunsch soll der Beschluß des Aufsichtsrats zum Ausdruck bringen. Wer dieser meiner Meinung beitritt, möge die Hand erheben."

Alle Anwesenden hoben die Hand auf, außer Aberdeen. Dieser stand auf.

„Da ich mich mit meiner Auffassung in Widerspruch mit der Gesamtheit des Aufsichtsrats befinde, bitte ich die Herren, von meiner Zuwahl absehen zu wollen; ich müßte eine solche mit Bedauern ablehnen."

Er verabschiedete sich mit einer leichten Verbeugung gegen die Runde und verließ rasch das Konferenzzimmer.

Einige Augenblicke herrschte verlegene Stille. Da klopfte es an der Tür zu Ismays Arbeitskabinett; seine Sekretärin trat ein, überreichte ihm eine Karte und flüsterte ihm ein paar Worte zu. Ismay nahm die Gelegenheit wahr, sich einer Erörterung des peinlichen Ereignisses zu entziehen. Er wandte sich an die Runde.

„Es wird mir eben ein wichtiger Besuch gemeldet. Wir sind ja ohnehin mit unserer Beratung zu Ende. Ich schließe hiermit die Sitzung. Sobald sich Wichtiges ereignet, werde ich eine neue Sitzung einberufen. Ich danke den Herren."

Damit begab er sich in sein Kabinett. Die übrigen verließen in einzelnen Gruppen das Konferenzzimmer. Sie hatten alle mehr oder weniger ein übles Gefühl in der Magengrube. Immer wieder stellte sie Ismay vor plötzliche Entscheidungen, bei denen es keine Beratung, sondern nur ein Jasagen gab. Sie fühlten sich diesem Gewaltmenschen gegenüber in der Rolle des Chors in der griechischen Tragödie, dessen Aufgabe hauptsächlich darin bestand: zu beklagen, was nicht mehr zu ändern ist.

Ismay stand an seinen Schreibtisch gelehnt und betrachtete nachdenklich die Besuchskarte, die er mit spitzen Fingern hielt.

„John Jakob Astor?“ murmelte er vor sich hin, eingesponnen in seine Gedanken.

„Haben Sie eine Ahnung, was er von mir will?“ wandte er sich an die Sekretärin, die mit Block und Bleistift neben ihm stand. „Ich sehe ihn täglich dreimal — wozu also diese Staatsvisite?“

„Vielleicht“, brachte die Sekretärin bescheiden vor, „hat Raveney Herrn Astor eine Quote an dem geplanten Übernahmekonsortium unserer Obligationen angeboten?“

„Ausgeschlossen! Raveney und Astor sind Feinde. Raveney ist der Führer der Bankengruppe in dem berühmten Ziegfeld-Krieg.“

„Aber man könnte vielleicht eine Nachricht an die Börse lancieren, daß sich Astor für White Star interessiert? Das klingt sehr glaubhaft — und wäre ein starkes Haussemoment.“

„Sie sind ein tüchtiges Mädchen, Mary!“ lachte Ismay und legte seinen Arm leicht um ihre Schulter.

„Melden Sie Astor, daß ich frei bin“, sagte er dann. „Und entwerfen Sie eine Depesche an die Zentrale.“

Astor betrat Ismays Arbeitszimmer, in Miene, Haltung und Gang jene kalte Kampfentschlossenheit, die ihm eignete, wenn er sich auf dem Kriegspfad befand. Die Verwirrungen der vergangenen Nacht waren von ihm abgefallen. Er war wieder ganz „König Astor“, wie ihn zuweilen seine Neider spöttisch-bewundernd nannten; nur vielleicht noch gespannter, überlegener, wie verjüngt. Nach den üblichen Begrüßungsformeln ging er alsbald zum Zweck seines Besuches über; er war kein Freund diplomatischer Umwege, wenn er seinen Verhandlungsgegner vor sich hatte.

„Sie werden sich vorstellen können, Herr Generaldirektor, daß ich nicht gekommen bin, um mit Ihnen über die Wetteraussichten zu plaudern."

„Das habe ich allerdings nicht angenommen!" erwiderte Ismay mit etwas gezwungen klingendem Auflachen. Wiewohl er sich Mühe gab, heiter und sorglos zu erscheinen, nahm Astor in seiner Miene doch deutlich die innere Spannung wahr. Die Depeschen haben gewirkt, sagte er sich und ging senkrecht zum Angriff vor.

„Ich erfahre, daß Sie für Ihre Gesellschaft amerikanisches Kapital aufzunehmen beabsichtigen. Wenn das der Fall ist, würden gegebenenfalls ich und meine Freunde bereit sein, einer solchen Transaktion näherzutreten."

Auf eine solche Erklärung war Ismay allerdings nicht vorbereitet. Welche ungeheure Chance eröffnete sich da unversehens! Aber nun kaltes Blut, ermahnte er sich innerlich. Er zündete sich eine neue Zigarette an, um Zeit zu gewinnen. Dann sagte er gelassen, vielleicht eine Spur zu gelassen:

„Es ist richtig, daß ich in Anbetracht der gewaltigen Ausdehnung unseres Schiffsparks — die Auflegung der Titanic-Klasse ist erst ein Anfang — die Kapitalbasis unserer Gesellschaft verbreitern will. Es ist auch richtig, daß mir kürzlich von einer Bankengruppe nahegelegt wurde, den amerikanischen Kapitalmarkt in Anspruch zu nehmen, der bei seiner Geldfülle für erstklassige Schiffahrtswerte zu sehr günstigen Bedingungen aufnahmefähig sei. Die Gruppe plant, eine größere Bondsanleihe in Form einer Obligation auf die neuen Schiffe ins Publikum zu bringen, auch einen gewissen Betrag Vorzugsaktien aufzulegen. Ich habe mich aber noch in keiner Weise gebunden und bin mit meinen Entschließungen völlig frei. Ich pflege mich bei solchen

Maßnahmen nicht zu übereilen. Der Gedanke, Sie, Oberst Astor, in unseren Reihen zu wissen, wäre mir allerdings ganz besonders sympathisch."

Astor blieb völlig kalt. Über diesen Versuch Ismays, der geschäftlichen Unterhaltung eine persönliche Färbung zu geben, ging er weg.

„Offenheit gegen Offenheit, Herr Generaldirektor Diese Form der Kapitalbeteiligung wäre für mich ohne jedes Interesse. Ich bin kein Bänker, der anderer Leute Geld verleiht, ihnen das Risiko läßt und sich die Macht behält: ich bin auch Unternehmer. Für mich ist Geldbeteiligung auch Arbeitsbeteiligung, Teilhaberschaft auf Gedeih und Verderb. Daher kommt eine Kapitalbeteiligung an Ihrer Gesellschaft in Bonds, Obligationen, Vorzugsaktien oder anderen Formen der Geldleihe, wie dies heute bei den Bankherren zur Finanzierung von Unternehmungen beliebt ist, nicht in Frage, sondern einzig die Übernahme eines Pakets voll eingezahlter und voll berechtigter Aktien — natürlich nach Bereinigung der Bilanz von etwa in ihr enthaltenen Hohlstellen, wie sie heute auch bei den solidesten Gesellschaften zu finden sind. Auch müßte die Poolverbindung mit anderen Schiffsgesellschaften gelöst werden, die Ihnen Ihre Banken offenbar bei der letzten Bondsbegebung aufgezwungen haben. Die White Star für sich allein, auf eine gesunde Finanzbasis gestellt: an ihr bin ich bereit, mich mit einem starken ... einem sehr starken ..." — Astor zögerte einen Augenblick, ehe er das entscheidende Wort aussprach — „... mit einem maßgeblichen Aktienbesitz zu beteiligen."

Der Schuß ins Zentrum der gegnerischen Front war abgefeuert. Wenn Ismay jetzt nicht aufsteht und die Verhandlung abbricht, habe ich ihn! dachte Astor. Und um ihm Zeit zur Überlegung zu geben, fuhr er fort:

„Es dürfte wohl auch Ihnen, Herr Generaldirektor,

erwünscht sein, nicht nur eine Herde ahnungsloser und unzuverlässiger Aktionäre und Gläubiger hinter sich zu haben, die bei Sonnenschein auf der Börsenwiese tanzen, bei Regen aber blökend durcheinanderlaufen: sondern einen seefesten Partner, der auch bei hartem Wetter unerschütterlich hinter und neben Ihnen steht!"

Die Miene Ismays brachte in keiner Weise zum Ausdruck, wie sehr ihn Astors Rede erregte. Mit jedem Wort hat er recht, sagte er bei sich. Was für ein Mann! Er sieht durch die Dinge hindurch wie durch Glas. Und mit welch unbeirrbarer Sicherheit geht er auf sein Ziel los. Ihn zum Partner zu haben — welches Glück für die Gesellschaft! Dann wäre ihr der erste Platz in der Schiffahrt sicher, den ich ihr bisher vergebens zu erkämpfen gesucht!

Aber gleichzeitig wallte eine heiße Welle von Groll in ihm hoch. Dieser Mann hatte, was ihm fehlte: die besitzmäßige Verfügung über ungeheure Geldmittel! Er konnte ungehindert seine Planungen in die Tat umsetzen. Brauchte sich nicht mit Aufsichtsräten, Generalversammlungen, Banken, Gläubigern herumzuschlagen, wie er es immer gemußt hatte. Brauchte nicht gefärbte Bilanzen aufzustellen, nicht die öffentliche Meinung durch halbwahre Berichte zu beeinflussen, nicht vor Bankdirektoren zu wedeln. Wohl hatte er, Ismay, viel erreicht: sich zum allmächtigen Generaldirektor einer gewaltigen Gesellschaft aufgeschwungen; ein Heer von Beamten zitterte vor ihm; die White Star war seine Gesellschaft, wenn sie auch nicht seinen Namen trug wie etwa die Cunard-Line den ihres Gründers. Er hatte Ansehen und Einfluß erworben, war für bürgerliche Begriffe ein wohlhabender, ja ein reicher Mann. Aber er lebte doch wie auf einem Vulkan, eben jetzt schwankte der Boden unter seinen Füßen. Er war nicht wirklich der Machthaber. Er war letzten Endes doch nur ein Angestellter, den ein Sturm wegfegen konnte, wenn er einmal die Segel falsch gestellt hatte. All dieser elenden Sorgen, die sein Leben vergifteten, war dieser Mann enthoben: weil er der Erbe eines ungeheuren Vermögens war!

Und eines war Ismay klar: wenn Astor Großaktionär der Gesellschaft wurde — dann war es mit seiner eigenen Machtstellung vorbei! Die White Star würde zur Astor-Line werden, ihre Flagge Astors Hausflagge. Das wäre auch nur richtig — der Name Astor würde eine ungeheure Werbekraft darstellen. Aber mit dem Glanz seines Namens und dem Gewicht seiner Kapitalmacht würde Astor ihn, Ismay, völlig überschatten. Der bisherige Herr der stolzen White Star würde zum Prokuristen Astors absinken. Da war es doch besser, er schlug sich mit Aufsichtsräten und Bankdirektoren herum, die schließlich doch das taten, was er wollte. Beteiligung Astors: das war die Kapitulation! Noch war er nicht so weit, noch konnte er kämpfen. Astors Interesse für die Gesellschaft: das konnte ein starker Trumpf in seiner Hand werden. Ich werde ihn ausspielen gegen Raveney! Der wird viel günstigere Bedingungen stellen, wenn er Astor in Konkurrenz weiß! Zeit gewinnen und das Blaue Band erobern — der Weg war vorgezeichnet.

Blitzschnell waren diese Gedanken durch Ismays Kopf geschwirrt. Nun begann er:

„Oberst Astor, ich danke Ihnen für Ihren offenen Vorschlag. Ihren Ausführungen pflichte ich rückhaltlos bei. Ihre Beteiligung, wie Sie sie entworfen haben, würde ich aufs lebhafteste begrüßen. Sie werden aber verstehen, daß ich mich bei einer so wichtigen Entscheidung nicht allein von meinen persönlichen Wünschen leiten lassen darf, sondern Ihren Vorschlag dem Gesamtaufsichtsrat und den Großaktionären unserer

Gesellschaft unterbreiten muß, von denen sich nur ein Teil auf dem Schiff befindet. Insbesondere muß ich auch die Zustimmung von Lord Pirrie einholen, den, wie Sie vielleicht wissen, eine plötzliche Erkrankung verhindert hat, an der Titanic-Fahrt teilzunehmen. Ich werde aber sofort die erforderlichen Schritte einleiten und Sie benachrichtigen, sobald ich zur Aufnahme von Verhandlungen ermächtigt bin."

Astor hatte diese etwas gewundene Rede ruhig angehört. Nun erhob er sich und sagte gelassen:

„Ich verstehe sehr wohl, Herr Generaldirektor, daß Sie eine so wichtige Entscheidung nicht über den Tisch weg treffen können. Ich meinerseits bin aber gewohnt, Entschlüsse rasch zu verwirklichen — oder von ihnen abzusehen. Ich erkläre mich zu abschließenden Verhandlungen bereit: aber nur, solange ich an Bord bin. Ich weiß, daß Ihre Meinung in der Gesellschaft von entscheidendem Gewicht ist; die Verhandlungsvollmacht der nicht anwesenden Herren können Sie telegraphisch einholen. Mir liegt es natürlich fern, Sie drängen zu wollen. Aber mein — vorerst natürlich erst grundsätzlicher — Vorschlag ist als erloschen anzusehen, sobald wir landen."

Die beiden Männer verstanden einander. Sie schüttelten sich die Hände, als habe eben eine überaus freundschaftliche Unterhaltung stattgefunden. Dann verließ Astor das Zimmer.

In tiefes Nachdenken versunken, ging Ismay einige Male auf und ab. Dann trat er an den Schreibtisch und hob den Hörer vom Telefon.

„Dort Mr. Philips? Hier Generaldirektor Ismay. Wie steht es mit dem Funkapparat? Bis zum Abend wieder in Betrieb? Kann ich mich darauf verlassen? Sehr gut! Besten Dank, Mr. Philips!"

Dann läutete er zum Sekretariat. Fräulein Mary trat ein und legte den Entwurf der Notiz vor Ismay auf den Tisch.

„Abends können Depeschen wieder aufgegeben werden", sagte sie, um etwas Erfreuliches mitzuteilen, denn sie sah besorgt, wie grau und verfallen die Miene des Chefs war. Der prüfte sorgfältig ihren Entwurf, nahm verschiedene Änderungen vor und gab ihr das Blatt zurück. Zerstreut sagte er:

„Ich weiß, ich sprach eben mit Philips. Chiffriert senden."

Dann, nach kurzer Pause, mit einem Lächeln:

„Sie haben mit ihrem klugen Köpfchen beinahe richtig geraten! Astor hat sich bereit erklärt, die White Star in großem Stil zu finanzieren."

„Das wäre doch herrlich, Herr Generaldirektor! Da wären Sie aus allen Sorgen heraus! Dann kann die Cunard-Line einpacken!"

„Aber wir beide auch, Kind! Astor fordert die Majorität. Reorganisation der Gesellschaft. Bereinigung der Bilanz. Das bedeutet: Zusammenlegen der Aktien, Sanierung, Rücktritt der Leistung."

„Sie sehen zu schwarz, Herr Generaldirektor!" sagte das Mädchen lebhaft. „Ohne Sie ist die White Star nichts! Astor ist viel zu klug, um nicht die Fortführung der Leitung durch Sie zur Bedingung zu machen!"

„Möglich. Für zunächst sicher. Aber das ist nicht von Dauer. Astor und Ismay: das hält sich nicht. Wir sind beide Eisenköpfe. Eines Tages heißt es: Ismay oder Astor. Und er hat das Kapital in der Hand, er ist der Stärkere."

„Das darf nicht sein!" rief das Mädchen leidenschaftlich aus. „Niemals darf es sein, daß Ihnen Ihr Werk aus der Hand genommen wird! Ich weiß, was Sie für die Gesellschaft bedeuten! Sie sind die Seele vom

Ganzen. Sie sind die Unruh in der Uhr. Sie denken Tag und Nacht für die ,White Star'; sorgen, leben, kämpfen für ,White Star', für ihre Größe, für ihr Ansehen. Lassen Sie sich nicht unterkriegen! Kapital ist nichts — Arbeit ist alles!"

Das Mädchen stand, durch den Schreibtisch getrennt, vor Ismay. Jetzt war sie wirklich anzusehen wie eine Schildjungfrau, die ihren Speerhelden zum Kampf aufruft. Sie war schön in ihrem lodernden Zorn. Eine Welle von Mut schlug von ihr zu Ismay hinüber.

Der stand auf, sah sie eindringlich an. Dann reichte er ihr über den Tisch weg die Hand.

„Sie sind ein tapferer Kerl, Mary!" sagte er nach einer Weile. „Sie haben recht, ich werde kämpfen!"

Im Kartenhaus saßen der Kommodore und der Chefingenieur bei der üblichen Mittagsbesprechung. Da trat Ismay ein.

„Lassen Sie sich bitte nicht stören, meine Herren. Es sind wohl keine Geheimnisse?" begrüßte er sie.

„Wir sind fertig", erwiderte Smith. „Hier die neuesten Daten!" und reichte Ismay ein Blatt hinüber. Darauf war das eben aufgenommene Mittags-Besteck eingetragen und die Zahl der in den letzten vierundzwanzig Stunden wirklich zurückgelegten — also nach dem Kartenort festgestellten — Meilen gegenüber den nach den Touren der Schiffsschraube berechneten. Der Unterschied zwischen berechneter und wirklicher Fahrt, der sogenannte Slip, war gleich Null.

„Wir haben besonders günstige Fahrt, wie man sieht", sagte der Kommodore erläuternd. „Beinahe kein Gegenwind, der Strom schwach. Und vor allem: die Maschine bewährt sich glänzend!"

Dabei machte er eine verbindliche Handbewegung gegen Vickers.

Diese günstige Stimmung der beiden Männer traf sich glücklich, sie mußte ausgenutzt werden. Erfahren in der Behandlung von Untergebenen, die man am besten lenkt, indem man sie glauben macht, daß sie ihrem eigenen Willen folgen, warf Ismay scheinbar gleichgültig hin:

„Da könnten wir eigentlich schon auf dieser Fahrt das Blaue Band erobern! Das wäre ein Triumph! Auf der Jungfernfahrt, und obendrein auf der schwierigen Westroute!"

„Das könnten wir!" sagte Smith lebhaft. „Darüber haben wir beide uns schon vorgestern in den Haaren gelegen", fuhr er behaglich fort. „Aber Vickers hütet seine Tochter wie eine Jungfrau!"

„Vorsicht ist die Mutter der Weisheit", brummte dieser; aber er fühlte sich doch innerlich geschmeichelt, weil sein Werk sich so vortrefflich bewährte und Anerkennung fand.

„Um wieviel sind wir denn noch unter Rekord?" fragte Ismay leichthin. „Und wieviel Meilen machen wir jetzt?"

„Etwa zweieinhalb Stunden", sagte Smith eifrig, „und derzeit laufen wir etwa dreiundzwanzig Meilen."

„Auf der Probefahrt haben wir bequem fünfundzwanzig gemacht", sagte Ismay und reichte Vickers seine Tabatiere hinüber. Er rauchte eine berühmte Zigarettensorte, die nur für den Khediven angefertigt wurde; er bekam sie durch eine geheimnisvolle Verbindung. „Wenn wir in den paar Tagen, die wir noch vor uns haben, diese zwei Meilen zusetzen, dann schlagen wir die Mauretania um eine Pferdelänge."

Und nach einer kurzen Pause.

„Mir läge viel . . . mir läge viel daran, wenn wir das Blaue Band an uns bringen könnten! Im Vertrauen gesagt: an den Börsen sind Manipulationen der Konkurrenz gegen unsere Aktien in Gang, die unbequem ... die sehr unbequem werden könnten. Bekommen wir das Blaue ... dann sind wir obenauf!"

„Nun gut", erklärte Vickers, „wenn Sie mich decken, will ich aus der Maschine herausholen, was in ihr steckt. Sorgt der Kommodore dafür, daß wir keinen Weststurm kriegen, dann halten wir die zwei Meilen durch."

„Für das Wetter stehe ich gut!" sagte dieser und paffte riesige Rauchschwaden aus seiner unvermeidlichen Havanna. „Die Barometernachrichten stehen so günstig, wie ich sie auf dieser Route noch nie erlebt habe — und ich fahre sie schon seit bald dreißig Jahren!"

„Dann also: das Blaue Band für Schiff und Maschine!" rief Ismay hell aus. Er erhob sich und reichte jedem der beiden Männer eine Hand. Mit gehobenen Gefühlen verließen die drei Verschworenen das Kartenzimmer.

Die bisherige Fahrt hat die Maschine sehr geschont, überlegte Vickers. Kein Gegenwind, kein Seegang; ich kann jetzt die Maschine auf volle Touren laufen lassen.

Wäre ein schöner Abschluß meiner Karriere, dachte der Kommodore. Der Aufsichtsrat wird sich nicht lumpen lassen, wenn ich der Titanic das Blaue erobere. Dieser Triumph ist für die Gesellschaft viel Geld wert!

„Das ging leichter, als ich geglaubt habe", murmelte Ismay, während er die Treppe hinabstieg. „Das Blaue Band wird Eindruck auf Astor machen, er ist eitel und möchte seiner jungen Frau imponieren. Ich kann jetzt mit steifem Rückgrat verhandeln! Heute abend beim Dinner werde ich ihn festnageln. Wenn wir in Sandy Hook den blauen Wimpel hissen, wird er auch noch auf dem Festland verhandeln, dann kann ich Astor und Raveney gegeneinander ausspielen!" Ismay fühlte sich schon als Sieger.

Zeitwende

Nach dem Lunch begab sich Josuah ins Deck-Kaffee, wo um diese Zeit verschiedene Gruppen beisammen saßen: Holzhändler und Ärzte, Farmer und Industrielle und was sich sonst noch an Berufsgenossen zusammenfand. Sie sprachen von dem, was sie verstanden und was sie für das einzig Wichtige hielten.

Da erhob sich von einem Tisch ein kleiner Mann mit großer Hornbrille, eilte auf ihn zu und begrüßte ihn lebhaft. Es war Doktor Harper, Privatdozent der Nationalökonomie an der Universität Harvard. Er und Josuah hatten sich vor einigen Jahren in Heidelberg bei den Vorträgen Max Webers über „Puritanertum und Prosperität" kennengelernt.

„Wollen Sie nicht an unseren Tisch kommen? Wir Auguren sitzen gerade beisammen und prophezeien aus dem Satz unserer Kaffeetassen die Zukunft der Wirtschaft im allgemeinen und Amerikas im besonderen. Vorausgesetzt natürlich, daß dieses bescheidene Thema Sie interessiert, Herr Weltfahrer!"

„Wir reisen doch nur um besser heimzukehren!" sagte Josuah nachdenklich. „Diese Fragen beschäftigen mich zur Zeit sehr stark. Wenn ich als stummer Zuhörer zugelassen bin, soll es mir recht sein."

Harper war Mitglied von Irving Fishers Konjunktur-Institut und Vorkämpfer der von einer kleinen und lebhaft befehdeten Gruppe von Nationalökonomen aufgestellten Lehre: das Konjunkturen und Krisen nicht gottgewollte Einrichtungen sind, wie Orkane und Erdbeben, sondern lediglich Folgen mangelnder Einsicht und überholter Dogmen.

Die gewichtigste Persönlichkeit des kleinen Kreises war, wenigstens seiner eigenen Meinung nach, Brown, Chef des Hauses Brown und Browns, Baumwoll-Export, ein dicker breitschulteriger Mann mit brutalen Kinnbacken. Er war in seinem Fach eine unbestrittene Autorität. Zieht er aus einem Baumwollballen eine Flocke heraus und rupft sie dreimal zwischen den Fingern hin und her, so kann er genau sagen, wieviel Punkte über oder unter „good middling" die Qualität ist. Und die Preise aller Sorten während der letzten zehn Jahre an allen wichtigen Plätzen kann er im Schlaf hersagen.

Dann war da Miß Dorrit Spring, die wir schon im „Wilden Schweinskopf" kennengelernt haben. Sie widmet als Sekretärin der Liga berufstätiger Frauen ihr Leben der Aufgabe, die Lage der Arbeiterinnen und Angestellten durch soziale Einrichtungen zu verbessern und sie gegen Ausbeutung und Unterdrückung zu schützen. Sie war temperierte Sozialistin, etwa von der Farbe der Fabier-Gesellschaft. Die sozialen und wirtschaftlichen Verhältnisse beurteilte sie mehr mit dem Herzen als mit dem Verstande. Sie war der Meinung, die Armut der Welt könne dadurch beseitigt werden, daß die Reichen sich in höherem Maße sozialer Tugenden befleißigen — worunter sie die Errichtung von Kindergärten, Ledigenheimen und Abendkursen verstand.

Der vierte am Tisch war Major Butt, hochgewachsener, militärisch straffer Mann, dessen offenes Wesen sofort Vertrauen erweckte. Er war Personaladjutant von Präsident Taft und wurde von ihm für allerlei Sonderaufgaben verwendet, die den Zweck haben sollten: dem Staatsoberhaupt klare Einsichten in die verwickelten Wirtschaftsverhältnisse zu verschaffen, jenseits interessenmäßiger und ressortmäßiger Bindungen.

Harper machte Josuah und Brown miteinander bekannt. Mit Butt war Josuah seit langem nahe befreundet; sie hatten zusammen im spanischen Feldzug bei den Rauhreitern unter Teddy Roosevelt Dienst getan.

„Lassen Sie sich bitte nicht stören", sagte Josuah, indem er sich an den Tisch setzte.

Brown ließ sich das nicht zweimal sagen, sondern fuhr in seinem Vortrag fort, den er eben begonnen hatte. Es lag ihm daran, seine Bedeutung als Fachmann und Sachverständiger in den Vordergrund zu rücken.

„Ich habe ganz Europa bereist, um festzustellen, auf welche Art sich der amerikanische Baumwollabsatz heben lasse. Denn in dieser Hinsicht muß etwas geschehen! Durch vermehrten Anbau, durch bessere Düngungsmethoden, durch erfolgreiche Schädlingsbekämpfung, durch Züchtung ertragreicher Pflanzen hat sich in den letzten Jahren die Baumwollernte sprunghaft erhöht. Der Absatz hingegen nicht, da ein Teil der Produktion von Baumwollwaren aus Deutschland, Frankreich, Belgien, vor allem aber aus England, nach Ländern abgewandert ist, die selbst Baumwolle erzeugen: nach Indien und China, nach Ägypten, nach Brasilien. Zudem drohen neue höchst gefährliche Konkurrenten zu entstehen, geeignet, die Stellung Amerikas als überragender Baumwoll-Produzent zu gefährden. England beabsichtigt, sich von Amerika frei zu machen, und errichtet zu diesem Zweck mit ungeheuren Kosten einen gewaltigen Nildamm bei Assuan, durch den eine planmäßige Bewässerung des Sudan herbeigeführt werden soll, um daselbst Baumwoll-Pflanzungen anzulegen. Und dann ist von den verdammten Deutschen eine Erfindung gemacht worden, um aus Cellulose, also aus Holz, eine Spinnfaser zu erzeugen, die Kunstseide. Schon sind aussichtsreiche Versuche in Gang, den Faden in kurze Stapel zu teilen, matt statt glänzend zu machen, in sich zu kräuseln: und dann ist die künstliche Baumwolle da! Andererseits ist auf eine wesentliche Steigerung des Verbrauchs in Baumwoll-Produkten nicht zu rechnen. Die europäischen Staaten werden zwar als solche immer reicher; aber die große Masse ihrer Bewohner nimmt an dieser Reichtumssteigerung nur wenig teil, weil die Staaten die Überschüsse der Produktion in militärischen Rüstungen anlegen. Infolgedessen braucht Europa immer mehr Eisen und Kupfer, aber immer weniger Baumwolle. Da also unsere Produktion ständig steigt, der Absatz immer mehr sinkt: so ersticken wir in Baumwolle!"

„Ganz ähnlich steht es doch mit den meisten unserer Produkte", warf Harper hinterhältig ein. „Wir erzeugen zu viel Weizen, zu viel Mais, zu viele Schweine, zu viel Eisen, zu viel Kupfer, zu viel Petroleum. Und überall in der Welt geschieht das gleiche."

„Natürlich der Götze Export! Aber Sie haben uns doch eben geschildert, daß die Chinesen und Inder selbst Spinnereien und Webereien eingerichtet haben. Und weiter: womit sollen sie unsere Baumwolle bezahlen?"

„Man muß eben die unentwickelten Länder aufschließen, indem man ihnen Kredite gewährt!"

„Das heißt, wir sollen ihnen die Baumwolle schenken! Denn die berühmten Aufschließungskredite, die wir hinausgeben, werden wir nie wiedersehen! Zwischen Ländern gibt es keinen Geldverkehr, das täuschen bloß die Bankherren und Börsenleute vor, die das Publikum mit Auslandsanleihen betrügen. Anleihen sind nur Vorschüsse auf zukünftige Importe. Was aber sollen wir aus Afrika oder China importieren? Wir erzeugen doch das meiste, was wir brauchen, selbst! Der Welthandel hat die Tendenz, zurückzugehen, nicht, sich auszudehnen — geschweige in dem Maße, wie die Produktionen steigen! Jedes Land wird in Zukunft danach trachten, alles Notwendige selbst zu erzeugen: Die Rohstoffländer industrialisieren sich, genau wie wir das getan haben; die Industrieländer werden ihre

Agrarproduktion steigern. In der Manchester-Lehre, daß jedes Land nur das herstellen soll, was es am besten und billigsten herstellen kann, haben die Menschen ein Haar gefunden, sogar viele Haare."

„Wenn Sie recht haben, muß eben bei uns die Erzeugung von Baumwolle eingeschränkt werden und ebenso die von Weizen, Eisen, Petroleum und was wir sonst noch zuviel haben."

„Das ist doch aber kompletter Irrsinn!" brauste Harper auf. „Man hat ausgerechnet, daß wir in Amerika nicht zuviel, sondern zu wenig Baumwolle hätten, wenn jeder Amerikaner jährlich ein halbes Dutzend Hemden mehr verbrauchte. Dasselbe gilt für Weizen und Schweine, wenn jeder täglich ein Schinkenbrot mehr verzehrte. Auch für Eisen und Kupfer und hundert andere Produkte trifft das zu, wenn die Millionen Hand- und Kopfproleten statt in den verwanzten Wohnhöhlen der Astor und Leithner und der anderen Bodenmagnaten in Eigenhäusern am Hudson am Potomac oder sonstwo in erfeulicher Landschaft wohnten, jeder mit einem Garten und einem Stück Land. In der Zeit der elektrischen Kraftübertragung, Schnellbahnen, Automobile ist es nicht notwendig, daß sich die Arbeitenden um die Arbeitsstätten drängen und sich gegenseitig Licht und Luft wegnehmen. Amerika könnte nicht nur für sämtliche seiner hundertzwanzig Millionen Einwohner, sondern für viermal so viel Menschen ein Paradies sein: wenn seine Produktionen richtig aufeinander abgestimmt und die Produkte richtig verteilt würden!"

„Sie meinen also", sagte Brown spitz, „wenn nach der kommunistischen Heilslehre der Reichtum abgeschafft und eine gleichmäßige Verteilung der Güter stattfinden würde?"

„Für so dumm brauchen Sie mich nicht zu halten,

trotzdem ich Professor der Nationalökonomie bin!" lachte Harper.

„Sie halten also Reichtum und Armut für eine unvermeidliche Einrichtung der menschlichen Gesellschaft?" erwiderte Brown triumphierend.

„Reichtum ja, Armut nein!" holte nun Harper aus. Er nahm jede Gelegenheit wahr, um seine Lehre zu predigen. „Unterschiedlichkeit in der Lebenshaltung entspricht der Unterschiedlichkeit in Begabung, Fleiß, Willenskraft unter den Menschen. Nur weltfremde Schwärmer faseln von der Gleichheit der einzelnen Exemplare dieser Tier-Spezies. Die Aussicht, besser zu leben, angenehmer zu leben, unabhängiger zu leben, Überschüsse zu gewinnen, welche die Erreichung von Zielsetzungen, Sättigung des Machthungers, Befriedigung von Launen, hohen oder niedrigen, für sich selbst oder für Kinder und Kindeskinder ermöglichen: das ist bisher der stärkste Motor, der die materielle Höherentwicklung der Menschheit bewirkt hat — also der Egoismus! Ohne diesen Motor würden die Menschen vermutlich nicht weit über das Früchtesammel- und Büffeljagd-Stadium hinausgekommen sein. Und daß die Aussicht auf höhere Lebenshaltung bei uns in Amerika noch nicht allzusehr durch Erstarrung gesellschaftlicher Einrichtungen gehemmt ist; und reich werden, ja selbst sehr reich werden, sich noch fast täglich vor aller Augen an erstaunlichen Beispielen vollzieht: das ist einer der größten Vorzüge unseres gesegneten Landes. Zudem würde der Ausgleich im Verbrauch und damit der Wegfall des eben erwähnten Antriebsmotors, Reizungsfaktors, Phantasieweckers, Arbeitsansporns, nämlich des Strebens nach Wohlhabenheit und Reichtum, eine so allgemeine Senkung der Produktion zur Folge haben, daß die Lebenshaltung der sogenannten Armen nicht besser, sondern schlechter würde."

„Sie sagen sogenannte Arme?" warf die Liga-Sekretärin ein. „Sie können doch nicht bestreiten, daß es auch in unserem Lande Millionen gibt, die bitter arm sind! Die unter Brücken schlafen, während Paläste leer stehen; die hungern, während der Weizen verbrannt wird; die ein einziges Hemd besitzen, während Baumwolle in den Lagern verfault, Spinnereien und Webereien leer stehen, Arbeistkräfte ohne Arbeit sind?"

„Natürlich bestreite ich das nicht! Ich gebe auch zu, daß dieser Zustand ein Schandfleck unserer Gesellschaftsordnung ist. Dieser Schandfleck ließe sich aber unschwer beseitigen, wenn nicht bei uns das Glaubensdogma bestünde: daß jeder für sich und Gott für uns alle zu sorgen habe. Nun sorgt aber Gott leider nicht für alle, am wenigsten für die, die es am nötigsten haben! Neben diesen wirklich Armen fühlen sich aber auch die meisten anderen Menschen arm, gemessen an der Lebenshaltung der sogenannten Reichen; also der oberen Zehntausend oder Hunderttausend, sagen wir hochgegriffen der oberen Million. Es geht ihnen zwar zwanzigmal besser als ihren Vätern und Großvätern, die als Pioniere das Land urbar gemacht haben, sechzehn Stunden am Tag härteste Arbeit verrichten mußten, daneben täglich an Leib und Leben gefährdet waren. Aber statt Kälte und Dürre, Indianer und Klapperschlangen haben sie heute einen großen Generalfeind: die Krise. Sie fühlen sich arm, weil sie jeden Tag wirklich arm werden können; sie sind arm im Vergleich zu jenen, die als Wohlhabende oder Reiche der Gefahr der Krise nicht oder in geringerem Maße ausgesetzt sind."

„Aber Sie können es doch nicht für richtig finden", griff nun Butt in die Diskussion ein, „daß Millionen und aber Millionen Amerikaner ein Einkommen von tausend Dollar im Jahr haben und demgegenüber Rockefeller, wie behauptet wird, ein solches von hundert

Millionen? Daß Unterschiede im Einkommen bestehen müssen, auf besondere Tüchtigkeit und besondere Leistungen Prämien gesetzt sein sollen, gebe ich gern zu. Aber diese ungeheuren Unterschiede sind doch nicht gerechtfertigt, sie sind geradezu unmoralisch! Man versteht sehr gut, daß es unter den Arbeitern gärt; diese Bewegung wird von der Regierung mit steigender Sorge beobachtet. Mit dem Übereinkommen Rockefellers allein ließe sich die Not der Ärmsten beheben!"

„Halt, Herr Major! Sie haben eben eine Volte geschlagen! Ich habe von Verbrauch gesprochen, Sie sprechen von Einkommen."

„Das ist aber doch für diese Frage dasselbe", erwiderte Butt.

In der kleinen Runde machte sich erhöhte Spannung fühlbar. Rockefeller — das war gleichsam das Symbol der kapitalistischen Problematik. Aber Harper antwortete gelassen:

„Das ist durchaus nicht dasselbe! Wissen Sie, wieviel Rockefeller von diesen hundert Millionen verbraucht?"

„Nein, Rockefeller hat nicht die Freude, mich zu seinen Intimen zu zählen."

„Ich weiß es auch nicht. Aber nehmen wir einmal an, zwei Millionen oder drei oder gar vier. Das ist nicht gerade wenig, und ich für mein Teil wäre froh, wenn ich den zehnten Teil davon als Vermögen hätte. Aber verbraucht denn Rockefeller selbst diese, sagen wir, drei Millionen, beziehentlich die Güter, welche durch diesen Geldbetrag dargestellt werden? Doch nur zum allergeringsten Teil! Sondern ihm helfen seine Kinder und Schwiegersöhne; seine Gäste und seine Sekretäre; der Maler, der ihn malt, und der Doktor, der ihn behandelt; die Sänger und Musiker der Metropolitan-Oper, deren Defizit er zum größten Teil trägt: kurz, die ganze Herde von Menschen, die den Komplex Rockefeller bilden. Er selbst, habe ich mir erzählen lassen, nährt sich wegen eines Magenleidens fast nur von Haferschleim und Milch; trägt wenige alte Anzüge, weil neue ihm zu unbequem sind; geht nie in die Oper, weil er den ganzen Tag arbeitet, um sein Einkommen zu verwalten. Denn wie er den nicht verbrauchten Rest seines Einkommens, also seine Ersparnisse, nützlich anlegen soll, ist natürlich keine ganz einfache Sache und verlangt viel Mühe und Arbeit."

„Rest ist gut! Der jährliche Sparpfennig des armen Rockefeller beträgt immerhin siebenundneunzig Millionen. Ich bin bereit, ihm diese Mühe abzunehmen!" lachte Brown. Er war gegen Sozialismus sehr eingenommen; aber gegen Rockefeller und die anderen Krösusse hegte er ebenfalls feindliche Gefühle.

„Ich bezweifle, daß Sie das tun würden, wenn Sie davon nichts verbrauchen dürfen. Denn von diesem angelegten Teil seines Einkommens hat Rockefeller ja zunächst nichts!"

„Wieso? Es gehört doch ihm!"

„Sobald er das Geld für Fabriken, Bergwerke, Petroleumbohrungen ausgegeben hat, nicht mehr. Dann gehören ihm zwar statt des Geldes die Fabriken und so weiter. Aber diese sind zunächst nur vorteilhaft für die Lieferanten, die sie errichten; für die Arbeiter, die in ihnen beschäftigt sind; für die Abnehmer, die ihre Produkte beziehen. Er selbst hat vorerst gar nichts davon: denn die Produkte braucht er nicht; und ob diese Unternehmungen Überschüsse bringen werden, die dann neues Einkommen bilden, das er verbrauchen kann — das steht dahin. Sie sehen also, daß Einkommen und Verbrauch zwei sehr verschiedene Dinge sind. Im allgemeinen verbrauchen die Reichen nur einen kleinen Teil ihres Einkommens, den weitaus größeren führen sie wieder der Volkswirtschaft zu. Hinsichtlich dieses

Teiles sind sie also sozusagen nur Verwalter und Verfüger. Das gleiche gilt für ihr gesamtes sogenanntes Vermögen. Die Unternehmungen Rockefellers, die manche auf den Wert von einer Milliarde und darüber schätzen, gehören im Grunde genommen gar nicht ihm, sonder sind Bestandteil der amerikanischen Volkswirtschaft. Er hat nur die Verfügungsgewalt über sie."

„Sie meinen also, die Reichen sind eigentlich Funktionäre der Wirtschaft?" sagte Butt, der diese Darlegungen mit sichtlichem Interesse aufnahm. „Mit hoher Tantieme angestellte Verwalter eines Teiles des Volksvermögens? Aber diese Verwaltung könnte doch ein Beamter ebensogut wahrnehmen und wesentlich billiger."

„Ob ebensogut, ist sehr fraglich. Die Illusion, reich zu werden und immer noch reicher; die Befriedigung, mächtig zu werden und immer noch mächtiger; das Gefühl, nur sich selbst verantwortlich zu sein und nicht durch hundert Verantwortungen gegen Dritte gehemmt zu werden: all dies weckt erstaunliche Kräfte und zeitigt häufig unerwartete Erfolge. Und was die Höhe der Bezahlung dieser Verwalter anlangt, so heißt es schon in der Bibel, daß man dem Ochsen, der drischt, das Maul nicht verbinden soll. In dieser Hinsicht sind übrigens die Gepflogenheiten sehr unterschiedlich. Wir kennen alle die Geschichte von Girard, dem großen Reeder, der ein riesiges Vermögen errafft hat und dabei schlechter lebte als der letzte Arbeiter; und schließlich sein ganzes Vermögen wohltätigen Stiftungen vermachte. Ähnliche Figuren begegnet man öfter, gerade in der Geschichte der großen amerikanischen Vermögen. Solchen Naturen ist Macht üben und schaffen Alles, genießen Nichts. In ihnen wird nur besonders offenbar, was für die meisten reichen Leute gilt: daß sie Illusionen nachjagen, durch ihr egoistisches Handeln der Allgemeinheit Dienste leisten."

„Sie sind ja ein Lobredner auf die Reichen, als ob Sie dafür bezahlt würden!" stotterte Miß Spring. „Sie können doch aber nicht leugnen, daß sehr viele von unseren großen amerikanischen Vermögen durch allerlei Schandtaten befleckt sind, von denen Bestechung, Betrug, Ausbeutung noch die geringsten sind."

„Sie haben ganz recht!" bestätigte der Major. „Die Protokolle der Untersuchungsausschüsse, die seit hundert Jahren alle paar Jahre eingesetzt werden, um besonders üble Vorkommnisse aufzudecken, stellen schon eine stattliche Bibliothek dar und sind eine Fundgrube für alle Arten menschlicher Gemeinheit."

„Natürlich leugne ich das nicht!" sagte Harper nach einer kleinen Pause. „Auf ihre Ahnengalerien können unsere Titanen allmeist nicht sehr stolz sein. Aber im Kriege geht es nun einmal nicht manierlich zu. Wir haben in nicht viel mehr als hundert Jahren einen riesigen Kontinent erobert, ihn besiedelt, urbar gemacht, zivilisiert, seine Schätze gehoben, seine Möglichkeiten entwickelt. Nach einem gewonnenen Eroberungskrieg den Generälen und Offizieren Vorhaltungen darüber zu machen, ob nicht zu viel Blut geflossen ist, ob die Soldaten nicht hätten weniger hungern und frieren brauchen, ist ebenso leicht als müßig. Eroberer pflegen nun einmal weder Samthandschuhe zu tragen, noch darauf zu achten, daß ihre Westen ohne Flecken bleiben."

„Aber nun ist das Land erobert, die Kriegssitten sind geblieben, meinen Sie?" sagte der Major.

„Richtig! Das ist es! Unsere Wirtschaftsgeneräle haben nicht bemerkt, daß die Eroberung beendet ist. Sie halten an den Kriegsmethoden fest. Was uns heute fehlt, ist eine starke Friedensverwaltung und ein einsichtiger Friedensgeist! Es sind andere Methoden und andere Männer, die notwendig sind, um ein Land zu erobern; andere, das eroberte Land zu verwalten."

„Das ist ganz richtig!“ erklärte lebhaft der Major, der sich daran erinnerte, wie oft die Regierung vor den Drohungen starker Wirtschaftsgruppen, besonders vor den großen Bankherren, zurückweichen mußte. „Eine starke Friedensverwaltung, eine starke Regierung, tut not!“

„Was meinen Sie unbildlich gesprochen?“ mischte sich Josuah ins Gespräch. „Wo ist der Faulpunkt? Und was soll geschehen? Denn, daß etwas faul ist in unserem Land und daß eine grundsätzliche Änderung in den Wirtschaftmethoden eintreten muß, wenn nicht unsere blühende Zivilisation vor die Hunde gehen soll: dieses Gefühl hat mehr oder weniger jeder von uns — außer den Hundertprozentigen, die da glauben, in der besten aller Welten zu leben.“

Nach dieser leidenschaftlichen Anklage nahm niemand mehr das Wort. Das Gespräch über den Baumwollabsatz war unversehens bei dem Kernproblem der Zukunft Amerikas gelandet.

Brown erhob sich und nahm gemessen Abschied. Er war innerlich stark ergrimmt: einerseits hatte er in dem Gespräch nicht die ihm als Baumwollfachmann zustehende entscheidende Rolle gespielt; andererseits erschienen ihm die Ansichten Harpers, die unbegreiflicherweise die Billigung eines Mitgliedes der Titanen-Gesellschaft und gar noch eines Mitgliedes der Regierung gefunden hatten, als barer Sozialismus und Anarchismus. Auch Miß Spring entfernte sich: sie mußte ihre „lahmen Enten“ betreuen, wie sie sie nannte; sie hatte nämlich auf dem Schiff bereits eine Anzahl Klientinnen, denen sie in allerlei Nöten beistand.

Als sie gegangen waren, wandte sich Major Butt an Harper:

„Ich danke Ihnen für Ihre aufschlußreichen und freimütigen Darlegungen. Ich bin gewiß, daß diese auch in hohem Maße das Interesse des Präsidenten finden. Ich werde mir erlauben, Sie alsbald zu einem Vortrag bei ihm einzuladen. Auch ich bin schon seit einiger Zeit auf Grund meiner Erfahrungen als Korporations-Kommissar zu der Ansicht gelangt: daß nur eine Revolution von oben uns vor einer Revolution von unten bewahren kann, die bei der sozialen Zusammensetzung des amerikanischen Volkes und bei dem Mangel an starker Tradition die fürchterlichsten Folgen zeitigen würde. Es wird freilich ein harter Kampf mit den bestehenden Wirtschaftsmächten werden, und die Regierung wird der Mitarbeit einer Gruppe unabhängiger Männer bedürfen."

Er hatte die letzten Sätze wie zu sich selbst gesprochen. Dann wandte er sich geradezu an Josuah:

„Werden Sie diesmal länger bei uns bleiben?"

„Ich habe die Absicht, von nun an ganz im Lande zu bleiben. Ich meine . . ."

Er sah einen Augenblick beiseite, als prüfe er noch einen Moment das Gewicht seiner nächsten Worte. Dann wandte er sich wieder an Butt:

„Ich meine . . . es ist Zeit."

„Ich glaube, es ist sogar höchste Zeit!" erwiderte Butt und gab ihm die Hand. „Sie sind ein naher Freund Astors. Wenn er zu gewinnen wäre — dann wäre viel gewonnen."

Im Achterpiek

Wand an Wand zur Navigationskajüte liegt die Ingenieurkajüte. An den Wänden hängen die Hauptrisse des Schiffes; ein breiter Schrank mit unzähligen niedrigen Schüben enthält die Einzelpläne; obenauf stehen, pedantisch nach der Größe geordnet, die Handbücher; Stöße von technischen Zeitschriften und Broschüren liegen auf Tischen und Regalen, beschwert durch blankgefräste Schraubenmuttern, anpolierte Probestäbe von Qualitätsstahl, mattglänzende Blöcke von Lagermetall.

An dem riesigen Zeichenbrett, das gleichzeitig als Schreibtisch dient, sitzt Vickers. Er ist in das Studium von Tabellen und Diagrammen vertieft. Sie sind das Ergebnis der Großversuche, die in Hamburg mit dem Schiffskreisel gemacht wurden. Durch ihn sollten auf Grund des Beharrungsvermögens rasch rotierender Massen die Schiffe verhindert werden, ihrer natürlichen Neigung nachzugeben: bei bewegter See zu schlingern und zu rollen, zu stampfen und zu stoßen.

„Diese Deutschen!" murmelt Vickers vor sich hin, während er eifrig mit Schiebelineal und Logarithmentafel hantiert. „Haben da schon wieder einen sogenannten Fortschritt ausgeheckt, dem man folgen muß, wenn man auf der Höhe bleiben will. Die Titanen verlangen das! Die wollen ja gar nicht mehr seefahren. Ein schwimmendes Luxushotel: das ist ihr Ideal von Schiff! Und wenn nun gar noch das Kotzen aufhören wird droben bei den Neufundlandbänken und drüben beim Azorentief: was bleibt dann noch übrig von der Seefahrerei? Der Kapitän wird Hoteldirektor, der Erste Offizier Empfangschef. Der Chefingenieur ist ja heute schon nichts anderes als technischer Leiter einer Maschinenfabrik, dessen Hauptaufgabe es ist, auf sparsamen Kohlenverbrauch zu sehen!"

Während dieser griesgrämigen Betrachtungen klopft es leise an der Tür. Als Vickers nicht antwortet, wird sie lautlos geöffnet, ein richtiges Seebärengesicht erscheint im Spalt, ein plumper Körper schiebt sich nach. Auffallend an diesem Riesen von Mann sind der scheue Blick, den er durch den Spalt zurückwirft, als er unhörbar die Tür hinter sich schließt, seine zögernde Haltung, die Unruhe, mit der er die Mütze in seiner Pranke zerdrückt. Sonst war das durchaus nicht die Art vom Maschinenmaat Guff — durchaus nicht. Seine gleichzeitig groteske und vertrauenerweckende Persönlichkeit war in erstaunlicher Weise raumfüllend. Er strahlte Guff-Atmosphäre um sich aus wie ein gutgeheizter Kachelofen Wärme.

„Käpten", beginnt er mit Räuspern — denn der Chefingenieur wurde von seinen Untergebenen ebenfalls „Käpten" genannt, wenn niemand von der nautischen Fakultät in Sicht war. Es lag darin eine Anerkennung für die Seefahrerqualitäten von Vickers. Der war nicht nur so eine übergelaufene Landratte, sondern er war zwanzig Jahre auf großer Fahrt gewesen und so seefest, daß er auf einem Feuerschiff bei Windstärke zehn seine Shagpfeife gegen den Wind rauchen konnte.

Nun sieht Vickers von seinen Tabellen auf.

„Was ist's, Guff?" fragt er ihn mit kameradschaftlich-herzlichem Unterton in der Stimme, der dem galligen, von abgründiger Menschenverachtung erfüllten Hagestolz sonst fremd war. Man nannte ihn in der Messe allgemein „Timon". Aber für Guff hatte er eine menschliche Schwäche, obwohl dieser auf Wight eine Frau mit acht Kindern sitzen hatte. Er hielt Guff für den besten Maschinenmaat zwischen den Wendekreisen und für den unerschrockensten Kerl, der ihm je begegnet war.

„Käpten", räusperte sich Guff noch einmal, „es ist was los unten!"

Vickers fährt herum auf seinem Drehstuhl.

„Was denn, Guff, was ist los?"

„Ja, wenn ich das man wüßte!" brummte Guff unter seinem Walroßschnauzbart hervor und blickt stur nach links auf den Querriß des Ladeschotts — den er mit verbundenen Augen zeichnen könnte.

Nun wird Vickers ungeduldig. Guff war sonst in seinen Meldungen knapp und schneidig wie ein preußischer Leutnant, mit dem er im übrigen keinerlei Ähnlichkeit aufwies. Nervös spielt Vickers mit dem Rechenschieber.

„Haben Sie . . .?" beginnt er.

„Natürlich habe ich!" unterbricht Guff seinen Vorgesetzten, glücklich, nunmehr genaue Angaben machen zu können. „Die ganze Welle gründlich durchgeprüft; alles abgehorcht; Lagertemperatur gemessen; Tourenzahlen kontrolliert", zählt er rasch auf. „Nichts gefunden!" setzt er mit niedergeschlagener Miene hinzu, als sei es ein Unglück, daß er keinen Schaden melden kann.

„Na, und sonst?" dringt Vickers in ihn. „Kessel? Maschine? Pumpen? Dynamos? Wo fehlt es denn nun?"

„Ach wo!" beginnt nun Guff zu poltern, „Alles in bester Ordnung, überall!" Dann, nach einer Pause halblaut, und sieht sich dabei scheu um: „Aber doch, es muß was los sein, unten!"

Wie von einer Feder vom Stuhl abgeschnellt, springt nun Vickers auf und tritt vor Guff hin. Er ist zwei Köpfe kleiner, und aus der Masse von Guff könnte man bequem vier Vickers formen. Aber in den stahlfarbenen Augen des Ingenieurs, um die schmalen Lippen unter dem graumelierten Zahnbürstenbart, in der Haltung der Schulter und des Nackens liegt eine explosive Spannung, die ihm vor einem Dutzend meuternder Matrosen Respekt verschafft hätte.

„Hören Sie, Guff!" beginnt er, „wenn ich nicht wüßte, daß Sie keinen Tropfen Whisky trinken, würde ich glauben, Sie sind betrunken! Was ist denn in Sie gefahren, Mann? Heraus mit der Sprache!" Vom kameradschaflich-herzlichen Unterton in der Stimme war nichts mehr zu spüren.

Nun kommt das rotborstige Walroß allmählich in Fahrt.

„Ich war heute, wie immer auf meinem Kontrollgang, auch im Achterpiek. Alles war in Ordnung. Ich habe mich ein wenig länger aufgehalten, mich auf die Stufen gesetzt, eine Pfeife geraucht. Ich bin gern da unten! Da ist's wie in einer Kirche, ich weiß nicht recht, wie ich das sagen soll, aber ich habe immer ein heiligmäßiges Gefühl, wenn ich im Achterpiek bin. Stundenlang könnte ich's anhören, das Schneiden der Schraubenflügel durchs Wasser und das Anrauschen vom Sog!"

Vickers unterbach Guff nicht in seiner wirklich etwas seltsamen Art von Rapport. Er fühlte, daß dieses sentimentale Geständnis des Walroß-Mannes, der verbotenerweise im Achterpiek eine Pfeife geraucht und auf das ziehende Rauschen der Sogwellen gehorcht hatte, notwendig zusammenhing mit dem, was er berichten wollte. Was ein echter Seemann ist — und auch Maschinenmaats und Chefingenieure sind zuweilen Seeleute —, hat in einem abseitigen Winkel seiner Seele eine tiefe Gläubigkeit. Freilich dunkel und angstvoll, von seltsamen Geschöpfen bewohnt; nicht hell und zuversichtlich wie der blaue Vertrauenshimmel, der sich über die Landgläubigen wölbt, in dem Lerchen trillern und Schmetterlinge gaukeln. Macht ein Seemann mal die Tür auf zu diesem Schott in seiner Seele, so soll man ihn gewähren lassen, ohne Not tut er's nicht. Vickers fühlte, daß hier letzter Ernst war, und fragte daher ohne eine Spur von Überheblichkeit oder Spott in der Stimme:

„Und was haben Sie bemerkt im Achterpiek?"

„Zuerst fing es an wie ein leises, aber durchdringendes Pfeifen", fuhr Guff fort, „das wurde allmählich stärker: setzte ein paarmal ab, als ginge es nicht recht; setzte immer wieder an — bis plötzlich ein grimmiges Heulen losging, daß der ganze Raum dröhnte! Brüllte dreimal und sackte dann langsam ab wie eine Sirene. Ja, wie eine Sirene war es, genau so, wenn sie in schwerem Nebel Signal gibt. Und dann war es, als ob nun die Sogwelle stärker gegen das Heck lospeitschte, als ob das Schiff um ein gut Teil schneller führe! Aber davon war keine Rede, ich kann die Umdrehungen der Schraubenwelle auf eine Drehung in der Minute genau abschätzen. Ich bin mir vorerst wie betrunken vorgekommen, aber woher sollte ich? Dann habe ich nochmals gemessen und abgehorcht: keine Reibung, kein Vibrieren, keine erhöhten Lagertemperaturen, nichts! Das also war es."

Vickers griff nach seiner Mütze und sah dabei mit einem schnellen Seitenblick nach Guff, der der seinigen wieder etwas Form zu geben versuchte.

„Das klingt ja wie aus einer Geschichte von Jack London!" sagte er, nun doch etwas Spott in der Stimme. „Na, wollen sehen, ob wir den Klabautermann auf die Sprünge kommen, der Sie anscheinend zum Narren gehalten hat. Aber die Schraubenwelle ist in Ordnung, sagen Sie?"

„In Ordnung, Käpten!" antwortete Guff. Und wenn Guff sagt, daß etwas in Ordnung ist, dann ist es in Ordnung. Darauf konnte man sich verlassen.

Vickers und Guff steigen die Treppe hinab, die ins Unterschiff führt. Sie ist nicht gerade sehr bequem, denn an den Betriebsräumen war eingespart worden, was an den Titanenräumen verschwendet worden war. Ziemlich steil, alle sieben Stufen macht sie eine Wendung; keine Wendeltreppe, aber nicht viel besser. Sie führt durch die ganze Tiefe des Schiffes, an jedem Treppenabsatz ist eine eiserne Tür in die Wand eingelassen. Der Schacht, um den die Treppe herumführt, reicht vom Schiffsboden bis zum Oberdeck und ist oben von vier gewaltigen Lufthauben überhöht. In ihm steigen all die unzähligen Rohr- und Kabelleitungen senkrecht durch den Schiffsrumpf auf und zweigen in die einzelnen Decks ab: Dampfleitungen, Heißwasserrohre, Abflußleitungen, Lichtkabel, weiß Gott, was sonst noch.

Wer eine feine Nase hat, braucht an den Türen der Kapitänstreppe nicht erst auf die blanken Messingbuchstaben zu sehen, um zu wissen, wohin sie führen. Am Eingang zu den Gesellschaftsräumen und zu den Staatskabinen riecht es nach einem Gemisch von Chypre, Juchtenleder und echten Havannas; vor dem Kajütendeck Erster Klasse nach frischer Wäsche, Badeseife, Sauberkeit; aus der Tür zu den Mannschaftsräumen sickert Wachstubenmuff, dessen Bestandteile Pfeifentabak, Fußschweiß und ungewaschene Wollhemden sind, vermischt mit einem Schuß von abgestandenem Bier und billigem Whisky; vor der Passagierküche duftet es aufreizend nach Entenbraten; hingegen vor der Mannschaftskombüse beruhigend nach Bohnen und Hammelfleisch.

Vor der nächsten Tür machen Vickers und Guff halt. Aus ihr dringt ein feiner Duft von Methan und Oxyd, wie ihn lagernde Kohle ausströmt, selbst wenn eine noch so kräftige Ventilation die Gase ableitet. Diese Tür führt in den Kesselraum oder vielmehr auf eine eiserne Galerie, die sich an einer Wand in halber Höhe hinzieht.

Der Kesselraum der Titanic sah freilich anders aus als sonst auf Dampfschiffen! Keine Kohlenhaufen, die angespritzt werden, damit sie weniger stauben; keine halbnackten Heizer, auf deren rußgeschwärzten Leibern die Schweißperlen weiße Striemen ziehen; keine Feuertüren, die von Zeit zu Zeit aufgerissen werden. Leer, still, feierlich ist dieser moderne Kesselraum.

Oberhalb des Kesselraumes befinden sich, staubdicht abgeschlossen, beständig von Ventilationsluft durchbraust, die Kohlenbunker. Sie sind durchzogen von Elevatoren, Schneckenrinnen und Schüttelrutschen, welche die Kohle gleichmäßig verteilen, ohne daß sich eine Menschenhand zu rühren braucht. Von ihnen führen trichterförmige Schurren quer durch das Kesselhaus und münden in die Kesselwand, dort, wo sonst die Feuertüren sich öffnen. Unterhalb ihrer wird — gefräßiges Maul, zwischen dessen schmalen Lippen erbarmungslose Zähne vorblecken — der Wanderrost sichtbar. Mit kurzen Rucken tritt er aus der Wand, legt sich um eine achteckige Walze. Ruck auf Ruck reißen die Kettenglieder von der Schurre eine dünne Schicht Kohle ab, tragen sie langsam weiter in den Feuerraum, wo sie zu Gas zerstäubt.

Die Kesselanlage ist der ungeheure Magen des Schiffes. Unablässig frißt er Kohle in sich hinein, verwandelt die nahrhaften Elemente in kraftschaffende Flamme. Die Flamme verwandelt das tote Wasser in den Kesselrohren in lebenspendenden Dampf, der das Geäder der Leitungen im ganzen Schiffskörper durchkreist wie Blut und sich an hundert Stellen durch andere Organe umsetzt in Bewegung, Wärme, Licht.

In dem riesigen Raum befinden sich nur zwei Arbeiter. Gelangweilt gehen sie auf und ab, sehen hierhin, dorthin; drehen an einem Ventil, rücken an einem Hebel, mehr um sich zu zerstreuen, als daß es notwendig wäre. In der Mitte der Galerie ist eine Kabine von Glaswänden eingebaut: dort geht an einer langen, schrägen Marmorplatte der Kesselmaat auf und ab, in weißer Uniform, wie um dem Begriff Kesselraum Hohn zu bieten, und schaut nachlässig auf die Kontrollapparate. Die zeigen an: Temperatur im Verbrennungsraum, Kohlensäuregehalt der Abgase, Dampfspannung, Wasserfüllung. Er hat es nicht notwendig, seine Aufmerksamkeit durch ständiges Ablesen zu ermüden: sobald irgendwo der kritische Punkt überschritten oder unterschritten wird, leuchtet eine grüne, rote, gelbe oder blaue Lampe auf; er gibt Befehl: und nun hat einer der Arbeiter für einige Minuten etwas zu tun. Er schraubt eine Ventilspindel höher oder niedriger, rückt einen Stellhebel vor oder zurück, bis die kleine Abweichung im Kontrollapparat verschwindet. — Vickers tritt in die Kontrollkabine.

„Alles in Ordnung?" fragt er, nachlässig grüßend. Aber die Frage ist nur eine Form, er sieht selbst, ob alles in Ordnung ist; ja mehr als das: ob in den letzten sechs Stunden alles in Ordnung war. Denn über jeder der Kontrolluhren läuft unter einer Glasplatte ein Papierstreifen, auf dem sich der Gang der Uhr in einer Zickzacklinie abzeichnet. Jede Störung, jede Abweichung von der Norm erscheint als eine über die beiden roten Grenzstreifen hinausreichende Zacke. Viermal im Tag werden Vickers die Diagramme in die Kajüte gebracht, er ist gewohnt, sie zu lesen. Nun geht er den Kontrolltisch entlang, wirft auf die Blätter einen flüchtigen Blick, sieht, daß in den letzten Stunden keinerlei Abweichungen stattgefunden haben.

„Guten Tag!" sagt er wieder nachlässig und verläßt die Kabine durch die andere Tür. Guff ist um die Kabine herumgegangen. Der Kesselmaat sieht es nicht gern, wenn ein Gleichgestellter das Heiligste betritt.

Der Maschinenraum ist vom Kesselraum durch eine Schottwand getrennt. Die Öffnung der schweren eisernen Tür ist nur durch Betätigung eines hydraulischen Druckwerkes möglich, das sich nach kurzer Zeit wieder automatisch schließt. Dieser zuverlässige und selbsttätige Verschluß aller Öffnungen in den Schottwandungen ist Voraussetzung für Erfüllung ihres Zweckes; auf der Kommandobrücke zeigt ein Kontrollapparat jederzeit an, ob die Schott-Türen geschlossen sind.

Der Maschinenraum bietet einen völlig anderen Anblick als der Kesselraum. Es ist stechend hell, die Wände sind mit weißen Fliesen verkleidet, der Boden mit schwarzweißen Platten. Die Decke des Raumes ist ein Glasdach, durch das am Tag Licht einfällt: der Raum führt bis zum Oberdeck, er ist wie ein Lichthof in einem großen Hotel, der als Speisesaal ausgebildet ist.

Inmitten dieses festlichen Saales steht, in unnahbarer Einsamkeit, wie ein Götzenbild, die Hauptantriebsmaschine des Schiffes: ein Riese, sieben Meter hoch, zehn Meter lang. Ein Ungeheuer aus Stahl und Bronze. Acht Paar Beine, breitspurig gegen den Boden gestemmt, Säulen aus Stahl, die das Himmelsgewölbe tragen könnten. Darüber der klobige Leib, so breit wie hoch. Auf ihm sitzen lächerlich kleine Köpfe, jeder mit einem Paar milchiger Augen, rund gewölbt, mit geschlitzten Pupillen, wie sie die Kraken der Meerestiefe haben. Die Augen leuchten in regelmäßigen Abständen tückisch auf, dann erlöschen sie wieder. Der Riese hat auch acht Paar Arme, aber die sitzen unten am Rumpf zwischen den Beinen. Kurze stämmige Oberarme fahren blitzschnell heraus, ziehen sich blitzschnell wieder zurück. An ihnen hängen in plumpen Gelenken übermäßig lange Unterarme; sie halten mit riesigen Fäusten die Kröpfungen der Schiffswelle gepackt, die zwischen den Beinen des Riesen durchläuft.

Diese Kröpfungen werden jetzt unwiderstehlich hinabgestoßen, jetzt auf der anderen Seite unwiderstehlich emporgerissen. Dieses Auf und Ab dreht die Welle, ungeheurer Mast aus Stahl, der wie eine Wirbelsäule die ganze Länge des Schiffes entlangläuft, durch mächtige bronzene Lager am Schiffsrumpf festgehalten. Im Achterpiek tritt sie durch eine gewaltige Stopfbuchse nach außen, mit der dreigespaltenen Schraubenflosse zerpeitscht sie das Wasser und treibt das Schiff mit der Geschwindigkeit eines Schnellzuges voran. In völliger Stille vollzieht sich die Umsetzung der ungeheuren Kraft von vierzigtausend normannischen Hengsten in rasende Fahrt. Lautlos, wie im Spiel, werden die Stahlmassen herumgewirbelt, die mannsdicke Welle, deren Gewicht tausend Menschen nicht hätten von der Stelle bewegen können. Nur ein leises Fauchen, wie Atemzüge, begleitet das rhythmische Auf und Ab der sechzehn Arme.

Nun Vickers auf den Giganten zutritt, ist dies anders, als wenn es die anderen tun: weniger respektvoll, vertraulich gleichsam. Und wie denn auch nicht? War doch das Ungetüm sein eigenes Werk, sein Kind, könnte man sagen — wenn dieser Vergleich angesichts der Größenverhältnisse sich nicht ein wenig unpassend ausnehmen würde. Aber in der Tat: Vickers war der Vater dieser Schiffsmaschine, auf deren Brust eingegossen stand „Vickers Armstrong Ltd“. Vor zehn Jahren hatte ihn sein Vetter Vickers, Mitinhaber der Firma, als Chefingenieur der Schiffsmaschinen-Abteilung herangeholt. Nach einigem Zaudern vertauschte er die Schiffsplanken mit dem Linoleum der Zeichenbüros. Es lockte ihn, die praktischen Erfahrungen zu verwerten, die er während zwanzig Jahren Seefahrt in allen Meeren, in jeder Art Dienst, mit so ziemlich allen Typen von Schiffsmaschinen gemacht hatte. Er wollte nun die ideale Schiffsmaschine bauen, wie sie ihm vorschwebte. Dieses Ziel glaubte er mit der Konstruktion des Titanicgiganten erreicht zu haben. Die Maschine bot zwar nichts grundsätzlich Neues, wie etwa die Dampfturbine, die der geniale Parsons kürzlich erfunden hatte; aber es gab keinen Konstruktionsteil an ihr, dem Vickers nicht auf Grund seiner Erfahrung eine für Gang und Nutzeffekt entscheidende Form gegeben hätte.

Vickers konnte sich an Maschinen leidenschaftlich entzünden, wie andere Männer an Frauen. Sie waren für ihn beinah beseelte Geschöpfe, gezeugt von des Menschen schöpferischer Herrlichkeit.

Als nun Vickers den Maschinenraum verläßt, braucht er nicht zu fragen, ob alles in Ordnung ist. Drüben bei den Kesseln ist das anders: da spielt sich alles hinter der feuerfesten Wand in der gläsernblauen Feuerluft ab. Hier aber brauchte er bloß einzutreten, einen Blick auf die Maschine zu werfen, einige Sekunden das unhörbare Vibrieren der Luft aufzunehmen, das im Raum steht: und er wußte Bescheid. Wie einer Mutter, wenn sie ins Kinderzimmer tritt und ihren Liebling ansieht, ein sechster Sinn sofort mitteilt, wenn etwas nicht in Ordnung ist.

Um ins Achterpiek zu gelangen, kann man durch den Tunnel gehen, in dem die Schraubenwelle läuft; aber dieser Weg ist unbequem, man muß ihn allzumeist in gebückter Haltung durchschreiten. Vickers und Guff steigen daher die Treppe zum Matrosenquartier hinauf, von wo eine Reservetreppe zu den Passagierdecks führt. Die Schottwände, welche die Maschinen- und Kesselräume vom Vorder- und Hinterschiff trennen, haben keine Türen, damit diese wichtigesten Teile für alle Fälle gesichert sind.

Sie gelangen in die Halle, an deren beiden Seiten die Treppen zum Promenadendeck hinaufführen, während sich in der Mitte eine breite Tür zu den Gesellschaftsräumen öffnet. Backbord und Steuerbord gelangt man in die mäßig erhellten teppichbelegten Korridore, an denen die Kabinen liegen. Wie ausgerichtete Soldaten stehen stumm die blankpolierten Mahagonitüren mit ihren Messingnummern. Sie führen zu den Kabinen für die gewöhnlichen Ersteklassepassagiere, die nicht zu den Titanen zählen. Sie müssen sich mit Unterdeckkabinen zufrieden geben, während die Staatszimmer mit ihren breiten Schiebefenstern, französischen Betten, luxuriösen Salons und üppigen Badezimmern sich auf dem Oberdeck befinden.

Während die beiden langsam den Backbordgang entlang gehen, kommt ein Page entgegen, ein hübscher, blondschöpfiger Junge mit strahlend blauen Augen, dem die schmucke Uniform des Schiffes wie angegossen sitzt. Er war zwar schon über das Pagenalter hinaus und mochte achtzehn Jahre zählen, denn schon machte sich ein leichter silberner Flaum an seiner Oberlippe bemerkbar.

Wären Vickers und Guff einige Minuten früher in den Gang eingetreten, so hätten sie sehen können, wie sich die Tür der Kabine 113 vorsichtig öffnete, ein rotlockiger Frauenkopf herausschaute, sich zurückzog und hierauf der Page sich nach rückwärts herausschob, indem er sich zart den Armen der Kabineninhaberin entzog. Die Besitzerin der roten Locken war Frau Adelholt, die Gattin eines robusten Sägewerkbesitzers aus Vancouver, der Abend für Abend mit einigen schweren Mittelwestlern einen eisernen Poker spielte. Sie war mit einem eleganten Schlafrock angetan, der leider ein wenig in Unordnung geraten war und daher mehr von ihren schon etwas reifen Reizen sichtbar werden ließ, als sich in Anwesenheit eines Pagen schicken mochte. Sie hauchte noch zärtlich „Morgen um die gleiche Zeit" und schloß leise die Tür. Kaum war diese mit einem leichten Knacks eingeschnappt, fuhr sich der Junge wie befreit mit der Hand durch den Schopf und setzte sich hurtig in Bewegung. Daraus hätte man schließen können, daß er eben ein Abenteuer zu bestehen hatte, wie es im ersten Buch Mosis von Joseph und der Frau des Potiphar beschrieben ist; da er aber gleichzeitig mit der anderen Hand eine sorgfältig zusammengelegte Hundertdollarnote zwischen die Knöpfe seiner Uniform schob, so war die vorbeschriebene Geste wohl dahin zu deuten, daß er dieses Geld zwar für redlich, aber auch für schwer verdient ansah.

Als der Page den beiden ihm Entgegenkommenden respektvoll ausweichen wollte, winkte ihn Vickers heran.

„Phipps, spring mal in meine Kajüte und bring mir das große runde Lederetui, das auf dem Zeichentisch steht. Aber paß gut auf, es ist ein kostbarer Apparat darin."

Der Junge setzte sich in Trab. Die beiden verlangsamten ihre Schritte, zuweilen stehen bleibend, um die Rückkunft des Pagen abzuwarten.

„Ich will unten doch einmal die Höhenstrahlen messen", erklärte Vickers nachdenklich. „Ein paar verrückte Franzosen haben da eine Theorie aufgestellt, wonach aus dem Universum ständig ein Regen von Strahlen auf uns niederrieselt, deren Eigenschaften wir nicht kennen, die sich aber offenbar von allen sonstigen uns bekannten unterscheiden. Beispielsweise sind sie unerhört hart. Sie sind imstande, einen vier Meter dicken Bleiklotz zu durchdringen. Zuzeiten sollen diese Strahlen an Menge und Kraft ungeheuerlich zunehmen. Man

vermutet, wenn ein neuer Weltstern aufglüht oder auf dem Sirius oder sonst einem Feuerungetüm riesige Protuberanzen ausbrechen oder sich jenseits der Milchstraße Vorgänge abspielen, deren Natur wir nicht einmal ahnen. Wenn nun ein solcher Platzregen von kosmischen Strahlen unseren armen Pikkolostern trifft, so begeben sich auf ihm allerlei unerwartete und durchwegs unerfreuliche Ereignisse: Vulkane, die jahrhundertelang erloschen waren, brechen plötzlich aus und vernichten Städte, die an ihrem Fuße angesiedelt sind; Erd- und Seebeben treten in ungewöhnlicher Häufung und mit ungewöhnlicher Heftigkeit auf; Wirbelwinde und Orkane rasen über Land und Meer, alles vernichtend, was ihnen in die Quere kommt. Aber auch die organische Welt weist in solchen Zeiten allerlei Absonderlichkeiten auf: Heuschreckenschwärme beginnen zu wandern; Tiefseefische, von denen sonst nur ab und zu ein Exemplar durch ein Schleppnetz an die Oberfläche kommt, steigen zu Millionen aus der dunklen Tiefe auf und verrecken an dem für sie unerträglich niederen Druck; Mißwachs verbreitet sich über ganze Länder, das Korn fällt aus den Ähren, die Früchte faulen an den Bäumen. Hingegen gedeiht alles Schadengewächs auf das trefflichste: Seuchen flackern auf; der Krebs, die rätselhafteste aller Krankheiten, steht in Konjunktur; es ist, als erhielte alles Böse reiche Nahrung. Aber auch in unserem so sorgfältig berechneten und gesicherten Ingenieurwerk entsteht dann allerlei Unfug. Gerade in Zeiten des Höhenstrahlensegens sollen jene erschreckenden Unbegreiflichkeiten auftreten, denen gegenüber unsere Kunst noch vor Rätseln steht: riesige Lager von Stoffen explodieren, die man seit eh und je für unexplosibel gehalten hat, Brücken stürzen ein, und Staudämme reißen, die mit zehnfacher Sicherheit der Maximalbeanspruchung konstruiert sind und die von

Rechts wegen für die Ewigkeit halten müssen; Schiffe versinken auf spiegelglatter See, man weiß nicht wieso und warum, und nicht ein einziger Insasse von ihnen wird gerettet."

„Ja, solche Sachen gibt's!" warf Guff ein. „Mein Vater war zwanzig Jahre Leuchtturmwärter auf den Orkneys. Er sagte immer: wenn das Nordlicht in Form eines Kreuzes brennt, dann Gnade Gott den Fischerleuten auf See! Es ist dann so, als ob das Meer nicht mehr richtig trüge."

Nun waren sie am Ende des Ganges angelangt, stiegen eine Treppe hinauf und betraten das fast die ganze Breite des Schiffes einnehmende, rings von Glasscheiben verkleidete Aussichtsdeck, welches das Promenadendeck abschloß. Der Raum war jetzt leer, er war nur bei Tage beliebter Aufenthalt wegen seines ringsum ungehinderten Ausblicks. Von hier stiegen sie die Treppe hinab zum Achterdeck, suchten sich in der halben Dunkelheit einen Weg durch Taubündel und Ladebäume bis zum mäßig erhöhten Deckbau. Dort öffneten sie eine Tür, hinter der eine steile Treppe zu den selten aufgesuchten Räumen des Schiffes führte: zu den Ankerspills, wuchtige Dampfwinden, über deren mit seltsamen Knorren versehene Walzen sich die ungeheuren Glieder der Ankerketten legten; zum Loghaus, von dem aus man die Geschwindigkeit des Schiffes durch Nachschleppen der Logleine maß oder mittels des Echolots die jeweilige Meerestiefe in den seichten Küstengewässern; hier befand sich auch das Reserveruderhaus, in dem im Falle einer Havarie des Steuermechanismus das Ruder mittels eines Handrades nach alter Väter Weise, wenn auch freilich nur sehr langsam und mit unsäglicher Mühe, gehandhabt werden konnte.

Schließlich hatten sie die ganze Tiefe des Schiffes

durchmessen und betraten durch die hydraulisch bediente, aber nur mit einem Schlüssel zu öffnende Schiebeluke das Achterpiek. Dieses war ein mäßig großer, nach unten zu schmäler werdender Raum, der ringsum aus glattvernieteten Eisenplatten bestand. Von einer Plattform, auf die man durch die Luke gelangte, führten zwei halbwindige Eisentreppen zum Boden hinab. Dort war eine breite Mulde ausgespart, in die von der Schottwand herein und durch die Stevenwand hinaus zwei wuchtige bronzene Stopfbuchsen ragten. Zwischen ihnen schwebte eine silberblanke Stahlspindel — die Schraubenwelle. Diese trug etwa in der Mitte eine riesige Kupplung: die Verbindung der von der Schiffsmaschine herführenden Hauptwelle mit dem kurzen Wellenstumpf, an dem außerhalb der Stevenwand die Schiffsschraube saß. Die Kupplung bestand aus zwei massiven Stahlscheiben, die durch acht mächtige Stahlschrauben aneinandergepreßt wurden. Deren sechseckige Muttern auf der einen Seite und sechseckige Köpfe auf der anderen standen wie grimmige Zähne vor. Mit mäßiger Schnelligkeit und in majestätischer Ruhe drehten sich Welle und Kupplung um ihre Achse; nichts hätte ihren unablässigen Umschwung verraten, wenn nicht die blanken Schraubenköpfe wie Reflektoren das Licht der Deckenlampe spiegelten.

Dieser Raum hatte in seiner Leere und Ruhe etwas Unheimliches. Genau genommen war das Schiff hier gegen die ungeheure Wasserflut da draußen gar nicht verschlossen: durch ein Loch in der Schiffswand griff die Welle hinaus, zerpeitschte das aufbrüllende Meer und wehrte gleichzeitig sein Eindringen ab. Hier war die Verwegenheit des Menschengeistes im Kampf gegen de Naturgewalten auf die Spitze getrieben. Bruchteile von Millimetern entschieden über Sein oder Nichtsein. Wehe, wenn das Lager zu dicht an die Welle schloß, warm lief, sich festfraß; wehe, wenn es sich lockerte, die Welle zu vibrieren begann, das Lager platzte, die Stevenwand riß und aufjauchzend die Flut in den Schiffsrumpf stürzte!

Aber nichts war auch nur im geringsten von einer Störung zu bemerken. Mit gelassener Ruhe, wie ein konsultierender Arzt, steigt Vickers die Treppe hinab, läßt sich von Guff die Instrumente reichen, steckt das Kontrollthermometer in die dafür vorgesehenen Kanäle im Lagermetall, prüft den Öldruck, stülpt einen Kopfhörer auf und preßt die Scheibe des Mikrophons gegen die Welle, gleichsam als auskultiere er den Herzschlag eines Patienten. Sein Gesicht drückt höchste Spannung aus. Er verläßt sich mehr auf seine durch jahrzehntelange Erfahrung geübten Sinne als auf die Apparate. Schließlich wendet er sich an Guff.

„Sie haben recht, es ist alles in Ordnung!"

Die Stimme hallte ein wenig in der Stille des Raumes, nur das Rauschen der Sogwelle war zu hören, aber dumpf und fern, als stünde nicht bloß eine fingerdicke Stahlwand zwischen diesem Raum und den tobenden Gewalten da draußen.

„Gib mir den Apparat!" wandte er sich an Phipps, der zum erstenmal in dieser Geheimkammer des Schiffes war und sich seltsam bedrückt fühlte. Vickers nahm das Strahlenbarometer vorsichtig aus dem Etui, stellte es auf den Boden, schraubte hier und dort, bis es waagerecht stand, nahm einige geheimnisvolle Manipulationen vor und starrte hierauf angestrengt auf zwei Nadeln, die im rechten Winkel zueinander schwingen, auf die Platinblätter eines Elektroskops. Der Ausdruck seines Gesichtes zeigte zunehmende Befremdung. Er wiederholte die Manipulationen wie zur Kontrolle. Dann erhob er sich und klappte den Deckel zu.

„Sonderbar", wandte er sich an Guff, „der Apparat zeigt hier ein völlig anderes Bild als oben in meiner Kajüte! Hochgesteigerte Intensität der Strahlen! Und was das Unerklärlichste ist: sie kommen aus einer ganz anderen Richtung. Nicht von oben, sondern seitlich, etwa von Westnordwest. Geradewegs entgegen unserem Kurs! Die Kerls in Paris sind offenbar verrückt: wahrscheinlich handelt es sich um erdmagnetische Strömungen, die sich durchs Wasser fortpflanzen!"

„Pack das Zeug ein", sagte er darauf zu Phipps, „aber paß auf, daß sich der Riemen nicht in der Kupplung verhängt, sonst sind fünfzig Pfund zum Teufel!"

Alsdann stieg er mit Guff die Treppe hinauf, kurz darauf folgte ihnen Phipps, das Lederetui um die Schulter gehängt.

Guff legte den Hebel herum, die Schiebeluke öffnete sich: da wurde mit einemmal ein schneidender Ton hörbar, der rasch anstieg, ein paarmal absetzte wie eine Sirene und dann losheulte, daß die Wände zitterten.

Die beiden Männer riß es herum. Sie beugten sich über das Geländer der Plattform, starrten gegen die Stevenwand, durch die das Heulen einzudringen schien. Guff zeigte mit einer hilflosen Bewegung hinüber, als wolle er sagen: da ist es! Aber nach wie vor drehte sich die silberne Welle in majestätischer Ruhe um ihre Achse, die spiegelnden Flächen der Kupplungsschrauben warfen in gleichmäßigem Rhythmus ihre Blitzreflexe gegen die stählerne Wand.

Da durchbrach ein menschlicher Angstschrei das fremde Heulen. Phipps hatte ihn ausgestoßen. Der stand auf halber Höhe der Treppe: mit beiden Händen hielt er das Geländer hinter sich umfaßt, beugte den Oberkörper krampfhaft zurück, als wehre er sich gegen etwas, das ihn hinunterreißen wollte; sein Gesicht, über das die Reflexe wie Blitze weghieben, war von Entsetzen verzerrt. Noch einmal, diesmal noch fürchterlicher, kreischte er auf, warf den Oberkörper noch mehr zurück: dabei glitten seine Füße auf den eisernen Stufen aus, er kam ins Rutschen, fiel, schoß die Treppe hinab, suchte verzweifelt wieder das Geländer zu fassen — aber da gerieten seine Füße zwischen die Schrauben der Kupplungsscheibe, die packten zu wie gierige Krallen. Hart schlug der Kopf des Jungen gegen den eisernen Boden: und nun war der Unselige nichts mehr als ein willenloses Bündel, das die Welle im Kreis herumpeitschte wie draußen die dreiblättrige Flosse. Im gleichen Augenblick stieg das schreckliche Heulen zu jubelndem Jauchzen an und verstummte dann plötzlich.

In unsäglichem Grauen wandten sich Vickers und Guff jäh um. Sie wußten, was da jetzt vor sich ging: Stück für Stück wurde von dem eben noch blühenden Körper abgerissen; die Stahlwände wurden mit Blut, Fleischfetzen, zerbreiten Knochen besudelt, fürchterliche Spur des kreisenden Körpers. Zuerst war noch dumpfes Aufschlagen des Körpers hörbar; allmählich wurde der grauenhafte Rhythmus schwächer; schließlich hörte er ganz auf. Vielleicht hatte das Ungetüm sein Opfer losgelassen, und die erbärmlichen Überreste lagen irgendwo in einen Winkel geklatscht. Wie unter Zwang wandten sich die beiden Männer wieder um — krallten sich aber im selben Augenblick am Geländer fest, um nicht hinzuschlagen. Der Rumpf des Jungen war fast völlig abgerissen: aber die Kupplung hielt die Füße eisern fest, das blutige Etwas, das noch übrig war, kreiste lautlos in rhythmischem Schwung um die silberne Welle. In einer Blutlache schwamm eine sorgfältig zusammengefaltete Hundertdollarnote, zitterte leise, wenn die Überreste ihres ehemaligen Besitzers an ihr vorüberfegten.

Vickers und Guff waren keine Schwächlinge — aber sie hätten die Luke nicht mehr hinter sich schließen können. Doch die schob sich automatisch zu. Sie fühlten sich wie erlöst, als das Schloß scharf einschnappte; nun waren sie durch die Eisenwand von dem Furchtbaren geschieden. Keine Macht der Erde hätte sie dazu gebracht, die Luke nochmals zu öffnen. Die Treppe hinaufzusteigen, war eine schier unüberwindliche Aufgabe. Als sie endlich in die Nacht hinaustraten, die gleichen Sternenbilder unberührt über sich funkeln sahen, die vor kaum einer halben Stunde auch auf einen Dritten herabgefunkelt hatten: da sackten sie weg. Ein Haufen Tauwerk lag da, sie fielen mehr darauf, als sie sich setzten.

Nach einer Zeit raffte sich Vickers auf.

„Wir müssen zum Alten!“ sagte er.

Sie stiegen die Treppe zum Promenadendeck hinauf, gingen knapp an der Reling hin, tappten schwerfällig das Geländer entlang. Sie waren mit einemmal alte Männer geworden.

Der Mordberg

An diesem Abend fanden auf der Titanic gleichzeitig drei festliche Veranstaltungen statt.

Für die Fahrgäste der Ersten und Zweiten Kajüte ist im großen Festsaal der obligate Wohltätigkeitsball mit vorangehendem Festessen angesagt: „Zugunsten der Familien auf See gebliebener Schiffer". Die Teilnehmer verbinden zwar mit dieser Bezeichnung nur unklare Vorstellungen. „Schiffer" — das sind irgendwelche Leute, die auf Heringskuttern irgendwo auf dem Meer herumfahren. Was hatte man im Grunde genommen mit diesen Leuten zu tun? Aber es gehört nun einmal zum guten Ton, an einem Abend während der Überfahrt für die unbekannten Familien der unbekannten Schiffer wohltätig zu sein. Im übrigen wird das Fest als Anlaß betrachtet, in voller Kriegsbemalung aufzutreten und zu zeigen, wer man ist. Die Damen erscheinen in großer Toilette und tragen ihren gesamten Familienschmuck; die Inhaber von Uniformen und Orden treten in Gala auf und legen das Großkordon an, sofern sie eines besitzen.

Im Speisesaal der Dritten Kajüte findet ein schlichteres Fest statt: ein Monsterkonzert, das dadurch besondere Anziehungskraft gewann, daß die Old Royal Dragoons ihre großen Nummern ankündigten. Auch diese Veranstaltung steht unter obiger Devise. Ihr trägt auch das Konzertprogramm Rechnung: Mac Farlan hat eigens für diesen Zweck ein großes Charakterstück komponiert: „Auf See". Schon dessen Ankündigung erweckte allgemeines Interesse, denn die Potpourris Mac Farlans waren berühmt.

Das dritte Fest in der Titanic-Stadt ist ein Gesellschafts-Abend, zu dem Generaldirektor Bruce Ismay die Titanen und die sonstigen Spitzen der Titanic-Gesellschaft geladen hat. Diese Veranstaltung trägt keinen Wohltätigkeitscharakter — wenn man sich nicht die spöttische Bemerkung Cliffords zu eigen machen will, daß auf die Einladungskarten hätte gedruckt werden sollen: Zugunsten der Familien auf der Börse gebliebener Aktionäre der White Star. Aber um einen Witz anzubringen, scheute sich Clifford nicht, das Strahlendste zu schwärzen.

Für diesen Abend hatte Ismay die Gesellschaftsräume auf dem Bootsdeck bereitstellen lassen. Sie waren zweifellos die schönsten des Schiffes. Während in den anderen noch der Überprunk der neunziger Jahre herrschte, war hier ein neues Raumgefühl am Werk. Sie waren bis in die letzten Einzelheiten von einem jungen Architekten entworfen, der damit gleichzeitig sein Gesellen- und sein Meisterstück ablegte. Der mittlere ovale Saal war Empfangsraum; daneben war die Tafel für das Dinner gedeckt; im dritten sollte ein kleines Konzert stattfinden, zu dem ein berühmter italienischer Tenor seine Mitwirkung zugesagt hatte.

Auch die Ausschmückung der Festräume hatte Ismay dem Architekten übertragen. Der dekorative Grundgedanke, den dieser zum Ausdruck brachte, entsprach aufs beste Ismays Absichten. Überall waren blaue Bänder als Schmuckmotive verwendet. Dieser Grundton Blau wurde aufs eindrucksvollste verstärkt durch den Blumenschmuck der Räume. Die Inhaberin des Blumenladens auf dem Schiff, eine ideenreiche und unternehmende Frau, hatte schon seit Monaten von überall her die Knollen einer seltenen Orchidee bezogen, der „Vanda", die auf riesigen Rispen leuchtendblaue Blüten trägt. Sie hatte im Unterdeck ein Glashaus eingerichtet, in dem die Pflanzen unter Einwirkung von Quarzlampen zum Blühen gebracht wurden. Diese Spekulation erwies sich als ebenso richtig wie ertragreich: der Architekt kaufte sämtliche Vandas zu Phantasiepreisen und verwendete sie als einzigen Blumenschmuck in verschwenderischer Fülle.

Der Dritte Offizier, Erikson, hatte die zweite Wache. Er war als Aushilfsoffizier an Bord, der Kommodore hatte ihn angeheuert, als sich sein Dritter unmittelbar vor der Abreise krank meldete. Er stand kurz vor der Ablösung. Sein Magen knurrte bereits, ungeduldig ging er auf der Brücke hin und her.

Die Luft war wieder diesig geworden. Das ging heute schon den halben Tag so. Mittags war es mit dem strahlenden Sonnenschein zu Ende, der die Reise bisher begleitet hatte. Es war leichter Nebel aufgekommen, der sich bald wieder hob, dann wieder kam und wieder verschwand. Das heißt, Nebel war schon zuviel gesagt. Es war diesig in verschiedenen Stufen: von leichter Trübung bis zu stark geminderter Sicht. Die Luft war feucht und lau.

Der Kommodore war aus dem Ruderhaus auf die Brücke getreten.

„Was halten Sie vom Wetter, Erikson?"

„Ich wittere Eis!"

„Was meinen Sie damit?"

„Dieser Wechsel von klar und diesig gefällt mir nicht. Das ist nach meiner Erfahrung in diesen Breiten immer ein Anzeichen dafür, daß weiter oben im Norden Eis herumschwimmt. Ich fürchte, wir werden noch durch richtige Nebelbänke kommen."

„Das Barometer steht aber hoch!"

„Die Labradordrift kehrt sich nicht ans Barometer. Ich war zweimal oben im Packeis auf Robbenjagd. Das zweitemal hat es unser Schiff zerquetscht, wir mußten den ganzen Winter in St. Johns bleiben. Da kriegt man die richtige Nase für Eis! Der Labradorstrom ist launisch. Gewöhnlich versackt er bei fünfzig Grad Nord, dann bleibt das Eis da stehen, bis es abschmilzt. Zuweilen aber macht er sich plötzlich auf, zieht südlich bis in unsere Breite und treibt ganze Gebirge von Eis mit sich."

„Wir hatten heute morgen eine Funkmeldung von der Caronia, sie habe vorgestern Eisfelder gesichtet. Die Ortsangabe war nicht recht klar. Aber nach der Berechnung, die unser Kartenspezialist Lightoller gemacht hat, kann der Ort nicht tiefer als dreiundvierzig Grad Nord gewesen sein. Unser Kurs läuft südlich von zweiundvierzig. Und die Drift macht höchstens zehn Meilen im Tag. Also keine Gefahr!"

„Ich würde mich auf solche Berechnungen nicht verlassen. Die Drift ist launisch; und Vorsicht ist die Mutter der Porzellankiste. Ich, Kommodore, wenn ich was zu sagen hätte, würde nachts nicht mehr als fünfzehn Knoten fahren; jetzt machen wir fünfundzwanzig. Bei dem Tempo ist solch Koloß von Schiff schwer zu stoppen."

„Wir können doch nicht Postkutsche fahren wegen jeder Besorgnis! Das kann ein Trampschiffer tun, für den es gleichgültig ist, ob er ein paar Tage früher oder später ankommt. Der kann sich auch eine Nacht lang auf die Bärenhaut legen, wenn er Gespenster sieht und ihm nicht geheuer in der Magengrube ist. Und wenn wir selbst in Treibeis kommen: ein Schiff wie die Titanic fährt quer durch wie ein Eisbrecher!"

Smith lachte behaglich und schlug dem Offizier auf die Schulter.

„Ihnen sind Ihre drei Schiffbrüche doch etwas auf die Nerven gefallen, Erikson! Das kommt von der Liebhaberei für Segelschiffe! Ich bin zwanzig Jahre älter als Sie und war nie in Seenot. Auf See ist Mut alles! Wenn man auf alle Bedenken hören und alle Möglichkeiten berücksichtigen will: dann muß man bei Muttern an Land bleiben und hinterm Ofen Kaffee trinken."

Damit ging der Kommodore zurück durchs Ruderhaus ins Kartenzimmer. Erikson biß sich auf die Lippe. Immer kam bei diesen Linienkapitänen der Hochmut gegen die Trampschiffer heraus, selbst bei diesem alten Freund! Und dabei werden sie mit der Zeit eine Art Lokomotivführer, die jahrelang die gleiche Route hin und her fahren, nie andere Schiffsplanken unter die Füße kriegen als die eisernen von solcher Hummerbüchse, nie mehr Luft von anderen Breiten schnuppern: die Seemannswitterung geht ihnen allmählich verloren. Ich würde langsamere Fahrt machen!

Während Smith die Seekarte studierte, trat der Zweite Offizier, Lightoller, ein.

„Noch eine Eismeldung, Kapitän. Die Funkstation Cap Race gibt einen Funkspruch der Carpathia weiter: ‚Fahren durch leichtes Treibeis. Sichten Nordost Eisberge'."

„Wo steht die Carpathia?"

„Ort nicht gemeldet. Aber nach dem Fahrplan der Cunard-Line und bei Annahme ihrer Normalgeschwindigkeit muß sie etwa hundertdreißig Meilen vor uns stehen." Und nach eine kurzen Pause, während der er den Kommodore ansah: „Sie fährt unseren Kurs!"

„Das ist keine angenehme Nachricht! Was sagen Sie dazu?"

„Ich möchte meinen ...", begann Lightoller zögernd; aber dann brach er ab, da der Erste Offizier Murdock die Kajüte betrat. Murdock war ein untersetzter Mann mit einem richtigen Bulldoggengesicht, der eine Wolke von Selbstbewußtsein, Willenskraft und Rücksichtslosigkeit um sich verbreitete; Lightoller hingegen hatte kluge Augen, aber nicht viel Stoßkraft in seinem Wesen.

„Da sehen Sie mal, Murdock, noch eine Eis-Depesche!" sagte der Kapitän und reichte ihm das Formular hinüber. „Bestätigt die Ortsbestimmung, die Lightoller nach der unsicheren Meldung der Caronia ausgeknobelt hat. Deckt sich auch mit der Diagnose, die mir eben Erikson vortrug."

„Natürlich, der langweilige Norweger! Wenn es nach dem ginge, müßten wir hier vor Anker gehen und bis Pfingsten warten, wo wir bestimmt keinen Eisbergen mehr begegnen!" Er warf verächtlich die Depesche auf den Tisch.

„Der Mann hat Eis-Erfahrung, kennt den Labradorstrom genau, war zweimal im Packeis."

„Auf Robbenschuten vermutlich! Was weiß der von einem Schiff wie die Titanic?"

„Immerhin ist die Nase von solchen Trampkapitänen nicht zu verachten. Sie zeigt oft genauer an als die modernen Präzisionsinstrumente. Ich wittere Eis, hat er gesagt."

„Dann müssen der Herr Kommodore die Nase Eriksons zum Ersten Offizier machen, mit ihr kann ich nicht konkurrieren."

„Wir könnten doch aber den südlichen Trakt fahren", brachte Lightoller mit einiger Anstrengung heraus. Eine andere Meinung zu vertreten als der Erste war eine mißliche Sache. „Die internationale Fahrordnung gibt uns das Recht dazu, macht es sogar zur Pflicht, wenn außerordentliche Verhältnisse bestehen."

„Natürlich, sechzig Meilen Plus!" polterte Murdock. „Dann ade, Blaues Band! Und bloß deshalb, weil ein Cunarder eine unkontrollierbare Nachricht in die Welt funkt. Vielleicht nur ein Manöver, um uns Angst zu machen und nach Süden abzutreiben. Wäre nicht das erstemal, daß die Cunard-Line einen Trick anwendet, um das Blaue zu halten!"

„Das Wetter wird schlechter, ich fürchte, wir kommen in Nebel", warf Lightoller ein, aber er brachte den Einwand nur schwächlich vor.

„Dann muß eben der Wachoffizier die Augen offen halten!" sagte Murdock scharf. „Semaphore und Warnungslichter sind auf See noch nicht erfunden."

„Wir müssen Ismay sprechen!" sagte Smith und nahm den Hörer. „Dort Zentrale? Lassen Sie sofort Generaldirektor Ismay suchen und ihm sagen, ich ließe ihn zu mir bitten."

„Der wird Augen machen, wenn er das hört!" höhnte Murdock. „Dann können wir alle in New York abmustern!"

„Gestatten, Kapitän, ich muß auf Wache", sagte Lightoller in dienstlicher Haltung, grüßte und verließ das Kartenzimmer. Er war froh, einen Vorwand zu haben, um der vermutlich peinlichen Unterredung mit dem allgewaltigen Ismay auszuweichen.

„Was gibt's?" fragte Erikson, als Lightoller sichtlich erregt auf die Brücke trat.

„Eis gemeldet auf unserem Kurs!"

„Hab mir's gedacht! Und was sagt der Alte?"

„Schlapp, wie immer. Ich habe vorgeschlagen, die südliche Route zu nehmen."

„Natürlich, das einzig Richtige! Und?"

„Murdock ist dagegen. Der will Kommodore werden. Spielt auf Royal-Flush! Geht's gut, so war es sein Schneid; geht's schlecht, so war der Alte schuld. Seemannskameradschaft, wissen Sie!"

„So was gab's früher nicht, als der Kapitän noch Herrgott war auf dem Schiff. Jetzt haben anscheinend die Bürokapitäne das Kommando!"

Er schüttelte Lightoller die Hand.

„Ich beneide Sie nicht um diese Wache. Um vier Glas schaue ich nochmals herauf."

Dann begab er sich verdrießlich in die Messe zum Abendessen. Die Gepflogenheit, daß die dienstfreien Offiziere am Dinner im Speisesaal teilnehmen, machte er nicht mit. Auf See sind Kapitän und Offiziere immer im Dienst, pflegte er zu sagen; und Schiffsplanken mit Smyrnateppichen drauf hielt er überhaupt für Unzucht wider die Natur.

„Was ist los, Kommodore?" rief Ismay, als er das Kartenzimmer betrat, mit fühlbarer Ungeduld in der Stimme. Er war in voller Kriegsrüstung, obwohl das Festdinner erst um zehn Uhr begann. Große Ordensgala: zwei Komturkreuze um den Hals, das blaue Großkordon eines exotischen Ordens quer über der Brust, einen Stern mit Brillanten am Frack.

„Es hat sich eine ernste Frage erhoben", begann Smith etwas unsicher, „die ich nicht ohne Rücksprache mit der Direktion entscheiden möchte. Wir haben Meldungen bekommen, daß — anders als in normalen Jahren, vornehmlich infolge des besonders milden Winters in Nordamerika — bis weit nach Süden Treibeis abgedriftet ist. Nach einer soeben eingelaufenen Funkmeldung sind sogar Eisberge auf unserer Route gesichtet worden. Sehen Sie, hier!"

Er beugte sich über die Karte und suchte etwas verwirrt die Stelle auf, mußte aber vorher noch in den Berechnungen Lightollers blättern, weil er den Ort nicht auswendig wußte.

„Die Meldung stammt von der Carpathia, einem der älteren Schiffe der Cunard-Line", warf Murdock ein; er wußte, daß der Name Cunard-Line auf Ismay wirkte wie ein rotes Tuch.

Dieser blieb steif stehen. Er kam der Aufforderung des Kommodore, den Ort auf der Karte zu betrachten, absichtlich nicht nach.

„Also haben die Herren Funkoffiziere ihren Apparat

endlich wieder zustande gebracht!" sagte er scharf. „Für wichtige, für allerwichtigste Depeschen war er nicht zu haben; um Tatarennachrichten aus dem Äther zu angeln, dazu funktioniert er!"

„Die Nachrichten liegen vor. Wir können an ihnen nicht vorübergehen!" erwiderte Smith scharf.

„Was soll ich dazu tun? Kann ich das Eis wegblasen?"

„Es ist die Frage aufgeworfen worden, ob wir nicht angesichts der Gefahr ... angesichts des Risikos, das immerhin eine Eisdrift mit sich bringt, nicht lieber die südliche Route nehmen sollen."

„Auch der Norweger ist dieser Meinung", fügte Murdock hinterhältig hinzu.

„Ich denke, der Kommodore hat die Führung des Schiffes", sagte Ismay eiskalt, „und nicht ein Aushilfsoffizier, selbst wenn er ein Norweger ist?"

„Auch ich vertrete die Auffassung von der Südroute!" erwiderte Smith mit Nachdruck. Er stand steil und massig vor dem hageren Ismay. Diesem schien es geraten, sich etwas zurückzuhalten.

„Und was bedeutet das für uns, die südliche Route?" fragte er, obgleich er natürlich genau wußte, was sie bedeutete. Er wollte aber Smith zwingen, das entscheidende Wort selbst auszusprechen.

„Sechzig Seemeilen mehr, Verlängerung der Überfahrtdauer um mindestens zweieinhalb Stunden."

Ismay schwieg eine Weile, ehe er langsam und verhalten sagte:

„Nach unserer Unterredung von heute mittag wissen Sie, was das heißt, Kommodore?"

„Ich habe das Interesse der Fahrgäste und der Besatzung wahrzunehmen, nicht das der Aktionäre!" erwiderte Smith erregt.

„Ich möchte Sie darauf aufmerksam machen, daß zumindest Ihr Interesse sowie das der Herren Offiziere und das der Besatzung mit demjenigen der Aktionäre übereinstimmt. Wenn wir das Blaue Band nicht an uns bringen — fliegt die White Star auf! Was das für uns alle bedeutet, brauche ich nicht auseinanderzusetzen. Ich kann Ihnen selbstverständlich in Fragen der Schiffsleitung nichts dreinreden. Aber unsere Existenz hängt von Ihrer Entscheidung ab, Kommodore — und unsere Ehre!"

Ganz still war es nach diesen Worten im Raum. Smith stand mit geballten Fäusten, blickte starr auf die Karte. Auf ihr waren mit Fähnchen die Stellen angezeichnet, wo sich augenblicklich die Titanic befand und nach der Berechnung Lightollers die Carpathia stehen mußte, von der diese verdammte Meldung ausgegangen war. Murdock stand etwas abseits und sah durch das Fenster in die Nacht hinaus. Er fühlte: seine Zeit war noch nicht gekommen.

Da ging Ismay auf das Sofa zu, über dem der Wimpel der White Star an die Wand geheftet war, riß ihn herab, trat wieder an den Kartentisch.

„Für diese Flagge habe ich fünfzehn Jahre gekämpft!" und nun war Leidenschaft in seinem kalten Raubvogelgesicht. „Ich wollte sie zum Siege führen. Ich hatte geglaubt, es würde von nun an über ihr der blaue Wimpel im Winde flattern. Ich habe mich getäuscht. Meine Herren Offiziere verlassen mich. Wir streichen die Flagge — vor einer Depesche der Cunard-Line!"

Damit warf er das Tuch verächtlich auf den Tisch, ergriff die Depesche, hielt sie hoch wie eine siegreiche Fahne.

Da trat Murdock mit zwei raschen Schritten vor und hieb mit der Faust auf den Tisch.

„Niemals! Dieses Schiff soll nicht umsonst Titanic heißen! Was einem Zwerg Gefahr bringt, für einen Giganten ist's Kinderspiel. Wenn wir nicht direkt auf Packeis stoßen — durch Treibeis fährt unser Schiff glatt hindurch! Und ein Eisberg: mit ein wenig Vorsicht ist ihm allemal auszuweichen! Das Schiff gehorcht dem Ruder wie ein Schulpferd. Ich bin für die Nordroute! England ist nicht durch die Zaghaftigkeit seiner Seeleute groß geworden, sondern durch Festigkeit und Mut!"

Die drei Männer starrten auf das armselige Stück rote und weiße Seide, das zwischen ihnen auf der Seekarte lag. Von ihm ging eine seltsame Sinnesverwirrung aus. Die Grundlage der Unterredung war durch seinen Anblick plötzlich verschoben. Nicht um Sicherheit der Fahrgäste und der Mannschaft handelte es sich mehr — sondern um Ehre und Mut. Wobei allerdings völlig außer acht gelassen wurde, die Nächstbeteiligten zu fragen, ob auch sie ehrgeizig und mutvoll zu sein wünschten.

„Niemand wird dem Kommodore Smith Mangel an Mut nachzusagen wagen!" begann dieser schwer, mit einem drohenden Grollen in der Stimme. „Und was die Treue zur Flagge anlangt: so habe ich schon vor einundzwanzig Jahren die Majestic und mit ihr die Flagge White Star zum Siege geführt! Es war nicht die Schuld seiner Kapitäne", und dabei sah er Ismay hart in die Augen, „wenn seither die White-Star-Gesellschaft das Blaue Band an andere abtreten mußte! Pflichtgemäß habe ich Ihre Meinungen angehört: Sie, Herr Bruce Ismay, haben für die Aktionäre und die Fahrgäste gesprochen; Sie, Murdock, für die Offiziere und die Besatzung. Die Entscheidung treffe ich allein, der Führer des Schiffes."

Ohne Lärm, aber mit fester Entschlossenheit stemmte er die Fäuste auf den Tisch.

„Wir fahren die Nordroute!"

Ismay streckte Smith bewegt die Hand entgegen. Dieser machte keine Miene, sie zu ergreifen. Verlegen zog Ismay die Uhr, gab sich einen Ruck.

„Es wird Zeit, daß Sie sich umziehen, Kommodore! Schon zwanzig vor zehn!"

„Ich bitte, mich vom Dinner absentieren zu dürfen", sagte Smith steif.

„Unter keinen Umständen!" erwiderte Ismay ein wenig überlebhaft. „Ihre Anwesenheit ist von der größten Wichtigkeit. Durch dieses Fest, das ich Oberst Astor und seinen Freunden gebe, soll die angebahnte Beziehung zu ihm vertieft und gleichsam öffentlich gemacht werden. Der rangälteste Offizier unserer Flotte darf bei diesem wichtigen Vorgang nicht fehlen! Das würde auffallen — sehr auffallen!"

„Gut, ich komme. Sie, Murdock, übernehmen bis zu meiner Rückkehr die Führung des Schiffes." Smith griff nach der Mütze, verbeugte sich knapp, ging in seine Kabine.

Auch Ismay verabschiedete sich von Murdock, eine Spur weniger hochmütig, als er sonst zu sein pflegte.

„Fahren Sie auf Teufelkommraus — natürlich ohne dabei die nötige Vorsicht außer acht zu lassen!" sagte er im Hinausgehen. „Und wegen Ihrer Sache können wir uns morgen sprechen. Ich werde den Oberst Astor zuziehen."

Als er das Kartenzimmer verlassen hatte, ging Ismay zur Funkkabine hinüber. Mit nachlässigem Gruß betrat er den Senderaum.

„Die Herren haben also inzwischen den Apparat wieder in Gang gebracht? Ich werde Ihnen eine Anzahl Depeschen heraufschicken. Ich bitte Sie, dieselben sofort und vor allen anderen abgehenden oder ankommenden Nachrichten auf den Weg zu bringen!"

Philips machte ein grimmiges Gesicht, er wollte grob

werden. Aber er erinnerte sich rechtzeitig, daß Ismay ein Großkunde der Marconigesellschaft war, und begnügte sich daher, zu knurren:

„Unsere Instruktion schreibt vor, daß wir Privatdepeschen nach der Reihe ihrer Anlieferung zu erledigen haben und daß dienstliche und nautische Depeschen vorgehen. Es liegt schon ein Pack anscheinend wichtiger Depeschen vor: Bestellungen von Theaterkarten, zärtliche Grüße, Verabredungen!" Dabei schlug er mit der Hand auf einen Pack Depeschenformulare.

„Ich verlange, daß meine Depeschen vor allen anderen abgeschickt werden", wiederholte Ismay scharf. „Ich werde dies bei der Direktion verantworten!"

Er grüßte kurz und verließ den Senderaum.

Murdock ging im Kartenzimmer auf und ab.

„Stellvertreter des Kapitäns!" brummte er vor sich hin. „Hat sich was! Doch nur eine Art Nachtwächterdienst, während der Alte mit den Titanen tafelt!"

Es wurmte ihn tief, daß allein nur der Kommodore zum Staatsdinner geladen war, nicht auch er, der Erste! Er griff nach der Mütze und wollte sich auf die Brücke begeben. Dann aber warf er sie aufs Sofa. Wozu war er Kapitän-Stellvertreter? Um auf der Brücke gelangweilt hin und her zu trotten wie alle Tage dreimal? Und dann war Lightoller draußen, den er nicht ausstehen konnte, dieser Navigationsgelehrte! Er setzte sich wieder an den Kartentisch, zog sein Notizbuch heraus, studierte die von ihm aufgezeichneten Tabellen, rechnete, schrieb.

Es waren die Daten des Projektes, das er morgen Ismay vorlegen wollte. Es sei grundsätzlich falsch, würde er ausführen, im Bau der Ozeanrenner nur, wie bisher, Schritt für Schritt weiterzugehen. Erst zehntausend Tonnen, dann allmählich bis vierzigtausend, schließlich habe man sich glücklich auf siebenundvierzigtausend hinaufgearbeitet. Aber die Form der Schiffe, die Maschinenanlagen, der Antrieb, die ganzen Einrichtungen seien im Grunde genommen die gleichen geblieben wie die der kleinen Paketboote von sechstausend Tonnen, mit denen vor dreißig Jahren die Schnelldampferfahrten angefangen hatten. Alles nur vergrößert, vervielfacht, aber nichts grundsätzlich Neues! Daher sei die Titanic, genau besehen, doch nur eine vergrößerte Elbe, mit der der Norddeutsche Lloyd zum erstenmal die Vierzehntagereise nach New York auf acht Tage gedrückt hatte. Und was war schließlich seither erreicht worden? Mit allem Aufwand an Bau- und Betriebskosten ist in dreißig Jahren die Geschwindigkeit glücklich von siebzehn auf fünfundzwanzig Meilen gestiegen, die Überfahrt von acht Tagen auf fünfeinhalb Tage gesunken! Der Stand der Technik erlaubte aber, verlange sogar, völlig neue Wege zu beschreiten! Er habe einen wirklich zeitgemäßen Schiffstyp entworfen. Die Vergrößerung der Schiffe sei begrenzt durch Länge und Höhe, die nicht mehr wesentlich steigerungsfähig seien; da habe man die Grenzwerte bereits erreicht, vielleicht sogar schon überschritten. Der neue Typ müsse in die Breite gehen und in die Tiefe. Kein schwimmendes Haus, das bis zum Bootsdeck fünfundzwanzig Meter über den Meeresspiegel hinausragt, Schornsteine und sonstige Aufbauten ungerechnet, und ungeheuren Luftwiderstand hervorrufe — sondern eine Art Walfisch. Man müsse von der Natur lernen. Kein echtes Wassertier schwimme zu zwei Drittel über und nur zu einem Drittel unter Wasser. Nach seinen Berechnungen würde ein solches Schiff leicht mit einem Raumgehalt von hunderttausend Tonnen und zweihunderttausend Pferdekräften gebaut werden können und eine Schnelligkeit von achtzig Knoten erreichen. Man würde die Überfahrt in zwei Tagen, vielleicht in noch weniger Zeit machen können. Es würde absolut ruhig laufen, von Schlingern und Stampfen könne keine Rede mehr sein. Mit diesem Überschiff sei erst wirklich der Sieg über die Elemente errungen, man würde es rechtens Triumphator taufen können!

Murdock sah die Szene vor sich: wie er den beiden Finanzgewaltigen diesen Vortrag hielt, wie nach dessen Beendigung Ismay aufsprang und ihm die Hand schüttelte. Vielleicht würde er sagen: diese Schiffsserie werden wir Murdock-Serie nennen! Natürlich würde er Kommodore des Triumphator werden, und dann ...

Da klopfte es an die Tür. Eintraten Vickers und Guff. Blieben im Halbdunkel stehen, als sie Murdock am Tisch sitzen sahen anstatt des Kapitäns.

„Der Kommodore hat mir seine Vertretung übertragen, er ist anderweitig beschäftigt. Was haben Sie zu melden?" sagte er schroff über die Schulter weg, ohne von seinen Notizen aufzusehen. Er hielt nichts von dem väterlichen Ton, in dem Smith mit seinen Untergebenen verkehrte; er war Anhänger der schneidigen Tonart, die bei der jüngeren Generation von Offizieren der Kriegsmarine in Mode war und sich von da auch auf die Zivilmarine ausbreitete.

Als Vickers und Guff an den Tisch und in den Reichkreis der hellen Zeichenlampe traten, sah er auf. Er erschrak über das aschfahle Gesicht des Chefingenieurs, über die völlig gebrochene Haltung Guffs.

„Was ist denn? Sie sehen ja aus, als seien Sie dem Tod in Person begegnet!"

„Es ist ein Unglück passiert", sagte Vickers tonlos.

Murdock sprang halb vom Stuhl auf.

„An der Maschine? An der Welle?"

„Nein, ein Mensch ist verunglückt."

Erleichtert setzte sich Murdock wieder. Gottlob, sonst nichts! dachte er bei sich. Aber laut sagte er, indem er in seine Stimme den erforderlichen Ton von Ernst und Bestürzung legte:

„Wer denn?"

„Ein Boy aus der Ersten Kajüte", erwiderte Vickers und berichtete dann knapp von seinem und Guffs Inspektionsgang, von dem unerklärlichen Geheul im Achterpiek, vom Sturz des Jungen und seinem schauerlichen Ende.

„Ich glaubte mich nicht befugt, die Maschine stoppen zu lassen, bevor ich die Schiffsleitung von dem Unglück verständigt habe", schloß er seinen Bericht.

„Wie? Die Maschine stoppen lassen?" fuhr Murdock auf. „Sie sind wohl nicht ganz bei Trost, Vickers!"

„Aber man kann doch nicht ...", sagte dieser stokkend.

„Ja, wollen Sie denn die Titanic und die White Star torpedieren, Vickers? Jetzt stoppen heißt, das Rennen um das Blaue verlieren! Und stellen Sie sich den Eindruck auf unsere Fahrgäste vor. Ein solches Unglück bei der Jungfernfahrt! Da können wir die Titanic nach Ankunft in New York gleich abwracken lassen, keine Katze bucht mehr einen Platz auf solchem Unglücksschiff. Wir sind dann erledigt. Vollständig erledigt. Sie haben hoffentlich noch mit niemandem darüber gesprochen?"

Vickers schüttelte den Kopf.

„Man kann doch aber dem armen Jungen nicht ein ehrliches Seemannsbegräbnis verweigern!" wagt Guff vorzubringen.

„Das wird ihm zukommen, sobald wir im Hafen sind! Aber auch dann muß die Sache geheim bleiben. Sie, Guff, müssen sich zwei verläßliche Leute nehmen, die auf Stillschweigen vereidigt werden. Ich werde nach Ankunft sofort die Hafenpolizei verständigen und dafür sorgen, daß nichts, absolut nichts in die Öffentlichkeit dringt. Die Verantwortung nehme ich auf mich."

Vickers sieht versteinert in Murdocks vor Aufregung rot gewordenes Gesicht. Dann greift er in die Tasche und legt den Schlüssel zum Achterpiek auf den Tisch.

„Ich ersuche Sie, Murdock, meine Meldung zu Protokoll zu nehmen und ins Logbuch einzutragen. Ich behalte mir vor, mit dem Kommodore persönlich über die Angelegenheit zu sprechen. Kommen Sie, Guff."

Sie verließen das Kartenhaus, gingen schweigend nebeneinander her. Vor der Ingenieurkajüte blieb Vickers stehen.

„Ich bleibe heute hier. Sagen Sie dem Steward, er soll mich rufen, wenn der Kapitän zurückkommt. Er erfährt es noch früh genug!" Dann warf er einen Blick nach den Sternen.

„Es umzieht sich! Ich fürchte, es geht zu Ende mit der Schönwetterfahrt. Und Sie?"

„Ich habe Dienst ab acht Glasen", sagte Guff und riß sich zusammen.

„Gut, gut." Und während er die Tür öffnete: „Wenn Sie das geringste Auffällige bemerken, sofort Meldung! Gute Nacht, Guff."

In der Kajüte warf sich Vickers auf das schmale Ledersofa, verschränkte die Arme unterm Kopf, sah starr gegen die Decke. Er konnte die Vorstellung nicht loswerden: wie da tief unten im Bauch des Schiffes die armseligen Reste des blonden Jungen ständig kreisten, rundum, rundum — während oben sorglos die Titanen tafelten, nichts ahnend von dem Grauen, das tief unten war.

Aber plötzlich schlief er ein. Seine überanstrengten Nerven hatten nachgegeben.

Gegen zehn Uhr verließ Erikson die Messe. Er hatte nach dem Essen mit dem Fünften Offizier, dem jungen Lowe, eine Schachpartie gespielt und war von ihm geschlagen worden, worauf dieser nicht wenig stolz war, denn Erikson galt als guter Spieler.

Aber er war nicht bei der Sache. Immer wieder mußte er an das Gespräch mit Smith denken. In einem Punkt hatte der Alte ja recht: die Titanic konnte gut und gerne Püffe vertragen, die für kleinere Schiffe gefährlich waren. Solch Eisenkoloß ist der reine Eisbrecher. Und was so weit nach Süden an Eisbergen treibt, das sind keine richtigen Berge mehr aus stahlhartem Blankeis, wie sie da oben in Grönland von den Gletschern losbrechen. Diese mit ihrem kolossalen Tiefgang kann der Labrador-Strom nicht so weit nach Süden führen. Er bringt nur bröckeliges, halbzerschmolzenes Zeug herunter, höchstens so groß wie eine Bark. Trifft die Titanic auf so einen, dachte er, so schneidet sie ihn glatt durch! Wie damals bei Cap Henry im Nebel ein Dampfer meinen Schoner mittendurch gesäbelt hat, daß die beiden Hälften in drei Minuten wegsackten. Seit damals weiß ich, was so ein Dampfer verträgt. Und das war ein alter Kohlenkasten von höchstens viertausend Tonnen, ein Zwerg gegen unseren Riesen!

Als Erikson auf die Brücke trat, sah er, wie Lightoller mit dem Nachtglas den Horizont nach Süden absuchte. Die Luft war diesig und kalt.

„Sonderbar", wandte er sich an Erikson, „die Sicht nach Süden ist ganz klar, über uns sieht man noch die Hauptsterne, nach Norden aber ist nichts mehr zu sehen! Das ist gegen alle Ordnung bei Nordost, wie wir ihn jetzt haben. Der kalte Wind müßte die feuchte Südluft in Nebel verwandeln, je südlicher, desto dichter. Nun ist's aber gerade umgekehrt: im Süden klar, doch je weiter nach Norden, desto dichter der Nebel!"

„Richtig beobachtet und scharf gedacht, Lightoller! Die Ursache der Nebelbildung muß also im Norden liegen: was da von oben herunterkommt ist nicht Seenebel, sondern Eisnebel. Tagsüber schmoren die Felder und Berge in der Sonne, verdunsten viel rascher als die Meeresoberfläche. In der Nachtkälte aber wird der Wasserbrodem zu Nebel, der Nordwind führt ihn nach Süden, wo er sich in den wärmeren Luftschichten allmählich auflöst. Da es sich um keine kompakten Eismassen handelt, sondern um schwimmende Felder, so wehen einzelne Schwaden und Streifen nach Süden. Durch deren Ausläufer fahren wir. Daher der ständige Wechsel in der Sichtigkeit. Aber daraus, daß sich der Nebel offensichtlich schon im Auflösungszustand befindet, ist zu schließen, daß das Eis, sehr weit ab ist."

„Sie sehen also keine Gefahr?"

„Augenblicklich nicht. Aber das kann sich rasch ändern. Die Treibgeschwindigkeit von Eis ist ungeheuer verschieden. Hier ist sie fast Null; zehn Meilen weiter treiben Berge mit fünfzig Meilen im Tag und mehr. Wir haben bisher erst den Rand der Drift angekratzt, werden bald in schlimmeren Nebel kommen. Und was in dem steckt, kann man nie wissen! Da, sehen Sie, wie es zunehmend trüber wird?"

In der Tat fuhr das Schiff jetzt wie in einem Tunnel. Die Sichtigkeit nahm rasch ab, die letzten Sterne verschwanden. Um die Lichter des Schiffes bildete sich ein leichter Hof, wurde stärker, verschwamm immer mehr: und schließlich stand eine gespenstische weiße Wand um das Schiff, darin sich die Lichtflut seiner Lampen widerspiegelte.

„Da haben wir die Milchsuppe!" sagte Erikson verdrießlich. „Und wie kalt es wird!" Er ging zum Thermometer.

„Seit einer Viertelstunde zwei Grad Abfall! Das ist ein bißchen sehr viel. Werden Temperaturmessungen unter Wasser gemacht? Und sind die Echolote vorbereitet?"

„Das ist nicht mein Dienst, das ist Sache des Ersten!" erwiderte Lightoller.

Da blieb Erikson plötzlich stehen, er horchte scharf. Dann eilte er nach Steuerbord, zog Lightoller am Arm mit sich.

„Hören Sie?"

Lightoller nickte. Sie waren auf den Ausbau der Brücke getreten, der über Bord wegreicht. Erikson drehte den dort befindlichen kleinen Scheinwerfer an und leuchtete mit ihm nach abwärts. Da sahen sie im Wasser einzelne Eisschollen schwimmen, mäßig große Blöcke, die von der Höhe der Brücke her sich ausnahmen wie treibender Schaum. Ein leichtes Schurren klang herauf, wenn die Schollen vom Bug mühelos beiseitegeschoben wurden und dann die Außenwand entlangschleiften.

„Verdammt! Das geht schneller, als ich dachte", murmelte Erikson. „Sie müssen gleich melden, Lightoller! Am besten wäre es, Sie gingen hinein zum Ersten. Mund zu Mund ist doch ein anderes Reden als durchs Telefon."

„Ich darf nicht von der Brücke!"

„Weiß ich, aber solange übernehme ich die Wache."

„Das geht nicht gut", erwiderte Lightoller und ging zum Brückentelefon. Der wirkliche Grund war, daß er sich scheute, mit Murdock in Kontroverse zu kommen. Obwohl er ihm an Kenntnissen und an Schärfe des Denkens weit überlegen war, fühlte er sich dieser Bulldoggennatur gegenüber innerlich wie gelähmt und vermied daher, wenn es irgend anging, Auseinandersetzungen.

Lightoller sprach ins Telefon; ein paar Sätze gingen hin und her; er ersuchte Murdock dringend, selbst herauszukommen; dann hängte er den Hörer ein mit jener zornigen Mißhandlung des Materials, die schwachen Naturen eigen ist.

„Er sieht keinen Anlaß, die bestehenden Befehle zu ändern!" sagte er zu Erikson hinüber. „Und heraus kommt er nicht, er habe drinnen Wichtigeres zu tun. Als ob es jetzt etwas Wichtigeres gäbe als das hier!"

Damit wies er auf den weißen Tunnel, in dem sie dahinfuhren. Erikson stand über das Geländer gebeugt in gespanntester Aufmerksamkeit. Unbeweglich, wie Wild sichert. Es sind nicht die Augen, es ist nicht das Gehör, es ist nicht der Geruch: es ist eine allgemeine, nicht näher bestimmbare Witterung von Gefahr.

„Ich gehe zum Ersten!" sagte er plötzlich. „So darf das nicht weitergehen!"

Erikson klopfte hart an die Tür des Kartenzimmers, wartete nicht erst auf Bescheid, trat ein, pflanzte sich vor den Kartentisch hin. Murdock sah gar nicht auf, so vertieft war er in seine Berechnungen, die er in ein Notizbuch eintrug.

„Hören Sie, Murdock, Sie müssen selbst herauskommen! Ich war jetzt fast ein Glas auf der Brücke. Sieht nicht schön aus draußen. Dicke Milch. Eis. Zwar nur leichte Schollen und nicht sehr dicht, aber grünes Klareis, was mich bedenklich macht. Die Temperatur fällt stark. Es hilft einfach nichts: sofort auf halbe Fahrt heruntergehen; Echolot in Betrieb setzen, oder und unter Wasser; Gelbreflektoren voraus . . ."

„Gelbreflektoren . . .?"

„Was? Eissicherungen habt ihr nicht und laßt das Schiff losrennen wie einen blinden Stier?" schrie Erikson. „Das ist Wahnsinn, Herr!"

Murdock richtete sich steil auf.

„Ich verbitte mir diesen Ton", sagte er gemessen, aber sehr scharf. „Augenblicklich bin ich Führer des Schiffes! Ich habe Sie nicht um Ratschläge gebeten. Ich danke, Herr Erikson."

„Das geht über Ihre stellvertretende Verantwortung hinaus! Ich werde den Kommodore verständigen!"

„Das werden Sie nicht tun, Herr!" brüllte nun Murdock los und trat auf Erikson zu. „Sie unterstehen jetzt meinem Befehl! Begeben Sie sich sofort auf die Brücke als Assistent des Wachthabenden!"

„Tue ich nicht!" sagte Erikson bestimmt, plötzlich ganz ruhig. „Ich verständige Smith. Morgen stehe ich Ihnen zur Verfügung — dienstlich oder außerdienstlich."

Nachdem Erikson ihn verlassen hatte, stand Murdock unschlüssig in der Mitte des Kartenzimmers. Dann stürzte er zum Tisch, nahm hastig die von ihm beschriebenen Blätter auf, legte sie in sein Notizbuch, steckte es in die Brusttasche und griff nach der Mütze. Da wurde die Tür vom Bootsdeck her aufgerissen. Bride, der zweite Funkoffizier, trat hastig ein, zwei Depeschenformulare in der ausgestreckten Hand.

„Zwei neue Eismeldungen!"

Murdock eilt zum Kartentisch zurück, liest.

„Danke, Bride. Bleibt beide am Apparat. Wenn weitere Meldungen kommen, nicht erst niederschreiben, sondern gleich durchsprechen!"

Dann nahm er den Hörer ab und rief die Brücke an.

„Kommen Sie sofort zu mir, Lightoller! Wie? Sie dürfen die Brücke nicht verlassen? Weiß ich doch auch! Aber hier liegt Dringendes vor. Neue Depeschen. Wir müssen gleich den Ort auf der Karte ausmachen. Auf meine Verantwortung! Kommen Sie gleich!"

Eine halbe Minute später trat Lightoller ein, nahm die eine Depesche.

„Meldung Kalifornia, von uns zufällig aufgefangen: ‚Drei große Eisberge fünf Meilen südlich von uns. Vorsicht! Kapitän Lord.'"

Er sah auf, rieb sich die Stirn.

„Leider keine Ortsangabe! Stand wahrscheinlich in einer früheren Meldung, die nicht aufgefangen wurde. Ist kein Liniendampfer. Wahrscheinlich irgendein Trampkasten. Aber egal. Wir müssen den Ort kriegen!"

Er nahm das Telefon, schaltete das Funkhaus ein.

„Suchen Sie sofort Verbindung mit der Kalifornia!" befahl er kurz. Seine sonstige Scheu war völlig von ihm abgefallen. Er disponierte über Murdock weg, als sei dieser gar nicht anwesend. Dann nahm er die zweite Depesche.

„Ah, genauer Ort! ‚Mesaba, Route New York nach Plymouth, auf 42,03 Nord, 49,50 West. Begegneten zwei ungeheuren Eisbergen. Nördlich dichtes Packeis.' Sonst nichts! Auch keine Zeitangabe! Kommt über Cap Race."

Lightoller nahm Zirkel und Schiebelineal, machte fliegend einige Berechnungen, maß auf der Karte.

„Nach meiner Schätzung stehen wir siebzehn Minuten südlicher und vierundzwanzig Minuten westlicher, wären also schon drüber weg — wenn die Nachricht frisch ist! Ist sie ein paar Stunden alt, können die Berge gerade in unseren Kurs abgedriftet sein. Fragt sich also: von wann stammt diese Meldung?"

Das Telefon schnurrte, Lightoller hob den Hörer ab.

„Habe verstanden, danke, Bride. Fragen Sie bitte gleich Cap Race an, von wann die Meldung der Mesaba ist. Telefonieren Sie die Antwort auf die Brücke.

Dann wandte er sich an Murdock.

„Die Kalifornia meldet sich nicht. Aber Cap Race nennt ihren Ort, der keine zehn Meilen von hier sein kann. Daß sie im Eis festsitzt, sagt noch nicht viel. So ein alter Kasten aus Sechsmillimeterblech und ohne Schotts tut gut daran, sich nicht mit Eisschollen herumzuboxen, auch wenn sie nur schwach sind. Ob seine

Ladung einen Tag früher oder später ankommt, kann ihm wurscht sein. Aber daß er nicht antwortet, ist unangenehm; wir könnten von ihm genaue Auskunft kriegen, wie es vor uns aussieht!"

„Vielleicht ist der Funker schlafen gegangen", sagte Murdock, dem es allmählich peinlich wurde, wie ihn Lightoller ins Schlepptau nahm. „Diese Kasten haben immer nur einen Funker an Bord. Vorläufig wissen wir ja genug. Wir wollen auf die Brücke."

Nun setzte er endlich die Mütze auf.

„Nehmen Sie das Nachtglas vom Alten mit", sagte Lightoller. „Es ist besser als unsere Gläser auf der Brücke. Er sperrt es immer in den Kassenschrank ein, damit es ihm niemand klaut."

Damit ging er hinaus. Murdock nahm den Schlüsselbund, öffnete den Schrank, holte das Glas heraus. Da hörte er durch die offene Tür drei Glockenschläge auf der Brücke, das Warnungszeichen des Ausgucksmannes auf dem Fockmastkorb. Murdock ließ den Kassenschrank offen stehen und stürzte hinaus.

Auf der Brücke war es stockdunkel. Die dicke Milch war verschwunden. Von Minute zu Minute wurde die Luft sichtiger. Es war, als ob die Titanic aus einem Nebeltunnel herausführe. Der Mann oben im Ausguck mochte schon klare Sicht haben. Die Bullaugen beleuchteten schwach die Oberfläche des Meeres: sie war bretteben, aber von Eisschollen bedeckt, sah aus wie ein schwarzes, von weißen Flecken gesprenkeltes Tuch.

Die Sichtigkeit der Luft nahm schnell zu, schon waren wieder die Sterne zu sehen; aber nach der trügerischen Helle des Nebellichtes war die Dunkelheit doppelt fühlbar.

Da schnarrte das Brückentelefon wie verrückt. Murdock hob den Hörer ab. Lightoller war mit dem Nachtglas des Kapitäns ans Brückenende getreten, um besser

Ausblick zu haben. Er lief herbei, als er das Rasseln des Telefons hörte.

Murdock ließ den Hörer fallen.

„Eisberg rechts voraus!" schrie er Lightoller zu.

Im gleichen Augenblick zerriß der letzte Nebelschleier. Die Titanic brauste aus dem Tunnel heraus, nun stand der ausgestirnte Himmel um sie, die Luft war ungewöhnlich klar, die Sterne flimmerten nicht, selbst die kleinsten standen wie runde Scheiben auf schwarzem Samt.

In der Sternhelle sahen die beiden Offiziere vor sich, noch sehr fern freilich, einen riesigen Berg von Eis. In der Mitte ein hochgerecktes Haupt, von den Schultern liefen Grate nach beiden Seiten abwärts, vorgebogen wie ausgebreitete Arme. Aber nirgends schroffe Wände, in sanfter Neigung fiel der Berg gegen das Meer ab, tauchte darin ein wie eine flache Sandküste.

Die beiden starrten einen Augenblick wie versteinert auf das Ungeheuer. Dann riß sich Murdock auf, schrie ins Ruderhaus zurück:

„Ruder hart Backbord!" und wollte zum Rudergast hineinstürzen.

Lightoller hielt ihn am Arm fest, wies auf den Eisberg hinüber, der immer deutlicher sichtbar wurde.

„Um Gottes willen nicht abdrehen! Nicht mit der Breitseite an ihn! Wer weiß, wie weit sein Fuß unter Wasser reicht. Rückwärts die Schraube! Senkrecht auflaufen! Der Bug hält mehr aus!"

„Sie sind verrückt!" brüllte Murdock ihn an.

„Ich sehe es! Ich sehe es!" schrie Lightoller fassungslos mit weit aufgerissenen Augen; aber er sah nicht nach dem Berg, sondern irgendwohin ins Leere.

Da riß sich Murdock los, griff nach dem Hebel des Maschinentelegraphen, gab das Zeichen:

„Volldampf voraus! Höchste Kraft!"

Inzwischen hatte der Rudergänger den Befehl ausgeführt, das Steuer hart Backbord gelegt. Das Schiff gehorchte wirklich wie ein Schulpferd. In majestätischem Bogen drehte es ab, so hart, daß es merklich nach Steuerbord überkrängte. Es lief von dem weißen Ungeheuer weg, stand jetzt parallel zu ihm, begann es hinter sich zu lassen.

Triumphierend wies Murdock hinüber nach dem Eisberg. Das Manöver war gelungen, seine Geistesgegenwart hatte die Katastrophe verhütet! Schon wurden die Umrisse des Ungeheuers undeutlich; jetzt sah man es seitlich, wo der Grat von der Schulter her ins Wasser lief; jetzt wurde sein Rücken sichtbar, senkrechte Wand aus schierem Eis: da erhielt das Schiff steuerbord einen leichten Stoß, etwas schleifte unter Wasser an seinem Leib entlang, hier oben auf der Brücke hoch überm Wasser war nur ein Sirren vernehmbar, wie wenn Seide zerreißt. Das dauerte etwa zehn Sekunden.

Lightoller war zum Brückenausleger gerannt und hatte den Scheinwerfer senkrecht abwärts gestellt: das Wasser war auf etliche Meter durchleuchtet, die Eisschollen schienen fast verschwunden. Mit verzerrtem Gesicht starrte er hinunter. Dann ging er zu Murdock zurück, wankend, wie einer, der einen Hieb über den Kopf erhalten hat.

„Aufgeschlitzt wie ein Schwein! Der Berg lief unter Wasser weiter. Vielleicht wären wir mit einem Puff drüber weggerutscht oder drauf liegen geblieben. Aber da stand aus blankem Eis ein Rammsporn vor, wie ihn früher die Kriegsschiffe hatten: der hat's uns gegeben!"

Er fiel vornüber auf die Brüstung, von einem hysterischen Weinkrampf geschüttelt.

Mit einer fast gütigen Bewegung legte Murdock seine Hand auf die zuckende Schulter Lightollers. Dann hob er das Hörrohr ab, stellte auf Ingenieurbüro ein.

„Hallo, Vickers!" sagte er ganz ruhig. „Wir sind mit einem Eisberg zusammengerannt. Schwere Unterwasserverletzung Steuerbord. Alle Pumpen in Betrieb. Lecksegel klar machen. Dichtungskolonnen antreten. Bunkerschotts unter Luftdruck. Spundwände setzen!"

Dann legte er den Hebel auf das Zeichen: Stopp!

Hierauf ging er ins Ruderhaus, ganz langsam, als wäre nicht die geringste Eile. Riß den Hebel herum, durch den gleichzeitig alle Schott-Türen geschlossen wurden, sah zufrieden, wie auf der Kontrolltafel sich überall die weißen Scheiben über die roten schoben, bis nicht eine mehr offen zeigte.

Dann trat er neben den Rudergänger und sah auf den Telegraphen.

„Zurück auf Kurs", sagte er in ungewohnt freundlichem Ton.

„Zurück auf Kurs!" wiederholte der Matrose, drehte rasch das kleine Rad, das die Rudermaschine in Bewegung setzt, bis die Nadel haarscharf eingestellt war.

Murdock sah dem Mann ins Gesicht. Nichts in dessen Miene zeigte an, ob er irgend etwas von dem Geschehen bemerkt hatte. Englische Seemannszucht! dachte Murdock. Er hat Kurs zu halten. Und wenn die Welt um ihn einstürzt: er hält Kurs!

Dann trat er ins Kartenzimmer, setzte sich an den Tisch, betrachtete lange die Fähnchen, welche die Schiffsorte anzeigen, nahm den Zirkel, maß die Entfernungen. Dann machte er mit dem blauen Bleistift unter das Fähnchen Titanic ein dickes Totenkreuz.

Er hob den Hörer ab, rief die Funkkabine an.

„Hier Murdock, in Stellvertretung des Kommodore. Sie dort, Philips? Also passen Sie gut auf! Wir sind mit einem Eisberg zusammengestoßen. Der Umfang des Schadens läßt sich noch nicht feststellen, aber er ist sicher erheblich. Wir werden Hilfe brauchen. Vielleicht müssen wir abgeschleppt werden. Melden Sie sofort CQD und geben Sie unseren Ort an: einundvierzig Grad sechsundvierzig Minuten Nord, fünfzig Grad vierzehn Minuten West. Wiederholen Sie! Ja, richtig. Nein, noch nicht SOS, so weit ist es noch nicht! Aber das Signal alle drei Minuten wiederholen. Versuchen Sie die verdammte Kalifornia zu erreichen, die könnte in einer Stunde hier sein. Antworten nicht hierher, sondern auf die Brücke. Absolutes Stillschweigen, damit keine Panik entsteht! Nein, von Sinken keine Rede, die Titanic kann sich auch mit aufgerissenem Bauch tagelang halten! Solch eisernes Zellengewebe schwimmt wie Kork. Leben Sie wohl, Philips, macht eure Sache gut, auf euch Funker kommt es jetzt an!"

Nun glaubte Murdock alles getan zu haben, was ihm zu tun übriggeblieben war. Er nahm die Flagge, die noch immer auf dem Kartentisch lag, breitete sie vor sich aus, strich sie glatt. Er hatte ihr gut dienen wollen; er hatte ihr schlecht gedient. Er griff nach hinten, zog aus der Hosentasche den Revolver hervor, hielt die Mündung in den Mund, drückte ab. Der zerschmetterte Kopf fiel vornüber, der weiße Stern färbte sich rot.

Das Konzert

Ismays Gäste, etwa fünfzig Personen, waren schon versammelt, als die galonierten Diener in den Farben der Titanic, rot und weiß, die Flügeltüren öffneten. Astor und Helia traten ein. Sie waren mit Ungeduld erwartet worden: war es doch das erste Mal, daß Astors junge Gattin in einer Gesellschaft erschien. Namentlich die Titanenfrauen waren gespannt, welche Figur sie in diesem Kreis machen werde. Man konnte nicht gerade behaupten, daß ungeteiltes Wohlwollen sie von dieser Seite erwartete; zu viele Hoffnungen waren durch die romantische Ehe König Astors enttäuscht worden.

Aber als Helia neben ihrem Gatten den Saal betrat, verstummte jeder heimliche Einwand. Es war wirklich eine Königin, die durch den sich öffnenden Halbkreis von Menschen einherschritt. Sie trug ein schlichtes Kleid aus meergrüner fließender Seide. Es war in Schnitt und Fall von großer Schönheit, stach aber völlig ab von den prunkhaften und kostbaren Toiletten, mit denen die Titanenfrauen aufgezäumt waren. Desgleichen war sie — ebenfalls im Gegensatz zu den Titanenfrauen, die Juwelen von unschätzbarem Wert an sich trugen — ganz ohne Schmuck. Nur am Mittelfinger der rechten Hand trug sie einen wenig kostbaren Ring mit einem länglichen blaugrünen schillernden Opal, der ihre Hand noch schmaler und blasser erscheinen ließ, als sie ohnehin war.

Aber um ihre Stirn lag das Alexanderdiadem, das allerdings keine Ähnlichkeit hatte mit einem Frauenschmuckstück, sondern aussah wie ein Würdezeichen anderen Ranges. Nur wer diesen Reif tragen konnte, ohne darunter völlig nichtig zu erscheinen, durfte ihn tragen. Es war etwas in Helias Haltung, als vollzöge sie einen ihr auferlegten Dienst, als sei diese aufgerichtete Schlange mit dem abgründig leuchtenden Stein das Weihgerät eines verschollenen Kults, zu dessen Dienerin und Trägerin sie von einem höheren Schicksal ausersehen war.

Mit einer Art Scheu sahen die Anwesenden auf dieses fremdartige Wesen, das zugleich königlich und bescheiden einherschritt und gleichsam ein drittes Auge auf der Stirn trug. Erst als Ismay, am raschesten gefaßt, auf sie zuging und nun ein allgemeines Vorstellen und Begrüßen anhob, wich der Bann, der bei Helias Eintritt über allen gelegen hatte.

Dann öffneten sich die Türen zum Speisesaal, Ismay reichte Helia den Arm, jeder Herr suchte die ihm zugewiesene Tischdame. Und als man aus dem gedämpften Licht des Empfangsraumes in die strahlende Helle des Speisesaals trat, darin die Vandablüten wie blaue Sterne leuchteten, da schien Helia mit einemmal nur eine schöne Frau zu sein, die einen exotischen Kopfschmuck trug, apart aber nicht eigentlich schön. Und erleichtert konnte wieder Frau Widener sich ihrer berühmten Perlenkette freuen, die Herzogin von Roxbourgh ihres einzigartigen Diadems aus Rubinen.

Nachdem die ersten Gänge des Dinners, das auf der Einladung etwas protzig „Kleiner Abend-Imbiß" hieß, vorüber waren, der Rosée cuvée gout americain die allgemeine Stimmung etwas aufgelockert hatte, erhob sich Ismay und schlug an sein Glas. Der blaue Großkordon sah aus wie ein Bestandteil der Saaldekoration des genialen jungen Architekten und veranlaßte Clifford zu der anzüglichen Bemerkung: daß jedenfalls der Generaldirektor der White Star das Blaue bereits erbeutet habe.

Zunächst begrüßte Ismay in wohlabgewogener Reihenfolge seine Gäste, wobei er es nicht unterließ, Oberst

Astor und seiner Gattin einen besonders bevorzugten Platz einzuräumen.

Er hatte es sorglich vermieden, bei Auswahl der Einladungen lediglich auf gesellschaftlichen Rang und auf Höhe des Bankkontos der Eingeladenen Rücksicht zu nehmen, sondern war auf eine möglichst bunte Tischordnung bedacht gewesen. Natürlich waren die Titanen sämtlich anwesend. Nach einem kleinen Überschlag, den Clifford auf seiner Speisekarte machte und dem neben ihm sitzenden Josuah hinschob, waren die am Tisch Versammelten gut und gern eine Milliarde Dollars wert, die Juwelenauslagen ihrer Gattinen ungerechnet. Daneben saßen aber verschiedene Personen am Tisch, deren Einladung in anderen Qualitäten gründete. So Clifford, der Diplomat; der berühmte italienische Tenor, der zu seinem Engagement an der Metropolitan-Oper fuhr; der ungarische Erzherzoginnenmaler, unerschöpflicher Born von Klatschgeschichten aus den oberen Kreisen; der Austauschprofessor und der Reverend, wodurch angedeutet werden sollte, daß der Gastgeber sowohl kirchlich-konservativ als auch religiös-liberal eingestellt sei; und Sylvaine, deren einziges Verdienst darin bestand, mit Helia eng befreundet zu sein.

„Ich freue mich, sagen zu dürfen", fuhr Ismay in seiner Rede fort, „daß sich in der Liste unserer Fahrgäste prominente Personen aus aller Herren Länder befinden. Vornehmlich aber eine große Zahl von Wirtschaftsführern aus unserem Nachbarlande, den Vereinigten Staaten."

Er hielt einen Augenblick inne.

„Ich sage Nachbarland, wiewohl auf dem Globus ersichtlich ist, daß ein Meer zwischen unseren Ländern liegt. Aber das Meer hat aufgehört, Länder zu trennen! Im Gegenteil, es verbindet sie nur inniger, seitdem der

Mensch gelernt hat, seiner Tücken Herr zu werden. Aus feindlichen Göttern sind freundliche geworden. War es uns nicht allen soeben, als trete bei uns Amphitrite in eigener Person ein, die Königin der Meere?"

Diese elegante Huldigung für Helia weckte allgemeinen Beifall. Der Eindruck ungewöhnlichen Geschehens bei ihrem Eintritt wurde durch dieses Kompliment Ismays in banale Alltäglichkeit zurückgeführt. Mit feiner Wendung spann er das Gleichnis weiter:

„Und es ist kein Wunder, daß King Astor sich Amphitrite erobert hat! Ist doch altes Wikingerblut in ihm! Meerblut! Sein Ahn kam übers Meer gefahren, hat den Dreizack in den Boden gestoßen, den er betrat, und sagte: ‚Hier bin ich! Hier bleibe ich!'"

Fröhliches Lachen belohnte diese Geschäftsallegorie, wenn auch, genau gesehen, es nicht gerade der Dreizack war, durch den die Astors in den Besitz des Bodens gelangt waren. Nur der Kupferkönig Guggenheim zog eine sauersüße Miene; ihm wurde zwar auch altes Blut nachgesagt, aber nicht gerade von Wikingern.

„Und dieser Ahn unseres Freundes hat auch sonst sein Meerblut nicht verleugnet! Er war Beherrscher einer stolzen Flotte, die alle Meere befuhr. Die Astorflagge flatterte in allen bedeutenden Häfen der damaligen Zeit. Dieses Meerblut ist auch im Urenkel noch lebendig. Als Kapitän seiner Jacht schweift er einsam über das ihm vertraute Meer. Und so wäre es nicht verwunderlich, wenn er eines Tages wieder als Herr einer stolzen Flotte die Astorflagge in allen Häfen der Welt zeigte!"

Ein Teil der Tischgäste macht spitze Ohren. Da geht etwas vor! dachte der Bankherr Widener, ich werde morgen Auftrag geben, White-Star-Aktien zu kaufen. Dieser Astor ist ein Teufelskerl! Schläft nicht den goldenen Schlaf wie die anderen Bodenmagnaten!

„Da die Titanic so starke Kräfte an Bord hat", fuhr Ismay fort, angeregt durch die günstige Aufnahme, die seine Rede fand, „ist es kein Wunder, daß sie die in sie gesetzte Erwartung erfüllt, sogar übertrifft. Während wir vorgestern noch eine Stunde und fünfunddreißig Minuten hinter der Rekordzeit der Mauretania lagen — ein glänzendes Resultat bei einer Jungfernfahrt! — haben wir diese Zeit heute schon beinahe erreicht!"

Brausender Jubel im Saal. Einige ältere Herren erhoben sich und klatschten leidenschaftlich, als wäre es ihr persönliches Verdienst, daß das Schiff so schnelle Fahrt machte.

„Wie von Dämonen getrieben", fuhr Ismay begeistert fort, „jagt unser Ozeanrenner durch die Flut. Wir können es heute schon als gewiß ansehen, daß die Titanic das Blaue Band an ihren Mast heften wird! Auf diese glückhafte Fahrt, und auf die Fahrgäste, die uns durch ihr Vertrauen geehrt haben, erhebe ich mein Glas!"

Rauschender Beifall, Händeklatschen, Zurufe, Gläserklingen. Zuerst stieß Ismay mit Helia an, die fremd und etwas ratlos über die freudig erregte Menge hinsah. Sie konnte durchaus nicht verstehen, was dieser Lärm eigentlich bedeutete; auch hatte sie die plumpen Anspielungen Ismays als peinlich empfunden. Da aber Astor sie über sein Glas weg mit einem ernsten Blick ansah, ging ein leises Lächeln über ihre Züge. Es mußte wohl so sein, daß man die Gebräuche dieser fremden Völkerschaft mitmachte.

Dieser schlaue Fuchs! dachte Astor bei sich. Seine Gedanken arbeiteten blitzschnell während Ismays Rede. Das ist ein vortrefflicher geschäftspolitischer Schachzug! Mit seinen durchsichtigen Andeutungen macht er Haussestimmung für die White-Star-Aktien. Morgen läuft natürlich das Gerücht durch alle Börsenbüros. Der

Schiffsleitung hat er Auftrag gegeben, unter allen Umständen das Rennen zu gewinnen. Das Blaue Band wäre ein weiteres starkes Haussemoment. Dadurch stärkt er sich den Rücken für die Verhandlungen!

Plötzlich aber schoß ihm ein lähmender Gedanke durch den Kopf. Wie, wenn die Schiffsleitung dadurch unvorsichtig wird? Ismay ist ein Spieler. Er setzt alles auf eine Karte! Ich muß abblasen! Muß ihn sicher machen, freilich ohne mich ganz festzulegen. Es war ein Fehler, die Verhandlungen während der Fahrt zu beginnen!

Er schlug an das Glas und erhob sich.

„Meine Damen und Herren!

Ich bin zwar von den Anwesenden nicht bevollmächtigt, in ihrem Namen zu sprechen, hoffe aber, in ihrem Sinne zu handeln, wenn ich Ihnen, Herr Generaldirektor Ismay, und Ihnen, Herr Kommodore" — hierbei hob er sein Glas zuerst gegen den einen und dann gegen den anderen — „den Dank der Fahrgäste dieses Schiffes ausspreche. Wir alle befanden und befinden uns auf ihm so wohl, daß einige von uns schon erklärt haben; sie möchten am liebsten die Titanic gar nicht mehr verlassen!"

Fröhliches Lachen und lebhaftes Händeklatschen begleitete dieses Scherzwort.

„Aber es ist nicht nur deswegen, weil wir auf diesem Schiff besonders gut beherbergt und bewirtet werden; es ist vor allem das Gefühl der Sicherheit, das sich den Fahrgästen dieses Schiffes unwiderstehlich aufdrängt. Darum ist diese Fahrt nicht irgendeine der tausend Fahrten, die den Ozean überquert haben: sondern sie ist gleichsam eine symbolische Fahrt. Es ist zum erstenmal, daß der Mensch dem Meere seine Bedingungen aufgezwungen hat — während bisher immer das Meer es war, das dem Menschen seine Bedingungen aufzwang. Ich stehe daher nicht an, zu erklären: daß für uns Fahrgäste die Titanic das Blaue Band des Meeres bereits errungen hat! Es kommt nicht darauf an, ob die Fahrzeit gegenüber den bisherigen Trägern des maritimen Großkordons um einige Minuten, ja selbst Stunden, unterschritten wird — das ist nur ein sehr äußerliches Merkmal. Dieses Bestreben, die Konkurrenten um kurze Zeitspannen zu übertrumpfen, entspringt einer materialistischen Gesinnung, dem Schnelligkeitswahn, von dem die rekordsüchtigen Zeitgenossen besessen sind. Wichtiger als Schnelligkeit ist Sicherheit! Ich glaube, die Ansicht von allen hier anwesenden Fahrgästen dieses stolzen Schiffes auszusprechen, wenn ich hiermit erkläre: die Titanic ist auch ohne das Blaue Band nicht nur das größte und schönste, sondern auch das sicherste Schiff, das die Welt bisher gesehen hat! Three cheers for Titanic!"

Astor hob sein Glas und leerte es auf einen Zug. Alle Anwesenden folgten seinem Beispiel und stimmten lebhaft in das Hoch ein. Die Nachbarn Ismays und Smiths drängten sich, mit ihnen anzustoßen. In diesem Trubel wurde nicht bemerkt, daß der Stiel von Astors Glas abbrach, als er es etwas zu hart niedersetzte.

Gegen Ende von Astors Rede war der Butler hinter den Kommodore getreten und flüsterte ihm zu, Herr Erikson sei draußen und wünsche ihn dringend zu sprechen. Smith ließ zurücksagen: augenblicklich könne er nicht abkommen, sobald die Rede zu Ende sei, käme er; Herr Erikson möge so lange warten.

Während sich nun die Gäste erhoben und lebhaft miteinander sprechende Gruppen bildeten, entfernte sich der Kommodore unbemerkt.

Gottlob! dachte er, nach dieser Rede kann ich anders disponieren. Ismay soll mir jetzt den Buckel hinunterrutschen!

Er fand Erikson im Vorraum, erregt auf und ab gehend. In fliegender Hast berichtete er dem Kommodore seine Beobachtungen.

„Kommen Sie!“ sagte Smith bestürzt und faßte ihn unter. „Sie haben völlig recht, wir werden die Fahrt herabsetzen und die Südroute nehmen! Sind wir erst aus dieser verdammten Zone heraus, können wir versuchen, wieder aufzuholen.“

Sie mußten einen Umweg machen, wenn sie nicht durch die Gesellschaftsräume wollten. Smith konnte nur langsam gehen. Er war, wie die meisten alten Kapitäne, rheumatisch.

Plötzlich blieb er stehen, packte Eriksons Hand, horchte gespannt.

„Was ist da los?“ fragte er gepreßt. „Die Schraube macht weniger Touren!“

Von dem Zusammenstoß war hier im Innern des Schiffes nichts zu bemerken gewesen; die ungeheure Masse von fünfzigtausend Tonnen verschluckte die Erschütterung, so heftig sie unten auch gewesen sein mochte. Aber das leise Vibrieren, das den Vortrieb der Schraube selbst dem größten Schiff bei voller Fahrt mitteilt, war dem alten Kapitän so gewohnt, daß er sein Nachlassen sofort spürte.

„Die Maschine stoppt!“ rief er erregt und versuchte, rascher auszuschreiten. Aber ein heftiger Schmerz in der Hüfte ließ ihn wieder anhalten; er nahm Eriksons Arm, nun zu wirklicher Stütze, und ging weiter, so rasch er konnte.

Sie traten auf den Backbordgang des Promenadendecks, dort war nichts zu sehen als der ausgestirnte Himmel.

„Der Nebel ist weg!“ sagte Erikson erleichtert, obwohl ihm nicht ganz wohl zumute war, als er an der schwach gewordenen Bugwelle absehen konnte, daß das Schiff nur langsame und stetig langsamer werdende Fahrt machte. Smith schüttelte den Kopf und tastete sich mit der Linken die Laufstange unter den Fenstern entlang, um seine Schritte etwas zu beschleunigen. Als sie den vorderen Umgang erreichten und durch die breiten Scheiben nach Steuerbord hinaussehen konnten, blieben sie wie angedonnert stehen.

„Da!" rief Erikson und wies mit der Hand hinüber, wo sich riesig der Schatten eines Eisberges vom bestirnten Himmel abhob.

Smith drängte vorwärts. Sie öffneten die Tür zum Außengang und stiegen die Treppe zur Kommandobrücke hinauf. Die weißen Haare des Alten wehten im eisigen Wind.

Als Lightoller den Kommodore kommen sah, ging er ihm rasch entgegen, grüßte dienstlich-stramm. Er hatte sich wieder zurechtgefunden und erstattete Bericht, klar, knapp, gefaßt. Nur als er mit dem Satz schloß „... aufgeschlitzt wie ein Schwein!" drohte es ihn wieder umzuwerfen. Er mußte unter Wasser etwas Grauenhaftes gesehen haben, worüber er sich nicht klare Rechenschaft abgeben konnte. Das verdichtete sich in seinem Gehirn zu einer stehenden Phrase. Er hatte zweifellos ein Leck im Kopf.

Scheinbar ruhig hatte Smith den Bericht angehört. Dann schlug er beide Fäuste gegen die Stirn und knickte zusammen; es sah aus, als bräche er nieder unter dieser Nachricht. Dann aber riß er sich mit einem Ruck wieder hoch, stand da im Halbdunkel mit flatterndem Haar, wie ein Riese aus alter Zeit. Brüllte mit einemmal los: „Wo ist Murdock?"

„Er ist ins Kartenzimmer gegangen."

Mit raschen Schritten, ohne Rücksicht auf den Schmerz in der Hüfte, ging Smith durch das Ruderhaus zur

Navigationskajüte, riß die Tür auf, trat ein — und prallte zurück. Aber dann schlug er ein Kreuz über den Toten.

„Es ist besser so!" murmelte er, drehte das Licht ab, verließ das Kartenzimmer, sperrte die Tür zu, steckte den Schlüssel in die Tasche. Auf der Seekarte war vorerst nichts zu suchen. Jetzt kam alles darauf an, Panik zu vermeiden und Ruhe zu wahren.

Im Steuerhaus blieb Smith bei dem Mann am Ruder stehen.

„Hast du was gehört?" fragte er ihn prüfend.

„Nein, Käpten, nichts gehört", antwortete der Mann, ohne von der Kompaßnadel aufzusehen.

„Gut, Steuermaat. Du kannst vom Ruder wegtreten. Es gibt jetzt nichts zu steuern. Hol mir den Chefingenieur herüber. Dann such die Herren Boxhall, Lowe und Moody. Dann steh Wache vor der Tür, daß niemand hereinkommt, und wart auf weiteren Befehl. Du bleibst zu meiner Verfügung als Botengänger. Und — Maul gehalten!"

Als Vickers eintrat, nahm ihn Smith beiseite und ließ sich von ihm über das bisherige Ereignis der Untersuchung berichten. Inzwischen versammelten sich die Offiziere im Ruderhaus.

„Meine Herren! Sie wissen von dem Unglück, das uns betroffen hat. Kapitän Murdock hat die Folgerung aus seinem seemannswidrigen Verhalten gezogen. Soweit mich selbst Mitschuld an der Katastrophe trifft, werde ich sie auf mich nehmen. Die beiden Herren Lightoller und Erikson haben sich tadellos verhalten, ich spreche ihnen hiermit ausdrücklich meine volle Anerkennung aus! Wenn ich auf ihren Rat gehört hätte, statt auf den anderer, wäre es nicht so weit gekommen!"

Smith hielt einen Augenblick inne. Vor seiner Erinnerung rollten die verhängnisvollen Unterredungen vorüber. Dann straffte er sich wieder auf.

„Jetzt ist es an uns, meine Herren, unsere Pflicht als englische Seeleute zu tun— und mehr als unsere Pflicht! Nach den bisherigen Feststellungen von Ingenieur Vickers ist die Verletzung des Schiffes nicht ganz so schlimm, als anfangs befürchtet werden mußte. Die Außenwand ist allerdings auf fast dreihundert Fuß aufgerissen. Die beiden Vorderschotts laufen voll Wasser, sie sind verloren. Im Ladeschott drei und vier ist die Verletzung geringer, es wird versucht, den Riß durch Anbringung des Lecksegels abzudichten. Die Innenwandungen des Bunkerschotts aber sind nicht verletzt, sie werden abgesteift. Vorerst besteht für das Schiff noch keine Gefahr: es hat noch zwei Drittel seiner Schwimmfähigkeit. Funksignale sind gegeben, auf dieser vielbefahrenen Route sind Hilfsschiffe bald zu erwarten. Wegen der Abdichtungsarbeiten müssen wir eine Zeitlang stilliegen. Inzwischen sind für alle Fälle die Boote klar zu machen, zu jedem die Ruderleute bereitzustellen. Das Wichtigste ist, daß Panik vermieden wird. Sie, Boxhall, verständigen Herrn Daniel über den Sachverhalt. Sie, Lowe, den Kapellmeister Mac Farlan. Sie, Erikson, sprechen mit Astor. Die drei sollen in geeigneter Weise dem Publikum die Notwendigkeit eines Aufenthaltes klarmachen, zur Vornahme einer Reparatur an den ... sagen wir an der durch das Anstreifen an einen Eisberg ein wenig verletzten Schiffsschraube. Die Festveranstaltungen sollen ihren Fortgang nehmen, ja sogar möglichst ausgedehnt werden. Unter der Mannschaft ist auf strengste Disziplin zu halten. Jeden etwaigen Übergriff sofort und unnachsichtig unterdrükken. Über alle Vorkommnisse sofort berichten. Ich bin hier zu finden. Ich danke, meine Herren!"

Die Offiziere verließen das Ruderhaus. Smith blieb zurück. Der mühsam aufrechterhaltene Optimismus fiel von ihm ab. Er stürzte sich auf den Kompaß, dieses nunmehr nutzlos gewordene Auge des Schiffes, und legte das Gesicht in die Hände, um sich zu beruhigen.

Da entstand Lärm an der Tür, sie wurde aufgerissen, und herein stürzte Ismay, den Steuermaat beiseite drängend.

„Kommodore, was ist los? Warum werde ich nicht informiert? Warum liegen wir still? Ich muß sagen, daß ich dieses Verhalten unerhört finde!"

Smith hatte sich steil aufgerichtet, trat in seiner ganzen ehrfurchtgebietenden Massigkeit vor den in Angst und Aufregung bebenden Ismay und sagte kalt:

„Haben Sie nicht draußen die Tafel gelesen, Herr Ismay: Fahrgästen ist das Betreten des Ruderhauses streng verboten? Sie haben hier nichts zu suchen. Wir sprechen uns wieder, wenn Sie vor der Versicherungsgesellschaft Abrechnung legen werden — oder, wenn es so sein soll, vor Gott!"

Ismay wollte aufbrausen. Aber Smith hob drohend die Faust, als wolle er ihn niederschlagen.

„Gehen Sie, Herr!" brüllte er ihn an. „Sie haben schon genug Unheil angerichtet! Jetzt braucht es hier Seemänner, nicht Kaufleute!"

Nun ging Smith in die nahe gelegene Funkkabine hinüber. Beide Telegraphisten, Philips und Bride, waren fieberhaft an der Arbeit.

„Haben Sie schon Antworten?"

„Cap Race hat die Meldung aufgenommen und weitergegeben. Wir selbst sind mit einer Anzahl von Schiffen in Verbindung. Die Carpathia hat Kurs auf uns genommen. Der Kapitän glaubt, daß er in drei Stunden an Ort sein wird."

„Ah, Gottlob!" rief der Kommodore erleichtert aus.

Die beiden Funker sahen erschrocken von ihrer Arbeit auf.

„Es ist noch nicht so, daß wir schon Hilfe brauchten", fuhr Smith ruhig fort, um den Eindruck seiner Worte abzuschwächen. Er hatte mehr von seiner inneren Besorgnis laut werden lassen, als er wollte und durfte. „Aber es wird die Fahrgäste beruhigen, wenn Hilfsschiffe neben uns liegen. Die Ängstlichen werden vielleicht vorziehen, auf ihnen die Reise fortzusetzen."

„Mit der Olympic, unserem Schwesterschiff, haben wir Verbindung; aber die kommt nicht in Betracht, sie ist über fünfhundert Meilen ab. Auch die Baltic von unserer Gesellschaft ist recht weit weg, hundertvierzig Meilen, aber sie kommt. Die Virginia von der Allan-Line hat Kurs auf uns genommen, sie kann in acht Stunden hier sein. Ein russisches Schiff, die Burma, ist ziemlich nahe, nur siebzig Meilen, aber sie ist ein langsames Schiff. Am nächsten, nur fünfzig Meilen, ist die Mount Temple, ein Auswandererschiff der Canadian Pacific, das fast leer auf der Fahrt nach Europa ist und Raum für zweitausend Passagiere hat; aber sie fährt durch Eis, funkt sie, und muß sehr vorsichtig fahren."

„Das genügt! Das genügt!"

„Auch die Frankfurt vom Norddeutschen Lloyd ist auf Fahrt hierher. Sie ist hundertvierzig Meilen ab, sie will um sieben Uhr hier sein."

„Verdammt! Daß ein deutsches Schiff der Titanic zu Hilfe kommt, ist recht peinlich!"

„Wir können uns die Empfänger nicht aussuchen", sagte Philips grob und schickte wieder das Zeichen C Q D in den Äther. Die Antenne knatterte wie ein Maschinengewehr, Bride hatte höchste Spannung eingeschaltet.

„Sie alarmieren ja den ganzen Atlantik, Philips!"

sagte Smith versöhnlich. Es war ihm doch viel leichter ums Herz, als er erfuhr, daß so viele Schiffe von überall herzueilten, der kranken Schwester zu helfen. „Ihr Funker seid schon Staatskerle! Der Ozean wird durch euch zu einer Wirtsstube, wo gleich die Kellner angelaufen kommen, wenn ein Gast Bier verschüttet!"

„Dumm, daß wir die Kalifornia nicht kriegen können!" brummte Philips. „Ihr Funker schläft scheint's!"

„Den braucht ihr nicht zu wecken!" lachte der Kommodore. „Die anderen genügen vollauf. Wenn es gut geht, sind wir wieder flott, bevor der erste Kollege eintrifft. Dann blasen wir den Alarm wieder ab und berappen die Kosten der Umwege!"

In der Kabine, die mit abenteuerlich aussehenden Apparaten, Spulen, Isolatoren, Drähten vollgestopft war, verbreitete sich eine fast behagliche Stimmung. Die Vorstellung, daß auf allen Strahlen der Windrose Hilfe heranjagte, hatte etwas ungeheuer Beruhigendes.

Astor allein hatte bemerkt, daß gleich nach seiner Rede der Kommodore sich entfernt hatte und daß Ismay nicht lange darauf ebenfalls den Saal verließ. Sein Fingerspitzengefühl sagte ihm, daß sich etwas Wichtiges ereignet haben müsse; die Beunruhigung, die ihn während der Rede Ismays befallen hatte, kehrte verstärkt wieder. Als ihn daher ein Diener beiseite rief und ihm mitteilte, ein Offizier des Schiffes sei draußen und habe eine Botschaft für ihn, eilte er sofort hinaus.

Erikson berichtete ihm, und zwar ohne Beschönigung, was geschehen war; er konnte ihm allerdings auch schon die erfolgte Verbindung mit den Hilfsschiffen mitteilen. Astor war sachverständig genug, um die ganze Tragweite dieser Nachricht beurteilen zu können. Er verstand aber auch, daß keine unmittelbare Gefahr bestehe, und konnte mit gutem Gewissen die Aufgabe übernehmen, die Gäste zu beruhigen und beisammenzuhalten.

Astor war ganz der Mann, einem solchen Ereignis kalt und unbewegt die Stirn zu bieten. Aber er fühlte sich über den äußeren Anlaß hinaus in seinem tiefsten Innern erschüttert. Die Geschehnisse der letzten beiden Tage rollten an ihm vorüber, und blitzartig wurde ihm klar, daß hier ein Netz geheimnisvoller Fäden sich verdichtete, in dem er selbst eingesponnen war, das zu spinnen er selbst mitgeholfen hatte. Er versuchte nicht, dieses Netz mit dem Wort Zufall zu zerreißen. Es war offenbar auch kein Zufall, daß die Katastrophe sich während seiner Rede ereignete, in der er eine verspätete Warnung an die Schiffsleitung gerichtet und in die gefällige Form einer Rühmung des Schiffes gekleidet hatte.

Betroffen erinnerte er sich jenes Satzes aus seiner Rede, der ihm unwillkürlich auf die Zunge gekommen war: daß die Fahrt der Titanic nicht eine der tausend Ozeanfahrten sei, sondern gleichsam symbolischen Charakter trage. Dies gilt, fiel es ihm zentnerschwer aufs Herz, auch für diesen Unfall. Es hat tausend Schiffsunfälle gegeben, darunter viel schwerere als vermutlich diesen. Denn die Tatsache, daß der Zusammenstoß sich bei so ungewöhnlich ruhiger See zutrug und bereits Hilfsschiffe unterwegs waren, bot sichere Gewähr dafür, daß die Fahrgäste mit dem bloßen Schrecken davonkommen würden.

Aber gleichwohl vollzog sich hier, das fühlte er dunkel, etwas wie ein Schicksal. Hier waren Kräfte am Werk, die außerhalb seines bisherigen Weltbildes lagen. Kräfte, die er nie einbezogen hatte in seine Planungen. Er war sehr weit davon entfernt, in diesem Geschehen etwa eine Fügung Gottes zu sehen. Ihm war Gott nur ein Name für den unbekannten Ur-Grund der in der Natur waltenden, an strenge Gesetze gebundenen Kräfte und des im Menschen waltenden, sich selbst an Gesetze bindenden Willens. Völlig fern lag ihm der Glaube an ein absichtsvolles Walten außerhalb und oberhalb des Menschen. Kampf des Menschenwillens gegen die Naturkräfte, der verschiedenen Menschenwille gegeneinander — darin sah er das entscheidende Weltgeschehen. Oft erwiesen sich diese Kräfte stärker als der Wille, wohl; aber nur weil der Wille nicht stark genug trug oder weil er sich seines Dieners, des Verstandes, nicht richtig bediente. In solchem Versagen gründete Schuld und Strafe. Der Mensch war sein eigener Richter. Nur er sich selbst.

Klar erkannte Astor, daß sein eigenes Handeln ursächlich an diesem Geschehen mitgewirkt hatte; er ahnte allerdings dunkel, daß noch andere Fäden in das Seil verflochten waren, das die Titanic auf ihre Bahn gezogen hatte. Hier war Schicksal, wenn man es philosophisch, Fügung, wenn man es theologisch nennen wollte.

Astor kehrte in den Saal zurück und versammelte die Gäste um sich. Er gab ihnen Bericht über das Unglück, das die Titanic betroffen.

Diese Mitteilung traf die Anwesenden wie ein Schlag vor den Kopf. Es war nicht die Angst vor einer unmittelbar drohenden Gefahr, denn in dieser Hinsicht klangen die Darlegungen Astors, an deren Richtigkeit niemand zweifelte, durchaus beruhigend. Aber der Sturz aus einer Siegeshoffnung, der sie alle sich soeben noch leidenschaflich hingegeben hatten, in so gefahrdrohende Wirklichkeit: das kam allzu schroff.

Dunkel wurden sich diese Männer und Frauen bewußt, daß sie eigentlich sich selbst zugejubelt hatten. Die Titanic und die Titanen: das war irgendwie eins!

Mochte nun das Schiff mit notdürftig verbundener Flanke aus eigener Kraft den Hafen erreichen, den es mit soviel Zuversicht angesteuert hatte, mochten die Fahrgäste auf die Hilfsschiffe übersteigen und die wunde Titanic hilflos abgeschleppt werden müssen: sie selbst waren es, die als Besiegte aus dem Rennen gingen!

Aber in dieser inneren Verwirrung richtete sie die Haltung Astors auf. Sie fühlten am Klang seiner Stimme, daß ihn mehr und Tieferes bewegte als die Sorge um Schiff und Gefahr; und gleichwohl war er ungebrochen und aufrecht. Er war wohl irgendwie verstrickt in dieses Geschehen, die Andeutungen der beiden Tischreden waren nun mit einemmal verständlicher. Aber vor ihnen stand ein Mann, der sich nur sich selbst verantwortlich fühlte und keiner Macht über ihm, der in jeder Lage Mut behielt, den das Schicksal besiegen konnte, nicht zerbrechen.

„Wir wollen dem Ersuchen des Kommodore Folge leisten", schloß er seine Ausführungen, „und die Veranstaltung nicht unterbrechen! Dadurch unterstützen wir die Arbeiten, die zur Wiederflottmachung des Schiffes vorgenommen werden. Die Leitung unseres Schiffes — seine wirkliche Leitung — verdient trotz des Unfalls unser volles Vertrauen in ihre Umsicht und Tatkraft. Jammern und Philosophieren mit ‚wenn' und ‚hätte man' ist zu nichts nütze, es zermürbt bloß unsere eigene Widerstandskraft, die wir zusammenhalten müssen. Folgen Sie mir daher in den Konzertsaal!" Er reichte Helia den Arm und wollte vorangehen. Seine mutige Rede hatte die Anwesenden offensichtlich weitgehend beruhigt. Alle waren bereit, ihm zu folgen.

Einige fühlten sich unversehens vor eine Wahl gestellt, bei der es kein geschmeidiges Ausweichen gab.

Inzwischen hatte sich die Gefolgschaft Astors im Konzertsaal versammelt. Aber es gewann den Anschein, als solle diese so mutvoll begonnene Unternehmung alsbald Schiffbruch erleiden. Der berühmte Tenor, der während des Dinners von seinen Nachbarinnen huldvoll Vorschußlorbeeren entgegengenommen hatte, war verschwunden; und als ihn der Architekt in seiner Kabine aufsuchte, erklärte er: die Aufregung habe sich ihm auf den Kehlkopf geschlagen, er könne keinesfalls singen.

Der Architekt berichtete Astor flüsternd diesen peinlichen Zwischenfall. Dieser wollte aufbrausen: da legte Helia ihre Hand auf seinen Arm, erhob sich, winkte Sylvaine und schritt gelassen durch den Saal zum Podium.

Der Anwesenden bemächtigte sich eine seltsame Spannung. Was hier geschah, war nicht nur etwas völlig Unerwartetes, sondern es lag außerhalb der ihnen vertrauten Ordnung. Daß König Astors Frau selbst aufs Podium trat und sang: das paßte durchaus nicht in das Weltbild der Titanen, widersprach völlig ihrem Verhältnis zur Kunst.

Kunst: das war für sie gleichbedeutend mit Luxus und Reichtum. Sie stand außerhalb der Welt der Wirklichkeit und des wahren Ernstes. Sie war nur, weil und solange es reiche Leute gab, die bereit waren, wirklichen Wert, nämlich Geld, hinzugeben für die Lieferung eines eingebildeten Wertes, nämlich Kunst. Kunst war eine Konvention zwischen den Leuten von über fünfzigtausend Dollar im !ahr. Sie gehörte zu den Gewohnheiten der Mitglieder dieses Einkommenclans, genau so wie man bei Delmonico speist, die Toiletten bei Worth kauft, sich die Zähne von Doktor Abbott plombieren läßt. Genau so geht man in die Oper zu Caruso, sieht sich die Pawlowna an, läßt sich vom Sargent malen.

All das gehört zum guten Ton unter den Titanen. Die Künstler selbst erfreuten sich großer Wertschätzung: denn einmal anerkannt, waren sie Gegenstand der Eifersucht unter ihnen und machten daher reichlich Dollars. Und daß es jemand fertigbrachte, allein nur mit seiner Kehle oder seinem Pinsel — mühelos, wie sie meinten — soviel Geld zu verdienen, wie andere durch harte Arbeit und mit Hilfe von Lohnlisten, Grundstücken, Gebäuden, Maschinen, Agenten oder Reklame: das nötigte ihnen ehrliche Hochachtung ab.

Allerdings hatten die Titanen ein nahes Verhältnis nur zu denjenigen Künsten, die gegenständlich waren, dauerhaft blieben, einen Marktwert hatten, die also ihren Wert- und Geldvorstellungen entsprachen. Bilder beispielsweise oder Figuren aus echter Bronze oder Bücher, wenn sie alt und selten waren: das waren reale Werte. Man konnte sie aufstellen, zeigen, ihren Kaufpreis nennen; und zumeist konnte man an ihnen auch ein schönes Stück Geld verdienen. Sie hatten also eine gewisse Verwandtschaft mit den wirklichen Werten, mit Eisenbahnschienen, Zement und Büchsenfleisch. Musik hingegen hatte von allen diesen Vorzügen keinen aufzuweisen. Sie wurde daher nur als eine Art gesellschaftlichen Zeitvertreibs angesehen. Ihr kam insofern eine gewisse Bedeutung zu, als sie berühmten Künstlern Gelegenheit bot, die ungewöhnliche Kunstfertigkeit ihrer Kehle oder ihrer Finger darzutun.

Aber solche Leute standen, ihrer innersten Überzeugung nach, doch nur etwa auf derselben Stufe wie andere Ausübende von Kunstfertigkeiten: wie Fußballspieler, Boxer, Seiltänzer. Die tiefwurzelnde Verachtung des soliden Bürgers gegen Schausteller und fahrendes Volk war auch noch in den Titanen lebendig. Solche Leute bezahlte man, bezahlte sie reichlich, wie alle Seltenheiten — aber es war doch eine andere Welt, eine

Welt, die jenseits und unterhalb der Wirklichkeitswelt stand und mit der man sich am besten nicht allzu nah einließ.

Daß nun also eine der ihrigen, Astors Frau, die Frau eines der reichsten und mächtigsten Männer Amerikas, an Stelle des berühmten italienischen Tenors aufs Podium trat, um etwas zum besten zu geben, das erschien den versammelten Titanen gleichzeitig anmaßend und unangemessen. Wenn Helia Astor singen gelernt hatte, so mochte sie zu Hause ihren Gästen ein paar Liedchen vortragen oder sonntags in der Kirche ein Solo singen; aber hier als Stellvertreterin eines Tenors öffentlich aufzutreten, und noch dazu in so ernster Stunde, das ging entschieden zu weit!

So lag denn über dem Saal eine ablehnende, ja feindliche Stimmung, obgleich sich niemand dem Eindruck hoher Schönheit entziehen konnte, der von Helia ausging. Sie selbst ward dieses feindlichen Anhauchs freilich nicht gewahr. Eine unsichtbare Mauer war um sie aufgerichtet. Sie war, Dienerin ihrer Gottheit, eingetreten in den geweihten Bezirk, bereit, eine heilige Kulthandlung zu vollziehen.

Die Menschen im Saal sahen mit einemmal die ihnen gewohnte Stellung von Grund aus verändert. Saßen sie sonst auf erhöhtem Thron, huldvoll bereit, die ihnen von den Künstlern dargebrachte Gabe in Empfang zu nehmen, so waren sie hier gleichsam nur Zaungäste, die von außen zusehen durften, wie sich jenseits der Mauer eine heilige Handlung vollzog. Und als nun Sylvaine die feierlichen Einleitungsakkorde zur „Allmacht" erklingen ließ, Helias dunkle Stimme ruhevoll anschwellend sich aufschwang zu stolzem Anruf an sie, da wurde sich dieses hochmütige Volk von Großen der Erde mit einemmal bewußt, daß in diesen Klängen eine

Welt sich offenbarte, vor der die ihnen gewohnte Welt der Eisenbahnschienen und des Zements, des Neides und des Kampfes, der Gier und der Eitelkeit in nichts versank. So mochten sich ehedem Könige und Kriegsmännern, Ratsherren und Ritter vernichtet fühlen, wenn in den hohen, von magischem Farbengewirr der Fenster durchleuchteten Pfeilergewölben der Dome die machtvollen Klänge der Orgel aufrauschten, der Priester vor dem Altar in Wolken von Weihrauch das Symbolum zur Wandlung erhob.

Du hörst sie im brausenden Sturm, in des Waldstroms laut aufrauschendem Ruf! erklangen die samtenen Töne, in ihnen schwang verhalten die Gewalt der gebändigten Natur. Zu helleren Tönen aufsteigend, sang die Stimme vom Frieden und Glück der wogenden Saaten; von der Blumen glühendem Schmelz; strahlend und sieghaft brach durch Wolken der erhabene Glanz des sternenbesäten Himmels. All das verstanden mit einemmal diese Menschen, die nie aus der geordneten Wüstenei ihrer Städte und der frisierten Natur ihrer Landsitze herausgekommen waren. Dann aber glaubten sie die Stimme der Allmacht selbst zu vernehmen: als die Stimme in einer wahren Brandung von Tönen vom furchtbaren Donnergroll sprach, von des Blitzes hinzuckendem Flug. Wohl hatte ihnen auch der Pastor auf der Kanzel öfters von der Allmacht gesprochen. Aber sie hatten sich darunter doch nur die Machtfülle eines höheren Vorgesetzten vorgestellt: der nach Recht und Gerechtigkeit die Tugend belohnt, das Laster bestraft; und der insbesondere Fleiß und Tüchtigkeit mit Erfolg, Ansehen und Reichtum vergilt.

Und dann erklang, unsäglich ruhevoll und tief versöhnt, das Nachtlied des Wanderers. Wurde nicht doch die Seele dieses Treibens müde? Dieses ewigen Auf und Ab zwischen Aufschwung und Niedersturz, zwischen

Schmerz und Lust? Stand nicht am Ende von allem der Tod, das bittere Ende? Da aber kündete die dreieinige Gewißheit des Dichters des Musikers der Sängerin: den süßen Frieden, der vom Himmel ist, der alles Leid und alle Schmerzen stillt und den, der doppelt elend ist, doppelt mit Erquickung füllt!

Welche zauberische Gewalt war es nur, die diese hochmütigen Menschen in Bann hielt, sie im Tiefsten erschauern machte, sie vergessen ließ, was sonst ihr Stolz gewesen?

Tiefe Stille war jetzt im Saal, als der letzte Akkord verklang.

Während dieser Stille war Helia leise vom Podium herabgestiegen, blickte mit ein wenig verlegenem Lächeln zu Astor hinüber, der mit Josuah im Hintergrund des Saales stand und mit brennenden Augen zu ihr herübersah, und verließ lautlos den Saal.

Die beiden Freunde waren schweigend aufs Bootsdeck hinausgetreten. Die eisige Luft der Sternennacht schlug ihnen ins Gesicht. Im Halbdunkel des Decks gingen die Wachen an den Booten auf und ab. Die Titanic, der Eisberg, der Zusammenstoß, die Gefahr: alles war vergessen in dieser seltsamen Stunde. Nun aber drang es wieder vor mit unabweisbarer Gewalt.

„Ich bin mir über vieles klar geworden in dieser Stunde“, fuhr Astor nach einer Pause fort. „Wir haben alle ein falsches Leben gelebt, ein selbstgehetztes Leben, ein Leben an der Wahrheit vorbei. Wir haben geraubt und gerafft und haben darüber unsere Seele verloren. Statt Führer des Volkes zu sein, haben wir es durch unser Beispiel verdorben. Von Neid und Gier ist die Welt erfüllt. Nicht Wettkampf besteht zwischen den Menschen, sondern Krieg. Nicht Liebe herrscht über ihre Herzen, sondern Haß. Zuweilen freilich gehen Boten durch die Welt und künden: aber wir hören nicht auf sie."

„Wir haben eben eine Botschaft vernommen, und wir haben auf sie gehört."

„Zu spät, Josy, zu spät!"

„Es ist nie zu spät, umzukehren! Du wirst deinen Weg finden, deinen Königsweg, John!"

„Nein, Josy. Ein schlecht verwandtes Leben hängt an mir und hemmt meinen Schritt. Ich bin ein alter Mann, trotz allem. Meine Vergangenheit wird sich mir immer in den Weg stellen, wenn ich zu neuen Zielen gehen will. Du und Helia: vielleicht werdet ihr den Weg gehen können. Ihr seid aus einer anderen Welt. Ich bin wie jener Alte auf dem Berge Nebo: ich sehe das neue Land — ich werde es aber nicht selbst betreten. Andere sind es, die das Volk dahin führen werden. Vielleicht du. Vielleicht Helias Sohn."

„Helia?"

„Ja, sie trägt ein Kind von mir im Schoß, ich fühle es mit aller Gewißheit. Und versprich mir eins, Josy, in dieser Stunde: daß du Helia zur Seite stehen wirst, wenn ich nicht mehr bin."

„Aber, John! Du siehst Gespenster!"

„Ja, vielleicht habe ich Gespenster gesehen. Der Chinese gestern abend, entsinnst du dich? Meine Hand hat er in der seinen gehalten! Übrigens: er ist nicht mehr auf dem Schiff, der Chinese. Ich wollte ihn gestern nacht aufsuchen — er ist fort! Aber er hat ein Zeichen für mich hinterlassen."

Astor zog aus der Tasche den Scheck und zeigte ihn Josuah. Der erschrak. Er hatte das Zeichen erkannt, es war die große Verfluchung. Aber er faßte sich schnell.

„Das sind Hirngespinste, John! Sei nicht mutlos."

„Ich bin nicht mutlos! Ich werde kämpfen bis zuletzt. Aber wenn ich untergehe: versprich mir, Josy, daß du mit stählerner Kraft und Güte in ihrer schwersten Stunde neben Helia stehen wirst!"

„Ja, John!"

Einen Augenblick lang sah Astor über das Meer hin, auf dessen dunkler Oberfläche mattleuchtend die Eisschollen trieben. Dann zerriß er den Scheck langsam in kleine Fetzen — warf sie über Bord — wie taumelige Falter flatterten sie in die Tiefe.

„Geh zu ihr, Josy!" sagte Astor. Seine Stimme klang wieder hell und zuversichtlich. „Ich will auf die Brücke und nachsehen, wie die Dinge stehen. Ich komme dann hinunter und bringe Bescheid."

Daniel und Mac

Das Fest der Ersten und Zweiten Kajüte „zugunsten der Familien auf See gebliebener Schiffer" war in vollem Gang.

Das Arrangement des Balles hatte Daniel in die Hand genommen; er hatte in solchen Veranstaltungen als Zeremonienmeister der Odd Fellows von Kansas City ansehnliche Erfahrung. Damit das Fest auch Kurzweil für die junge Welt bot, die noch nicht über Familienschmuck und Großkordon verfügte, war für den Ball Kostümzwang angesagt. Die Parole hieß „Auf dem Meeresgrund", wodurch der Erfindung verführerischer und spaßhafter Verkleidungen und Entkleidungen freiester Spielraum gegeben war. Auch für originelle und überraschungsreiche Ausstattung der Festräume hatte Daniel unter Mitwirkung eines Generalstabs von Malern aufs trefflichste gesorgt. Ganz besonders hatte er es sich als erfahrener Festpsychologe angelegen sein lassen, die Nebenräume in dämmrige Meeresgrotten und gespenstische Greuelkammern umzuwandeln, damit die phantastische Umgebung den verschiedenen Meerwesen Gelegenheit zu erfreulicher Maskenfreiheit gab.

Das Festessen war vorüber, der Küchenchef hatte sich selbst übertroffen, neun Gänge hatten einander abgelöst, und jeder stellte die vorhergehenden in Schatten. Zuletzt war von sechs weißgekleideten Köchen in hohen Leinenmützen ein riesiges Schiff hereingetragen worden, aus Pücklereis in verschiedenen Farben bestehend, das aufs Haar der Titanic glich. Auf dem Fockmast aus gebräuntem Zucker stand ein blauer Wimpel, eine kulinarische Anspielung, die tosenden Beifall auslöste. Champagner war in Strömen geflossen. Und da niemand die Zahl der Flaschen kontrollierte, nahm eine Anzahl von ihnen andere Wege als in den Festsaal: so daß sich auch unter dem Personal der beiden Kajüten fröhliche und gelockerte Stimmung verbreitete. Ja, selbst in einzelne Mannschaftsräume fanden Körbe mit dickbäuchigem Heidsick und schlankem Henessy ihren verbotenen Weg und richteten dort wahre Verheerungen an.

Während die älteren Semester sich im Festsaal in die bequemen Stühle auf dem Podium und der Galerie verteilten und den Versuch machten, durch rabenschwarzen Mokka, kunstvoll gemixte Cocktails und Havannas mit goldener Bauchbinde die Auswirkungen der überreichlichen Mahlzeit zu bekämpfen, gewissermaßen den Teufel mit Beelzebub auszutreiben, waren die jungen Leute sowie diejenigen, die sich mit mehr oder weniger Recht zu ihnen zählten, in ihre Kabinen verschwunden und strömten nun in bunten und phantasievollen Kostümen in den Tanzsaal. Die Jazzkapelle hatte bald alle Mühe, gegen das Lachen, Rufen, Kreischen der ausgelassenen Meerbewohner aufzukommen, die das Parkett füllten und die Tanzfiguren im Sinne untermeerischer Gepflogenheiten veränderten.

Da bahnte sich durch das ausgelassene Treiben der Vierte Offizier Boxhall mühevoll den Weg, nahm Daniel beim Arm und führte ihn in einen leeren Winkel. Dort entledigte er sich seines Auftrages und informierte den Herrn der Meere über die ernsten Geschehnisse. Wenn er aber geglaubt hatte, er würde durch seine Mitteilungen Schrecken erregen und Mühe haben, den Empfänger so schlimmer Nachrichten zu beruhigen, so hatte er sich in dieser Annahme geirrt. Denn entsprechend seiner optimistischen Veranlagung bog sich Daniel die erhaltenen Mitteilungen schon beim ersten Anhören zurecht, indem er die bedenklichen minder bedenklich, die hoffnungsvollen jedoch besonders hoffnungsvoll aufnahm. Vor allem war er durch die Mitteilung Boxhalls beeindruckt, daß die Titanic den Schnelligkeitsrekord bereits erreicht hatte.

Er schlug dem Offizier vertraulich auf die Schulter und erklärte:

„Sagen Sie dem Kommodore, ich ließe ihm für das in mich gesetzte Vertrauen danken. Für meine Mannschaft stehe ich gut!"

Während sich Boxhall entfernte, trat Daniel an den Tisch der Frau Adelholt, die elegisch das Festgewühl betrachtete und ihres blonden Boys gedachte, den zu sehen sie den ganzen Abend vergebens gehofft hatte. Ohne weitere Erklärungen griff er nach ihrer Handtasche und entnahm ihr einen schwarzen und einen roten Schminkstift. Dann begab er sich an den Anrichtetisch, nahm eines der mit weißem Tuch bespannten Servierbretter und zeichnete mit schwarzen Strichen einen Grundriß der Titanic auf, wobei er die Schotts mit dicken roten Strichen eintrug. Hierauf bestieg er, in der Rechten den Dreizack, in der Linken seine Zeichnung, das Podium der Jazzband und ersuchte den Kapellmeister um einen Tusch. Als daraufhin das Tosen aufhörte und der ganze Saal zu ihm hinblickte, begann er:

„Der Herr Kommodore hat mich gebeten, Ihnen, meine Damen und Herren, einige technische Mitteilungen zu machen. Zunächst: unsere Titanic hat heute mittag den Rekord des Blauen Bandes erreicht!"

Ungeheurer Jubel brauste durch den Saal, den er jedoch alsbald durch einen neuen Tusch zum Schweigen bringen ließ.

„Leider hat sich ein kleiner Unfall ereignet. Unser Schiff hat bei seiner eilenden Fahrt ein Hindernis gestreift: entweder ein unter Wasser treibendes Wrack oder eine größere Eisscholle. Dadurch hat die Außenwand eine kleine Verletzung erlitten. Wir müssen einige Stunden stilliegen, damit der Schaden repariert wird. Wir werden aber dann den Zeitverlust durch doppelte Geschwindigkeit wieder hereinbringen!"

„Aber durch das Loch rinnt doch Wasser ins Schiff!" rief angstvoll ein junges Mädchen aus. Und dieser schlichte Einwand machte, wiewohl er in so wenig seemännischen Ausdrücken vorgebracht wurde, sichtlichen Eindruck auf die innerlich beunruhigten Hörer.

Das aber war Daniels großer Augenblick! Er hob das Servierbrett mit dem schwarz und rot gehaltenen Grundriß der Titanic hoch und wies mit dem Dreizack auf die roten Linien.

„Jetzt zeigt sich eben der Vorteil des Schottsystems, das ich einigen von Ihnen bereits öfters geschildert habe!" trompetete er in den Saal. „Hier die roten Linien zeigen die Schottwandungen, die mit den Spanten des Schiffes fest vernietet sind. Hier an dieser Stelle ist die Außenwand verletzt", und dabei wies er mit dem Dreizack auf eine Stelle der Zeichnung mit solcher Sicherheit, als habe er selbst die Untersuchung vorgenommen. „Durch das Leck dringt natürlich Wasser ein. Aber was macht das? Dieses Schott, in dem Kohle lagert, läuft voll. Durch die inneren Schottwände aber kann das Wasser nicht in den eigentlichen Schiffsraum eindringen. In einer Westentasche des Schiffes befindet sich also statt trockener Kohle nasse Kohle, das ist alles! Die Heizer werden schon fertig werden mit ihr. Gut geheizte Kessel vertragen viel Feuchtigkeit!"

Diese Anspielung auf den Zustand der Anwesenden war entschieden von guter Wirkung. Der Optimismus, den Daniel so penetrant ausstrahlte, teilte sich auch den anderen mit. Man hörte ein allgemeines Aufatmen.

„Wir wollen uns durch diese Havarie" — Havarie klang ungemein beruhigend, die Hörer stellten sich darunter etwas rasch Vorübergehendes vor — „in unserer guten Laune nicht stören lassen! Wir sind bestimmt wieder in Fahrt, ehe unser Fest zu Ende ist.

Im großen Speisesaal der Dritten Kajüte fand das angekündigte „Monstre-Konzert" statt. Der Saal war bis zum letzten Platz gefüllt, denn auch die dienstfreie Mannschaft hatte Zutritt. Eine angeregte Stimmung herrschte im Raum, die Old Royal Dragoons waren eine feine Kapelle, Mac Farlan verstand es, seine Zuhörer in Feuer zu bringen.

Eben begann die Pause vor der letzten Nummer, dem mit Spannung erwarteten Charakterstück „Auf See". Es war wie eine Marseiller Bouillabaisse aus vielerlei schmackhaften Stücken zusammengekocht: zuerst kam die Ouvertüre zum „Fliegenden Holländer", dann „Das Meer erglänzte weit hinaus" als Cellosolo; verschiedene beliebte Seemannslieder folgten, die das Doppelquartett der Titanic-Mannschaft sang; die berühmte Arie „Ozean, du Ungeheuer" hörte man als Duett für Klarinette und Fagott; dann gab es einen richtigen Meersturm mit Gewitter, Orkan und Brandungsgetöse, die überaus naturgetreu durch verschiedene sinnreiche Vorrichtungen im Nebenraum erzeugt wurden; und schließlich klang das Ganze aus in „Rule Britannia", vierstimmig geblasen von Posaunen, rauschend untermalt von Trommelwirbeln, mit einem großen Beckenschlag am Anfang, in der Mitte und am Ende.

In letzter Stunde hatte Mac noch eine Einlage gemacht: den beliebten Refrain „Blaues Band, hüte dich, Blauband, ich hol' dich, Blauband heut nacht!" hatte er für Waldhorn gesetzt und es unmittelbar vor das „Rule Britannia" eingefügt. Das Lied hatte zwar mit dem Meer nicht das geringste zu tun. Das blaue Band, von dem hier die Rede war, schmückte den Busen eines Mädchens, und der sehnsüchtige Liebhaber versicherte, er werde es sich heute nacht holen. Aber die Anspielung auf das Blaue Band, das sich die Titanic zu holen gedachte, war durchsichtig genug; und so versprach sich Mac von dieser Einlage einen großen Effekt.

Er stand eben mitten unter seinen Musikern und gab dahin und dorthin die letzten Winke: ermahnte das Waldhorn, an der bewußten Stelle nicht zu blöken; die Pikkoloflöte forderte er auf, ja nicht zaghaft zu sein; den Fagottisten ersuchte er, beim Allegroeinsatz in der Ozeanarie nicht wieder so zu furzen. Da trat das Pony auf ihn zu — der Benjamin der Kapelle, dessen Amt im Notenabschreiben, Instrumentepolieren und Bierbringen bestand — und rief ihn in den Vorraum, der als Künstlerzimmer und in der großen Pause als Bierzimmer für die Musikanten diente.

Dort erwartete ihn Lowe. Er ging unruhig auf und ab, raffte sich aber zusammen, als Mac eintrat; flüchtig grüßend begann er mit halblauter Stimme, obwohl im Raum sonst niemand zugegen war:

„Der Herr Kapitän bittet Sie ... schickt Ihnen den Auftrag ...“ Da er sich über das Dienstverhältnis des Kapellmeisters zum Schiffskommandanten nicht ganz klar war, ließ er den Satz unvollendet. „Wir haben eine kleine Havarie an der Schraube. Der Kapitän legt Wert darauf ... großen Wert darauf, daß keinerlei Beunruhigung unter den Fahrgästen entsteht. Sie möchten daher das Konzert fortsetzen und dafür sorgen, daß niemand den Saal verläßt.“

„Wie lange?“ fragte Mac und suchte den Blick des Offiziers. Dieser wich aus.

„Es kann einige Zeit dauern ... ziemlich lange dauern. Sie erhalten Nachricht, wenn es soweit ist. Sie haben verstanden?"

„Jawohl, Herr, ich habe verstanden."

Mac knallte die Absätze zusammen, salutierte an der Mütze, die er nicht auf hatte. Das aschgraue Gesicht des Fünften und sein scheuer, flackriger Blick hatten ihm genug verraten.

Er blieb stehen, dachte nach. Was konnte er tun, um das Publikum festzuhalten? Das Potpourri „Auf See" wiederholen? Das brachte höchstens zwanzig Minuten. Und dann pflegte bei solchen Wiederholungen immer ein Teil der Leute aufzubrechen, weil sie glaubten, daß doch gleich Schluß sei. Andere Stücke würden abfallen nach der See-Phantasie. Was nur tun?

Da kam Mac ein Einfall. Er rief das Pony herein und schickte es zum Ersten Klarinettisten, er möge zu ihm kommen.

„Willy, du mußt statt meiner das Seestück dirigieren. Vorher laß aber noch die exotischen Instrumente an die Rampe stellen. Die Doppelpauke mit dem großen Schlagzeug vorne aufs Dirigentenpodium. Der Mittelgang soll frei bleiben. Ich komme erst zum Schluß."

„Wozu das, Mac?" fragte Willy etwas verdutzt.

„Wirst schon sehen!" erwiderte Mac und verließ das Zimmer.

Mac begab sich in seine Kabine, holte unter der Koje seinen Koffer hervor, grub ganz zu unterst ein paar sorgfältig in grünes Leinen eingewickelte Kleidungsstücke heraus und begann sich umzuziehen.

Es war seine alte Uniform als Tambourmajor der Royal-Dragoons, die er zum Andenken aufbewahrt hatte und überall mit sich herumschleppte. Zuweilen holte er sie hervor, bürstete sie sorgfältig aus, dabei wehmütig der alten Zeiten gedenkend. Nun zog er sie an. Sie war ihm ein wenig eng geworden, aber das verstärkte nur den martialischen Eindruck. Aus einer abgestoßenen Schachtel nahm er die Orden und legte sie sämtlich an — sonst trug er nur die schmale Bandleiste —, wickelte aus einer Wachsleinwandhülle den hohen Stock, den Feldherrnstab des Tambourmajors mit dem großen silbernen Knauf und den versilberten Troddeln, der unten in eine Spitze auslief. Zuletzt setzte er die riesige Bärenmütze auf.

Seit zehn Jahren zum erstenmal stand er wieder da in der alten Pracht. Er betrachtete sich in dem kleinen Spiegel, eine Träne der Rührung trat in sein linkes Auge. Ja, das war der alte Mac! Seine Koteletts waren grau geworden, wohl; ebenso der Schnurrbart, der in lange, gewichste Spitzen auslief. Aber wie prächtig stand diese Barttracht zu der prunkvollen Uniform, zu den silbernen Tressen, den funkelnden Orden, dem blitzenden Knauf auf dem Stock! In der ganzen Armee Seiner Majestät gab es doch keine stolzere Erscheinung als den Tambourmajor der Royal Dragoons!

Mac kehrte ins Künstlerzimmer zurück. Draußen im Saal ging gerade die große Phantasie „Auf See" vor sich. Sein Werk! Befriedigt hörte er noch einige der Glanzstellen, die starken Beifall auslösten.

Ob die Kerls die alten Sachen werden ohne Noten spielen können? fuhr es ihm durch den Sinn. Aber gewiß, beruhigte er sich; sie spielten sie ja zuweilen in den Proben zu ihrem Vergnügen, wenn irgendeine Anekdote die Erinnerung an diese oder jene Begebenheit wachrief. Es würde schon gehen. Und dann war er ja da, der alte Mac, er hatte noch ganz andere Reiterstücke fertiggebracht in seinem Leben!

Nun ging draußen das Seestück zu Ende. Der Refrain

„Blauband, ich hole dich', war mit Jubel aufgenommen worden, ein donnerndes Hipp-Hipp Hurra vermischte sich mit den gefühlvollen Tönen des Waldhorns. Nun rauschte das „Rule Britannia" auf, vom Chor der Posaunen feierlich getragen, vom Geschwirr der Geigen jubelnd umrankt. Während der letzten Takte trat Mac ein, schritt hochaufgerichtet in altertümlichem Stechschritt durch den Mittelgang, den Stock rechts in die Hüfte gestemmt, daß er schief dastand. So ging er, ein riesiger Schatten ruhmreicher Vergangenheit, nach vorn, pflanzte sich auf dem Dirigentenpodium auf, hob zwei Takte vor Schluß den Tambourstock hoch und riß ihn zurück, als das Stück mit einem klirrenden Beckenschlag endete.

Das Publikum war über dieses unerwartete Geschehen zuerst verblüfft. Dann brach so ungeheurer Beifall los, daß man Sorge haben konnte, ob die Nieten des Schiffes ihn aushalten würden. „Mac! Mac!" schrie es im Saal. Einige besonders Begeisterte stiegen auf die Stühle, schwenkten Taschentücher. Immer wieder schwoll das Händeklatschen und das Mac-Rufen an. Schließlich aber warf Mac den Stock in die Luft, so daß er senkrecht vor ihm niederfiel, sich mit der Spitze ins Holz des Podiums bohrend. Er legte die Rechte auf den Knauf, hob die Linke hoch. Das Publikum verstand, daß Mac sprechen wollte. Wie eine Welle vom Uferrand zurückrollt, so ebbte der Lärm ab, dann war erwartungsvolle Stille.

Ich habe sie! dachte Mac bei sich. Nur mutig vorwärts, alter Junge! Er begann:

„Ladys und Gentlemen! Wir haben einen kleinen Zusammenstoß gehabt."

Die Stille im Saal wurde um noch einige Grade tiefer.

„Wir sind mit einem riesigen Walfisch zusammengestoßen; aber die Titanic hat ihn mitten entzweigeschnitten!"

Da löste sich die Spannung, und der ganze Saal brach in brüllendes Gelächter aus, daß die Biergläser auf den Tischen klirrten. Jetzt hätte Mac erzählen können, daß er wie weiland Münchhausen auf einer Kanonenkugel geritten sei, sie hätten es ihm geglaubt.

„Leider ist dabei ein kleiner Schaden an der Schraube entstanden. Seine Behebung wird einige Zeit in Anspruch nehmen, und wir müssen so lange stilliegen. Aber das Blaue Band werden wir uns trotzdem holen!"

Großes allgemeines Händeklatschen. „Three cheers for Titanic!" riefen die einen: „Three cheers for Mac!" wurde an anderer Stelle gerufen. Schließlich einigten sich beide Parteien: und nun donnerte unter taktmäßigem Stampfen der Füße und Trommeln mit den Biergläsern ein „Hipp! Hipp! Hurra!" durch den Saal.

Wieder hob Mac die Hand.

„Wir werden hier beisammenbleiben, bis wir wieder in Fahrt sind. Und damit uns die Zeit nicht lang wird, wollen wir einige Erinnerungen der Royal Dragoons zum besten geben."

Hierauf rief er seinen Musikern einige Worte zu und fuhr dann fort:

„Wir alle sind, wie ihr wißt, alte Königs-Dragoner", dabei wies er rechts und links auf die Musiker, die sich lärmend von ihren Stühlen erhoben und die jubelnden Zurufe des Publikums entgegennahmen. Ganz stimmte diese Mitteilung bekanntlich nicht; der Mann mit dem Mondgesicht, der das Bombardon blies, hatte weder bei den Royal Dragoons noch sonst bei einer Truppe Dienst getan. Aber es wäre wohl nicht gut angegangen, jetzt auf diesen Umstand hinzuweisen.

Nun riß Mac den Tambourstock vom Boden auf, warf ihn in die Luft, fing ihn an der Spitze auf, hielt ihn einen Augenblick hoch, riß ihn an die Hüfte: und nun rauschte auf das alte Siegeslied von Malplaquet und Marlborough, der in den Krieg zog, um die Franzosen zu schlagen. Diese haben später einen gefühlvollen Text auf die Melodie gemacht; aber die Engländer kannten noch gut die alten Worte, die mit dem Erbfeind auf dem Festlande nicht gerade lieblich verfuhren.

Hell klangen die Clairons durch den Saal, die den tänzelnden Vormarsch der französischen Regimenter versinnbildlichen; schrille Querpeifen und quäkender Dudelsack kündeten den Anmarsch der englischen und schottischen Regimenter. Dann stieß Mac den Stock wieder in den Boden, wandte sich um und ergriff abwechselnd die Paukenschläger und die Trommelklöppel: da scholl durch den Saal das Brummen der Kanonen und das Gekläff der Gewehre. Im Geschmetter der Hörner zog das glänzende Regiment der Royal Dragoons daher. In wildem Gedröhn, wobei das Bombardon immer wieder den Marschtakt heraushieb, nahm die Schlacht ihren Fortgang, bis sie schließlich in einem jubelnden Aufschrei ihr Ende fand.

Der Saal tobte in heller Begeisterung. Die Musiker mußten sich immer wieder und wieder erheben und sich dankend verneigen. Mac umarmte sie allesamt mit einer umfassenden Gebärde und rief ihnen zu: „Brav, Jungens!" Einmal winkte er auch zu dem Kölner hinüber. Und dieser verdiente in der Tat ein besonderes Lob: er kannte diese englischen Militärmärsche gar nicht und hatte lediglich aus seinem Musikgefühl heraus Rhythmus und Kontrapunkt aufs trefflichste herausgearbeitet.

Immer wieder machten diese Klänge und Rhythmen die Begeisterung auflodern. Der ganze Saal sang mit, wenn besonders vertraute Melodien laut wurden.

So saßen diese tausend Menschen da wie verzaubert

von dem feurigen Alten, versunken in den Traum vergangenen, aufgerufen in den Traum zukünftigen Ruhms ihres Volkes.

Offiziere und Besatzung der Titanic taten das Menschenmögliche, um von dem unseligen Schiff eine Katastrophe abzuwenden. Hingebend und furchtlos wurden die Arbeiten zur Abdichtung des Lecks vorgenommen. Freilich fehlte jene genaue Einspielung zwischen Führung und Besatzung, die erst durch langen gemeinsamen Dienst entsteht und die allein aus einer Ansammlung von befehlenden und befohlenen Menschen das wunderbare Werkzeug einer gut ausgebildeten Truppe macht. Offiziere und Besatzung waren erst kürzlich zusammengestellt worden. Ein großer Teil der nunmehr benötigten Werkzeuge kam zum erstenmal in Dienst; manches war ungeeignet, manches fehlte.

Auf dem Verdeck bemühte sich eine Kolonne, das Lecksegel in Stellung zu bringen. Dies ist eines der schwierigsten Manöver auf See, es mißglückte einigemal; aber schließlich hatten die fast übermenschlichen Anstrengungen der Kolonne Erfolg: das Segel legte sich wie eine ungeheure Leibbinde um das Vorderschiff und dichtete die Flankenwände auf dreißig Meter ab.

Unterdessen führte im Unterdeck Vickers den Kampf. Er hatte nochmals alle gefährdeten Räume geprüft, die vorzunehmenden Arbeiten angeordnet, die Kolonnen verteilt. Nun stand er im Maschinenhaus an der Zentrale, empfing Meldungen, erteilte Befehle.

Die beiden ersten Raumschotts waren verloren: in zehn Minuten nach dem Zusammenstoß waren sie bis zum Wasserspiegel vollgelaufen, die Verletzung der Außenhaut mußte wahrhaft furchtbar sein. Im Raumschott drei und vier ließ sich nach Anbringung des Lecksegels das Wasser durch die Lenzpumpen halten, sogar ein wenig absenken. Durch das übernommene Wasser hatte sich das Schiff um etwa zwei Meter über Bug gesenkt, die Neigung war aber bei der ungeheuren Länge des Schiffes kaum merkbar.

Die Hauptsorge von Vickers galt dem Längsschott der beiden vorderen Kesselräume, die als Kohlenbunker ausgebildet waren. Die Innenwandungen hatten standgehalten, aber sie waren durch den Stoß und die Verbiegung der Spanten beschädigt. Nieten waren losgesprungen, Risse entstanden, an manchen Stellen spritzten kleine Fontänen in den Raum. So bestand Gefahr, daß die Innenwände allmählich eingedrückt würden — dann war das Schiff verloren.

Kalt und umsichtig leitete Guff die Absteifungsarbeiten an diesen Schotts. Balken wurden eingezogen, Keile zwischengetrieben, eiserne Dichtungsplatten mit Klammern vorgesetzt, ganze Spundwände aufgerichtet. Mit Aufbietung aller Kräfte wurden die Arbeiten ausgeführt. Höllenlärm erfüllte die beiden Räume: Niethämmer dröhnten, Metallsägen kreischten, Holzäxte knirschten. Aber nach einer Stunde konnte Guff melden:

„Es ist geschafft, Käpten! Die Wände werden halten, wenigstens so lange, bis die Hilfsschiffe da sind."

Astor betrat die Brücke. Smith war allein, er suchte mit dem Nachtglas den Horizont ab.

„Wie steht's, Kommodore?"

„Nicht schlecht! Der Riß in der Flanke ist halbwegs abgedichtet, wir nehmen nicht mehr Wasser auf, als die Lenzpumpen wegschaffen."

Er sah auf die Uhr.

„Zwölf Uhr fünfzehn. In drei Stunden längstens wird die Carpathia hier sein. Vielleicht noch früher das eine oder andere der Hilfsschiffe. Bei diesem Wirrwarr von Funknachrichten ist es schwer, genau den Ort zu bestimmen und die Fahrt zu berechnen. Wie ist's bei Ihren Leuten?"

„Alles in Ordnung, Kommodore! Meine Leute sind ruhig!"

„Gut so! Gut so! Im Zwischendeck hält Mac, dieser famose Kerl, seine Leute beisammen und wenn es bis morgen dauert. In der Ersten Kajüte wird getanzt und geflirtet, als sei man auf einem Sommernachtsfest in Atlantic Beach! Ich hoffe, unsere Fahrgäste werden mit einem blauen Auge davonkommen!"

Boxhall trat ein mit Meldung.

„Kommodore, ich bin selbst in den Mastkorb gestiegen, habe Ausschau gehalten. Fast genau Nord von uns, höchstens acht bis zehn Meilen entfernt, liegt ein Dampfer; ich konnte deutlich zwei Topplichter und die Positionslaternen ausmachen. Auch fackelt ein Licht herum, als würde gemorst, aber das läßt sich nicht deutlich erkennen."

„Das muß die Kalifornia sein, deren Funker schläft! Verdammt! Wenn wir eine Dampfpinasse an Bord hätten, könnten jetzt drei handfeste Männer hinüberfahren, die Kerls aus den Kojen prügeln, das Schiff herüberholen. Gehen Sie achtern, Boxhall, und geben Sie Notraketen! Die muß doch der Wachoffizier sehen! Sie werden auch der Carpathia unseren Ort zeigen. Und sagen Sie im Vorbeigehen Philips, er soll zur Kalifornia Alarmrufe hinüberschicken, vielleicht beliebt es dem Herrn Funker, doch aufzuwachen!"

Boxhall ging ab, Smith wandte sich an Astor.

„Da sehen Sie, was dabei herauskommt, wenn die Schiffahrtsgesellschaften Finanzinstitute werden! Eine Dampfpinasse, die jedes kleine Kriegsschiff mit sich führt, haben wir nicht: denn dann könnten ja unsere jungen Leute nicht Tennis spielen! Überhaupt die Boote! Gott gebe, daß wir sie nicht brauchen. Wir haben achtzehn Stück, die können zusammen höchstens tausend Personen aufnehmen. Wir sind aber zweitausendzweihundert, und wenn das Schiff voll besetzt ist, sind es fast viertausend. Das kommt daher, weil die Internationale Seefahrtordnung vorschreibt, daß Dampfer von zehntausend Tonnen und darüber achtzehn Boote mitführen müssen. Damals, vor dreißig Jahren, waren eben Schiffe von zwölftausend Tonnen die obere Grenze. Inzwischen sind die Dampfer zu Riesen geworden, aber an eine Änderung der Vorschrift hat niemand gedacht. Und für die Herren Generaldirektoren ist es natürlich wichtiger, Raum für Tanzsäle und Kurpromenaden zu schaffen, als genügend Rettungsboote mitzuführen. Freilich, bei neunundneunzig Fahrten braucht man sie nicht; aber auf der hundertsten würde man sie brauchen, und dann fehlen sie!"

Das Brückentelefon schnarrt. Smith hebt das Hörrohr ab. Er wird rot im Gesicht, ruft in hellem Zorn zurück:

„Was? Wir haben keine Notraketen an Bord? Nur Leuchtkugeln? So eine Schweinerei! Na, das Ausrüstungsbüro kann sich was besehen, wenn wir zurückkommen! Unser Materialmeister fliegt, weil er die Kisten nicht kontrolliert hat! Wie? Natürlich lassen wir die weißen Raketen los. Die drüben werden sich schon vorstellen können, daß wir hier nicht Königs Geburtstag feiern!"

Zornig hängt Smith den Hörer an.

„Da haben wir wieder einen solchen Fall!" wendet er sich an Astor. „Eine Titanic braucht doch keine Notraketen! Aber daß wir ein Feuerwerk veranstalten können, dafür ist vorgesorgt!" Erikson trat auf die Brücke.

„Nun, was haben Ihre Lotungen ergeben?" fragte Smith.

„Es ist so, wie ich mir's gedacht habe. Wir stehen über dem Fuß des Eisberges. Am Achterende habe ich bei fünfzehn Fuß unter Kiel Eis gelotet; mittschiffs fünfundzwanzig; am Bug findet das Lot keinen Grund. Solche hoch aus dem Wasser ragenden Eisberge tauchen unheimlich tief, sieben Achtel der Masse schwimmen unter der Oberfläche, der Fuß des Berges kann sich meilenweit unterseeisch fortsetzen wie eine flach abfallende Küste. Zuweilen aber brechen riesige Stücke ab, dann kommen sie aus dem Gleichgewicht, kippen und fangen an zu trudeln, wie man das oben in Labrador nennt. Was über Wasser stand, taucht unter, dafür steigen anderswo neue Felder und Klippen hoch. Es ist nicht gut, Eis unterm Kiel zu haben! Ich rate, ein paar Meilen weiter zu fahren, um diesem unheimlichen Biest außer Reichweite zu sein."

„Sie haben recht, Erikson! Von dieser Nachbarschaft müssen wir los. Ich muß aber erst Vickers fragen, ob wir trotz der Abdichtungsarbeiten Fahrt machen können."

Während Smith zum Telefon ging, wurde ein dumpfes Dröhnen und Heulen aus dem Wasser hörbar, als gingen Unterseeminen hoch. Etwa eine halbe Meile südlich wurde das Meer lebendig. Eisschollen und Splittereis stiegen auf, dann erhob sich eine langgestreckte flache Eisinsel. Gleichzeitig wurde ein dumpfer Stoß gegen den Boden des Schiffes fühlbar: und langsam, aber unaufhaltsam hob sich das Heck, senkte sich der Bug.

Nach einigen Minuten kam die Bewegung zum Stillstand, die Insel tauchte wieder unter Wasser, aber nun lag das Deck merklich gegen Bug geneigt.

„Verdammt!" rief Erikson. „Wir sitzen fest! Der Berg läßt uns nicht los!"

Versteinert hatte der Kommodore diese Vorgänge

beobachtet. Dann wandte er sich schwer und langsam um.

„Das wird ernst!" sagte er mit heiserer Stimme. „Wenn der Berg sich nochmals hebt, sackt das Schiff vorne weg! Wir müssen die Boote aussetzen! Rufen Sie die Offiziere, Erikson!"

Im Maschinenraum war das Dröhnen und Heulen des Eises nur als ein dumpfes Grollen vernehmbar; um so fühlbarer war aber der Stoß gegen den Boden des Schiffes, man vernahm deutlich das Knirschen am Kiel. Ein scharfer Ruck ging durch den Raum, der Boden senkte sich bugwärts. Die Maschine stand sichtbar schief, es sah aus, als beuge sie sich vor und auf Vikkers zu.

„Was ist los?" schrie Guff entsetzt auf. „Das Schiff hebt sich achtern!"

Da hörte die Bewegung auf; das Grollen im Wasser, das Knirschen unterm Kiel brach ab — es war plötzlich unheimlich still.

Aber nun gab's in den Kesselräumen Lärm; Rufen, Trampeln, Schlagen von Türen wurde hörbar. Oben auf dem eisernen Laufsteg kamen die Heizer gerannt, dann die Leute der Arbeitskolonnen.

„Die Schottwand bricht ein!" schrie der Vormann. „Die Balken knicken ab! Wasser im Kesselraum fünf und sechs!"

Durch den Lärm hallte schneidend die Stimme von Vickers.

„Feuer in fünf und sechs löschen! Dampf abblasen! Hauptbeleuchtung aus, Akkumulatoren für Notbeleuchtung an! Eiserne Kolonne zu mir! Alle übrige Mannschaft auf Deck!"

Von überallher kamen über die eisernen Stege jetzt die Leute gerannt, die bisher mutig und unverdrossen ihren Dienst getan hatten, Maschinisten, Heizer, Trimmer, Schmierer kletterten die Leitern und Stiegen hinauf und verschwanden durch die Nottür hoch oben in der Schottwand.

Nur sechs Männer blieben im Maschinenraum zur Verfügung von Vickers, die Eiserne Kolonne, wie er sie nannte, das letzte Aufgebot, die besten Kerls, entschlossen, mit ihrem Führer zu stehen und zu fallen.

„Bleiben Sie, Oberst!" sagte Smith zu Astor, als dieser sich verabschieden wollte. „Ich ziehe Sie als Hilfsoffizier ein! Ich brauche Ersatz für ...", und dabei wies er mit dem Kopf nach dem Kartenzimmer. „Sie sind ein seebefahrener Mann. Und darin, worauf es jetzt ankommt, haben wir alle keine Erfahrung!"

Er nahm aus einer Schublade eine rote Armbinde mit einem weißen Stern darauf.

„Hier das Abzeichen. Sie übernehmen das Kommando über die Erste und Zweite Kajüte, die ich aufs Achterdeck beordere. Die Fahrgäste der Luxuskabinen sollen in den Deckräumen bleiben. Ich hoffe noch immer, daß der ganze Wirbel sich als überflüssig erweisen wird; aber besser zu früh als zu spät. Hier sind jetzt Kräfte am Werk, die sich nicht berechnen lassen."

Inzwischen waren die Offiziere eingetreten. Smith trat vor sie hin.

„Die Sache ist schlimm geworden! Der Eisberg hat sein Gleichgewicht verschoben, ist unter uns hochgestiegen, wir sitzen auf ihm wie auf einer Sandbank. Das ist einerseits nicht ungünstig, das Schiff kann nicht weiter sinken, wir liegen sozusagen im Dock. Die Gefahr ist nur die, daß sich der Berg weiterbewegt, dann kommt das Schiff in gefährliche Lage. Ich gebe daher den Einbootungsbefehl! Mitteilung an die Fahrgäste werde ich sofort selbst durch Lautsprecher vornehmen.

Führer der Boote: Erikson Backbord, Assistent Boxhall für die Dritte Kajüte, die Mac Farlan unter sich nehmen wird. Steuerbord Lightoller, Assistent Lowe: für Erste und Zweite Kajüte, die Oberst Astor übernimmt. Kapitänsboote Astor, Assisten Moody: für die Fahrgäste der Deckkabinen.

Steuerbord- und Backbordboote sofort auf den Weg bringen. Kapitänsboote zuletzt. Frauen und Kinder zuerst verladen; männliche Fahrgäste nur, soweit Platz übrig. Die Boote kreuzen auf etwa eine Meile von der Titanic und erwarten die Hilfsschiffe. Das erste ist in längstens drei Stunden zu erwarten.

„Ich danke den Herren!"

Und dann fügte er mit außerdienstlicher Stimme hinzu:

„Macht eure Sache gut, alle! Jetzt muß sich zeigen, was englische Seemannszucht ist! Mich dürft ihr mit dem Kapitänsboot der Carpathia von der Brücke holen. Als letzten Mann natürlich! Auf Wiedersehn!"

Als sich die Offiziere und Astor entfernten, hielt der Kommodore Boxhall zurück.

„Noch keine Verbindung mit dem Dampfer drüben?" fragte er und sah nervös nach der Uhr.

„Nein, der Kerl liegt und schläft! Unsere Morselampen sind viel zu schwach, Klumpzeug, das keine zwei Meilen weit reicht. Hätten wir einen starken Scheinwerfer, so könnten wir deutlich mit ihm reden! Er ist, glaube ich, näher, als wir zuerst angenommen haben: noch keine sechs Meilen ab."

„Wenn wir einen Scheinwerfer hätten, dann brauchten wir ihn jetzt nicht! Dann hätten wir den Eisberg auf fünf Meilen gesichtet! Jedes Torpedoboot, jeder Zollkutter hat einen Scheinwerfer bugvoraus. Wir haben hundertfünfzigtausend Kerzen an Bord — aber für einen

Kapitän Edward J. Smith

Zehntausendkerzenreflektor langte es nicht! Den Ballsaal festlich zu beleuchten, ist natürlich wichtiger!"

Mit dem Ausdruck tiefer Bitterkeit legte Smith die Hand auf die Schulter des jungen Offiziers.

„Versuchen Sie es weiter, Boxhall! Wir dürfen nicht verzagen. Künftige Kapitäne werden es leichter haben. Die Titanic wird ein Warnruf werden und manches eingeschlafene Gewissen wachrütteln. Sie ist das Opfer einer faulen Ordnung. Arme Titanic! Leben Sie wohl, mein Junge!"

Nunmehr begab sich Smith zum Alarmapparat, riß den doppelt plombierten Hebel herunter. Sofort ertönten in allen Räumen und Korridoren des Schiffes die schrillen Glocken des Signals „Gefahr". Eine Minute lang ließ er den schaurigen Ruf laufen, dann schaltete er ihn ab und stellte den Lautsprecher ein, dessen Schalltrichter in allen Gesellschaftssälen, Eßräumen, Messen, im Maschinenraum und im Kesselhaus auf Deck angebracht waren.

Kalt und klar machte er Mitteilung von der kritischen Lage des Schiffes, gab Befehle, mahnte zu Ruhe und Besonnenheit. Er war gleichsam an zwanzig Orten gleichzeitig anwesend. Aber so sehr die gebieterische Stimme des Kommodore den Hörern dieser schlimmen Nachricht zu Bewußtsein brachte, daß die Führung des Schiffes noch in fester Hand lag, so lief doch wilde Erregung durch alle Teile der schwimmenden Stadt.

Dann rief der Kapitän die Funkkabine an.

„Dort Philips? Hier Smith. Geben Sie sofort SOS an alle. Melden Sie: Wasser im Kesselraum. Gefahr groß. Setzen die Boote aus. Kommt so rasch als möglich! Gut verstanden? Und noch keine Verbindung mit der Kalifornia? Verdammt! Eine Stunde von uns ab, und schlafen!"

Er hing den Hörer an. Langsam ging er im Ruderhaus auf und ab. Stumm standen die Apparate im Raum, Wunderwerke der Technik: der Trockenkompaß und der Kreiselkompaß; das Decklog, der Radiopeiler, der Tourenzeiger der Schraube; die Kommandotelegraphen nach der Maschine, den Kesseln, den Ankerspills; der Feuermeldeapparat, der anzeigt, wenn in einem der tausend Räume des Schiffes Feuer ausbricht; die Schottzentrale, von der aus man mit einem Hebeldruck sämtliche Türen schließt; die Telemotoranlage, ein zierliches Steuerrad, das man mit dem kleinen Finger bewegen kann und das dennoch fünfhundert Fuß weit entfernt das ungeheure Ruderblatt einstellt und dadurch den Lauf des Riesen in den gewollten Kurz zwingt. Aber nun waren sie entseelt, totes Gewirr von Drähten und Schrauben, Rädern und Zifferblättern, zu nichts mehr nütz für den sterbenden Leib des Riesen. Das Knattern der Funkantenne, das die Hilferufe in den Äther jagte, war das letzte Lebenszeichen — wie lange noch würde es vorhalten?

Smith blieb stehen und umfaßte mit seinem Blick alle diese Apparate: gespenstisch standen sie im Halbdunkel, nur ihre Skalen und Zifferblätter waren von innen erleuchtet. Wie sonderbar das aussieht! dachte er. Wie ein physikalisches Laboratorium. Das ist also heute ein Steuerhaus!

Er dachte zurück an das Steuerhaus der Mejestic, mit der er vor einundzwanzig Jahren die triumphale Fahrt über den Ozean gemacht hatte. Da stand in der Mitte ein mächtiges Rad, in dessen Speichen zwei kräftige Rudergaste greifen mußten, um das Blatt zu legen; ein simpler Kompaß, nicht viel anders, als die Kompasse seit ihrer Erfindung immer waren; zwei Sprachrohre, die zum Maschinen- und Kesselraum führten. Das war alles. Aber dann kamen die Erfindungen, die der Sicherheit der Fahrt dienen sollten. Hundert, tausend geniale Köpfe hatten Konstruktionen ausgedacht, durch die neu entdeckte oder neu angewandte Naturkräfte in den Dienst der Seefahrt gestellt wurden.

Und was war mit dem allen schließlich erreicht worden? Er, der Kommodore Smith, hatte dieses Schiff, dieses Wunderwerk des technischen Menschengeistes, auf seiner Jungfernfahrt zu Schrott gefahren — während der grobe Kerl von vorgestern schon dreißig Jahre alle Striche der Windrose mit seinem Schiff befährt, das sich in seinen Einrichtungen nur wenig von den Karavellen unterscheidet, mit denen Magelhaes und Vasco da Gama unbekannte Meere befahren hatten!"

Voll Scham dachte Smith daran, daß er die brave Elisabeth verächtlich einen Eingeborenenkahn geheißen hatte. Wie froh würden heute seine Fahrgäste sein, die Planken dieses Kahnes unter den Füßen zu haben statt der Smyrnateppiche der Titanic! Sie, die vor achtundvierzig Stunden wie hochmütige Halbgötter von der taghell beleuchteten Galerie des Promenadendecks auf die in der Flaute krängende Bark hinabgesehen hatten! Die Halbgötter waren heute bei einer sehr viel tieferen Stufe der Seefahrt angelangt. Auf Booten, wirklich wie Eingeborene der Südsee-Inseln, würden sie in die Nacht hinausrudern; wenn sie nicht gar angeklammert an Balken und Brettern auf eisiger Flut treiben würden!

Und was hatte letzten Endes diesen Sturz der Titanen herbeigeführt? Unablässig suchte Smith in seinen Gedanken an das letzte Ende der Ursachenkette vorzudringen. Aber es wollte ihm nicht gelingen. Es waren wohl die alten Ur-Kräfte und Ur-Leidenschaften im Menschen, durch die alle diese genialen technischen Einrichtungen nutzlos geworden waren: Gier und Eitelkeit!

Vor zwei Stunden da drinnen im Kartenzimmer, als Ismay, Murdock und er um den Tisch standen: da hatte unsichtbar die Waage des Schicksals zwischen ihnen gehangen — und er, Smith, hatte schwer seine Faust auf die Schale des Unheils gelegt. Was war es doch, was ihn das verhängnisvolle Wort sprechen ließ: Nordroute?

Er war unabhängig. Hatte eine ehrenvolle Laufbahn hinter sich. Nichts band ihn an das Gewirr der Geldinteressen um die Gesellschaft White Star. Er war frei in seinem Entschluß. Vernunft und Verantwortung sprachen für die Südroute. Und dennoch hatte er die Nordroute gewählt! Er war einem Druck gewichen, der rings um ihn die Atmosphäre des Schiffes erfüllte. Eine Luftspiegelung hatte ihn verleitet: der Wimpel des Blauen Bandes, den er an den Mast seines Schiffes heften wollte! Eine Lächerlichkeit im Grunde genommen! Als ob es irgend etwas bedeutet, ein paar Stunden kürzere Fahrt über den Ozean zu machen! Aber die Luftspiegelung wird vielleicht zahllosen Menschen das Leben kosten; und bestimmt ihm die Ehre!

Jetzt wurde auf dem Bootsdeck wüster Lärm vernehmbar. Schreien, Johlen, Fluchen, dazwischen scharfe Kommandorufe. Der Kommodore riß die Tür auf und trat hinaus. Draußen war ein wilder Tumult in Gang.

Die Wachen hatten befehlsgemäß die Zugänge zum Bootsdeck besetzt, um einen Sturm auf die Boote zu verhüten. Da war plötzlich über die Kapitänstreppe ein Teil der Leute heraufgepoltert, die das eindringende Wasser aus dem Kesselraum vertrieben hatte. Von Todesangst gepeitscht, hatten sie nur den einen Drang: ihr Leben zu retten. Sie schlugen den Wächter nieder, stürzten sich auf eines der Boote, begannen klarzumachen.

Es war eine Horde wüster Gesellen, wie sie sich überall in der Welt unter Heizern und Trimmern finden. Ihr Anführer sah aus, wie einem Seeräuberroman entsprungen: ein hünenhafter Kerl mit blatternarbigem Gesicht, dem eine blutrote Narbe über seine Wange lief und ihm den Mund schief wie bei einem Butt zog. Er war offenbar ein seebefahrener Mann und gelernter Matrose, der infolge irgendwelcher dunkler Vorkommnisse in die Unterwelt abgesunken war: seine Befehle waren sachkundig, schon hing das Boot richtig ausgeschwenkt in den Davits.

Inzwischen hatte Lightoller die Offiziere und Wachen gesammelt.

„Hände weg vom Boot!" befahl er. „Geht in eure Quartiere! Zuerst die Passagiere, dann die Mannschaft, zuletzt der Offizier: das ist Schiffsordnung!"

„Die Schiffsordnung geht uns einen Dreck an!" brüllte das Schiefmaul. „Jetzt gibt's keine Ordnung mehr. Wer dran ist, ist dran!"

Zwei der Kerls waren bereits ins Boot gesprungen, die anderen zerrten hastig an den Tauen.

„Zurück!" rief Lightoller schneidend, hob den Revolver, schoß. Einer der Männer im Boot, ein junger Kerl, halb noch ein Knabe, schrie auf, warf die Arme in die Luft und stürzte über Bord.

Durch dieses energische Vorgehen wurde der Mut der Rotte Korah jäh abgekühlt. Der zweite Mann sprang schleunigst aus dem Boot, alle machten kehrt und polterten wieder die Kapitänstreppe hinab. Der nächtliche Spuk hatte nur wenige Minuten gedauert.

Mechanisch steckte Lightoller den Revolver wieder in die Tasche. Er starrte dahin, wo der Kerl über Bord gestürzt war. Er hatte den schiefmäuligen Rebellen niederschießen wollen, aber den Knaben getroffen, den nur die Angst vor dem Tode gehetzt hatte; der nur wirklich getan, was jeder auf dem unseligen Schiff im Grunde des Herzens erstrebte: als erster ins rettende Boot zu gelangen! Aber vielleicht hatte er ihm einen Dienst erwiesen. Ihn schnell befördert. Ihm Qualen und Angst erspart. Was würde noch alles kommen! Überall lauerte der Tod auf dem Schiff, seitdem die Faust mit dem Messer ...

Smith trat auf ihn zu, legte ihm die Hand auf die Schulter und sagte leise:

„Es mußte sein! Wenn wir jetzt nicht hart sind, bricht die Hölle los! Sie lauert immer unter uns."

Einen Augenblick lang sahen sich die beiden Männer schweigend an. Sie verstanden einander. Dann gab sich der Kommodore einen Ruck. Rief mit heller Stimme:

„Und nun: Einbooten!"

Gewalten

Als Astor in den Konzertsaal zurückkehrte, dröhnten aus dem Lautsprecher die letzten Worte der Mitteilungen und Befehle des Kommodore.

Der Eindruck auf die Versammelten war niederschmetternd. Ein Teil von ihnen verlor augenblicks die stolze Haltung, deren sich die Besitzer hoher Einkommen gemeinhin befleißigen. Einige Frauen wanden sich in hysterischen Krämpfen, einige Männer zeterten und fluchten. Der Bankherr Widener schüttelte die Fäuste gegen den Lautsprecher und schrie grobe Vorwürfe zu ihm hinauf, als könne er auf diesem Weg den Kapitän zur Verantwortung ziehen. Die kleine Herde der Frommen war inzwischen zurückgekehrt und bildete in einer Ecke eine angstschlotternde Gruppe. Es war ihnen so lange angemessen erschienen, demütige und reuevolle Gesinnung an den Tag zu legen, als sie glaubten, dadurch das Wohlwollen der höchsten Instanz zu erlangen; angesichts des bitteren Ernstes der Lage aber wollten sie sich doch lieber der sachverständigen und energischen Führung Astors anvertrauen. Demgegenüber bewahrten allerdings Clifford, der Professor, der Maler und auch sonst noch eine Anzahl von Männern und Frauen jene kalte Gelassenheit, durch die sich in schweren Stunden zuchtvolle Menschen vom Pöbel unterscheiden.

Diese Auflösung der Ordnung ergrimmte Astor; er trat mit raschen Schritten in die Mitte des Saales und rief gebieterisch:

„Ruhe!"

Allsogleich wurde es still um ihn.

„Der Kapitän hat mich zum Hilfsoffizier ernannt und mir das Kommando über die Erste und Zweite Kajüte übertragen! Uns sind die Kapitänsboote zugewiesen. Holen Sie Ihre Angehörigen und die Dienerschaft. Erwarten Sie mich hier, ich habe zuerst die Einbootung der anderen Fahrgäste zu leiten. Unsere Boote kommen zuletzt. Sie, Clifford, übernehmen inzwischen meine Vertretung."

Diese klare und energische Sprache tat gute Wirkung; einem zielbewußten Willen unterordnet sich in der Stunde der Gefahr eine ratlose Menge stets. Nur Widener begehrte auf; er könne nicht einsehen, warum die Kapitänsboote nicht zuerst drankämen und dann erst die anderen? Und warum die Sekretärinnen, Kammerzofen, Kinderfräuleins und Diener ebenfalls in diese Boote kommen und Platz wegnehmen sollten? Aber Astor, nunmehr die Umgangsformen der guten Gesellschaft völlig außer acht lassend, brüllte ihn an:

„Jetzt herrscht auf dem Schiff Kriegsrecht, Herr Widener! Dem Befehl ist widerspruchslos zu gehorchen!"

Und dann etwas ruhiger und sich an alle wendend:

„Wir haben als Fahrgäste der Luxuskajüte gelebt, das verpflichtet! Vorerst ist noch keine dringende Gefahr, die Einbootung ist eine Vorsichtsmaßnahme; in wenigen Stunden sind Hilfsschiffe hier. Aber wie immer: Haltung, meine Damen und Herren, Haltung!"

Während dieser Rede hatte auch der Reverend den Saal betreten. Nun trat er auf Astor zu.

„Ein guter Christ sind Sie nicht, Oberst — aber ein ganzer Mann! Nehmen Sie mich als Helfer an, Sie werden welche brauchen!"

„Recht so!" rief Astor mit heller Stimme und schlug dem Reverend auf die Schulter. Dann nahm er noch Gracie, den Professor und den Maler mit sich und verließ den Saal.

Draußen sagte er zu den Helfern:

„Ziehen Sie sich rasch Mäntel an, wir treffen uns auf dem Tennisplatz. Ich muß noch meine Frau verständigen."

Dann sprang er in großen Sätzen die Treppe hinab und betrat das Musikzimmer, wo Helia, Sylvaine und Josuah beisammen waren.

Helia eilte auf ihn zu.

„Ich weiß alles! Du hast recht getan!" sagte sie und wies auf seine Armbinde. „Aber wir gehen nicht in die Boote ohne dich. Wir gehören zu dir, John!"

Astor trat einen Schritt zurück, sah sie starr an. Dann mit schwerer Stimme:

„Du gehst ins Boot, Helia!"

Und nach einer Pause:

„Du stehst nicht allein für dich, Helia!"

Dann wandte er sich zur Tür.

„Wartet hier, bis ich euch hole, es wird einige Zeit dauern. Auch Mao und die Zofe sollen sich fertigmachen, sie gehen mit euch."

Inzwischen war Mao lautlos eingetreten, eine pelzgefütterte Lederjacke über dem Arm. Astor riß sich den Frack ab, schlüpfte in den Rock. Die Kombination dieses Alaskakleidungsstücks mit Frackhose und weißer Krawatte sah allerdings nicht sehr stilvoll aus, sein Schneider würde die Hände gerungen haben. Aber sobald Mao die Armbinde befestigt hatte, stürzte Astor davon.

Die Tür vom Mannschafts-Quartier nach der Kapitäns-Treppe wird vorsichtig geöffnet, Parnells kahler Schädel lugt vor. Da auf der Treppe nichts zu hören ist, tritt er leise heraus. Hinter ihm Isabeau, drei leere Rucksäcke über den Arm gehängt. Zuletzt kommt Luigi. Er trägt einen mittelgroßen, aber offensichtlich gewichtigen Koffer.

Das Kleeblatt steigt leise die Treppe hinab, steht nach

vier Absätzen vor einer Eisentür, auf der in Messingbuchstaben steht: Safe. Der Kahlkopf zieht einen Bund Schlüssel aus der Tasche, sucht den kleinsten heraus, öffnet, die drei treten ein, hinter ihnen schließt er von innen wieder zu.

Sie befinden sich in einem kurzen Gang zwischen Eisenwänden, aus denen dicke Nietköpfe vorstehen. An dessen Ende die eigentliche Safe-Türe, eine wuchtige Panzer-Pforte, wie sie die Gewölbe der Bank von England sperren.

„Ohne den Eisberg", sagt Parnell und klatscht mit seiner Pranke der Tür kameradschaftlich auf den gewölbten Rücken, „könnten wir da nicht hinein! Da nützt dein schönster Blasebalg nichts, Luigi!"

Der Angeredete fühlt sich in seiner handwerklichen Ehre gekränkt und brummt dagegen:

„Jedenfalls ist es bequemer, mit Käptens Schlüssel einzutreten, als anderswie!"

Parnell steckt einen der großen Schlüssel mit den komplizierten Bärten in das oberste Schloß, dreht zweimal ohne Mühe herum; dann öffnet er in gleicher Weise die vier anderen Schlösser. Nun zieht er mit einem Finger die mächtige Tür auf, die sich trotz ihres ungeheuren Gewichtes auf Kugellagern spielend leicht bewegt.

Die Safe-Kammer ist ein niedriger aber ziemlich großer Raum, in dessen Stahlwände die kleinen Türen zu den Tresoren eingelassen sind. In der Mitte steht ein breiter, mit grünem Tuch bespannter Tisch.

„Jetzt mußt du antreten", sagte der Kahlkopf zu Luigi, „zu den Tresoren haben die Besitzer die Gegenschlüssel."

Der Italiener stellte seinen Koffer ab, öffnete ihn, entnahm ihm sein Handwerkzeug, zwei Stahlflaschen mit komprimiertem Sauerstoff und Wasserstoff, drahtumsponnene Schläuche mit starken Gewinden, das Mischgebläse, schwarze Brillen. Brachte mit flinken und geübten Händen alles zurecht. Legte auf den Tisch eine Anzahl von Brechstangen, Stemmeisen, Bohrern. Begann seine Arbeit.

Um die Schlösser der Tresore malte er zunächst Kreise mit einer zähen grünlichen Flüssigkeit. Diese „grüne Tinktur“ war seine Erfindung und hatte ihn in der Einbrecher-Welt zu einer Art Berühmtheit gemacht: denn durch diesen Stoff wurde die Wirkung des Knallgebläses verzehnfacht.

Das Ausschneiden der Schlösser ging daher schnell vonstatten. Eine Tür nach der anderen klappte auf; kaum einmal bedurfte es der Nachhilfe. Parnell räumte den Inhalt der Schränke aus und warf ihn auf den Tisch. Isabeau sortierte sachkundig den Inhalt, nur das Wertvollste sollte mitgenommen werden. Aktien und Staatspapiere warf sie verächtlich beiseite; diese Sachen sind numeriert, ihre Verwertung ist zu gefährlich. Dann waren da dicke Packen wertvoller Stoffe: venezianische Spitzen, indische Seidenschals, chinesische Stickereien, alte persische Samte. Sie warf sie beiseite, das Zeug nahm zu viel Platz weg. Bargeld war wenig vorhanden. Die Engländer und Amerikaner haben die abscheuliche Gewohnheit, mit Schecks zu zahlen, und Bankguthaben sind ehrlichen Einbrechern unzugänglich; um an sie zu kommen, bedarf es anderer Methoden. Auch die Ausbeute an Schmuck war enttäuschend; anläßlich des großen Festes hatten sich die Titanen-Frauen mit allen ihren Juwelen behängt, so daß nur wenig im Safe zurückgeblieben war.

Einige der Stahlschränke erwiesen sich aber als Schatzkammern wie aus Tausendundeiner Nacht. In ihnen hatte ein Konsortium internationaler Juwelenhändler eine überaus wertvolle Sendung eingelagert: denn welchem Schiff sonst konnte man beruhigt so unerhörte Werte anvertrauen als der „Titanic?"

Isabeau zitterte vor Erregung, als sie die versiegelten Schachteln, Kästen, Säcke öffnete und ihren Inhalt auf den Tisch schüttete. Hier rollten, ein Bach von Blut, Rubine hervor; da breitete sich eine Frühlingswiese von Smaragden; dort dehnte sich ein See von tiefblauen Saphiren; ein Wasserfall flirrender Brillanten stürzte aus einem seidenen Sack. Dazwischen wand sich, irisierende Schlange von fast widerlicher Länge, eine Schnur haselnußgroßer Perlen. In Lederetuis lagen auf farbigem Samt in stolzer Einsamkeit die großen Nummern: ein ovaler Brillant reinsten Wassers von der Größe eines Maikäfers, der eine Lichtgarbe um sich warf; ein wahrhaft königlicher morgenrotfarbener Spinell; ein ungeschliffener Smaragdkristall von Daumenlänge. Und als Isabeau einen Sack unvorsichtig öffnete, häufte sich vor ihr ein Hügel auf von Perlen in allen Farben: silberne, graue, gelbe, schwarze, rosenfarbene, alle etwa erbsengroß, es war eine Lust, hineinzugreifen.

Während sich Isabeau an dem Glanz berauschte, der vor ihr auf dem Tisch ausgebreitet lag, vollendeten die Männer ihre Arbeit. Im letzten Fach hatte sich noch eine ansehnliche Menge von Goldbarren gefunden: eine Sendung der Bank von England an das Bankhaus Morgan. Als die Männer die schweren gelben Ziegelsteine auf den Tisch hoben, gab es Streit.

„Laßt die Klumpen zurück!" sagte Isabeau verächtlich. „Was davon einer von euch schleppen kann, macht noch keine zehntausend Dollar aus! Ein Stein wie dieser — sie nahm zärtlich den königlichen Spinell in die Hand —, den ich in den Strumpf stecke, bringt das Doppelte!"

„Aber das bunte Zeug ist schwer zu verkaufen!" murrte Parnell dagegen.

„Gold ist sicherer“, brummte Luigi. „Ich nehme das Gold, Steine sind Weiberzeug.“

„Ihr seid Idioten!“ rief Isabeau erregt. „Ich garantiere euch, daß ich diese Sachen verkaufe! Und daneben könnt ihr noch eure Schicksen behängen, daß sie aussehen wie englische Herzoginnen!“ Dabei nahm sie die Perlenkette und schlang sie sich, gewissermaßen zur Illustration ihrer Worte, zweimal um den Hals, wobei sie ihr noch bis zu den Knien hinunterhing.

„Halt deine Schnauze!“ brüllte Parnell und holte mit seiner Pranke aus, daß sie sich duckte. „Du willst nur deinen Rebbach machen beim Verkauf!“

„Gut, nehmt ihr das Gold, laßt mir die Steine! Ich verzichte auf meinen Anteil bei euch, ihr auf euern bei mir!“ Isabeaus Augen glänzten vor Gier.

In diesem Augenblick wurde ein schleifendes Geräusch vernehmbar, als reibe sich etwas an der Schiffswand. Der Fußboden neigte sich. Der Perlhaufen kam ins Rollen, die bunten Kugeln liefen über den Tisch, fielen auf den eisernen Boden, sprangen von ihm zurück, es war der hübscheste Regen, den man sehen konnte. Dann hörte das Knirschen wieder auf, der Fußboden stand still, hob sich sogar wieder ein wenig zurück.

Die Spießgesellen waren vor Schreck wie gelähmt, sahen sich entsetzt an.

„Der Kasten sackt weg!“ rief Parnell, der sich zuerst faßte. „Es wird Zeit, daß wir uns davonmachen. Einpacken, und dann hoppla!“

Hastig machten sie sich an die Arbeit. Auf einmal hörten sie hinter sich von der Tür her ein leises Fauchen. Erschrocken fuhren sie herum, starrten hinüber. Da sahen sie, wie sich die Tür langsam in den Angeln drehte, sich in den Rahmen legte mit dem weichen Puff, der luftdicht schließenden Türen eigen ist.

„Die Tür!" keucht Isabeau, das Herz schlug ihr am Hals.

„Ihr Angsthasen!" rief Parnell; aber auch er war käsebleich geworden. „Die Tür hat doch kein Schnappschloß, die Riegel müssen mit den Schlüsseln eingedreht werden!"

Er ging hinüber mit leichtfertig schlenkernden Armen, womit er seine Sorglosigkeit kenntlich machen wollte. Er drückte mit dem Zeigefinger gegen die Tür, um wie früher beim Öffnen zu zeigen, wie spielend sich das Monstrum bewegen ließ. Aber diesmal glückte die Schaustellung nicht. Nun drückte Parnell mit der ganzen Hand; dann mit beiden Händen; stemmte sich mit der Schulter an; nahm einige Schritte Anlauf und warf sich mit der ganzen Wucht seines Gorillakörpers gegen die Panzerwand. Die rührte sich nicht.

„Da muß etwas passiert sein!" murmelte er verlegen, als habe er etwas falsch gemacht; sein Kopf ist von der Anstrengung feuerrot geworden. „Du mußt helfen, Luigi!"

Dieser ging mit seinem schweren Schritt hinüber. Er ließ sich nicht erst auf nutzlose Anstrengungen ein, wie mit Fäusten hämmern oder mit der Schulter anrennen. Er prüfte sorgfältig die Fuge zwischen Tür und Angel, ging zum Werkzeugkasten zurück, holte ein dünnes Stahlblatt, versuchte an verschiedenen Stellen, es in die Fuge zu schieben. Oben ging es leicht, in der Mitte schwer, im unteren Drittel gar nicht.

„Die Senkung des Schiffes hat den Türrahmen verdrückt, unten klemmt er. Da nützt keine Gewalt. Wenn ein Elefant dagegenrennt, sie rührt sich nicht!"

„Gefangen!" ächzte Parnell seine Augen treten weit aus den Höhlen. „Versaufen müssen wir wie junge Katzen!"

Luigi ging zum Knallgasapparat hinüber und machte

sich an ihm zu schaffen. Über die Schulter hinweg sagte er:

„Versaufen tun wir nicht! Die Kammer ist wasserdicht und so fest, daß auch der Druck von dreitausend Meter Wasser sie nicht zerquetscht. Wir werden auf dem Meeresgrund liegen, bis wir ersticken. Das kann ziemlich lang dauern, wir haben viel Sauerstoff."

Er sprach ruhig und sachlich wie ein technischer Experte. Dann brachte er den Apparat zur Tür hinüber, stellte ihn ein.

„Wir wollen versuchen, den Rand wegzubrennen. Du, Parnell, nimm die Eisen, steck sie in den Spalt, den ich abschmelze, damit er sich nicht wieder schließt."

Sie begannen mit der Arbeit. Während bei den Tresoren eine nadelfeine Stichflamme genügt hatte, mußte hier mehr Gas gegeben werden. Eine zischende Flamme fuhr gegen den Türrahmen, flüssiges Eisen tropfte herunter. War eine kleine Öffnung abgeschmolzen, so schlug Parnell mit Hammerschlägen ein Stemmeisen ein. Es begann warm zu werden durch die Höllenflamme des Gebläses, Schweiß rann den beiden Männern übers Gesicht.

„Wenn wir nur ein Stück vom Eisberg hier hätten!" sagte er und zog sich Rock und Hemd aus. Parnell folgte seinem Beispiel. Dann gingen sie wieder ans Werk.

Isabeau stand wie erstarrt an den Tisch gelehnt, sah den Männern zu, wie Zyklopen arbeiteten sie im zuckenden Schein der weißglühenden Flamme. Der Körper Luigis war wie der eines Athleten, muskulös, aber hager, braun gebrannt, die Brust mit einem zottigen Fell schwarzer Haare bedeckt; die Parnells war schneeweiß, kahl wie sein Schädel, aber von stierhafter Kraft.

Wieder setzte Luigi aus.

„Hör, Parnell, wenn ich uns hier rauskriege aus der Kiste, dann überläßt du mir die Isabeau!"

Parnell fuhr hoch.

„Erpresser!"

„Wie du willst", sagte Luigi ruhig und drehte das Ventil des Gebläses zu.

„Nimm sie!" lachte Parnell auf. „Wegen dieser Ziege versaufen — das wäre noch schöner!"

Er streckte Luigi die Hand entgegen, der schlug ein. Das Geschäft war abgemacht. In der Unterwelt gilt ein Handschlag noch.

Isabeau, der Gegenstand dieses Handels, hatte benommen der Arbeit der Männer zugesehen. Der letzte Wortwechsel aber riß sie wach. Der Luigi? dachte sie. Nie hatte der auch nur im entferntesten erkennen lassen, daß er sich etwas aus ihr machte. Nie wie die anderen aus der Genossenschaft unterm Tisch sein Knie an ihrem gerieben, im Vorbeigehen an ihre Brust gegriffen, hinter Türen nach ihr gefaßt. Und jetzt das? Sie wußte nicht, daß Luigi ein Sizilianer war, Mitglied der Maffia, in der das Weib eines Genossen für die anderen tabu ist. Nur durch freundschaftlichen Vertrag oder durch Messerkampf wechselt es den Besitzer. Die Französin in ihr bäumte sich dagegen auf, verschachert zu werden wie ein Stück Vieh.

„Ihr seid Hunde! Hunde seid ihr!" schrie sie hinüber. Aber innerlich war sie doch ein wenig stolz darauf, daß so tüchtige und gefürchtete Männer um sie rivalisierten.

Inzwischen schritt die Arbeit an der Tür fort. Bald knatterte das Gebläse, bald dröhnten Hammerschläge. Die Hitze im Raum stieg, es war in ihm wie an einem schwülen Augusttag.

„Nur noch drei Zoll, dann sind wir durch!" sagte Luigi und wischte sich mit dem Arm den Schweiß ab, der ihm in Bächen von der Stirn lief.

„Der Teufel hat deine grüne Tinktur gesegnet!" rief

Parnell anerkennend. „Die Flamme frißt den Stahl wie ein Ochse Heu. Wir wollen drüben in Dollarien noch manches Ding drehen. Die Yankees werden sich wundern!"

Mit einemmal ließ die Flamme in ihrer Wucht nach. Statt eines spitzen Dolches, der aus der Mündung des Gebläses vorschoß, wurde sie eine breite wankende Fackel, schrumpfte ein, wurde gelb, dann grün, dann blau; züngelte nur noch schwach und stockend hervor.

„Ostia Madonna! Porco di Dio!" fluchte Luigi zwischen den Zähnen.

Er versuchte verschiedene Handgriffe, klopfte mit dem Hammer gegen das Gebläse, vielleicht war die Düse verstopft. Drehte an den Ventilen. Die Flamme blähte sich einige Sekunden stärker auf, sank wieder zurück, erlosch schließlich ganz. Hastig schraubte Luigi den Schlauch von der einen der beiden Flaschen ab, hielt das Ohr an die Öffnung, schraubte nochmals am Ventil, bis es am Rand des Gewindes stand. Dann warf er mit einer verächtlichen Bewegung das Gebläse hin.

„Aus!" sagte er. „Fertig! Kein Gas mehr drin! Eine Kopflänge vor dem Ziel. Der Maledetto hat uns überholt. Das Rennen ist aus!"

Er ging auf den Stoffhaufen zu, nahm ein mondscheinfarbenes Seidentuch auf — vielleicht hatte ehedem die Gattin Jehan Khans ihre zarten Schultern darin gehüllt — und wischte sich sorgfältig den Schweiß von Gesicht, Armen, Brust.

„Was?" schrie ihn Parnell an. „Jetzt ist nicht Zeit für eine Badekur! An die Arbeit!"

„Aus, habe ich dir gesagt!" erwiderte Luigi gelassen. „Kein Wasserstoff mehr in der Flasche. Hätte mindestens zwei Stunden reichen müssen. Das Ventil muß undicht gewesen sein. Verstehst du noch nicht?"

„Du Schwein!" brüllte Parnell verzweifelt. „Hast dein

Werkzeug versaut, weil du immer schon an das Mensch gedacht hast! Du bist schuld, wenn wir hier nicht rauskommen!"

„Und wer hat uns in die Mausefalle gelockt? Wer hat die Tür nicht versorgt?"

„Konnte ich wissen, daß das Schiff vorn wegsacken wird? Ohne das hätte die Tür hundert Jahre offenstehen können!"

„Nun egal. Nichts mehr zu wollen. Aus!" wiederholte Luigi. Er hatte sich trockengerieben und warf das Tuch auf den Haufen zurück.

„Aber glaub nicht, daß du das Weib kriegst!" schrie Parnell weinerlich. „Du hast den Preis nicht bezahlt, hast den Preis nicht bezahlt!" Seine Stimme kippt über.

„Die Sache wollen wir zu Ende bringen", sagte Luigi kalt. „Nimm dein Messer!"

Damit ging er quer durch den Raum, legte im Vorübergehen seinen Dolch auf den Tisch, hob seine Jacke auf, wand sie ein paarmal um den linken Arm, machte mit der rechten Hand und den Zähnen aus den Ärmeln einen Knoten.

„Vorwärts, Mann!" rief er Parnell mit einem ungeduldig drohenden Ton in der Stimme zu.

Parnell hatte wieder den gluren Angstblick, die Augen traten aus den Höhlen. Es war nicht an dem, daß er blutscheu gewesen wäre; verschiedene plötzliche Todesfälle in seinem Bekanntenkreis wurden auf sein Konto geschrieben. Aber im Grund seiner Seele war er feige. Kampf Mann gegen Mann hatte er bisher stets zu vermeiden gewußt. Doch der Ehrenkodex der Unterwelt hielt ihn fest. Niemand hätte mehr ein Stück Brot von ihm genommen, wenn er jetzt kniff. Und dann zuckte es ihm durch den Kopf: wenn ich jetzt meinen Mann stehe, vielleicht belohnt mich die heilige Jungfrau und tut ein Wunder mit der Tür.

Entschlossen holte er seinen Rock, machte sich in gleicher Weise einen Abwehrarm, schlug mit der Rechten ein Kreuz, zog sein Messer, stellte sich mit dem Rücken gegen die eine Wand. Auch Luigi schlug ein Kreuz, holte den Dolch vom Tisch, stellte sich an die andere.

Mit Grauen sah Isabeau diese Vorbereitungen. Sie hatte sich vom Tisch weg an die Wand geflüchtet; schob sich an ihr entlang, um den Männern auszuweichen, die sich um sie nicht im geringsten kümmerten; stand an die Tür gepreßt zwischen ihnen wie ein Schiedsrichter bei einem Fechtturnier.

Nun gingen die beiden Kämpen aufeinander los, der braune und der weiße. Den umwickelten Arm zum Schutz vorgestreckt, den messerbewaffneten zum Stoß ausgeholt. Umschlichen sich wie knurrende Leoparden. Bald sprang der eine vor, bald der andere; aber der Jackenarm wehrte immer wieder den Stoß ab.

Während des Kampfes wichen Angst und Entsetzen von Isabeau. Schließlich sah sie ihm gleichmütig zu wie eine Hindin, wenn zwei Hirsche um sie kämpfen. An Parnell band sie die Gewohnheit. Er hatte sie aus der Gosse geholt, war ihr Geliebter gewesen durch zwei Jahre. Und wenn sie ihn auch nicht liebte: als seine Kebse war sie zu Ansehen und Wohlleben gelangt. Dankbarkeit und das ungeschriebene Gesetz der Unterwelt band sie an ihren Herrn. Aber auf den Braunen mit der zottigen Brust und den schlanken Gliedern sah sie mit zunehmendem Wohlgefallen. Sein gelassener Ernst, seine völlige Furchtlosigkeit zogen sie an. Mit steigender Spannung verfolgte sie die Bewegungen der beiden Kämpfer, allmählich wurde sie wirklich etwas wie ein Schiedsrichter. Ein bebendes Lustgefühl rieselte ihr über die Haut.

Parnells Gorillakörper hatte die größere Wucht, Luigi war der Behendere. Als dieser ihn einmal von der

Seite ansprang schleuderte ihn Parnell mit einem Kinnhaken weg, stieß mit der Rechten nach. Luigi duckte sich rasch, aber das Messer streifte ihn, schnitt ihm das linke Ohr zur Hälfte ab.

Der Sizilianer brüllte auf, nun kam er in Hitze; das Blut, das ihm auf die Schulter tropfte, machte ihn rasend. Mit wildem Gebrüll stürzte er vor. Parnell sprang zurück, stieß an den Tisch, in bunten Strömen fielen die Steine auf den Boden. Mit aufgerissenen Angstaugen wich er jetzt vor dem Wütenden zurück. Den linken Arm zu hilfloser Abwehr vorgestreckt, stand er an der Wand, die ihm den Rücken deckte. Hob die Messerhand hoch — aber es war mehr Drohung als wirksame Wehr. Da preßte Luigi mit seiner Linken den Dolcharm gegen die Wand, drückte das Knie in Parnells Bauch — und nun stieß er ihm das Messer von oben abwärts zwischen Hals und Brust. Ein Blutstrahl spritzte hoch, die Augen Parnells wurden glasig, sein Messer klirrte zu Boden, seine Knie knickten ein. Wie ein ausrinnender Sack fiel er langsam um.

Die Wut des Kampfes hatte auch Isabeau in Erregung versetzt. Sie wurde von ihrem Mitgefühl hin und her gerissen. Es war ihr, als müsse sie dem jeweils Gefährdeten zu Hilfe kommen. Als nun der Dolch in Parnells Hals fuhr und der Blutbach hervorstrudelte, schrie sie laut auf.

„Du Hund! Du tollwütiger Hund!" kreischte sie und schüttelte beide Fäuste gegen Luigi.

Der Sizilianer drehte sich um und sah starr auf das zornsprühende Weib. Er fraß sie mit seinen Blicken, so schön war sie ihm noch nie erschienen. Vorgebeugt stand er da, ihr Schreien war ihm Musik, die Bewegung ihrer Brüste unter der gestrafften Seide benahm ihm den Sinn, ein wildes Siegergefühl loderte in ihm auf. Er warf den Kopf hoch, röhrendes Lachen gurgelte aus seiner Kehle, er griff mit beiden Händen nach seinem Gürtel, riß ihn knallend entzwei, streifte mit blitzschnellen Bewegungen die Kleider ab: und stand nun da, ein zottiger Satyr, die derben Schuhe an den nackten Beinen wie Hufe, sein wieherndes Lachen gellte durch den Raum.

Isabeau durchfuhr niegekannte Angst. Sie war keine Unschuld vom Lande, gewiß nicht. Aber noch nie hatte sie den Mann-Hengst so hüllenlos in wilder Gier gesehen. Aufschreiend wandte sie sich ab. Nur weg! Nur fliehen!

Das Wiehern des Satyrs brach ab. In großen Sprüngen setzte er dem Weibe nach, faßte sie. Die Perlenschnur zersprang, die bleichen Perlen rollten über den Boden. Isabeau wandte sich jäh um, schlug ihm die Faust zwischen die Augen, glitt unter seinen Armen durch, lief weg. Mit einem Satz er ihr nach, umschlang sie von hinten, packte zu.

Da war es zu Ende mit ihr. Sie warf sich herum, mit einem Lachen der Gier auch sie. Schlug die Arme um ihn, riß ihn an sich; biß sich an seinen Lippen fest, daß sie Blut im Mund schmeckte; zog ihn mit sich auf den Haufen durchwühlter Stoffe, über die der Schleier von Jehan Khans Gattin wie ein Brauttuch gebreitet war.

Stöhnen brach aus ihr hervor, mischte sich mit dem Keuchen des wütenden Tieres über ihr. Sie bäumte sich auf, um sich seiner zu erwehren. Immer wilder wurde der Kampf der beiden Geschlechts-Tiere; immer heftiger drängten sie sich in Ur-Brunst gegeneinander; und mit lang hinröchelndem Ächzen sanken sie nieder, verströmten ineinander, wuchsen unlösbar in eins zusammen, streckten sich in gelöstem Krampf. Wie Tote sich strecken, wenn der letzte Kampf vorüber ist.

Da erlosch das Licht, die elektrischen Lampen hatten schon eine Weile trübe gebrannt. Dunkelheit fiel wie ein Grabtuch über die beiden Wesen. Sie waren zwar nur elende Tiere. Aber eben jetzt und hier hatte einen Augenblick lang das Rad der Welt aufgehört, sich zu drehen. Einging der Unruhetäter in den Frieden.

Während die elektrisierenden Klänge des Bulawayo-Marsches ertönten, des Preisliedes auf den toten Löwen Cecil Rhodes, dem letzten aus der Reihe der Clive, Hastings, Raleigh und all der anderen Vorkämpfer für Großbritanniens Größe, erscholl plötzlich durch den Lautsprecher der Befehl des Kapitäns. Die Musik verstummte jäh.

„Hier Kommodore Smith! Mitteilung an alle!

Wir sind mit einem Eisberg zusammengestoßen. Der Schaden ist ernster, als es zuerst den Anschein hatte. Reparatur auf See unmöglich, das Schiff muß abgeschleppt werden. Unsere Funkrufe sind gehört worden. Sechs Hilfsschiffe sind auf dem Weg zu uns. Ihre Ankunft ist bald zu erwarten.

Befehl an alle!

Die Fahrgäste in Ruhe und Ordnung auf Deck. Erste und Zweite Kajüte auf Achterdeck; Dritte Kajüte auf Vordeck; Bootsleute auf Oberdeck; übrige Mannschaft auf die vorgeschriebenen Alarmplätze. Schwimmwesten anziehen. Keinerlei Gepäck mitnehmen. Um das Schiff zu entlasten, Frauen und Kinder in die Boote. Männer nur insoweit, als noch Platz in den Booten. Sind durch Auszählung zu bestimmen. Die übrigen bleiben an Bord, bis die Hilfsschiffe kommen. Den Befehlen der Offiziere sowie der durch rote Armbinden gekennzeichneten Hilfsoffiziere ist unbedingt Folge zu leisten. Wer nicht gehorcht, wird niedergeschossen.

Ladys and Gentlemen!

Erweist auch als Briten! Behaltet Mut! Wir werden der Gefahr Herr werden!"

Zuerst waren die Menschen im Saal wie erstarrt. Dann erhob sich Lärm. Einige Männer sprangen auf, drängten zu den Ausgängen. Frauen schrien und weinten. In der letzten Reihe warf sich eine über den Tisch: „Meine arme Mutter! Meine arme Mutter!"

Da rief Mac hart und gebieterisch in den Saal:

„Halt! Herhören! Jetzt ist es an uns, zu beweisen, daß wir würdige Nachkommen unserer Vorfahren sind! Jetzt kommt es allein auf Mannszucht an! Wir sind ein Regiment, das der Feind umzingelt hat. Bewahren wir Haltung, so ist Rettung sicher. Wir sind Briten und kein feiges Gesindel! Ich übernehme das Kommando! In Ordnung mir nach!"

Hob das Szepter des Tambourmajors, rief der Kapelle ein Wort zu, gab das Zeichen: und rauschend begann wieder das alte Siegeslied von Malplaquet. Dann setzte sich der Zug in Bewegung: voran Mac, den Stock mit Knauf und Quasten schwenkend wie auf der Parade, dann die Kapelle, dann das Publikum in Viererreihen. Alle hielten Schritt und Ordnung. Wollte jemand ausbrechen, drängen, zetern, wurde er von den Nachbarn zur Ruhe verwiesen. So zog Mac, ein neuer Moses, seinem Volk voran, willens, es auch weiter durchs Meer zu geleiten.

Die hoffnungsvolle Zuversicht der Leute von Macs Gefolgschaft wurde allerdings erschüttert, als sie auf Deck kamen und der wirklichen Umstände gewahr wurden. Hier wurde sichtbar, daß das Schiff schon stark nach Steuerbord hing und der Bug sich bereits um einige Meter gesenkt hatte. Es war völlig windstill und das Meer spiegelglatt. Aber das Stilliegen des Schiffes, dessen unbeirrbares Vorwärtsstürmen seinen Insassen selbstverständlich geworden war; die hohe Eiswand, die drohend im bleichen Sternenlicht stand; das Knirschen und Klirren der langsam treibenden Schollen: all das machte einen weit hoffnungsloseren Eindruck, als ihn selbst eine von wütendem Sturm gepeitschte See gemacht hätte. Die Dämonen der Natur kämpften gar nicht mehr gegen das Menschenwerk. Hilflos lag das Schiff gleichsam auf einer riesigen flachen Hand; deren Finger krümmten sich leise, und langsam, aber sicher näherte sich der Augenblick, da sich die Faust schließen und die Mücke auf der Hand zerquetschen würde.

Trotzdem vollzog sich das Manöver von Macs Regiment exakt wie auf einem Exerzierplatz. Er selbst und seine Musikanten stellten sich auf die erhöhte Ladeluke; ringsum stand ernst und gefaßt sein Publikum, das sich auf unerklärliche Weise an den alten Mann mit der Bärenmütze und den grauen Bartsträhnen gekettet fühlte.

Die Versicherung, daß Britannien die Wogen beherrsche, die er und die Seinen den Hörern noch vor kurzem zugeschmettert hatten, war nun allerdings, zumindest hinsichtlich eines Teiles von Britannien, recht zweifelhaft geworden. Gleichwohl hatte seine Verkündigung von Großbritanniens Kämpfen und Siegen die Herzen dieser armen Schiffbrüchigen in wunderbarer Weise gestärkt. Und so vollzog sich denn auf diesem Teil des Schiffes die Verbringung der Frauen und Kinder in die Rettungsboote in mustergültiger Ruhe und Ordnung.

Währenddem wiederholte, nur durch kurze Atempausen unterbrochen, die Kapelle der Old Royal Dragoons ein Stück des Abendprogramms nach dem anderen; namentlich die Märsche schmetterten immer wieder durch die eiskalte Luft. Nur das große Potpourri „Auf See" ließ Mac geflissentlich aus. Die romantische Verklärung von Meer und Seewesen mochte ihm bei dieser Sachlage unangebracht erscheinen; vor allem aber wäre der Hinweis auf das blaue Band, das sich der Jüngling nach dieser Nacht zu holen gedachte, unter den vorliegenden Umständen durchaus unpassend gewesen.

Die Geschwister Estetics saßen Hand in Hand auf dem Sofa ihres gemeinschaftlichen Wohnzimmers. Sie hatten sich schon zur Nacht umgezogen.

Ihre Gesichter waren auffallend verändert. Die fast harte Strenge, die auf Clarissas Stirn gelegen, war gemildert, ein Schimmer gestillten Glücks spielte um ihren Mund. Von Elemers Stirn waren die Schatten gewichen, die sie verschleiert hatten, er war mutiger und entschlossener geworden. Die beiden blonden Häupter glichen einander vollkommen. In ihren silberweißen Gewändern sahen sie aus wie zwei Cherubim, von einem anderen Stern herabgestiegen.

„Ach, Clarissa, wenn du wüßtest, welche Leichtigkeit und Freiheit jetzt in mir ist! Alles Schwere der Vergangenheit ist von mir abgefallen. Selbst an die Eltern denke ich ohne Trauer. Sie sind gestorben, wie sie gelebt haben: groß und aufrecht. Sie schlafen gut unter dem Rauschen der alten Eichen, die ehelängst vor ihnen in dem Boden wurzelten, in den sie für kurze Frist ihre Wurzeln eingesenkt haben. Ich konnte mich so schwer von all dem lösen: von der Erde, von den Eichen, vom Geruch der Pußta, vom leisen Sirren des ziehenden Stroms. Das ist ja doch unsere Erde, Clarissa, die Erde unserer Ahnen!"

„Die Erde war uns nicht treu!" erwiderte Clarissa bitter. „Sie hat uns von sich gestoßen, uns, ihre Geschöpfe. Die mit uns aus gleicher Erde Entsprossen haben uns angesehen wie zwei Gezeichnete, nur weil wir anders waren als sie!"

„Wie eiskalt du hassen kannst, Schwesterchen!"

„Oh, ich habe es längst gewußt, lange bevor der Hundesohn es ausgeprochen hat! Ich habe gespürt, wie sie uns nachgeschielt haben, wenn wir zusammen tanzten, zusammen ritten, zusammen auf der Insel übten. Überall griffen unsichtbare schleimige Hände nach dir und mir; sie krochen hervor aus dieser schwarzen, fetten Erde, auf der die Menschen schwarz und heiß werden. Wie soll ich sie nicht hassen, dieses Land, diese Menschen, die mir nehmen wollten, mich dir?"

„Das ist vorüber, Schwesterchen! Sie wollten uns trennen. Sie haben uns nur noch näher zusammengeführt!"

Clarissa lehnte leicht ihr Haupt an die Schulter des Bruders.

„Ich war noch ein halbes Kind, aber wir Landkinder sind ja früh wissend. Da las ich in unserer alten Bibel eine Stelle, die mich eigenartig berührte. Sie steht in der Geschichte von Lot und von Sodoms Untergang: Zwei himmlische Boten kamen nach Sodom, Lot nahm sie auf in sein Haus. Die Sodomiter aber rotteten sich zusammen und verlangten, er müsse sie herausgeben, sie wollten ihre Lust an ihnen haben. Wieso er, der einzige Fremdling in der Stadt, ihnen gebieten wolle? Aber Lot hielt stand. Er schützte die Boten, an denen die Hundesöhne sich vergreifen wollten. Am anderen Morgen nahmen die Boten Lot an der Hand und führten ihn in eine neue Heimat.

Ich weiß nicht warum: aber seit damals mußte ich bei dem Namen Lot, der die Boten beherbergte, immer an Vaters blondes Lockenhaupt denken. Er ist nicht rechtzeitig geflohen! Die Bürger Sodoms haben ihn erschlagen!"

Clarissa hatte sich wieder aufgerichtet. Eine Zornfalte stand ihr zwischen den Brauen. Elemer nahm zart ihre schmale Hand in die seine.

„Sei still, Clarissa! Nun fahren wir nach unserem Land. Deinem Land! Du hast es entdeckt, Schwesterchen, das Land der weiten Pferdefarmen; auf das von der Nevada der unberührte Wind der Wälder fällt; wo im Winter der Frost in den Wäldern klirrt und der große See vier Monate hart gefroren ist; wo die Menschen Ahornsaft trinken statt blutigen Wein."

„Ja, Bruder, ich weiß in mir drinnen: wir reisen heim!"

„Sieh, Clarissa, genau so war das Gefühl, das mich gestern morgen auf Deck plötzlich befiel. Du fährst heim! zuckte es mir durch den Sinn. Ich spürte um die Stirn das Wehen einer anderen Luft, kühler, reiner, klarer. Und dann abends im Musikzimmer: da fühlte ich, daß mich etwas rufe, daß mich etwas locke. Da fielen alle Hemmungen des alten Lebens von mir ab. So mußte es wohl auch sein. Wie könnte ich in deine, in unsere Heimat einziehen, Clarissa, wenn ich nicht wieder Eisläufer wäre?"

Zärtlich zog er ihr Haupt an sich, küßte sie aufs Haar. Dann erhob er sich, trat ans Fenster, Clarissa neben ihm. Elemer öffnete das Fenster, sie blickten hinaus in die Nacht. Ihnen gegenüber stand aufrecht die Heldengestalt des nördlichen Sternenhimmels: der Orion. Mit seiner Rechten, an der der Sirius funkelt, wies er hinüber nach der von ihnen erhofften neuen Heimat.

Neben diesem verheißungsvollen Sternbild aber stand gegen den nächtigen Himmel ein blasser Schatten, eine bleiche Wand, welche die Sterne hinter ihr verbarg. Ein leises Klirren schien von dort herüberzudringen, ein kalter Schauer wehte herein.

Elemer schloß das Fenster.

„Gute Nacht, Schwesterchen", sagte er und gab ihr die Hand.

„Laß mich bei dir bleiben, Bruder!" bat sie leise und

legte ihre Hand auf seinen Arm. „Wie manchmal als Kind, erinnerst du dich? Ich weiß nicht, was mir ist: aber ich habe Angst!"

„Meine mutige Schwester und Angst? Das wäre noch schöner!" lachte Elemer. „Nun dann komm, kleine Schwester!"

Diese Bezeichnung war nun freilich männliche Überheblichkeit, denn Clarissa war haargenau so groß wie ihr Bruder. Er nahm sie kameradschaftlich um die Hüfte und ging mit ihr in seine Kabine.

Fünf Minuten später lagen sie schon in tiefem Schlaf. Sie hatten vergessen, im Wohnzimmer das Licht abzudrehen. Durch den Türspalt fiel ein Lichtstreif auf ihre Köpfe. Clarissa hatte ihr Haupt in den Arm des Bruders geschmiegt, der schützend um sie lag. Auf den Gesichtern der beiden lag ein stiller Ernst. Ihre Haare flossen ineinander, sie waren anzusehen wie ein Doppelbildnis von Geschwister-Königen auf ptolemaeischen Münzen. Ein in Glück gelöster Schmerz war über sie gebreitet.

In diese Zelle des Schiffes drang nichts von all dem Treiben ringsum. Lachen und Weinen, Hoffen und Verzweiflung, Gier und Güte: alle Schönheit und alles Grauen der Welt waren eingeschlossen in den Leib dieser schwimmenden Stadt. Noch brandete und schäumte überall das heiße Leben, während sich schon die eisigen Finger des Todes immer enger um das unselige Schiff legten. Aber Lust und Angst der Welt drangen nicht mehr an der Geschwister Ohr. Friedvoll schliefen sie beieinander, eingebettet in ihren tiefen Traum.

Auf dem Achterdeck waren Ordnung und Mannszucht leider nicht so gewahrt wie auf dem Vordeck. Teils weil es hier an einem Führer fehlte, wie er sich dort in dem

Tambourmajor gefunden hatte, teils weil es unter den siebenhundert Zwischendeckern weniger Frauen und Kinder gab als unter den sechshundert Fahrgästen der Ersten und Zweiten Kajüte. Die Frauen waren größtenteils unmittelbar vom Ball weg auf Deck gelaufen und standen nun in ihren dünnen Kleidern mit nackten Armen, nackter Brust und nacktem Rücken jammernd in der eisigen Nachtluft. Aber auch die Männer der beiden Vorzugskajüten waren weit weniger imstande, Not und Gefahr ins Auge zu sehen als die vom Leben minder verwöhnten Zwischendecker. Sie empfanden es als persönliche Unbill und als Störung der Weltordnung, daß sie sich in so mißlicher Lage befanden.

Von diesem Gefühl gerechter Empörung war besonders Daniel erfüllt, um so mehr, als er befürchten mußte, als Anwalt der Titanic durch die Ereignisse an Ansehen einzubüßen. Er brachte kein Verständnis dafür auf, warum Frauen und Kinder eingebootet werden, die Männer hingegen auf dem Schiff verbleiben sollten. Er räsonierte laut über diese Anordnung des Kommodore und trompetete weithin hörbar: das seien veraltete europäische Kavalierspielereien, die für freie Amerikaner keine Geltung hätten! Er müsse unbedingt am Freitag in Kansas-City sein, da habe er Bilanzsitzung! Mit solchen Ausrufen drängelte er sich rücksichtslos vor wie ein Schneepflug, schob mit seinen kräftigen Ellbogen Weiber, Kinder, Greise beiseite und stand schließlich in der vordersten Reihe, gerade vor dem Landemaat, der zusammen mit einem kräftigen Matrosen auf der Treppe zum Bootsdeck stand und dafür zu sorgen hatte, daß dem Befehl des Kommodore Folge geleistet werde.

Dieses Wiedersehen versetzte Daniel vollends in Zorn.

„Sie kommen mir gerade recht!" schrie er den Maat an. „Sie haben mich angeschwindelt mit Ihrer Erzählung von den Schotts und daß die Titanic gar nicht sinken kann! Wo sind sie denn jetzt, Ihre Sicherungsschotts? Ich mache Sie verantwortlich! Ich mache den Kommodore verantwortlich! Ich mache die Direktion verantwortlich! Und jetzt machen Sie Platz. Gehen Sie weg hier, Sie sind mir ohnehin noch die Januarrate schuldig! Ich will zu den Booten, zu den Booten will ich! Ich muß Freitag in Kansas-City sein!"

Dieses Benehmen und diese Reden Daniels taten seiner früheren Beliebtheit erstaunlich schnell Abbruch; aus der drängenden Menge unter ihm wurden höhnische und zornige Zurufe laut.

In diesem Augenblick kam Astor, gefolgt von den Führern der Rettungsboote, die Treppe herab. Diese trugen ein Abzeichen, das sie als solche kenntlich machte, nebst der Nummer des Bootes, das sie befehligten. Astor schob den Maat und den Matrosen ein wenig auseinander, trat auf den zwei Stufen tiefer stehenden fuchtelnden und keifenden Daniel zu und gab ihm ohne nähere Erklärung eine fürchterliche Ohrfeige, die auf der wohlgenährten Backe Daniels weithin vernehmlich klatschte. Keinen ehrenvollen Kinnhaken, sondern eine gewöhnliche, schmähliche Ohrfeige.

Daniel taumelte die Stufen hinunter und tauchte in die Menge zurück, aus der er sich vor kurzem mühevoll gelöst hatte.

Mit lautem Gelächter wurde er in Empfang genommen und mit Stößen und Püffen weitergegeben, bis er sich wie ein gedribbelter Baseball am achtersten Ende des Achterdecks fand, sehr fern von den so heiß ersehnten Rettungsbooten. Verzweifelt ließ er sich auf eine Taurolle nieder und bedachte schmerzlich, wie wenig dauerhaft Ehre und Ansehen sind.

Das rasche Gericht über Daniel und besonders die Form, in der es vorgenommen worden war, führte auf dem Achterdeck eine merkliche Entspannung herbei und stellte Astor in den Mittelpunkt der Aufmerksamkeit. Diesen Umstand nahm er wahr und ergriff die Führung der geängstigten Herde. Er begann die Einbootung zu organisieren. Zunächst ließ er die Männer in die Mitte treten, die Frauen und Kinder an die Steuerbordreling. Diese wurden in acht gleich große Gruppen geteilt und jede von ihnen einem der Bootsführer unterstellt. Da die Boote außer dem Führer und vier Rudermännern fünfzig Personen aufnehmen konnten, so ergab sich bei der Auszählung, daß noch für hundert Männer in ihnen Platz war.

Während dieser von Astor mit Gelassenheit und Umsicht getroffenen Maßnahmen zur Ordnung und Gliederung des wirren Menschenhaufens war es auf dem Achterdeck völlig still geworden, schweigend wurden seine Anordnungen befolgt. Aber seltsamerweise brachte diese nur zuweilen durch das Weinen eines Kindes unterbrochene Stille den Schiffbrüchigen den Ernst ihrer Lage viel deutlicher zu Bewußtsein als früher Angstwimmern, Zorntoben, Verzweiflungsgeschrei. Im allgemeinen Lärm hatte sich niemand allein gefühlt. Die Berührung mit den Schicksalsgenossen ließ die Gefahr minder bedrohlich erscheinen, als sie nun in der unheimlichen Stille und angesichts der nüchtern-bestimmten Vorkehrungen ins Bewußtsein trat.

Als vollends Astor zwecks Verteilung der verfügbaren Bootsplätze Auszählung der Männer anordnete, nun die Großen der Erde wie Rekruten in Reihen dastanden und der Landemaat jedem dritten auf die Schulter schlug, da wurde in allen das Gefühl wach, daß das nunmehr in der Mitte zurückbleibende Häuflein zum Tode Verurteilte seien, während die übrigen das Leben wieder sicher in Händen hielten. Der leere Raum, der die Bootsgruppen von den Zurückbleibenden trennte, erschien wie der stygische Fluß, diesseits dessen das Leben war, jenseits dessen aber der Tod. Sehnsuchtsvoll wurden Arme den am anderen Ufer Stehenden entgegengestreckt, denn in dem plötzlich erwachsenen Gefühl für die Notwendigkeit straffster Ordnung wagte niemand den so gebildeten Fluß zu überschreiten. Die durch ihn Getrennten sahen sich hoffnungslos an; sie hatten das Gefühl, diese Trennung sei für immer.

Da aber löste sich aus einer der Gruppen eine weißhaarige Frau und schritt über den Todesfluß auf einen Mann zu, der auf der Seite der Verurteilten stand und mit seinem silbernen Patriarchenbart und seinem Samtkäppchen einen ehrwürdigen, aber keineswegs sehr seemäßigen Anblick bot. Es war der Bankherr Straus. Als dieser seine Frau, von der ihn eben die Auszählung des Maats vermeintlich für die Ewigkeit getrennt hatte, mit ausgestreckten Armen auf sich zukommen sah, traten ihm Tränen in die Augen, und auch er schwankte ihr einige Schritte entgegen. Dann fielen sich die beiden alten Leute vor allem Volk in die Arme.

„Benjamin, ich bleibe bei dir!" sagte die Frau ganz still. „Was Gott vereint hat, soll der Mensch nicht scheiden. Komm, wir wollen hinuntergehen."

Sie nahm den Gatten, der schon etwas klapprig auf den Beinen war, unter den Arm und ging mit ihm still durch das Spalier der Geretteten und Verurteilten auf die Tür zu, die nach den Kabinen führte.

Als die alten Leute an Astor vorbeikamen, nahm dieser die Mütze ab und verbeugte sich tief vor ihnen. Und diese Geste entsprach wohl dem Gefühl aller: denn während die beiden mit trippelnden Greisenschritten dahingingen, neigten sich hüben und drüben alle vor ihnen zu letztem Gruß. Sie fühlten: diese würden nicht ins Leben zurückkehren, was auch geschah. Hinter ihnen schloß sich die Tür für immer, sie stiegen in das Schiff hinab wie in eine Gruft.

Von diesem Beispiel todüberwindender Gattenliebe ging Tröstung in alle Herzen ein. Auch die zurückbleiben mußten, fühlten sich wunderbar gestärkt, ihre Hoffnung lebte in seltsamer Weise wieder auf. Die ihrigen schifften sich in die Boote ein; das war gut so. Aber auch sie selbst waren keineswegs verloren! Von überallher eilten doch Schiffe zur Rettung! Bis sie eintrafen, würde sich die Titanic gewiß halten. Sie war verwundet, schwer verwundet. Aber noch immer lag sie wie eine riesige Insel auf dem unbewegten Meer. Nur Mut! Der Schrecken dieser Nacht würde vorübergehen wie ein Alptraum! Als nun gar vom Vordeck her die mutigen Rhythmen des Marlboroughliedes herüberklangen, da wurden wieder lebhafte Gespräche laut, Mahnungen, Zuspruch, Abreden gingen hinüber und herüber. Und als dann die Bootsgruppen, jede geführt von ihrem Kommandanten, die Treppe zum Oberdeck hinaufstiegen, war überall zuversichtliches Winken und Zurufen wie bei Trennung für nur kurze Frist.

Das Manöver mit Boot Sechs Steuerbord war tadellos vor sich gegangen. Zwar war sein Kommandant nur der Oberkoch von der Mannschaftskombüse, aber er war ein alter Fahrensmann. Zwanzig Jahre war er nach allen Breiten- und Längengraden auf See, bevor ihn ein anhänglicher Rheumatismus zwang, als Matrose abzumustern. Da er aber nicht leben konnte, ohne Salzwasserluft zu atmen, hatte er Schiffskoch gelernt. Ihm als altem Matrosen war die Führung eines der Boote anvertraut. Er war ein schneidiger Kerl und verstand es, mit den Leuten auf ihre Art zu sprechen. Daher waren seine vier Ruderleute bestens gedrillt, und bei ihm klappte die Sache, als würden nicht fünfzig verängstete Weiber verstaut, sondern wie beim Hafenmanöver fünfzig folgsame Reissäcke.

Nun war das Boot voll besetzt. Der Koch kletterte auf die Steuerducht, kommandierte: „Riemen hoch!" Die vier Kerls stellten die Ruder senkrecht neben sich, als sei Flaggengala angesagt.

„Titanic für immer!" schrie er und wirbelte mit seiner Mütze, worauf Abgehende und Zurückbleibende mutig in die drei Hurras einstimmten. Dieser Beweis, wie eilig es der Mann hatte, vom Schiff abzukommen und sein Vertrauen auf die weitere Zukunft des Schiffes wirkten Wunder. Als nun auf sein Kommando „Los" das Boot langsam in die Tiefe sank, winkten die Zurückbleibenden munter den Insassen des Bootes nach, als begäben sie sich auf eine heitere Kahnfahrt. Das Wiedersehen der Getrennten binnen kurzer Frist schien die sicherste Sache der Welt.

Langsam ruckte das Boot außenbord abwärts wie ein Lastenaufzug an einer Mauer. Jetzt erst wurde fühlbar, daß man von der Höhe eines Hauses hinabgelassen wurde in schwarze Tiefe.

Zuerst schwankte das Boot am Promenadendeck vorüber. Durch die Spiegelscheiben sah man verzweifelte Menschen rennen, die den Ausgang suchten: Frauen in Abendkleidern, mit Juwelen behängt; Männer im Nachtanzug, die sich im Laufen die Schwimmweste umbanden; Kellner, die ihre Blechkoffer schleppten, als wäre die Sicherung ihrer Habe die wichtigste Aufgabe; eine blonde Blumenverkäuferin im Nachthemd, der Alarm hatte sie unsanft einer Schäferstunde entrissen. „Joe!" schrie Frau Adelholt auf: sie hatte ihren Mann erkannt, den der Preisboxer mit einem furchtbaren Hieb niederschlug, weil er ihm den Weg versperrte.

Dann glitt das Boot an den Fenstern der Luxuskabinen vorüber. Neugierig sahen die Matrosen an den Riemen in diese ihnen unbekannte Welt, von der in der Kantine so viel die Rede war. Aber sie wurden enttäuscht. Man sah nichts als zerwühlte Betten, verstreute Damenwäsche, umgestürzte Koffer, zertretene Hutschachteln. Nur in einer der Kabinen stand ein Mann in Hemdsärmeln und band sich kunstvoll die Krawatte um. Es war ein englischer Löwenjäger, der nach Alaska fahren wollte, um den Blutbären zu schießen. Ihm war es unpassend erschienen, im Frack zu ertrinken; er war seelenruhig in seine Kabine gegangen und hatte sich umgezogen: grünes Flanellhemd, Tweedanzug mit Knickerbocker, großkarierte Jagdmütze.

Unterhalb der drei Reihen Bullaugen ist eine Ladepforte in die Schiffswand eingelassen, durch die am Hafenpier die Güter ein- und ausgeladen werden. Auf See ist die Pforte dicht verschlossen. Nun aber stand sie weit offen, man sah durch sie in den Laderaum wie in einen riesigen Speicher.

In diesen Raum hatte sich die Rotte Korah geflüchtet, nachdem sie der Revolver Lightollers von Deck verjagt hatte. Sie war im Begriff, ihre Rettung auf andere Weise zu bewirken.

Da auf See wegen der Kurzschlußgefahr die elektrische Beleuchtung der Laderäume ausgeschaltet ist, hatten die Flüchtlinge Fackeln angezündet, die mit branstigen Lichtern den Raum erhellten. An der Hinterwand waren Kaffeesäcke in hohen Stößen aufgeschichtet; davor erhob sich eine Mauer von würfelförmigen Teekisten, mit grellen Drachenbildern bemalt; an der einen Seite standen die großen Schiffskoffer der Passagiere, sie trugen Hotelzettel aus aller Herren Länder; gegenüber lagerten Reihen von Fässern, in denen Burgunder verfrachtet wurde. Alle diese Stapel waren mit Balken und Stricken verwahrt, damit sie sich bei Seegang nicht verlagerten.

Nahe der Pforte war eine Anzahl der wüsten Gesellen an der Arbeit, aus Pfosten und Brettern ein Floß zusammenzuschlagen. Laut dröhnten die Hammerschläge, mit denen schwere Nägel eingekeilt wurden. Das Schiefmaul gab brüllend Anweisungen und fluchte in fünf Sprachen, wenn etwas nach seiner Meinung falsch gemacht wurde.

Um das Floß recht tragfähig zu gestalten, wurden an seinem Rande Fässer festgelascht. Deren Inhalt lief durch die eingeschlagenen Spunde aus. Der Boden schwamm in rotem Wein; wie in einem Blutteich standen die arbeitenden Männer, ein kleiner Bach floß an der Ladepforte heraus und stürzte als Wasserfall von Blut ins Meer.

In einer Ecke waren Ruder, Staken, Bootshaken aufgestellt. Daneben waren allerlei Dinge gestapelt, welche die Reisenden mitzunehmen gedachten und die sie zu diesem Zweck offenbar nicht nur aus ihren eigenen Kabinen mitgenommen hatten: elegante Ledertaschen, zum Platzen vollgestopft, Kleidersäcke, Schmuckschatullen, die schweren silbernen Leuchter aus dem Speisesaal. Auch für Proviant war vorgesorgt worden, wofür der Kühlraum des Schiffes hatte herhalten müssen: ein Haufen braun geräucherter Schinken, graue Salamistangen, dicke Mortadellas. Dazwischen lag auch ein Bündel langschnäbeliger Schnepfen, obwohl deren Verwendbarkeit auf dem Floß einigermaßen fraglich war.

Im Hintergrund des Raumes hatten sich diejenigen Mitglieder der Horde versammelt, die sich zur Arbeit am Floß nicht eigneten oder an ihr nicht mittun wollten. Auf herabgerissenen Kaffeesäcken saßen und lagen halbtrunkene Weiber und Männer in wüstem Durcheinander. Aus dem Spundloch eines Fasses wurde immer wieder eine Menageschüssel mit Burgunder gefüllt und machte die Runde. Auf der Teekistenmauer saßen drei junge Burschen und bildeten eine Art Jazzband: mit einer Ziehharmonika, einem Stück Eisenblech und einer Bootspeife veranstalteten sie ein höllisches Getöse, nach dessen Rhythmus die Betrunkenen zotige Lieder grölten. In der Mitte des Kreises führten eine fette Zigeunerin und ein herkulischer Neger einen Apachentanz auf, der an Deutlichkeit nichts zu wünschen übrigließ.

Plötzlich horchte das Schiefmaul auf und gab den Zimmerleuten ein Zeichen, innezuhalten, er sprang zur Luke und spähte nach oben. Dann eilte er zur Zechgegellschaft, schlug dort den Musikanten die Instrumente aus der Hand, setzte dem lautesten Sänger seine Faust auf die Nase, worauf der Chorgesang alsbald verstummte, und zog den Neger am Rockärmel mit sich. Hastig flüsterte er mit den kräftigsten seiner Leute. Jeder nahm einen Bootshaken, alle stellten sich der Reihe nach an die Luke. Die Fackeln wurden gelöscht bis auf eine, die vom Hintergrund her ein schwaches Licht nach außen warf.

Nun wurde das Rucken und Knirschen des herabgefierten Bootes hörbar, das Weinen der Frau Adelholt, die Befehle des Kochs. Das Boot erschien im Zwielicht der Fackel, langsam sank es herab bis auf Fußhöhe der Ladepforte: da fuhren sechs Bootshaken vor, packten es an Bord und Kiel, und mit wildem Freudengeheul wurde es heran- und heraufgezogen. Der Koch sprang auf, riß den Revolver aus der Tasche und schoß in den johlenden Haufen. Einer der Piraten brüllte auf und wand sich am Boden. Aber da hatte der Neger den Koch schon mit einem Staken so heftig vor die Brust

gestoßen, daß er rücklings über Bord stürzte. Vor Angst drängten sich jetzt alle Insassen an den seeseitigen Rand des Bootes; dieses stand ohnehin schräg, weil es wie ein Pendel an zehn Meter Seil hing, das Ziehen der Bootshaken unter Kiel tat das seinige dazu: so kippte das Boot, und seine Insassen kollerten in die Tiefe. Fünfzig Schreie gellten durch die Nacht, die Leiber klatschten ins Wasser, wildes Umherschlagen von Armen und Beinen, Hilferufe, Röcheln, Gurgeln — wilder Kampf aller gegen alle.

Indessen wurde von kräftigen Armen das Boot völlig an den Rand der Luke gezogen; kurze Rufe, eiliges Hineinklettern, die Sachen wurden nachgeworfen, der Neger hielt als letzter den Bootsrand fest.

„Kräftig abstoßen!" befahl das Schiefmaul. Nun schwang sich auch der Neger ins Boot, gab ihm mit den Beinen noch einen gewaltigen Abschwung.

Leider beruhte der Befehl des Schiefmauls auf mangelhafter Kenntnis der physikalischen Gesetze. Im Interesse der neuen Bootsinsassen hätte es gelegen, möglichst sanft vom Schiff abzukommen und nur langsam wieder in die lotrechte Lage zurückzugleiten. Statt dessen sauste — teils infolge seiner Schräglage, teils infolge des Abstoßes durch ein Dutzend kräftiger Fäuste — das an den Seilen hängende schwere Boot wie eine gewaltige Schaukel hinaus, stand einen Augenblick hoch in der Luft, sauste zurück und schmetterte gegen die eiserne Schiffswand. Diesem Anprall war das Boot nicht gewachsen: es brach mittendurch und schüttete seinen Inhalt nach unten aus, wie ein Greifbagger Schotter, wenn sich seine Zangen öffnen. Wildes Aufbrüllen: dann fielen Leiber, Riemen, Koffer, Schinken auf die noch mit dem Wasser Ringenden des ersten Absturzes. Ein unentwirrbarer Knäuel von Armen, Köpfen,

Beinen war noch kurze Zeit in wüstem Gebrodel sichtbar. Dann stürzten die beiden Bootshälften nach, die sich aus den Taljen gelöst hatten, und begruben unter sich, was sich vielleicht noch hätte retten können. Kieloben schwammen auf dem wieder beruhigten Wasser diese letzten Zeugen des bestialischen Überfalls, der so rasche Ahndung gefunden hatte.

Die beiden Straus betraten ihre Kabine. Sie hatte jene Wohnlichkeit, die Räumen eignet, in denen eine häusliche Frau waltet.

Rebekka geleitete den Mann zu der kleinen Sitzbank in der Ecke, vor der ein schmaler Tisch stand, legte ihm sorgfältig eine Decke über die Knie, schob ihm ein Kissen hinter den Rücken.

„Wir wollen uns bereit machen!" sagte der Alte.

Seine Frau nickte; sie war schon im Begriff, das Erforderliche zu tun. Still ging sie zum Wandschrank, entnahm ihm eine weiße Decke, darein mit schwarzer Wolle und großen Lettern das Ideogramm des Höchsten gestickt war, und breitete sie über den Tisch, Stellte auf ihn einen siebenarmigen Leuchter, zündete die Kerzen an. Entnahm dem Schrank ein in Seide gehülltes gewichtiges Buch, legte es mit feierlicher Gebärde vor den Gatten. Dann gab sie ihm den Gebetmantel um, ein schmales, weiß wollenes Tuch mit breiten schwarzen Streifen an den Enden und schwarzweißen Quasten an den Ecken. Holte noch einen silbernen Becher, goß Wein in ihn, schüttete das abendliche Schlafpulver des Kranken hinein, stellte den Becher auf die Ecke des Tisches. Nun löschte sie das elektrische Licht. Sich selbst hüllte sie in ein violettes Seidentuch, zog es über den Kopf — denn eine rechtgläubige Tochter Israels darf nur bedeckten Hauptes vor Gott treten — und setzte sich neben den Gatten.

Der Greis verneigte sich, enthüllte langsam das Buch, hob es feierlich hoch, führte es an die Stirn, küßte es ehrfürchtig.

„Wir wollen lesen, was geschrieben steht im Heiligen Buch unserer Väter!"

Nun schlug er feierlich die pergamentene Handschrift auf. Er brauchte nicht lange zu suchen, um die ihm vertrauten Stellen zu finden. In abweisender Strenge, wie in Stein gehauen, standen in wuchtigen Quadraten die Schriftzeichen, geheiligte Gefäße uralter Überlieferung.

„Im Buch Ruth steht geschrieben", begann er:

> „Ruth aber sprach: rede mir nicht darein, daß ich dich verlassen solle und von dir umkehren. Wo du hingehst, dahin gehe ich auch. Wo du bleibst, da bleibe ich auch. Wo du stirbst, da sterbe ich auch. Der Herr tue mir dies oder das: nur der Tod kann dich und mich scheiden."

Benjamin wandte sich der Gattin zu, legte seine Hand auf ihr gesenktes Haupt und sagte tief bewegt:

„Dein Ausgang ist gesegnet, wie es dein Eingang war. Du hast gehandelt wie Ruth!"

Dann strich er ihr mit seiner welken Greisenhand über die Wange. Sie umfaßte mit ihren Händen diese geliebte Hand, drückte sie an die Lippen und hielt sie fest in ihrem Schoß.

„In den Sprüchen Salomonis steht geschrieben", fuhr Benjamin fort:

> „Freue dich des Weibes deiner Jugend. Sie ist lieblich wie eine Hindin und holdselig wie ein Reh. Laß dich ihre Liebe allzeit sättigen und ergötze dich alle Wege an ihr.

So ist es mir mit dir gegangen, Rebekka! Du warst die Atemluft, in der ich gelebt habe. Es war schön, mit dir zu leben!"

Rebekka hob den Kopf. Die beiden Gatten sahen sich noch einmal voll in die Augen. Vierzig Jahre hatten sie Seite an Seite gelebt, nie lange getrennt, in selbstverständlicher stiller Vertrautheit.

Sah man die beiden alten Leute an, so hätte man wohl meinen könnten, sie seien heute andere, als die sich vor vierzig Jahren zum erstenmal ins Auge gesehen hatten. Sein Bart war weiß geworden, der Schädel kahl; um ihre Augen lagen Falten, ihre Wangen hatten die frische Farbe verloren. Aber sie selbst sahen von alledem nichts. Sie waren dieselben wie eh und je. In unverwelkter Jugend stand ein Etwas hinter ihren Blicken, nur ihnen sichtbar, ihr eigentliches, vom Alter unberührtes, unzerstörliches Ich und Du. Dieses Ich und dieses Du hatten sich auf ihrer Wanderung durch Zeit und Raum begegnet, sich gegrüßt, sich die Hand gereicht, waren weiter den Weg zusammen gewandert. Dieser Einklang, den sie gebildet hatten, war einmalig.

Die beiden Alten lächelten sich zu in tiefem Verstehen.

Dann nahm er den Becher, segnete ihn, sprach leise: „Heute wollen wir ihn teilen!" Trank die Hälfte, reichte der Gattin den Becher, die ihre Hälfte trank.

„Du warst es, Benjamin, der mein Leben schön gemacht hat!" sagte sie.

„Wir beide!" sagte er still und küßte sie auf die Augen.

Dann wandte sich Benjamin wieder dem Buch zu und begann:

„Im neununddreißigsten Psalm steht geschrieben:

> Herr, lehre mich doch, daß es ein Ende mit mir hat und mein Leben ein Ziel und ich davon muß! Siehe, meine Tage sind eine Handbreit vor Dir. Wie gar nichts sind alle Menschen, die doch so sicher leben! Sela."

Benjamin trug den Psalmtext vor in einer Art monodischen Gesangs, der in altertümlichen Intervallen auf und ab steigt, Untermalung der feierlichen Worte. Hierbei wiegte er den Körper leicht vor und zurück, durch welche Geste der Fromme seine Unterwürfigkeit gegenüber dem höchsten Namen zum Ausdruck bringen will.

Er hatte die Hand der Gattin losgelassen. Wenn der Fromme mit seinem Gott spricht, soll er allein vor ihn treten. Nie hat der Gott Israels mit einem Weibe gesprochen. Benjamin war jetzt ganz nur priesterlicher Hausvater.

Die Worte des Psalmisten, die Benjamin mit so viel Inbrunst vor sich hinsang, drangen nur ferne an Rebekkas Ohr. Sie hatte die Augen geschlossen und horchte in sich hinein. Jenes stille Lächeln lag auf ihren Zügen, das Benjamin vom ersten Tag ihrer Bekanntschaft an so sehr entzückt hatte. In ihm drückte sich ganz die sanfte Güte ihres Wesens aus.

Diese Männer! dachte sie bei sich. Immer müssen sie im Buch lesen, wenn sie Gott suchen! Was haben sie nur gemacht, ehe die Schrift erfunden war? Die Frauen brauchen das Buch nicht. Sie suchen Gott nicht in der Ferne. Wenn sie in den Nächten der Liebe den Gatten in ihren Schoß aufnehmen, wenn sie die Kinder in ihrem Leib wachsen fühlen, wenn sie sie aus ihren Brüsten nähren: da ist Gott in ihnen. Da schaffen sie Leben, wie Er es am vierten Tag getan hat, hauchen Odem ein dem toten Lehm. Sicher war es falsch, was im Buch stand: daß Ur-Mutter Eva den Abfall der Menschen von Gott verschuldet hat! Die Mütter fielen nie heraus aus der Gnade Gottes. Die Männer waren es, in denen der unbändige Wille rebelliert gegen die natürliche Ordnung der Welt. Sie wollen eine andere nach ihrem Kopf bauen, weil ihnen versagt ist, aus sich heraus Leben zu schaffen und zu hegen. Aber man muß sie haben, gerade wegen ihres unbändigen Tuns, mit dem sie so viel Unheil anrichten. Was würden sie anfangen ohne uns? Ach du liebe Zeit!

„Im einhundertneununddreißigsten Psalm steht geschrieben", fuhr Benjamin fort. Seine dünne Greisenstimme hatte unter dem Anhauch der glühenden Worte des Psalmisten an Kraft gewonnen. Nun kamen die alten Rhythmen volltönend heraus mit dem fremdartigen, dunklen zitternden Klang, darin Erinnerung schwingt an jahrtausendaltes Leid, an immer wieder getäuschte, immer wieder neu entfachte Hoffnung.

> „Herr, ich danke Dir, daß ich wunderbarlich gemacht bin. Wunderbar sind Deine Wege, und das erkennt meine Seele wohl. Deine Augen sahen mich, da ich noch unbereitet war, da noch alle Tage in Dein Buch geschrieben waren, die werden sollten. Wo soll ich hingehen vor Deinem Geist? Wo soll ich hinfliehen vor Deinem Angesicht? Führe ich gen Himmel: so bist Du da. Bettete ich mich in der Hölle: so bist Du da. Nähme ich Flügel der Morgenröte und bliebe am äußerstem Meere: so würde mich doch daselbst Deine Hand führen und Deine Rechte mich halten!"

Während dieser Rede hatte sich Rebekka an den Gatten gelehnt, bei den letzten Worten fiel ihr Kopf auf seine Schulter. Benjamin hielt inne, sah liebevoll in ihr friedlich schlafendes Gesicht, schlang seine Arme um sie, lehnte sich zurück und bettete sie sanft an seine Brust. Dann murmelte er die Gebete, die am Lager von Sterbenden vorgeschrieben sind. Immer langsamer fielen die Worte von seinen Lippen. Sein Blick wurde trüb, die Kerzen waren wohl heruntergebrannt, es begann dunkel zu werden. Die schwarzen, strengen Schriftzeichen in dem Buch vor ihm wurden riesengroß, wie in eine ungeheure Steintafel gehauen standen sie vor ihm. Dann verschwammen sie allmählich ineinander, verloschen ganz.

Titanensturz

Die sechzehn Rettungsboote waren endlich alle abgelassen. Hierbei war es nicht ohne Aufenthalt und Störungen abgegangen. Es erwies sich, daß die Mannschaft der Titanic durchaus nicht so sorgfältig im Rettungsdienst gedrillt war, wie es wünschenswert gewesen wäre und wie es den Vorschriften der Seeordnung entsprach. Wie sich dieser Vorgang bei bewegter See und stark schlingerndem Schiff gestaltet hätte, war nicht auszudenken. Aber schließlich waren sie alle gut abgekommen, bis auf Boot sechs, das die Rotte Korah geentert hatte und das hierauf so elend zu Bruch ging.

Die Bootsführer hielten gemäß der erhaltenen Vorschrift Kurs Südost, da von dort her die Carpathia erwartet wurde. Die Boote sollten auf etwa eine Meile von der Titanic abhalten und dort warten, bis Hilfsschiffe erschienen. Allmählich wurde die schwimmende Stadt, in der sich die Bootsinsassen noch vor kurzem so wohl und sicher befunden hatten, ein fernes Eiland, dessen Umrisse nur noch durch die Reihen beleuchteter Fenster und die Decklampen kenntlich waren. Nur wenn von Zeit zu Zeit Raketen hochstiegen, tauchten die Einzelheiten des Kolosses aus der Dunkelheit auf. Aber dann wurde auch erschütternd sichtbar, daß das stolze Schiff nur noch ein elendes Wrack war: der Bug lag schon bedenklich nahe am Wasser, das Heck ragte aus ihm heraus und die Schraube griff in die Luft wie eine verzweifelt gespreizte Hand.

Als nun die Boote unter den langsamen Schlägen der Ruderleute durch die schwarze Nacht hinfuhren, kam den Schiffbrüchigen der Ernst ihrer Lage erst voll zu Bewußtsein. Sie sahen sich allein in der endlosen Weite auf ihren armseligen Nußschalen, die kümmerlichen Buglaternen machten die Dunkelheit um sie nur noch fühlbarer. Es war schneidend kalt. In ihrer so wenig für solche Fahrt geeigneten Kleidung begannen die Schiffbrüchigen entsetzlich zu frieren. Einige hatten in dem Tumult an Bord oder bei der schwierigen Einbootung Verletzungen davongetragen: aber es war unmöglich, den Verwundeten irgendwelche Erleichterung zukommen zu lassen. Und so waren denn trotz der Bemühungen der Bootsführer, durch Zuspruch und Hinweis auf baldige Rettung den Mut der ihnen anvertrauten kleinen Schar aufrechtzuhalten, diese in der dunkelen Wasserwüste verlorenen Inseln des Elends erfüllt vom Wimmern der Kinder, Weinen der Frauen, Fluchen der Männer, Stöhnen der Verwundeten.

Inzwischen machten sich auf Deck der Titanic die Bootskolonnen daran, die beiden Kapitänsboote loszuzurren, die längsseits des Maschinenraum-Lichtschachts verstaut waren. Der Kommodore hatte sie zur Aufnahme der Ismaygäste bestimmt.

Nach gutem Seemannsbrauch wurden sie als letzte niedergebracht; die Geduld der in den Festräumen Ismays Versammelten wurde daher auf eine harte Probe gestellt.

Diese Räume boten jetzt einen weit weniger glänzenden Anblick dar als noch vor kurzem. Die strahlende Beleuchtung war erloschen, nur einige Notlampen verbreiteten klägliches Licht. In dieser trüben Dämmerung hatten die Vandas ihre Farbe verloren, ihre Rispen krochen nun wie gespenstische Arme mit spinnigen Fingern aus Vasen und Schalen hervor. Und als einer der Morpho-Schmetterlinge, nun ein dunkler Schatten, lautlos durch den Raum schwebte und sich in einer düsteren Ecke verlor, da lief manchem der Anwesenden ein Schauder über den Rücken.

Die Titanen hatten sich für die nächtliche Bootfahrt

besser ausrüsten können als die übrigen Fahrgäste, denn ihre Kabinen lagen nahebei und hatten vom Bootsdeck aus ihren eigenen Zugang. So hatten sie denn alle ihre Prunkgeschirre abgetan und saßen nun da in Gewändern, die mehr im Hinblick auf ihre wärmenden als auf ihre schmückenden Eigenschaften ausgewählt waren. In diesen Notgewandungen sahen die meisten der vor kurzem noch so glänzenden und strahlenden Gestalten ziemlich armselig aus. Die schimmernde Wolke von Reichtum und Macht war von ihnen abgefallen, nun hockten sie stumm in Gruppen herum, nicht anders als Auswanderer in einem Zwischendeck-Wartesaal, die auf ihre Einbootung warten. Sie waren jammervolle, von Todesangst gewürgte Menschen, sonst nichts. Alle hätten mit Freude ihre Paläste und Landgüter, Bankguthaben und Aktienpakete, Juwelen und Bildergalerien drangegeben, wenn sie sich dadurch hätten ein elendes Zimmer in Bronx oder Haarlem erkaufen können.

Nun öffnete sich die Tür und Astor trat ein, begleitet von Moody, dem Sechsten Offizier. Dieser zählte rasch die Anwesenden ab. Angstvolle Stille war im Raum. Würden alle Plätze finden? Wenn nicht, wer würde zurückbleiben müssen?

Moody meldete Astor das Ergebnis der Zählung. Ein freudiges Aufleuchten ging über dessen Gesicht.

„Wir sind genau so viele, als Plätze verfügbar sind! Herr Moody, verteilen Sie die Anwesenden. Sie übernehmen Boot eins, ich Boot zwei."

Tiefes Aufatmen wurde vernehmbar. Die Angst, die alle gewürgt hatte, wich. Sie glaubten sich gerettet, weil sie den stählernen Riesen verlassen und in die hölzernen Nußschalen übersteigen durften. Lebhaftes Reden und Rufen flatterte auf, der kleine Moody hatte alle Mühe, den Trupp für Boot eins zusammenzustellen.

Inzwischen war Astor die Treppe hinabgeeilt und betrat das Musikzimmer, wo Helia und Sylvaine mit Josuah in ruhigem Gespräch beisammensaßen, als schlichen nicht Angst und Verzweiflung durch alle Räume des todwunden Schiffes.

„Ich kann mitkommen, es ist Platz für alle!" sagte Astor rasch. Helia sprang auf.

„Alle! John!" rief sie, schlug ihre Arme um ihn und küßte ihn mit einem glücklichen Lachen.

„Kommt nach! Boot zwei. Ich muß voraus!"

Er eilte wieder davon. Josuah öffnete die Tür zum Nebenraum, rief Mao und die Kammerzofe. Dann stiegen alle rasch auf Deck.

Zunächst begab sich Astor nach Steuerbord, wo die Insassen von Nummer eins geduldig die Klarmachung des Bootes erwarteten. Sie war mit einigen Schwierigkeiten verbunden, da die kleineren Kapitänsboote nicht genau in die Davits der großen Rettungsboote paßten. Aber schließlich wurden die Matrosen der Schwierigkeiten Herr, das Boot war klar. Astor sprach einigen ängstlichen Frauen Mut zu, half ihnen beim Übersteigen. Dann begab er sich nach Backbord.

Dort war das Einhängen des Bootes in die Davits glatter vor sich gegangen. Es war voll besetzt, nur der Platz am Steuer war frei, den Astor einnehmen sollte. Den Ruderdienst hatten Josuah und Clifford, Prittwitz und Mao übernommen. An den Davits standen je zwei Matrosen und hielten die Seile bereit, den Stopper zu lösen und das Boot niederzulassen.

Da kam vom Vordeck her eine Frau angelaufen, die in den Armen ein in Lumpen gehülltes Kind trug. Sie gehörte zu den polnischen Auswanderern, war aus irgendwelchen Gründen im Zwischendeck zurückgeblieben und daher von den Rettungsbooten nicht aufgenommen worden. Sie warf sich Astor zu Füßen und flehte ihn an um Aufnahme in das letzte Boot.

Das Weib sprudelte einen Sturzbach leidenschaftlicher Bitten und Beschwörungen hervor. Als ihr aber zu Bewußtsein kam, daß Astor ihre Rede nicht verstand, hob sie ihm das Kind entgegen, als sei dieses ein unumstößlicher Beweis dafür, daß sie um seinetwillen Anspruch auf Rettung habe. Nun war allerdings gerade dieses Argument wenig überzeugend. Das Kind war eine Mißgeburt, hatte einen unförmigen Wasserkopf, einen verkümmerten Körper von erschreckender Magerkeit und kläglich verkümmerte Arme und Beine. Nur seiner Mutter konnte es wünschenswert erscheinen, diesem elenden Bündel von Fleisch und Knochen noch für kurze Zeit das Leben zu fristen. Auch das Weib selbst war ein erbarmungswürdiges Wesen mit seiner eingefallenen Brust, den hohlen Wangen und fiebrig-flackernden Augen. Sie mochte mitsamt ihrem Kind aus dem Lazarett entwichen sein.

Steil und stumm stand Astor und blickte auf dieses Bild letzten Menschenelends und Menschenjammers hinab. Dieses Weib sperrte ihm den Weg zum Boot, darin sein Glück, seine Hoffnung, seine Zukunft, sein Leben verfrachtet waren! In rasender Eile liefen seine Gedanken. Es heißt, daß Abstürzende in den Sekunden des Sturzes ihr ganzes Leben durcheilen und nie gekannte Klarheit sie erhellt. So ging es jetzt Astor: der sichere Stand war ihm unter den Füßen weggerissen, er stürzte in den standlosen Raum.

Mit leuchtender Klarheit wußte er mit einemmal, was dieses Geschehen bedeutete. Hier war nicht irgendein verunglücktes Schiff, dort ein rettendes Boot, in das überzusteigen er im Begriff war. Hier war sein altes Leben, das unterging — dort war das neue Leben, das ihn aufnehmen wollte! Den alten Astor hatte das Erleben dieser Tage eingeschmolzen zu gestaltlosem Chaos, er fühlte sich wie in einer neuen Geburt. Einen Schritt vor ihm tat sich das Tor auf zu neuer Gestalt, zu neuem Leben. Dort drüben Helia mit seinem Sohn im Schoß, der Freund, der ihm zur Seite stehen würde, die neuen Ziele, denen er seine noch unverbrauchte Kraft zuwenden wollte.

Und zwischen ihm und jenem neuen, zu höchstem Gipfel emporführenden Leben: dieses elende Weib, zu nichts gut, als elendes Gezücht aus ihrem Schoß zu gebären: und dieses Kind, dieses Mißgewächs, das man am besten zertrat, damit es nicht sich und anderen zur Qual und Last großwachse. Wären es Tiere: nicht einen Augenblick würde man sich besinnen, diesen Irrtum der Natur wegzufegen. Alexander hatte unbedenklich Zehntausende zukunftsvoller Jünglinge und Männer in den Tod gehen lassen für sich und sein Werk, für sich und seine Ziele. Und er, Astor, sollte Bedenken tragen, diesen Menschenabhub zu opfern, der ihm den Weg zum Leben sperrte?

Stand nicht das volle Recht bei ihm? Er war zum Führer des Bootes bestellt. Jeder andere der Bootsführer hatte Recht und Pflicht, seinen Platz einzunehmen, mochten auf dem Schiff hundert Weiber und Kinder zurückbleiben müssen. Ihnen war ein Amt aufgetragen, sie hatten es wahrzunehmen. Jeder von ihnen wäre schonungslos weggeschritten über das wimmernde Weib. Das Schicksal zertrat vielleicht tausend wertvolle Menschen auf dem Schiff — warum nicht auch diese beiden Kreaturen ohne Wert, ohne Würde?

Und dennoch fühlte Astor deutlich: bei ihm war es etwas anderes. Er war kein Offizier, kein Bootsmann, deren Pflicht sie an diesen Platz stellte oder an jenen, wie es sich eben traf. Die widerspruchslos das schwarze Los zogen oder das weiße. Ihm hatte nur ein Zufall das Amt in die Hände gespielt. Er blieb Astor — auch wenn er zum Bootsführer bestellt war. Er sah die Augen der Matrosen auf sich gerichtet, dieser Matrosen, die ohne Murren ihrer Pflicht nachkamen. Die nicht daran dachten, selbst ins Boot zu steigen und sich zu retten, sondern die getreu ihr Amt versahen, vielleicht mit ihrem Tod denen ein neues Leben erkauften, die immer ein besseres gehabt hatten als sie. Vielleicht sahen sie in den Menschen dort drüben im Boot ihre Feinde, von denen sie unterjocht und getreten worden waren, die sie in ihrem Herzen haßten: und doch taten sie ihre Pflicht, retteten ihre Feinde, gingen selbst zugrunde. Sicher, sie würden schweigen, wenn er ins Boot stieg, er war jetzt ihr Vorgesetzter. Aber denken würden sie: natürlich, der Bootsmann Astor und ein Weib aus dem Volk! Über uns schreiten sie weg, uns zertreten sie!

Unabweisbar rang sich ein Gefühl in Astor hoch, aus Dunkel zu Klarheit: er und das Titanenschiff gehörten zusammen, sie hatten das gleiche Schicksal! Wurden sie beide gerettet, dann war dies ein Zeichen. Aber sich selbst retten und das Schiff preisgeben mit all seiner Fracht an Leben, wertvollem und wertlosem, elendem und hohem, das war Feigheit! Schritt er weg über dieses zuckende Fleisch, so übertrat er die selbstgesetzte Grenze. Dann zerbrach er eine der Säulen, auf denen seine Welt stand. Dann wurde er, Astor, ehrlos!

Andere Völker und andere Zeiten hätten wahrscheinlich gelacht über solches Grenz-Mal; andere Völker und andere Zeiten würden vielleicht wieder darüber lachen. Aber sein Volk und seine Zeit hatten dieses Mal aufgerichtet: daß in Gefahr sich die Männer zu opfern haben, um Weiber und Kinder zu retten — und also war dieses Mal heilig! Hatte er nicht vor kurzem Daniel gezüchtigt, weil er sich retten wollte vor Frauen und Kindern? Hier kam es nicht darauf an, zu messen und zu wägen. Ehre ist kein Rechenexempel. Daß er, Astor, vielleicht zugrunde ging, damit dieses erbärmliche Polenweib mit seinem Kind noch kurze Zeit leben könne, zwei Menschenmilben mehr unter Millionen wimmelnder Menschenmilben: das war gewiß Unsinn. Und dennoch: dahinter stand groß und unantastbar — ein Sinn! Daß der Mensch Gesetze über sich aufrichtet, sich ihnen unterordnet, ja selbst sich ihnen opfert, darin zeigt sich, daß er teilhat an jenem Wesen über alle Vernunft, das die Menschen Gott heißen. Eine Fahne ist nichts anderes als ein elendes Stück Baumwolltuch: aber ist sie aufgerichtet, so gebietet sie über Leben und Tod. Er, Astor, wird nicht die Fahne herunterreißen. Ein Astor kann alles, nur nicht ehrlos werden vor sich selbst!

Und mit jähem Entschluß bückte er sich, hob das Weib auf, das sein Kind wieder fest an die Brust gepreßt hatte, und reichte es hinüber ins Boot.

„Los!" schrie er den Matrosen zu, und das Boot begann niederzugehen.

„Josy, du übernimmst die Führung!" rief er hinüber.

Helia war aufgesprungen.

„John!" schrie sie auf, wollte sich hinüberwerfen aufs Schiff.

Josuah und Sylvaine hielten sie fest. Aber alsbald war dies nicht mehr nötig. Als sie der Blick Astors traf, der steil aufgerichtet ihr gegenüber stand, wurde ihr bewußt, um was es hier ging. Demütig-stolz neigte sie sich vor dem Willen dieses starken Mannes.

„Du tust, was du mußt, John!" flüsterte sie, und Astor nahm die Worte an der Bewegung ihrer Lippen ab.

„Leb wohl, Helia!" antwortete er ebenso. „Vielleicht dürfen wir uns wiedersehen. Und wenn es nicht sein darf: so hab Dank!"

Langsam sank das Boot in die Finsternis hinab. Noch sah Astor Helias Antlitz, auf das das Licht einer Decklampe fiel. Ein seliges Lächeln lag auf ihr, wie er es nie an ihr wahrgenommen hatte, auch nicht in der letzten Nacht. Sie war nun ganz aufgeschlossen für ihn. Die letzte Fremdheit zwischen ihnen war gewichen, nun sie voneinander Abschied nahmen.

Das Boot war von der Nacht verschlungen. Wo eben noch Helias Antlitz herübergeleuchtet hatte, sah Astor am Himmel den blauweißen Stern, den er vergangene Nacht, innerlich aufgewühlt und zerissen, betrachtet hatte. Nun aber war keine Zerrissenheit mehr in ihm, er war von Frieden erfüllt. Wie nah verwandt waren letzter Schmerz und höchstes Glück! Eine nie gefühlte Ruhe war über ihn gekommen. Er war in Einklang mit sich und seinem Schicksal.

Inzwischen war die andere Hälfte der Titanen in das Kapitänsboot der Steuerbordseite verladen. Niemals vermutlich hat ein Rettungsboot so wertvolle Menschenfracht getragen, wenigstens hinsichtlich Reichtum und Machtstellung seiner Insassen. Eng aneinandergedrängt saßen auf den harten, schmalen Duchten Große und Mächtige der Erde.

Da saß der Kupferkönig Guggenheim, der auf dreihundertachtzig Millionen Dollar geschätzt wurde, Hauptbesitzer der Anakondamine in Arizona, des reichsten Kupferbergwerks der Welt. Da saßen der große Bankherr Widener, einer aus der Morgangruppe, dem zweihundert Millionen zugeschrieben wurden, Besitzer der berühmten und höchst kostspieligen Sammlung antiker Schmuckstücke, Washington Roebling, der für hundert Millionen gut war, Leiter der größten Brückenbau- und Kabelwerke Amerikas, genialer Konstrukteur von eisernen Hängebrücken, C. E. Hayes, Beherrscher der kanadischen Eisenbahnen, der Großbrauer Waverley mit seiner Gattin.

So unbequem der Aufenthalt in dieser Nußschale war, so wenig diese Männer und Frauen gewohnt waren, eine eisige Nacht im Freien zu verbringen, so sehr es ihnen Schrecken einflößte, an schwankenden Seilen in den Davits zu hängen, haushoch über der schwarzen Tiefe: so waren sie doch in ihrem Herzen überglücklich, daß sie ihre behaglichen Luxuskabinen hatten vertauschen dürfen mit diesem so wenig komfortablen Boot. Denn da das Meer glatt und ruhig war wie ein Goldfischteich auf einem ihrer Landgüter und da die Ankunft der Hilfsschiffe in kurzer Zeit zu erwarten war, so durften sich die Insassen des Bootes bereits gerettet fühlen.

Es machte ihnen wenig Beschwer, daß auf dem Schiff fast tausend Mann Besatzung und über einhalbtausend Fahrgäste zurückblieben, einem ungewissen Schicksal anheimgegeben. Jetzt, wo sie in ihrem glückhaften Boot saßen, erschien ihnen dieser Platz als etwas ihnen zu Recht Zustehendes: denn sie waren durchaus der Auffassung, daß, wer mehr für sein Schiffsticket bezahlt, auch mehr Anspruch auf Rettung in Seenot hat. Einige von ihnen begannen schon wieder nach ihrer Gewohnheit vorauszudenken, zu überlegen, welche Folgerungen aus diesem so wenig erfreulichen Ereignis zu ziehen wären.

Der Bankherr Widener, eine cholerische Natur, gedachte sich für diese scheußliche Nacht an der Gesellschaft White Star dadurch zu rächen, daß er mittels eines wilden Baisseangriffs ihre Aktien in Grund und Boden bohren würde. Jedenfalls wollte er, sobald er an Bord des Hilfsschiffes war, sofort an die europäischen Börsen umfangreiche Terminverkäufe legen. Auf diese Art gedachte er die Katastrophe der Titanic zu einem einträglichen Fischzug zu benützen und diese Angelegenheit sowohl mit moralischem als auch mit materiellem Gewinn zu liquidieren.

Der hübsche Moody, der jüngste Offizier der Titanic, der als Bootsführer zuletzt seinen Platz eingenommen hatte, erblickte in der Katastrophe ebenfalls einen besonderen Glücksfall für sich. Wenn auch sein Amt als Führer des Millionenbootes in Anbetracht der höchst ungewöhnlichen Temperamentlosigkeit der See keineswegs schwierig und die ganze Expedition völlig gefahrlos war, so mußte doch die Tatsache, daß er so hochmögende und hochvermögende Persönlichkeiten heldenhaft über den Abgrund des Meeres in sicheren Port geleiten würde, ihm Beziehungen verschaffen, mittels deren er seine harte und wenig einträgliche Laufbahn als Schiffsoffizier mit einer ganz andersgearteten zu vertauschen gedachte. Er hatte es satt, vierundzwanzigmal im Jahr diese langweilige Fahrt über den Atlantik zu machen und täglich zweimal Wache zu schieben. Er glaubte, den Zipfel von Fortunas Kleid in Händen zu haben; und als fixer Waliser, der er war, würde er ihn nicht mehr loslassen.

Von solchen freundlichen Gedanken gewiegt, gab Moody den Befehl zum Losfieren. Er winkte den vorsichtig und gleichmäßig die Taue hievenden Männern fröhlich zu, gewissermaßen als Entschädigung dafür, daß sie gezwungen waren, an Bord zurückzubleiben. Langsam und sicher ging die Fahrt abwärts. Aber etwa auf halber Höhe stand das Boot plötzlich still, die Seile mußten sich irgendwo in den Taljen verklemmt haben. Die Matrosen an Bord versuchten die Last wieder hochzuhieven, um den Schaden festzustellen und zu beheben; aber auch aufwärts rührte sich die Seilfahrt nicht. Im Boot machte sich Moody mit der Talje zu schaffen. Aber obgleich er sich hier durch gewaltige Seemannsflüche in Ansehen zu setzen versuchte, wollte es ihm doch nicht gelingen, die Sache in Ordnung zu bringen. Die heutigen Absolventen der nautischen Schulen sind eben recht wenig bewandert in der alterlauchten Seemannskunst, die im Umgang mit Tauen besteht.

So schwebte denn das Millionenboot zwischen Himmel und Meer, die Schiffswand mit den nur noch schwach leuchtenden Bullaugen stand riesig und drohend über ihm, tief unten knirschten die langsam sich hinschiebenden Eisschollen. In allen Insassen des unglücklichen Bootes begann leise-würgend der Gedanke hochzusteigen, daß sie etwa gar nicht mehr vom Schiff abkommen würden, verurteilt seien, auf diesem gefesselten Trabanten ohne eigenen Willen das Schicksal des Schiffes zu teilen. Nun erschien ihnen, die eben noch über den Aufenthalt im Boot so überaus beglückt waren, weit wünschenswerter, sich auf Deck des sinkenden Schiffes frei und ungehindert bewegen zu können, als hier in dieser drangvollen Enge eingeklemmt zu sein. Dieses Gefühl verdichtete sich zu einem allgemeinen Zorn gegen Moody, dem irgendwie die Schuld an ihrer aller schrecklichen Lage zugeschoben wurde. Die Chancen des hübschen Walisers, die bei ihm selbst eben noch so hoch im Kurs standen, begannen so heftig zu stürzen, als dies die Aktien der Gesellschaft White Star tun würden — falls nicht etwa das eingeklemmte Tau die Durchführung von Wideners groß angelegtem Baisse-Angriff durchkreuzte.

In diesem Augenblick erhob sich auf Deck der Titanic ein wahrhaft infernalisches Getöse. Mochte sich durch die Senkung des Schiffes im Kesselhaus ein Ventil geöffnet haben, mochte einer der unten in Not und Drang opferhaft Arbeitenden den Wunsch gehabt haben, die Herbeikunft der Hilfsschiffe für sein Teil zu beschleunigen, genug: während bisher der abgeblasene Kesseldampf nur mit Zischen und Brausen den Schornsteinen in gewaltigen Schwaden entwichen war, trat er jetzt in die Signalleitungen ein, und ein wüstes Heulen sämtlicher an Bord befindlicher Apparate, Sirenen und Dampfpfeifen brach los.

Infolge dieses Gebrülles war es unmöglich, sich von Boot zu Bord zu verständigen, und jede Hoffnung, das festsitzende Boot wieder flottzumachen, schwand dahin. Bei dieser Sachlage und angesichts der Gefahr, die das Sirenenheulen mit einemmal deutlich zu Bewußtsein brachte, sahen sich die Matrosen nicht mehr bemüßigt, ihre unfruchtbaren Versuche fortzusetzen. Die Bootsinsassen aus ihrer verzweifelten Lage etwa dadurch zu befreien, daß eine Strickleiter zu ihnen hinabgelassen wurde, hätte umfangreicher und langwieriger Anstalten bedurft, zu denen die Leute nicht mehr gewillt waren. Sie meinten, ihrer Pflicht vollauf Genüge getan zu haben, und wünschten nunmehr auch an sich selbst zu denken. Sich für die Insassen gerade des Millionenbootes zu opfern, schien ihnen zuviel verlangt.

Sie banden daher die Bootsteile an die Klampen der Davits mit kunstgerechten Kreuzknoten fest, wodurch das Boot vor dem Absturz gesichert war, falls sich etwa plötzlich die Hemmung in den Taljen lösen sollte. Hierauf entfernten sie sich, um für sich selbs eine Rettungsmöglichkeit ausfindig zu machen, wenn etwa die Titanic wegsacken würde, bevor die Hilfsschiffe eintrafen.

Durch diese weise Vorsichtsmaßregel war allerdings jede Möglichkeit versperrt, das Boot doch noch irgendwie zu Wasser zu bringen; und die unglücklichen Insassen des Millionenbootes hingen nun, wie eine Fracht zappelnder Fische in einem halbgehißten Netz, hoffnungslos über der unerreichbaren Wasserfläche, die für sie Rettung bedeutet hätte.

Versonnen schritt Astor die Treppe zu den Titanenkabinen hinab. Es zog ihn nach den Räumen, in denen sich diese letzten fünf Tage, die bedeutungsvollsten seines Lebens, abgespielt hatten.

Diese Zeit war in befremdlicher Weise von ihm weggesunken, als Helia im Dunkel der Nacht verschwand. Aber als er nun das Wohnzimmer betrat, in dem jeder Gegenstand ihn an sie erinnerte, in dem noch wie ein geheimnisvoller Klang der Wohllaut ihres Wesens schwebte: da stand alles Erleben, alles Fühlen, alles Wollen dieser bewegten Tage mit fast schmerzender Klarheit und Fülle um ihn. Und dennoch schien es ihm, als sei nicht er es, der all dies erlebt hatte. Er war nun ein anderer geworden. Er konnte sich allerdings nicht ganz klar darüber werden, was da geschehen war, was ihn eigentlich veranlaßt hatte, diesen ungeheuren Trennungsstrich zu ziehen, sich gleichsam von sich selbst zu scheiden! Er wußte nur, daß er so hatte handeln müssen, wie er gehandelt hatte. Irgend etwas, das stärker war als er, hatte ihn bezwungen, als er das Weib aufhob und in das Boot hinüberreichte.

Er stand am Anfang eines neuen Lebens, das fühlte er deutlich. Aber wohin es führen, worin es bestehen würde, davon hatte er keine Vorstellung. Zum erstenmal in seinem Leben wußte er nicht, was er zu tun habe, was er solle, wohin ihn sein Wille wies. Er fühlte sich gleichsam auf Urlaub, gleichsam entlassen. Nichts stand vor ihm, das ihn rief, das ihn trieb. Er mußte warten auf das, was ihm entgegenkam. Nicht sein Wollen bestimmte mehr, was geschehen sollte. Willenlos war er eingetan in ein gewaltiges Geschehen um ihn, es würde ihn hintragen in eine Zukunft, die sein Blick nicht zu durchdringen vermochte.

Er setzte sich an den Tisch vor dem breiten Fenster, durch das man hinabsah aufs Vordeck. Von hier aus war deutlich wahrzunehmen, wie stark bereits der Bug des Schiffes abgesunken war. Astor vernahm die Klänge der Märsche, die der tapfere Mac und seine Getreuen bliesen. Und auch er wurde von dem Gefühl schicksalsergebener Gelassenheit erfüllt, das sich allen den Männern mitgeteilt hatte, die nach Einbootung der Frauen und eines Teiles von ihnen zurückgeblieben waren: sie warteten nun geduldig, wie sich die Ereignisse weiter gestalten würden. In gleichen Schalen schwebten die hellen und die dunklen Lose. Rettung oder Untergang: das hing davon ab, ob sich die Titanic noch die halbe Stunde halten würde, bis das erste Hilfsschiff ankam, dessen Signalraketen der Ausgucksmann auf dem Fockmast bereits gemeldet hatte.

Ein Gewimmel von Menschen drängte sich da unten um die Ladeluke, auf der die Kapelle stand. Dahinter erhob sich undeutlich gegen den nächtlichen Himmel der riesige Berg aus Eis. Da und dort leuchtete er blau auf, es schien Astor, als habe er ein Gesicht, das höhnisch zu ihm herübergrinste.

Und er, Astor, war jetzt nur einer von denen, die sich auf dem sinkenden Schiff befanden. Jede Sonderung war von ihm abgefallen. Kommodore und Heizer, Titanen und Auswanderer, Erste und Letzte auf der irdischen Stufenleiter: sie waren jetzt gleich und in nichts unterschieden. Es war etwa so wie sich die frommen Christenseelen den Tag des Jüngsten Gerichts vorstellen. Astor entsann sich, solch eine Darstellung gesehen zu haben. An Tiara und Krone, Stab und Schnappsack konnte man noch erkennen, was die aufgerufenen Seelen auf Erden gewesen waren; aber im übrigen waren sie alle — Päpste und Könige, Hirten und Bettler — nackt und bloß. Sie harrten angstvoll und ergeben des Gerichts, das sie hinführen würde zu Licht oder Dunkel.

Auf dem Tisch vor Astor stand das grüne Maroquinkästchen mit dem goldenen Aufdruck HELIA ASTOR. Mechanisch öffnete er es — und fuhr betroffen zurück. Jetzt, wo er allein war mit der Krone des großen Alexander, ging eine ganz andere Macht von ihr aus als vor wenigen Stunden, da sie auf Helias Haupt lag. Damals war sie nur ein ungewöhnliches Schmuckstück gewesen, nicht viel mehr. Aber jetzt fühlte er wieder, und noch viel stärker, jenes lustvolle Grauen, das ihn angerührt hatte, als er zum erstenmal bei Halevy das Diadem und bei dem Chinesen den Schah Akhbar erblickt hatte.

Wiederum ging von dem Gold, das aus dem Ur-Schoß der Zeit herübergekommen war, jenes unirdische Leuchten aus, als sei es stoffgewordenes Sonnenlicht, und von dem Blauen Diamanten jener erregende Glanz, als schwelten in ihm alle Mächte der Tiefe. Vielleicht hatte der Jude recht gehabt, als er von der Vereinigung des Lichtgeborenen mit dem Erdgeborenen wie von einer geheimen Todsünde sprach. Vielleicht habe ich, fiel es Astor aufs Herz, durch die Einfügung des Schah Akhbar in die Alexanderkrone magische Kraftströme entfesselt, schlafende Dämonen geweckt. Ich war wohl doch nicht der rechte Herr des Steins, als den mich der Chinese angesprochen hat, der Starke, der ihn bändigen würde! Ich habe mich überhoben, habe überstolz nach dieser Krone gegriffen, in der — Abbild der Welt— Licht der Höhe und Dunkel der Tiefe vermählt sind! Ich habe den Chinesen verhindert, den Stein zu opfern, der schön und verführerisch ist wie die Sünde. Nun werde ich selbst — er fühlte es deutlich in sich drinnen — das Opfer!

Da nun Astor unverwandt in den Glanz des blauen Steins blickte, kam eine Art Traumstarre über ihn. Wie in jener Stunde in der Funkkabine, da er den Ziegfeld-Krieg meditierte, alle seine Interessen wie ein Planetarium um ihn standen, bewegt und unbewegt, zeithaft und zeitlos: so, nur ins Unendliche gesteigert, fielen nun die Grenzen der Menschensinne von ihm ab. Ihm war, als tauchte er hinab in die Tiefe des Seins, wo nicht Raum ist und nicht Zeit, nicht Licht und nicht Dunkel, nicht Bewegtheit und nicht Stille, nicht Gott und nicht Mensch: wo alle Widersprüche und Zwiespaltungen der Welt aufgelöst sind in den einen reinen Klang.

Er sah und sah nicht, fühlte und fühlte nicht, wußte und wußte nicht. Nur einmal hatte ihn Ahnung dieses Zustandes seliger Erlösung angerührt, darin Sein und Nichtsein, Leben und Tod rätselhaft ineinander verschlungen sind: gestern nacht, als Helia sich ihm öffnete, er in ihren Schoß gesunken war, als nehme ihn der Abgrund der Welt in seine Arme auf.

Ringsum weitete sich der Raum. Er schien erfüllt von gestaltlosen Gestalten, wesenlosen Wesen, webenden Schatten, lautlosem Klang. An der einen Seite des Tisches schien Halevy zu stehen, klein und hochschulterig, mit unterwürfig-hämischem Lächeln um die Lippen; an der anderen Seite der Chinese, riesig und dürr in seinem schwarzseidenen Kaftan, die Kohlenaugen in seinem Totenschädel streng und drohend auf Astor gerichtet. Beide streckten langsam fleischlos-schleimige Arme herüber nach der Krone, als wollten sie das ihre an sich nehmen. Da aber bäumte sich die Ur-Schlange auf, riesig reckte sie ihren Leib, sie wurde eins mit dem Eisberg, der nun aus blaustrahlendem Stirnauge furchtbar herüberblickte; sein grün schimmernder Rücken stieg triefend aus den Wassern auf, hob wie ein Spielzeug das Schiff, so daß dessen Schraube hoch in die Luft ragte und der Bug unter Wasser sank.

Die auf der Back Befindlichen wurden von einer Woge über Bord gespült, hundertstimmiger Schrei gellte durch die Luft. Da erscholl wie vom Himmel herab aus dem Lautsprecher die Stimme des Kommodore:

„Das Schiff sinkt! Mannschaft und Offiziere der Titanic, ihr seid vom Dienst entlassen! Ihr habt eure Pflicht getan, ihr habt euch als Briten gezeigt! Rette sich, wer kann! Gott sei mit euch!"

In diesem Augenblick setzten die Sirenen ihr ohrenzerreißendes Geheul aus, die Schreie der Schiffbrüchigen verstummten, es wurde mit einemmal totenstill auf dem Schiff, das, wie von einer Riesenfaust gepreßt, ächzte und stöhnte.

Als nun offenbar wurde, daß die letzte Stunde des Schiffes gekommen war: da zeigte sich, was Manneszucht, Glaubensmut und Seelenstärke über Not und Angst der elenden Kreatur vermögen. Zum letzten Male hob Mac das Tambourszepter, und in feierlichen Akkorden erklang der Choral:

„Näher, mein Gott, zu Dir,
näher zu Dir!
Dies soll die Losung sein,
dies mein Panier.
Wie Du auch führest hier,
näher, mein Gott, zu Dir,
näher zu Dir!"

Alle die Männer ringsum und auch die auf den anderen Teilen des Schiffes — denn überallhin waren in der windstillen Nacht die feierlichen Klänge hörbar — verstummten und wurden in tiefster Seele ruhevoll. Für manche von ihnen sagten die Worte aus, was sie glaubten und hofften, die nahmen die Mützen ab, falteten die Hände, sangen inbrünstig mit. In vielen erregte die getragene Weise ein Gefühl innerer Sammlung, das ihnen Haltung verlieh. Allen aber war dieses Beispiel mannhafter Pflichterfüllung und aufrechten Todesmutes Stärkung des Herzens, so daß sie furchtlos ihrem eigenen Schicksal entgegensahen. Die schnauzbärtigen Männer der Old Royal Dragoons bliesen hingebend eine Strophe nach der anderen, und jeglicher gab sich Mühe, zu Ehren des Waltenden seinen Part so schön zu blasen wie nie zuvor.

Nur der Kölner, der das Bombardon wie einen Rettungsring aus Messing um die Schulter trug, vermochte nicht, es seinen Kameraden an Heldenmut gleichzutun. In seiner Todesangst spielte er in der letzten Strophenzeile ständig ein Es, statt ein E, das allein in die Harmonie des Stückes paßte. Mac blickte zornig zu ihm hinüber. Aber je mehr er sich Mühe gab, E zu blasen, um so unfehlbarer wurde ein Es daraus. Sein Vollmondgesicht wurde rot vor Aufregung, der Angstschweiß trat ihm auf die Stirn: aber nun nicht aus Angst vor dem nahen Tod im Salzwasser, der ihm so besonders gräßlich erschien, sondern allein wegen des vertrackten Es, das immer wieder aus dem Rettungsring hervorkam. Seine musikalische Ehre stand bedenklich auf dem Spiel!

Aber auch Mac geriet von Mal zu Mal in größere Erregung. Er dachte wohl, es würde schlechten Eindruck machen, wenn er mit einem Es statt mit einem E näher zu Gott treten würde. Er blitzte daher immer wieder nach dem Kölner hinüber, dem durchaus kein E zu Ehren Gottes geraten wollte. Der Zweikampf um das fatale E kam immer mehr in Hitze, so daß schließlich beide der ungewöhnlichen Umstände vergaßen, unter den sich dieses musikalische Duell abspielte. Sie bemerkten daher gar nicht, daß sich das Schiff schroff über Bug neigte und ein Verzweiflungsschrei aus zahllosen Kehlen durch die Luft hallte. „E!" schrie Mac in höchster

Wut zu dem Kölner hinüber, „E, nicht Es!" Dieser machte nochmals eine gewaltige Anstrengung: aber es kam doch nur wieder das unselige Es heraus.

Da aber inzwischen sämtliche anderen Mitglieder der Kapelle aufgehört hatten, auf irdischen Instrumenten zu blasen und zu flöten: blieb allein das Es in den Lüften hängen und vermischte sich mit den wilden Schreien und Hilferufen der im Wasser Umhertreibenden.

So war denn der falsche Ton, den der biedere Kölner dem ihm von der Weltordnung zugewiesenen Instrument zuletzt noch entlockt hatte, nicht der einzige, der ans Ohr des Weltenwalters gelangte. Und der arme Bombardonspieler wird vielleicht Verzeihung finden, da er doch trotz aller Angst des Todes tapfer und aufrecht seinen irdischen Part zu Ende gespielt hat.

Der Ruf des Kommodore „Rette sich, wer kann!" löste die Bande der Ordnung, die — von wenigen Ausnahmen abgesehen — bisher so vorbildlich gehalten hatte.

Leider aber war dieser Rat leichter gegeben als befolgt. Die Rettungsboote waren alle fort. Behelfsmäßige Flöße zu bauen — die bei der ruhigen See und der in kurzer Zeit zu erwartenden Ankunft der Hilfsschiffe gute Dienste getan hätten —, daran hatte außer dem Anführer der Rotte Korah niemand gedacht. Und so blieb denn als einzige Möglichkeit, dem Unheil zu entrinnen, die: mit der Schwimmweste versehen ins Wasser zu springen und so lange zwischen den Eisschollen zu treiben, bis Hilfe kommen würde. Aber die Menschen sind feig und wundergläubig: sie nehmen lieber für die Zukunft die Wahrscheinlichkeit größeren Übels, ja selbst des Todes, auf sich, um der Gewißheit des gegenwärtigen Übels zu entgehen. Und so blieben denn die Unglücklichen auf dem zusehends sinkenden Schiff, das noch für eine kurze Weile erträglichen Aufenthalt bot, statt den Sprung ins eisige Wasser zu wagen.

Immer steiler richtete sich die Titanic auf. Die Eisfaust, die sie gepackt hielt, hob das Heck immer höher, drückte den Bug immer tiefer unter Wasser. Von Zeit zu Zeit gab es einen Ruck, als rutsche die ungeheure Last von der Eisfläche, auf der sie lag, dem bodenlosen Abgrund zu: dann schlug eine gewaltige Woge das Deck aufwärts und schwemmte Hunderte über Bord, die sich krampfhaft an die Reling klammerten, als sei dies eine Gewähr ihrer Errettung.

Noch stand Kommodore Smith aufrecht auf der Brükke. Furchtlos blickte er in den Wasserstrudel, der immer höher zu ihm hinaufpeitschte. Sein silbernes Haar wehte im Wind, er war anzusehen wie ein urzeitlicher Recke. Wenn auch er sich eisern an der Brüstung festhielt, so hatte dies einen anderen Sinn: er wollte sich nicht trennen lassen von seinem geliebten Schiff. Er hatte keine Schwimmweste an, um dem inneren Schweinehund keine Handhabe zu bieten. Ein Leben, belastet mit der Schuld an diesem ungeheuren Unglück, war für ihn kein Leben mehr. Auch ihn würde das Grauen des letzten Augenblicks würgen, gewiß; aber er war fest entschlossen, die Brüstung auch dann nicht loszulassen. Auf ihrer letzten Fahrt sollte der Titanic die Führung nicht fehlen. Wohin immer sie Fahrt machte, welchen Hafen immer sie anlaufen mochte: er, der Kommodore Smith, würde auf der Brücke stehen! Er hatte sie in einer entscheidenden Stunde verlassen; das wollte er nachholen für Zeit und Ewigkeit.

Nachdem alle Rettungsboote abgelassen waren, hatte der Lademaat nichts mehr zu tun. Er begab sich in seine Kabine, um noch etwelche seiner Habseligkeiten an sich zu nehmen. Trübe Gedanken erfüllten ihn; von Natur aus war er ohnehin pessimistisch veranlagt und sah daher die Gesamtlage recht wenig hoffnungsvoll an. Er dachte an sein junges Weib und seinen neugeborenen Sohn, an die behagliche kleine Wohnung, die er sich in Brooklyn eingerichtet, an die gemütlichen Kegelabende mit seinen Freunden. Diese hatten ihm immer schon zugeredet, den Seedienst zu verlassen und lieber in einem der Warenhäuser als Magazinverwalter Stellung zu nehmen, wenn dort auch der Verdienst geringer sei als auf See. Das wollte er nun auch wirklich tun, wenn ihm Gott aus diesem Schiffbruch heraushelfen würde. War das aber nicht der Fall, so würde die Lage seiner armen Frau recht schwierig werden, namentlich in Anbetracht der noch nicht bezahlten Raten bei „Kistenmaaker and Son". Denn ob Herr Daniel vom Schiff kommen würde, war infolge des Verhaltens von Oberst Astor gegen ihn recht zweifelhaft geworden; und wenn, ob er sich dann an das gegebene Versprechen halten würde?

Infolge dieser trüben Überlegungen war der Lademaat vom Weg abgekommen und befand sich nun vor der Tür zum Laderaum, die weit offen stand, was sich ganz und gar nicht gehörte. Zudem sah er im Hintergrund Licht, das war überaus auffällig. Er trat ein, durchschritt den Gang und befand sich nun dem wüsten Durcheinander gegenüber, das die Rotte Korah zurückgelassen hatte.

Zunächst empörte sich pflichtgemäß sein Ordnungssinn; besonders als er gewahrte, daß in diesem Raum verbotenerweise eine offene Fackel brannte und daß die Ladepforte offen stand. Als er aber das so vortrefflich hergestellte Floß erblickte, da blitzte ihm ein Gedanke auf, der mit einem Schlag alle trüben Überlegungen verscheuchte. Auf diesem Floß konnte er nicht nur sich selbst retten, sondern noch ein Dutzend Fahrgäste mitnehmen. Für solche Fahrt gab es allerdings keinen Tarif; aber diejenigen, die er mitnahm und dadurch vor dem sicheren Untergang rettete, würden sich schon nicht lumpen lassen! Und vielleicht gelang es ihm gar, einen von den Titanen an Bord zu nehmen: dann hatte er fürs Leben ausgesorgt.

Er ließ seine Habseligkeiten Habseligkeiten sein und lief auf kürzestem Weg nach dem Achterdeck, wo die ausgezählten Fahrgäste der Ersten und Zweiten Kajüte zurückgeblieben waren. Als er aber dieses Deck betrat, war es fast menschenleer. Da nach dem Ablassen der Rettungsboote der Zugang zum Bootsdeck nicht mehr gesperrt war, hatte sich die Mehrzahl der Fahgäste hinaufbegeben, weil sie sich dort sicherer glaubten als auf dem tiefer liegenden Achterdeck. Gleichzeitig aber erkannte der Maat, daß sich inzwischen die Lage des Schiffes recht verzweifelt gestaltet hatte. Somit war keine Zeit zu verlieren; an die geplante sorgfältige Auswahl seiner Privatfahrgäste war nicht mehr zu denken.

Er trat daher auf eine Gruppe von Männern zu, die in einer Ecke standen und lebhaft miteinander disputierten, als gäbe es nicht den geringsten Anlaß zu Sorge und Unruhe. Es waren einige Mitglieder der Trinkrunde vom „Wilden Schweinskopf", die sich hier zusammengefunden hatten: der Professor, der Reverend, der Journalist, der Prinzessinnenmaler und Oberst Gracie. Sie standen um Lightoller, dem sie beim Beladen und Flottmachen der Boote tapfer geholfen hatten; es war nicht ganz einfach gewesen, die Frauen zum Besteigen der Boote zu bewegen. Nun waren sie ihrer Pflichten ledig und erwarteten als standhafte Männer gelassen ihr weiteres Schicksal.

Jeder von ihnen hatte auf seine Art die Rechnung mit dem Leben abgeschlossen: und es erwies sich, daß in der letzten Stunde nicht Lehren und Meinungen entscheidend sind, sondern Charakter. Sie waren Männer, ja, das waren sie. Und als Männer standen sie tapfer vor dem dunklen Tor, das sich binnen kurzem vor ihnen öffnen sollte, das sie durchschreiten würden, ohne etwas mitzunehmen von den Meinungen und Erfahrungen, Überzeugungen und Glaubenssätzen, die ihnen im Leben so überaus wichtig erschienen waren und deretwegen sie sich oft über Gebühr erhitzt hatten.

Da trat der Lademaat zu ihnen und sagte höflich:

„Darf ich die Herren bitten, mit mir zu kommen? Ich habe im Laderaum ein recht brauchbares Floß gefunden. Aber kommen Sie schnell!"

Wenn zu Jonas im Bauch des Fisches ein Erzengel getreten wäre und ihn aufgefordert hätte, mit ihm zu kommen, er hätte nicht verwunderter sein können als die sieben Männer, denen dieser Abgesandte des Schicksals einen Weg aus dem neuen Leviathan weisen wollte. Aber sie untersuchten dieses Problem nicht lange, sondern folgten eifrig dem voranschreitenden Lademaat.

Im Laderaum fanden sie das Floß, und Lightholler begutachtete es als überaus sachverständig hergestellt.

„Das ist Ihr Floß der Medusa!" sagte der Oberst zum Maler. „Da werden Sie ja die besten Studien für Ihr großes Bild machen können!"

Der Maler murmelte etwas Unverständliches; er schien in diesem Augenblick wenig geneigt, an seine eigentlichen Bilder zu denken, hingegen äußerst beflissen, zu seinem Malhandwerk zurückzukehren.

Da durch das Absinken des Schiffes die Ladepforte bereits nahe am Wasserspiegel lag, so bereitete es keine Schwierigkeit, das Floß flottzumachen und vom Schiff abzukommen. Lightoller steuerte, die anderen hingegen legten sich kräftig in die Ruder, wenn auch ein Teil von ihnen keinerlei Erfahrung im Gebrauch solcher Werkzeuge hatte: und so zeigte es sich deutlich, daß Not vielleicht beten, bestimmt aber arbeiten lehrt.

Auch im Maschinenraum war der Abschiedsruf des Kommodore vernommen worden. Aber die Eiserne Kolonne richtete sich nicht nach ihm. Führer war nicht der Kapitän, ihr Führer war Vickers. Solange er den Platz nicht verließ, würden auch sie aushalten.

Ihre Aufgabe bestand nur noch darin, einen Kessel nach dem anderen abzublasen, je weiter das Wasser vordrang; denn eine Explosion mußte vermieden werden. Und dann war die Stromlieferung zu betreuen, damit die Beleuchtung halbwegs in Gang blieb und die Funkstation genügend Spannung hatte. Die Leute hier unten konnten freilich nicht wissen, wie völlig hoffnungslos es bereits oben stand und daß die Funkrufe des Schiffes an seinem Schicksal nichts mehr zu ändern vermochten. Nur die Senkung des Schiffes gegen Bug wurde immer fühlbarer, die Maschine stand schon erschreckend schief, das Gurgeln des eindringenden Wassers wurde immer bedrohlicher, bei jedem Ruck des Schiffes wurde ein grauenhaftes Krachen und Knakken in den Wandungen hörbar.

Vickers war in tiefes Nachdenken versunken. Sein technisches Hirn zog Bilanz aus den in diesen Stunden gemachten Erfahrungen. Ihm wurde völlig klar: die Konstruktion der Dampfschiffe war auf falsche Wege geraten, weil die Techniker durch die Finanzmächte ins Schlepptau genommen waren! Die Sicherheit der Schiffe war durch Rücksicht auf den Ertrag des Kapitals zurückgedrängt worden, die Luxusbedürfnisse der Fahrgäste wurden bestimmend. Die Schottenteilung genügte nicht mehr: ein breiter Wallgang mußte bis zum Oberdeck um das ganze Schiff herumlaufen, das Schiff mußte gleichsam zwei gleichwertige Wandungen haben. Die Zahl der Rettungsboote mußte so groß sein, daß sämtliche Insassen des Schiffes darin unterkamen; auch mußten sie seetüchtiger werden, mit Motoren ausgerüstet, eigene kleine Funkanlagen an Bord haben, um selbst den Weg zu den Hilfsschiffen zu finden. Der Raum für alle diese Einrichtungen mußte an den Luxusräumen des Schiffes eingespart werden: keine Festsäle, keine Schwimmbäder, keine Tennisplätze, keine Tanzdielen für die verwöhnten Fahrgäste. Wieder Schiffe, keine schwimmenden Hotels! Auch die Zeit der Maschinengiganten war vorüber: die Dampfturbine mit ihrer gedrungenen Kraft würde sie verdrängen. Wir sind falsche Wege gegangen, das allein ist es! Nicht zuviel Technik haben wir, sondern zuwenig. Haben uns durch die Handelsherren abdrängen lassen von unseren Zielen. Voll Scham dachte er daran, wie er vor dem Generaldirektor Ismay zurückgewichen war; mehr Schnelligkeit eingesetzt hatte, als er vor seinem technischen Gewissen verantworten konnte.

Da weckte ihn Guff aus seinen Träumen auf.

„Was soll geschehen, Käptn?" fragte er leise; er fühlte unklar, was seinen verehrten Meister beschäftigte. Aber es war doch wohl nicht an der Zeit, solchen weitschichtigen Zukunftsgedanken nachzuhängen.

Vickers sah auf.

„Geht, Jungens! Ihr habt euch brav gehalten. Hier ist nichts mehr zu schaffen!" sagte er müde.

„Nicht ohne Euch, Käptn!" prellte einer von den Leuten vor, ein frischer junger Kerl mit stahlblauen Augen.

„Gut, ich komme mit", erwiderte Vickers und umfaßte mit einem fast zärtlichen Blick die kleine tapfere Schar. „Geht voraus, ich bin der Letzte!"

Gelassenen Schritts setzten sich die Männer der Eisernen Kolonne in Bewegung. Sie wollten keine Eile zeigen; es sollte nicht aussehen, als seien sie etwa auf der Flucht.

Ehe er sich zum Gehen wandte, trat Guff auf Vickers zu, drückte ihm stumm die Hand. Dem rotborstigen Walroßmann standen Tränen in den Augen.

„Leben Sie wohl, Guff!" sagte Vickers unwillkürlich.

Und dann, indem er mit der Hand in die Richtung des Achterpieks wies:

„Der da drüben bekommt nun doch ein ehrliches Seemannsbegräbnis! Und eine stolze Gefolgschaft dazu!"

Als sie dann an der Maschine vorüberkamen, blieb Vickers stehen, legte die Hand auf ihre Flanken, wie er es so oft getan. Ein Gefühl abgründiger Trauer überkam ihn. Tot und kalt war sie. Noch vor wenigen Stunden hatte ihn ein Gefühl von Stolz und Hochmut überwallt, als er ihre lebenzitternde Flanke berührt, das leise-zornige Fauchen des gefesselten Giganten vernommen hatte.

Da hob sich das Schiff wieder heckseits, und diesmal ganz besonders heftig. Es knirschte unterm Kiel; der Gigant kam aus dem Gleichgewicht; die Wrangen, auf denen er festgeschraubt war, bogen sich auf; die Bodenplatten klafften; Wasser quoll hoch. Und nun wurde wieder jenes entsetzliche Heulen vernehmbar, wie damals im Achterpiek.

„Los, Käptn!" schrie Guff vom Laufgang herunter, den die Eiserne Kolonne inzwischen erreicht hatte. Aber es war zu spät. Ein furchtbares Getöse erfüllte den Raum. Die Schottwände beulten sich vor, Spanten knackten, Eisen kreischte auf Eisen, eindringendes Wasser rauschte und gurgelte, dazwischen das jauchzende Geheul der rätselhaften Stimme. Da stürzte der befreite Gigant vornüber. Tückisch leuchteten noch einmal die geschlitzten Krakenaugen auf — und nun begrub er unter sich Vickers, aus dessen Hirn und Willen er gezeugt war.

Die beiden Marconi-Männer in der Funkkabine hatten sich ebenfalls nicht an den Entlassungsbefehl des Kommodore gekehrt. Sie waren zwar keine Seeleute und unterstanden daher nicht dem ungeschriebenen Gesetz der See. Gleichwohl versahen sie ihr Amt mit hingebender Treue. Unermüdlich schickte Philips Meldungen in den Äther, nahm durch den Kopfhörer Meldungen auf. Bride hingegen schrieb so genau die abgehenden und ankommenden Meldungen unter Angabe von Minuten und Sekunden in das Funkprotokoll, als müsse er nach Ankunft in New York seinen Vorgestzten das Journal vorlegen und die Eintragungen verantworten. Er gab die Meldungen telefonisch nach der Brücke, zuweilen lief er mit einer hinüber, wenn er die Verbindung nicht bekam.

Philips war völlig erschöpft. Das stundenlange Aufnehmen der oft durcheinander gewirrten Meldungen, das Geknatter im Kopfhörer, wenn sich die Wellen überlagerten, hatte ihn zermürbt. Auch war er durch und durch gefroren, er hatte nur seinen Nachtanzug an, denn er war aus dem Schlaf geholt worden, als der Wirbel anging.

Plötzlich wendet er sich verstört an Bride:

„Der Strom läßt nach! Gib stärkere Spannung!"

Bride schraubt an den Kondensatoren.

„Stärker! Stärker!" schreit Philips und gibt wie verrückt am Morsetaster das Zeichen: SOS! ... SOS! ... SOS!

„Noch stärker!" brüllt er.

„Weiter geht's nicht", ruft Bride zurück und zeigt an der Schraube, daß sie am Ende der Windung ist. Auf einmal wird das Antennengeknatter ganz schwach, zuckt noch einmal auf und erlischt dann ganz.

„Aus!" sagt Philips. Er nimmt den Kopfhörer ab, wirft ihn auf den Tisch. „Kein Strom mehr! Aus!"

In diesem Augenblick klatschte ein Schwall Wasser durch die offene Tür in die Funkkabine.

„Hallo, nun wird's ernst!" rief Bride. „Es ist Zeit, daß wir uns davonmachen!"

Philips erhob sich, fiel jedoch auf den Stuhl zurück.

„Geh, Kamerad! Laß mich hier. Ich bin ganz steif gefroren. Ich kann nicht mehr. Es ist ja doch alles gleich!"

Aber er kam schlecht an bei Bride. Da dieser sah, daß Philips keine Schwimmweste umhatte, schnallte er mit zwei Griffen die seine ab und legte sie dem Kameraden um.

„Mut, alter Junge! Es wird schon gehen!" sprach er ihm zu, faßte ihn unter, hob ihn hoch, stützte ihn, trug ihn halb, trat mit ihm auf Deck. Da aber kam eine neue Welle angerollt, hob sie beide hoch und fegte sie über die Reling.

Die Woge, von der die beiden Funker über Bord geschwemmt worden waren, hatte die Kameraden voneinandergerissen. Als Bride, ein Athlet und geübter Schwimmer, sich wieder an die Oberfläche gekämpft hatte, sah er nicht weit von sich Philips ohnmächtig geworden und nur knapp von seinem Rettungsgürtel über Wasser gehalten. Mit ein paar kräftigen Stößen war er bei ihm, stützte ihn, damit sein Kopf über Wasser blieb, versuchte, mit ihm von der bedrohlichen Nähe des nunmehr unaufhaltsam sinkenden Schiffes abzukommen. Ringsum war das Meer von Unglücksgenossen bedeckt, die ebenfalls so rasch wie möglich vom Wrack wegstrebten.

Da wurde ein fürchterliches Krachen und Rumpeln vernehmbar; es waren die Maschinen und Kessel, die sich von ihren Fundamenten losrissen und gegen die eisernen Schottwandungen polterten. Gleichzeitig brach der vorderste Schornstein los — ein dreißig Fuß hoher eiserner Tunnel, durch den ein Heuwagen hätte fahren können — und stürzte über Bord, klatschte mitten unter die schwimmenden Menschen, Hunderte mit sich in die Tiefe reißend — wie von einem Jungen geworfener Stein Wasserlinsen auf einem Dorfteich.

Wildes Aufheulen der Getroffenen und Bedrohten. Zwei gewaltige Wellen bäumten sich auf unter der Wucht des Aufpralls, fegten über die Wasserfläche weg. Dann jähe Stille.

Selbst Bride war gelähmt durch dieses entsetzliche Geschehnis. Aber was den anderen zum Verderben wurde, war ihm und Philips zum Heil. Die Woge trieb sie ein gutes Stück weit ab und warf sie gegen das Floß. Dieses hatte dem Anprall des Wassers wacker standgehalten, wenn auch die Sturzsee darüber weggebraust war. Bride klammerte sich an einem der Fässer fest, während er mit dem anderen Arm Philips umschlungen hielt.

Der Reverend und der Professor hörten seine Rufe; sie krochen an den Rand, um ihnen zu helfen.

„Zuerst meinen Kameraden!" schrie Bride.

Die beiden tapferen Theologen zogen den Ohnmächtigen mit großer Mühe hoch, schleppten ihn nach der Mitte der hölzernen Insel und legten ihn auf ein paar Säcke. Bride vermochte selbst hinaufzuturnen. Als er sich aufrichtete, erkannte er unter den Floßmännern Lightoller.

Man kann sich vorstellen, welche Gefühle diese beiden bewegten, die sich auf so unerwartete Weise und unter so ungewöhnlichen Umständen wiedersahen. Aber Herzensergießungen waren jetzt nicht am Ort, man mußte zusehen, weiter vom Wrack abzukommen, um nicht solchen Gefahren ausgesetzt zu sein, wie der, der sie soeben alle nur knapp entronnen waren. Zudem war zu fürchten, daß das sinkende Schiff einen ungeheuren Strudel erzeugen und im weitem Umkreis alles mit hinunterziehen würde. Bride ergriff also eines der Ruder, machte sich eine behelfsmäßige Dolle zurecht und legte sich mit aller Kraft in den Riemen.

Sie waren kaum eine halbe Meile ab, da scholl von der Titanic wüster Lärm herüber. Ein dumpfer Schlag rollte über das Wasser, wie der Knall eines riesigen Geschützes; bald darauf noch einer; dann ein dritter.

„Das Wasser drückt die Schottwände ein", murmelte Lightoller mit Schrecken verzerrtem Gesicht. „Die zusammengepreßte Luft zerreißt die Schiffswände."

Die Ruderer hielten an, voll Entsetzen sahen sie hinüber, wo sich die Umrisse des einst so stolzen Schiffes abzeichneten. Noch waren die Fenster des Promenadendecks und die Reihen der Bullaugen schwach erhellt; noch waren das Topplicht und die rote Backbordlaterne sichtbar, die aber beide schon bedenklich nahe der Wasseroberfläche lagen. Da hob sich das Heck des Schiffes hoch aus dem Wasser, als würde es von einer riesigen Faust unwiderstehlich hochgehoben; Garben von Funken und glühenden Kohlen wurden aus den Rauchfängen gefegt und von der gepreßten Luft hinausgetrieben; Fenster, Bullaugen, Laternen leuchteten noch einmal wie verzweifelt hell auf; nun stand, ein riesiger Turm, die halbe Titanic senkrecht aus der dunklen Flut: und nun versank sie langsam, wie von dämonischer Gewalt hinabgezogen.

In lautloser Stille vollzog sich dieser Sturz des Titanenschiffs in den Abgrund der Tiefe. Kein Strudel brauste auf, schweigend schloß sich über ihm die Flut. Dann aber gellte ein jauchzendes Heulen über das leere Meer: aus der Tiefe stieg ein Berg von Eis, reckte immer höher sein Haupt, stand riesig da, fahl leuchtete er gegen den dunklen Himmel, von dem herab mitleidlos Millionen Sterne glänzten.

Der Stahlsarg

In dieser Nacht kam der Äther über dem Atlantik nicht zur Ruhe. Unablässig schwirren, gespenstische Vögel, Funkmeldungen durch den Raum.

Da sitzen auf den Schiffen die Marconi-Männer in ihren mit geheimnisvollen Apparaten vollgepfropften Kabinen: senden Morsezeichen in den Raum, lang kurz kurz lang, in zwei Dutzend Kombinationen, die der Empfänger als Alphabet liest. Sprechen solcherart wie Halbgötter miteinander über Raum und Entfernung weg, die gewöhnliche Erdenmenschen hoffnungslos trennen. Diese blassen Männer in ihren Zauberkammern, die nicht einmal ein Vorderstagsegel von einem Unterbramsegel unterscheiden können, als Seeleute anzusehen, hätte sich Käpten Küpers entschieden geweigert. Und auch der Erlanger Professor der vergleichenden Religionswissenschaft würde vermutlich der Meinung Ausdruck geben, daß dieses Drehen an Kondensatoren, Abstimmen von Wellen, Klappern mit dem Morsetaster der seegerechten Amtswürde entbehre. Es muß aber leider festgestellt werden, daß die seefahrenden Menschen es im allgemeinen vorziehen, durch seemännische Laien in Seenot Hilfe zu finden, als seegerecht zu versaufen.

In dieser Nacht kam der Äther über dem Atlantik nicht zur Ruhe. Unablässig schwirren, gespenstische Vögel, Funkmeldungen durch den Raum.

Zwölf Uhr fünfzehn. Von Titanic an alle: CQD! Das heißt come quick, danger! Kommt schnell, Gefahr! In Dreiminuten-Abständen immer wieder: CQD! . . . CQD! . . . CQD!

Zwölf Uhr siebzehn. Cap Race, die Funkstation auf

Neufundland, hört das Zeichen CQD; nimmt den Schiffsort der Titanic auf: 41.46 Nord, 50.14 West. Gibt beides weiter an alle.

Zwölf Uhr zwanzig. Carpathia hört Titanic: Kommt uns zu Hilfe! Sind auf einen Eisberg gerannt!

Zwölf Uhr siebenundzwanzig. Carpathia an Titanic: Meldung erhalten. Nehmen Kurs auf euch. Kommen mit Volldampf. Sind gegen drei dort. Habt guten Mut!

Zwölf Uhr dreißig. Titanic an Frankfurt: Sagt eurem Kapitän, soll zu Hilfe kommen!

Zwölf Uhr dreißig. Caronia an Baltic: Titanic gegen Eisberg gerannt. Verlangt dringend Hilfe.

Zwölf Uhr fünfunddreißig. Baltic an Caronia: Gebt der Titanic weiter, daß wir kommen.

Zwölf Uhr fünfundvierzig. Titanic an alle: SOS! Das heißt save our souls! Rettet unsere Seelen! SOS! . . . SOS! . . . SOS!

Ein Uhr zehn. Titanic an alle: Sinken Bug voraus. Kommt so schnell wie möglich!

Ein Uhr zwanzig. Virginia an Cap Race: Meldet Titanic, daß wir kommen. Sind 170 Meilen ab.

Ein Uhr dreißig. Titanic an alle: Wir bringen die Frauen in die Boote!

Ein Uhr fünfunddreißig. Baltic hört Ruf Titanic: Wasser erreicht die Kessel!

Ein Uhr siebenunddreißig. Baltic an Titanic: Wir eilen zu euch!

Ein Uhr vierzig. Carpathia an Titanic: Haben alle Kessel unter Volldampf. Kommen so schnell wir können!

Ein Uhr fünfundvierzig. Carpathia hört Ruf Titanic: Wasser im Maschinenraum!

Ein Uhr siebenundvierzig. Caronia hört von Titanic: Wiederholte, aber unverständliche Zeichen!

Ein Uhr achtundvierzig. Asian hört Titanic: SOS! . . . SOS! . . . SOS!

Zwei Uhr. Virginia hört Titanic. Die Zeichen sind ganz leise und unverständlich. Die Kraft des Senders läßt merklich nach.

Zwei Uhr siebzehn. Virginia hört Titanic: SOS! .. SOS! ... SO ... Dann reißt das Signal ab, als höre die Sendekraft plötzlich auf. Nur noch wenige und verlöschende Funken. Virginia gibt stärkeren Strom. Keine Antwort.

In dieser Nacht kam der Äther über dem Atlantik nicht zur Ruhe. Unablässig schwirren, gespenstische Vögel, Funkmeldungen durch den Raum.

Der Sturm im Äther ging leider ungehört vorüber an dem Funkapparat des Dampfers Kalifornia von der Leyland-Line, sechstausend Tonnen, Kapitän Stanley Lord, Sammelfrachten von London nach Boston.

Das Schiff war gegen Abend in Treibeis geraten. Es waren keine groben Brocken, man hätte ganz gut weiterfahren können. Aber Kapitän Lord war der Meinung, die amerikanischen Damen würden noch rechtzeitig genug in den Besitz der Strickwesten und Filzhüte gelangen, die er in seiner Ladung hatte. Er sah keinen Anlaß, ihretwegen Heldenmut aufzubringen und in dunkler Nacht durch die Eisschollen zu fahren. Das war ein ganz vernünftiger Standpunkt: denn die Kalifornia war ein betagter Kasten und verfügte außer dem Funkapparat über keinerlei neuzeitliche Einrichtungen. So hatte das Schiff keine Schotts und war daher durch jede Verletzung der Schiffshaut gefährdet. Bei dieser Sachlage war die Abneigung des Kapitäns, nachts durch Eis zu fahren. durchaus begreiflich. Er gab Befehl, die Fahrt zu stoppen; er wollte sie erst wieder bei Tageslicht fortsetzen.

Den Funkapparat hielt er für eine ziemlich überflüssige Einrichtung. Er fuhr schon vierzig Jahre zur See und war ohne solches Spielzeug ausgekommen. Die Hauptaufgabe des Funkers, der ihm an Bord gesetzt worden war, sah er darin, mit ihm Domino und Schafskopf zu spielen. Fahrgäste, die Depeschen aufgaben oder empfingen, hatte er nicht an Bord. So beschränkte er sich darauf, die Wettermeldungen aufzunehmen, sowie Mitteilungen über Fußballmatches, Boxkämpfe und sonstige Sportereignisse. Da aber Evans, der Funker, nicht nur Romane lesen konnte in seiner Kabine, führte er zuweilen Privatgespräche, mit anderen Funkern, die sich ebenso langweilten wie er; und gelegentlich funkte er Nachrichten hinaus, ohne vom Kapitän ermächtigt zu sein.

Als sie daher ins Eis kamen, hatte er die Antillian angerufen, die irgendwo auf dem Atlantik herumschwamm. Mit deren Funker hatte er am Nachmittag ein paar altbackene Anekdoten ausgetauscht. Er funkte ihr: „Drei große Eisberge fünf Meilen südlich von uns. Vorsicht!" Zu seiner Verwunderung erhielt er bald darauf einen Funkspruch der Titanic, dem berühmten Dampfer der White Star: „Hörten Ihre Sendung an Antillian. Besten Dank!" Evans war nicht wenig stolz auf diesen Erfolg seiner Kunst.

Um elf Uhr saß Evans in der Messe mit dem Kapitän und dem Ersten Offizier, Stewart, beisammen. Sie spielten einen soliden Schafskopf und genehmigten sich verschiedene Grogs mit wenig Wasser darin. Die Brückenwache hatte der Dritte Offizier, Grove. Der Zweite schlief, denn er mußte zur Hundewache hinaus.

Da rief Grove durchs Sprachrohr hinunter, er habe Lichter eines Dampfers gesichtet, der von Osten herankomme.

„Was kann das wohl für ein Schiff sein?" fragte der

Kapitän; sein Interesse war nicht sonderlich groß, er hatte sechs Trümpfe in der Hand.

„Das wird die Titanic sein, ich habe sie kürzlich im Apparat gehabt", sagte Evans. Darauf der Kapitän:

„Nun, für die kann es interessant sein, daß hier Eis ist. Funken Sie ihr: ‚Sind von Eis eingeschlossen, liegen still'."

Evans ging nach Beendigung des Spiels in seine Kabine, kam aber bald wieder zurück.

„Nun, ist es die Titanic? Was hat sie geantwortet?"

Brummig erwiderte Evans:

„Sie hat geantwortet: Haltet das Maul!"

„Na, so was! Und warum?"

„Der Mann am Apparat funkte: Bin beschäftigt, muß Passagierdepeschen nach Cap Race aufgeben. Funkt nicht dazwischen!"

„Das hat man von diesen modernen Einrichtungen", murrte der Kapitän. „Alberne Sachen das, ich geh' in die Klappe."

Evans folgte dem Beispiel des Kapitäns. Beleidigt schaltete er den Apparat ab. Um sich Grobheiten sagen zu lassen, dazu war er schließlich nicht da. Weil er etwas viel Grog getrunken hatte, schlief er alsbald den Schlaf der Gerechten.

Kapitän Lord ging vorher noch einmal auf die Brücke, sah nach den Lichtern, die der Wachoffizier gesichtet hatte. Sie mochten schätzungsweise neun bis zehn Meilen entfernt sein.

„Das ist kein Passagierdampfer! Das Schiff ist kaum größer als unseres", sagte der Kapitän zu Grove. Er mochte wohl meinen, daß nur ein Frachter wie er selbst solch grobe Antwort funken könne.

„Nein, Kapitän, es ist bestimmt ein Passagierschiff! Es hat zuviel Lichter mittschiffs, ich glaube deutlich Reihen von beleuchteten Bullaugen zu erkennen."

„Na, meinetwegen. Setzen Sie Topplichter und versuchen Sie, mit einer Morselaterne Verbindung zu kriegen."

Der Vorfall mit der Funkung hatte offenbar Kapitän Lords Abneigung gegen neuzeitliche Einrichtungen verstärkt. Er hatte Zeit seines Lebens mittels Morsesignalen mit anderen Schiffen verkehrt, da gab es kein Dazwischenfunken und grobe Antworten. Verdrießlich begab er sich in seine Kajüte und legte sich aufs Ohr.

Kaum war er eingeschlafen, rief ihn Grove wieder durchs Sprachrohr an.

„Ich habe Morsezeichen gegeben, keine Antwort gekriegt. Aber ich habe etwas Seltsames beobachtet: das Schiff hat gestoppt!"

„Deshalb wecken Sie mich auf? Morsen Sie weiter. Wir haben ja auch gestoppt."

Um Mitternacht übernimmt Stone die Wache. Grove teilt ihm seine Beobachtungen mit. Stone hat einen Leichtmatrosen bei sich, den heißt er in den Mastkorb steigen und das fremde Schiff beobachten. Nach kurzer Weile ruft dieser herunter:

„Auf dem Achterdeck glitzert ein weißes Licht!"

Stone meint, das sei ein Morsezeichen, morst zurück. Wieder keine Antwort. Es wird das Topplicht sein, das fackelt, denkt er.

Bald nach drei Glas ruft Gibson wieder:

„Weiße Raketen gesichtet!"

Stone morst wiederum: wieder keine Antwort. Kurz vor vier Glas steigen wieder Raketen hoch. Stone schaut durchs Nachtglas hinüber.

„Sieh mal, Gibson, wie sonderbar das Schiff auf dem Wasser liegt. Da muß was los sein! Ein Schiff auf See läßt doch nicht wegen nichts Raketen steigen! Komm herunter, geh zum Alten, sag ihm, wir hätten nun schon acht Raketen gesichtet!"

Gibson geht ins Kartenzimmer, klopft an die Kapitänskabine, sagt durch die Tür die Meldung Stones.

„Was für Farben haben sie?"

„Weiß."

„Dann laßt mich in Ruhe mit euren Raketen! Das ist kein Codesignal! Wahrscheinlich macht sich der Wachoffizier Sonntagsbeleuchtung. Notsignale haben rote Sterne!"

Gibson kommt zurück auf die Brücke, bringt die Antwort des Kapitäns, die keine Antwort ist. Stone schaut unverwandt durchs Glas hinüber.

Die Lichter verschwinden eins nach dem andern! Es sieht so aus, als sei das Schiff wieder in Fahrt und drehte ab nach Südwest!"

Das war kurz nach vier Glas, also etwa viertel nach zwei. Stone geht ans Hörrohr und meldet dem Kapitän, was er gesehen hat. Der Kapitän fragt zurück:

„Waren die Raketen bestimmt ohne Farbe?"

„Ganz bestimmt, alle waren weiß."

„Dann lassen Sie mich endlich in Ruhe mit Ihrem Schiff!"

Um vier Uhr löst der Erste Stone ab. Dieser berichtet ihm seine Beobachtungen, seine Meldungen an den Kapitän, dessen Antworten. Bald darauf sichtet Stewart in Südost ein Schiff mit zwei Topplichtern und strahlenden Lichterreihen mittschiffs. Es scheint sich schnell zu nähern. Er ruft den Kapitän an. Der kommt auf die Brücke und schimpft.

„Das ist dasselbe Schiff, mit dem mich Stone schon die ganze Nacht angeödet hat! Nun, gibt es Signale?"

Stewart ist halsstarrig.

„Das muß ein anderes Schiff sein. Das, was Stone sah, lag nach der Beschreibung Südwest, und dieses kommt von Südost her."

Da kommt dem Kapitän ein glorreicher Gedanke, auf den während der ganzen Nacht weder er noch einer der Offiziere gekommen ist. Wozu haben wir eigentlich einen Funker an Bord? Er schickt den Ersten in die Funkkabine, er soll Evans wecken. Der hört das Klopfen nicht, schnarcht friedlich weiter. Stewart tritt ein, schüttelt ihn wach.

„Wir haben Raketen auf einem Schiff gesichtet. Fischen Sie mal den Äther ab, vielleicht können Sie rauskriegen, was da los ist!"

Dann geht er zurück auf die Brücke, verfolgt zusammen mit dem Kapitän den Kurs des Schiffes.

Kurz darauf kommt Evans käsebleich angelaufen.

„Meldung von der Virginia: Titanic auf 41.16 Nord, 50.14 West gegen Eisberg gerannt. Passagiere eingebootet. Schiff sinkt!"

Nun wird Kapitän Lord lebendig. Er läßt die gedämpften Feuer unter den Kesseln anschüren, Volldampf setzen, nimmt Kurs auf den gemeldeten Ort. Das Schiff fährt glatt durch loses Treibeis, nach drei Meilen hat es offenes Wasser. In knapp einer Stunde ist es an dem Ort, wo die Wachen die ganze Nacht hindurch die Lichter und Raketen gesichtet haben, die sträflicherweise nicht nach dem Code gewesen sind. Hätte die Titanic rote Raketen abgeschossen, wie es sich gehört, so wäre Kapitän Lord bereits um Mitternacht aufgebrochen, wäre rechtzeitig gekommen, hätte sämtliche Passagiere der Titanic übernehmen können. Man sieht wieder einmal, wie zuweilen kleine Ursachen gewaltige Wirkungen nach sich ziehen!

Auch als die Titanic keine Nachrichten mehr in den Raum sandte, kam der Äther über dem Atlantik noch nicht zur Ruhe.

Zwei Uhr zwanzig. Carpathia an Titanic: Habt ihr meine Raketen gesehen?

Zwei Uhr dreißig. Carpathia an Titanic: Warum meldet ihr euch nicht? Habt ihr meine Raketen gesehen?

Zwei Uhr vierzig. Burma an Titanic: Wir kommen mit Volldampf zu euch. Sind voraussichtlich um sechs Uhr dort. Hoffen, daß ihr wohlauf seid. Sind nur noch fünfundvierzig Meilen ab.

Brave kleine Burma! Sie hat zwar nur sechstausend Tonnen, und bei dem, was sie Volldampf nennt, macht sie höchstens dreizehn Knoten die Stunde. Eifrig strampelt sie mit ihren kurzen Beinen durchs Meer, um der bedrängten Schwester zu Hilfe zu kommen.

Drei Uhr fünfzehn. Carpathia an alle: Haben das erste Boot der Titanic aufgenommen.

Vier Uhr zehn. Burma an Titanic: Sind nur noch vierundzwanzig Meilen ab.

Vier Uhr vierzig. Carpathia an alle: Haben acht Boote der Titanic aufgenommen.

Fünf Uhr fünfzehn. Kalifornia an alle: Gebt uns Ort der Titanic.

Fünf Uhr achtzehn. Viginia an Kalifornia: Schiffsort Titanic 41.46 Nord, 50.14 West. Ihr seid ganz nahe!

Fünf Uhr zwanzig. Celtic an Caronia: Habt ihr Meldung von Titanic?

Fünf Uhr dreißig. Caronia an Celtic: Können seit drei Stunden keine Verbindung mehr mit Titanic bekommen.

Sechs Uhr dreißig. Carpathia an alle: Titanic nach Zusammenstoß mit Eisberg gesunken. Wir haben die Passagiere aus sämtlichen Rettungsbooten übergenommen.

Sieben Uhr zehn. Baltic an Carpathia: Können wir euch helfen? Sind noch hundert Meilen ab.

Sieben Uhr fünfundzwanzig. Carpathia an Baltic: Euer Kommen nicht mehr nötig. Setzt eure Reise fort. Wir fahren Volldampf nach New York. Haben etwa siebenhundert Gerettete an Bord.

Die Baltic kehrt betrübt um. Sie hat mit ihrer bescheidenen Zwölf-Knoten-Fahrt schon achtzig Meilen zurückgelegt, um ihrer Schwester Hilfe zu bringen.

Die Carpathia von der Cunard-Line — zwölftausend Tonnen, mit elfhundert Fahrgästen an Bord, unterwegs von New York nach Neapel — hat um Mitternacht den Notruf der Titanic aufgefangen. Sie war etwa fünfundfünfzig Meilen Südost von ihr entfernt. Ihr Kapitän Rostron macht sofort kehrt, geht auf Volldampf, steigert die Fahrt auf achtzehn Meilen. Kalt, klar, umsichtig gibt er die Befehle. Doppelte Besetzung des Postens im Mastkorb. Auf dem Vorschiff wird ein Scheinwerfer aufgestellt, zwei besonders erfahrene Matrosen und ein Offizier halten Ausguck. Die Brücke wird mit zwei Wachoffizieren besetzt. Rostron selbst verläßt sie keinen Augenblick. Er weiß: es ist gefährlich, mit so großer Fahrt in die Eisregion vorzustoßen. Die Rettungsboote werden klar gemacht, die Davits ausgeschwungen. Strickleitern und Rettungsleinen mit Schwimmgürteln an der Reling befestigt. Die Winden unter Dampf gestellt, an ihre Trossen Bootsmannsitze, Rettungshosen, Leinwandsäcke angebracht, um Kinder, Frauen, Verwundete, Erschöpfte hochzuhissen. Die drei Speisesäle werden zur Aufnahme der Schiffbrüchigen eingerichtet, mit Reservebetten und Matratzen belegt, in jedem von ihnen hat einer der Ärzte das Kommando. Die Köche bereiten in großen Mengen Suppe, Kaffee, Tee. Die Ärzte stellen Medikamente bereit, die Stewards Kognak, Whisky, Rum, die Passagiere Decken, Wäsche, Kleidungsstücke. Operationszimmer und Lazarett werden klargemacht. Der Kapitän, die Offiziere, die Fahrgäste Erster und Zweiter Klasse räumen ihre Kabinen; Offiziere und Unteroffiziere werden an die wichtigsten Punkte verteilt.

Um halb drei Uhr nähert sich das zu seiner Hilfetat auf beste vorbereitete Schiff dem Unglücksort. Eisberge stehen drohend, zuweilen blau aufblitzend. Sie werden aber im Licht des Scheinwerfers gesichtet. Die tolle Fahrt verläuft ohne Unfall. Von zehn zu zehn Minuten steigen Raketen hoch, um anzuzeigen, daß Hilfe nahe ist.

Kurz nach drei Uhr wird das erste Boot aufgenommen, es ist nur schwach besetzt. Zuerst werden die Kinder in Leinensäcken hochgezogen, dann die Frauen, dann die Männer. Unter ihnen Bruce Ismay, ein Bild des Jammers, der blaue Großkordon hängt ihm, von Seewasser durchweicht, wie ein Strick um die Brust. Mary King bemüht sich um den völlig Gebrochenen. Alle sind von Frost erstarrt, einige sind verwundet.

Dann wird ein Boot nach dem anderen aufgefischt. Halbnackte Frauen, Frauen in Ballkleidern, mit Schmuck behängt, Frauen in Männerhosen; Männer in Frack mit Orden, Männer in Arbeitsjoppen, Männer in Schlafanzügen. Alle haben Schwimmwesten um. Verrenkte Glieder, gebrochene Arme, zerquetschte Füße. Einige Männer haben Hieb- und Stichwunden.

Als letztes wird das Kapitänsboot gesichtet. Dessen Besatzung ist in guter Verfassung, korrekt steuert Josuah das Fallreep an. Steil steht Helia am Bug des Bootes. Vor ihr liegt auf dem Boden, sorgsam hingebettet und mit Kleidungsstücken zugedeckt, das Polenweib mit seinem Kind. Sie sind tot, erfroren. Helia zaudert, als man ihr die Hand reicht, ihr hinüberzuhelfen. Sie wendet sich um, mit einem fremden Lächeln blickt sie hinaus in die dämmernde Frühe, in die Richtung, wo die Titanic gesunken sein muß. Dann schreitet sie weg über das armselige Menschenbündel auf dem Boden des Bootes.

Als die Carpathia wieder in Fahrt ist, trifft sie auf das

Floß der Medusa. Es war allmählich abgesunken, war halb von Wasser überspült. Rücken an Rücken standen die Männer in der Mitte, ihre nassen Kleider waren bretthart gefroren. Auf einer Art Bahre hatten sie Philips gelagert, der nicht mehr zu Bewußtsein gekommen war; Bride und der Reverend hatten sich unablässig um ihn bemüht. Er gab noch schwache Lebenszeichen von sich; aber seine Kraft war im Begriff zu erlöschen. Der tapfere Funker sollte keine Meldungen mehr in den Äther senden.

In den Sälen ereignen sich schauerliche Szenen, sobald durch die sorgliche Behandlung Leben und Bewußtsein in die Geretteten zurückkehrt. Kinder weinen nach ihren Eltern, Frauen schreien nach ihren Kindern und Gatten, Männer klagen die Schiffsleitung an. Einige der Geretteten werden tobsüchtig, schlagen um sich. Eine Frau reißt sich los, rennt auf Deck, stürzt sich über die Reling ins Wasser, wird mit Mühe wieder gerettet. Millionäre und Bettler, Diplomaten und Heizer, Gesellschaftsköniginnen und Huren, Gelehrte und Verbrecher: unterschiedslos liegen sie Seite an Seite in gewärmte Decken gehüllt, Bündel von Elend, geschüttelt vom Grauen der überlebten Nacht, dankbar für die Güte und Hilfe, die ihnen zuteil wird. Gerettet! Gerettet! Dieser Gedanke wird ihnen erst allmählich klar. Glück des Wiederlebens wallt in ihnen auf. Aber dann legt sich ein schwerer Schatten über sie: was ist's mit denen auf dem Schiff?

Der Erste Offizier geht auf die Brücke, erstattet dem Kapitän Bericht. Von den achtzehn Booten, die auf der Titanic waren, sind sechzehn gefunden. Eines sei beim Herabfieren entzweigebrochen, hat ein Fahrgast erzählt. Eines ist verschollen. Gerettet sind 374 Frauen und Kinder, 332 Männer. Es sind also rund 1500 Menschen auf dem Schiff zurückgeblieben.

Rostrons Gesicht wird steinern. „Volldampf voraus!" befiehlt er. Inzwischen ist es Tag geworden. Sie begegnen zwei anderen Schiffen, die sich ebenfalls zur Rettung einfinden: die Kalifornia und die brave Burma. Rostron funkt zu ihnen hinüber: „Haben alle Boote aufgenommen. Sucht ihr Meer und Eisschollen ab nach Überlebenden. Ich suche die Titanic." Dann zieht die Carpathia an den beiden vorüber, läßt sie hinter sich.

Schon eine Stunde lang kreuzt das Schiff um den Ort, den die Titanic gemeldet hatte. Der hat sich in den Kopf des Kapitäns und der Offiziere eingebrannt: 41.46 Nord, 50.14 West! Nie in ihrem Leben werden sie diese beiden Zahlen vergessen. Vieleicht aber war die Angabe nicht genau? Der Ort war wohl nur berechnet, nicht astronomisch aufgenommen. Man muß also weitersuchen.

Der Tag hatte trüb und unsichtig begonnen. Als aber die Sonne höher stieg, entdichtete sich der Dunstschleier, es wurde ein Morgen so still, so strahlend, so friedvoll, wie man ihn im Nordatlantik nur selten erlebt.

Während die Carpathia mit halber Fahrt dahinstrich, suchten von Brücke, Mastkorb, Bug zwanzig Paar seegewohnte Augen, mit scharfen Gläsern bewaffnet, das Meer ab, dessen tiefdunkelblaue Oberfläche sich nur wenig hob und senkte, von einer leichten Brise gerieft und gerieselt.

Seltsam! dachte Kapitän Rostron. Solche Stadt von Schiff kann doch nicht spurlos verschwunden sein! Wo also war die Stelle?

Inzwischen hatte sich auch die Nebelbank im Westen gehoben, an der sie entlangfuhren. Da enthüllte sich, kaum zwei bis drei Meilen von ihnen, ein wahres Ungetüm von Eisberg. Eigentlich kein Berg, sondern eine Insel von Eis, von blauem, stahlhartem Blankeis, etwa zwei Meilen lang, eine halbe breit. Erschreckend, die abenteuerliche Form dieser Insel. Ihr Nordende bildete eine steil aufragende Klippe, an die dreihundert Fuß hoch, gegen das Meer wild und schroff zerrissen abfallend; es sah aus, als sei hier die Hälfte des Berges abgebrochen. Vom Haupt der Klippe lief ein steiler Grat abwärts bis auf wenige Fuß über Wasser. Dann aber stieg der Kamm wieder an und endigte in etwa halber Höhe des Nordgipfels in ein scharf gekrümmtes Horn; dann lief er wieder in sanfter Linie abwärts — das Südende verlor sich flach im Wasser.

Rostron ließ die Fahrt noch weiter herabsetzen, fuhr langsam die zweigipfelige Eisinsel entlang. Dann steuerte er um das Südkap herum, hierauf die Westküste nordwärts.

Da polterte jemand die Treppe zum Bootsdeck herauf: es war Lightoller, ohne Mütze, ohne Kragen, zerzauste Haare, irrer, wirrer Blick. Er stürzte auf Rostron zu, packte mit der Linken dessen Arm, wies mit der Rechten auf den Eisberg hinüber und schrie fassungslos: „Da ist er, der Mörder! Seht ihr die Klinge? Die Faust hält das Messer! Aufgeschlitzt wie ein Schwein!"

In diesem Augenblick dröhnte es von der Eiswand herüber wie eine fehlgegangene Salve von Kanonenschüssen. Von der Nordklippe der Eisinsel sprang ein mächtiges Stück ab; wie von Dynamit zerrissen, zersplitterte es in tausend Stücke, polternd stürzten die Schollen ins Wasser. Dadurch verschob sich das Gleichgewicht der ganzen Masse, langsam sank der Südteil der Insel ins Wasser, das Tal in der Mitte wurde überflutet, jetzt stand nur noch das gekrümmte Horn über Wasser, nun versank auch dieses; dagegen hob sich der Nordteil der Insel, der mächtige untermeerische Fuß stieg herauf, das Bild des Eisberges veränderte sich völlig — nun sah er aus wie ein allseits schroff abfallender Kegel.

„Der Berg kentert!" sagte Rostron zum Wachoffizier hinüber. „Das sind die gefährlichsten! Er kann recht haben, das ist der Titanicmörder!" und fügte leise hinzu: „Rufen Sie einen Arzt!"

Dann nahm er Lightoller unterm Arm und führte den von einem Weinkrampf Geschüttelten in seine Kabine. Bald erschien der Arzt. Er brachte den Widerstrebenden zu Bett und gab ihm eine Morphiumspritze, worauf der Kranke rasch einschlief.

Rostron war wieder auf die Brücke hinausgetreten. Der Wachoffizier hatte den Kurs nach West gehalten, der Mordberg stand, blau schillerndes, drohendes Phantom, hinter ihnen. Mit einemmal veränderte sich die Oberfläche des Meeres, das durchsichtige Blau verschwand, braune Ölflecken schwammen auf ihr, Fladen von Asche und Ruß. Dann Balken, Kisten, Deckstühle, Bruchstücke eines Bootes; ein einsamer Rettungsring, auf dem deutlich zu lesen stand: Titanic.

„Hier ist es!" sagte Rostron und nahm die Mütze ab. Er schloß die Augen, schwieg.

„Lassen Sie stoppen!" sagte er darauf zum Wachthabenden. „Und rufen Sie Fahrgäste und Mannschaft an Deck zum Gottesdienst."

Rostron war, obwohl er die moderne Schiffstechnik von Grund auf beherrschte, doch noch ein Kapitän vom alten Schlag. Er hielt auf strenge Zucht, nicht nur unter der Mannschaft. Blumen- und Juwelenläden, Luxusmahlzeiten und Jazzmusik, all der sonstige übermütige Kram der Amerikadampfer waren auf seinem Schiff verpönt. Aber er hatte die beste Mannschaft Großbritanniens an Bord, und die Fahrgäste hatten unbegrenztes Vertrauen zu ihm. Nach gutem, altem Brauch hielt er selbst den Gottesdienst ab an Bord. Im Feld und auf See, pflegte er zu sagen, hat die Geistlichkeit nichts zu suchen; unterm freien Himmel wohnt ein anderer Gott als in den Studierstuben. Ich habe an Bord immer etwa ein Dutzend Konfessionen; soll ich für sie Pfarrer, Pastoren, Rabbiner, Muftis, Brahminen anheuern?

Wer irgend konnte, fand sich auf Deck ein. Auch viele der Geretteten waren erschienen, ungeachtet dessen, daß sie in ihren Notbekleidungen einen absonderlichen Anblick boten.

Rostron hielt eine Ansprache in schlichten, mannhaften Worten. Er wies auf den tiefen Ernst der Stunde hin. Dieses in der Geschichte der Seefahrt einzig dastehende Unglück stelle in erschütternder Gewalt vor Augen, daß der Mensch bei all seinem Tun und Planen Mächten gegenüberstehe, die stärker sind als er. Der Wille des Menschen sei eingebettet in ein Schicksal, dessen Wille und Ziel ihm verborgen bleiben.

„Diese Einsicht", schloß er, „darf uns freilich nicht mutlos und verzagt machen. Unser Handeln und unser Planen sind auch ein Teil unseres Schicksals, sie sind eine uns auferlegte Pflicht. Aber diese Einsicht soll uns Demut lehren: kein Gelingen berechtigt uns zu Hochmut und Übermut. Wir wollen die Toten nicht beklagen und die Lebenden nicht preisen: sie sind eingetan in den Schoß einer höheren Macht, von der Leben und Tod nur Gleichnisse sind. Diese Macht wird von den Menschen mit hundert Namen benannt, in hundert Formen geschaut, in hundert Gestalten verehrt. Sie ist zu groß, als daß wir zu ihr Du sagen dürften. Sie ist nicht zornig und ist nicht gütig; sie belohnt nicht und bestraft nicht. Vor ihr ist alles gleich: da ist nichts, was ihrer Liebe und ihres Hasses würdig wäre. Wir können von ihr nichts wissen und nichts von ihr künden. Aber in Augenblicken wie in diesem ahnen wir, daß sie in uns ist und wir in ihr. Sie ist das Schicksal, das um und durch uns waltet. Wir sind alle zwar nur kleine Menschen: aber wir haben teil an etwas Großem, dessen sich würdig zu erweisen unsere Aufgabe ist."

So schloß Kapitän Rostron seine Rede. Alle Zuhörer, die barhaupt in dieser ungewohnten Kirche standen, neigten das Haupt. Die einen falteten die Hände, die anderen verbargen das Gesicht hinter ihren Mützen, die Italiener schlugen ein Kreuz, die Inder berührten mit der Hand ihre Stirn, die Juden murmelten das große Achtzehn-Gebet, die Islamiten summten den Anruf Allahs. Den Frauen, die ihrer ertrunkenen Männer gedachten, liefen in stillen Bächen Tränen über die Wangen. Die Männer, die Weib und Kind verloren hatten, bissen hart die Zähne aufeinander.

Als die Rede zu Ende war, ertönten alle drei Sirenen des Schiffes. Ihr abgestimmtes Heulen stieg auf gen Himmel, kehrte als Echo zurück von der kristallenen Wand des Eisberges, drang hinab in die Flut, als wolle es dort die tote Schwester grüßen. Währenddem stiegen alle Flaggen und Wimpel feierlich nieder auf Halbmast, flatterten träge im leisen Wind.

Und als nun die Schiffskapelle — eine rechte und schlechte Blaskapelle, von der nichts Besonderes auszusagen ist — anhub, den Choral zu spielen „Näher, mein Gott, zu Dir": da sangen ihn alle mit, ob sie den Text kannten oder nicht; und die Mitglieder dieser bunten Gemeinde fühlten sich im tiefsten einig, mochten sie sonst glauben und bekennen was immer.

Der Kapellmeister wußte freilich nicht, welche Erinnerung er damit in den Geretteten aufwühlte. Aber über diese kam ein schmerzversöhnender Friede: als sie nun den Toten zu Ehren den gleichen Sterbegesang vernahmen, mit dem der tapfere Mac den Untergang des Titanenschiffes begleitet hatte, und den Untergang all der Titanen und Zwerge, Helden und Verbrecher, Gerechten und Ungerechten, Schönen und Mißratenen, kurzum der ganzen kleinen Welt von Menschen, die auf ihm war.

Indessen sank das Titanenschiff, nun nur noch ein Sarg von Stahl, langsam, ganz langsam in die Tiefe. Seine hochmütige Schnelligkeit hatte es von sich abtun müssen. Alle seine Kessel und Maschinen, Wellen und Schrauben nützten ihm nichts auf dieser Reise. Alles Hasten und aller Drang, aller Lärm und alle Eile waren von ihm gewichen, da es nun Fahrt machte zu seinem letzten Ziel.

Ob Astor, ob Benjamin und Rebekka aus ihrem tiefen Traum wieder erwachten, Angst und Schmerz des Todes erlitten, ist ungewiß. Es war vielleicht nur ein Nachklang des Lebens, nur fernes Echo eines Geschehens, dem sie nicht mehr zugehörten, als sie vermeinten, allmählich zu sinken, weich und leise niederzuschweben, von Stille umhüllt, die tiefer ist als irgendwelche Stille oben auf der Erde. Sanft, wie sich eine Flaumfeder niederläßt, legt sich der Stahlsarg auf den Grund des Meeres. Die Stummen der Stille gleiten um ihn in nie gesehenen Gestalten einer anderen Welt. Und aus tausendjährigem Schlaf wacht die Ur-Schlange auf, hebt das unförmige Haupt, zwinkert träg und sinkt wieder zurück in aeonischen Traum.

Nachwort

Der Untergang der Titanic ist ein historisches und ein symbolisches Ereignis.

Historisch: obgleich seitdem — es geschah am 14. April 1912 — erst ein Vierteljahrhundert verstrichen ist. Aber diese Zeit war von so tiefgehenden Umwälzungen jeglicher Art erfüllt, daß uns für unser Gefühl von diesem Ereignis ein weit größerer Zeitraum trennt, als ehedem Jahrhunderte bedeuteten.

Symbolisch: denn die stolze Pracht dieses Schiffes, sein Untergang auf der ersten Ausreise, sein Name, die ungeheuren Schätze, die es trug, Zahl, Rang und Reichtum seiner Opfer, seltsame Prophezeiungen, gewisse Vorkommnisse, die sich ausnehmen, als hätte die Katastrophe stattfinden müssen: all dies hat schon die Mitwelt in besonderem Maße erregt und zur Folge gehabt, daß um dieses Ereignis alsbald ein Kranz von Legenden wucherte.

Um wieviel mehr muß es dem rückschauenden Blick als ein symbolisches Geschehen erscheinen! Als eines der Ereignisse, die wie Fanale den Hochmutgang der abendländlichen Zivilisation bis zu ihrem Zusammenbruch im Weltkrieg düster beleuchten! Der Glutwind des Mont Pelée, der die Stadt St. Pierre mit dreißigtausend Menschen in einem Augenblick vernichtete; die Zertrampelung von Tausenden friedlicher Menschen auf dem Chodinkafelde anläßlich der Krönung des russischen Zaren; die Dreyfus-Affäre, die weit über den Einzelanlaß hinweg die Gemüter der zivilisierten Völker leidenschaftlich erregte; zuletzt dieser unerwartete und eigentlich völlig unmögliche Untergang eines mit allen Schutzwehren der raffiniertesten Technik ausgerüsteten Schiffes auf völlig ruhiger See: all diese Geschehnisse erwecken den Eindruck, als sollte den Menschen jener Zeit zu Gemüt geführt werden, daß um sie und in ihnen dämonische Kräfte wohnen, die sich rächen, wenn sich der Menschengeist, überstolz auf die Werke seines Verstandes, hochmütig über die Natur erhebt.

Ich habe versucht, eins dieser Ereignisse, den Untergang der Titanic, der Vergessenheit zu entreißen, in die es mit ein paar trockenen Zahlenangaben eingesargt ist; versucht, es in seiner schicksalhaften Gewalt uns Heutigen Erlebnis werden zu lassen.

Ein solcher Versuch kann, wenn überhaupt, nur dann gelingen, wenn das Geschehnis mit künstlerischen Mitteln dargestellt wird. Allein nur der nacherlebenden Phantasie ist es möglich, in das Innere der Ereignisse vorzustoßen, die Schatten der Vergangenheit zu beschwören, sie wie Gestalten des Lebens noch einmal unter uns wandeln, leiden, noch einmal in allem Jammer versinken zu lassen. Und dadurch im Betrachter dasjenige zu wecken, was kein noch so genauer Tatsachenbericht in ihm aufzurufen vermag: mitfühlende Erschütterung der Seele.

Mit diesem Hinweis ist das Verhältnis des Darstellers zum Dargestellten umrissen, der Unterschied zwischen Kunstwerk und Dokumentensammlung gekennzeichnet.

Es gibt gerade über das Titanic-Unglück eine ungewöhnlich große Menge von „Tatsachen-Material". Ein umfangreicher Prüfungsbericht des englischen Board of Trade; der Bericht des amerikanischen Senatsausschusses, ein Wälzer von dreizehnhundert eng bedruckten Seiten, enthaltend die Aussagen der Überlebenden; zahllose außeramtliche Berichte von mehr oder weniger nahen Zeugen des Unglücks; darunter auch — wie könnte es anders sein — von etlichen Spirits, die durch den Mund von Medien allerlei Einzelheiten des Untergangs ausplaudern. Wer aber diese Dokumente sorgfältig sichtet, wird alsbald feststellen: daß kaum über irgendeine Einzelheit, selbst über die einfachste, die Berichte der Augen- und Ohrenzeugen übereinstimmen. So ist der Kapitän Smith nach einem Bericht auf der Brücke stehend mit dem Schiff gesunken; nach einem anderen hat ihn schon vorher eine Welle über Bord geschwemmt; nach einem dritten ist er mit einem Kind im Arm ins Wasser gesprungen und hat versucht, sich durch Schwimmen zu retten. Über das Verhalten von Oberst Astor werden die verschiedensten, sich stark widersprechenden Berichte gegeben. Nur der Rettungsverzicht der Frau Straus, die sich von ihrem Gatten nicht trennen will, wird von einem einwandfreien Zeugen, dem Oberst Gracie, genau berichtet und von anderen Zeugen bestätigt.

Es ist also nichts mit den „Tatsachen!" Sie bilden ein Gestrüpp von wahren, halbwahren und unwahren Mitteilungen, unzusammenhängenden Einzelbeobachtungen, unwillkürlichen Erinnerungsfälschungen, für erlebt gehaltenes Hörensagen. Und wenn selbst einwandfrei feststünde, daß der Kapitän auf der Brücke stehend unterging: so wäre diese Tatsache an sich nur ein eindrucksloses Klischee, das tausendmal in wirklichen und erfundenen Schiffbruchsgeschichten berichtet ist, während doch der Untergang dieses Kapitäns auf diesem Schiff unter diesen Umständen ein einmaliges und erschütterndes Erlebnis darstellt, von dem der nur an der Oberfläche haftende Tatsachenbericht naturgemäß nicht das Wesentliche auszusagen weiß.

Ich habe daher von den Tatsachen nur übernommen, was ich für meinen Zweck — Darstellung des Zusammenbruch einer untergangsreifen Gesellschaftsordnung — brauchen konnte: manchmal viel, manchmal wenig, zuweilen nur einen blitzartig erhellten Augenblick, zuweilen nur einen Namen. Daneben habe ich erfundene Personen und Ereignisse gestellt, legendenhafte Mitteilungen übernommen, tatsächliche Ereignisse sinnvoll ineinandergefügt. Jede Darstellung eines Geschehens, die lebensvoll sein soll, kann gar nicht anders sein als eine Mischung von Wahrheit und Dichtung — welche Bezeichnung bekanntlich Goethe, in tiefer Erkenntnis der Zusammenhänge von Leben und Kunst, für eine Darstellung wählte, der man noch am ehesten die Möglichkeit dokumentarischer Genauigkeit zubilligen möchte: für seine Selbstbiographie.

Sollte daher ein wohlinformierter Leser entdecken, daß dieses oder jenes berichtete Geschehnis mit den Tatsachen nicht übereinstimmt, diese oder jene Einrichtung des Schiffs in Wirklichkeit anders war, als von mir geschildert, diese oder jene der auftretenden Personen anderen Charakter aufweist, als dem Urbild eignete: so sei für diesen der Hinweis am Platz, daß ich solche Änderungen aus triftigen künstlerischen Gründen vorgenommen habe. Die gegebenen Darstellungen haben Geltung nur innerhalb des Rahmens dieses Buches; innerhalb seiner steht daher der Legende gleiche Berechtigung zu wie angeblichen oder wirklichen Tatsachen. Denn in einem Kunstwerk soll Wahrheit gestaltet, nicht banale Wirklichkeit wiedergegeben werden.

Diese Darlegung war vielleicht notwendig, weil in unserer Zeit häufig der Aberglaube an die Wirklichkeit dem Glauben an die Wahrheit im Wege steht; und weil vielleicht mancher wegen der zeitlichen Nähe der geschilderten Ereignisse und Personen dem Dichter das Recht absprechen möchte, nach der für ihn gültigen Gesetzlichkeit zu schalten und zu walten, den Versuch zu wagen: die in einer Zufallswirklichkeit wesende höhere Wahrheit aufzudecken.

Abschließend noch einige sachliche Bemerkungen: Die Katastrophe der Titanic hat das Weltgewissen wachgerüttelt. Die englischen und amerikanischen Seeämter erließen neue und strenge Vorschriften. Die großen Schiffahrtsgesellschaften wetteiferten in Verbesserung und Vermehrung zweckdienlicher Sicherheitseinrichtungen. Auf genaueste Wahrnehmung und Übung des Gefahrendienstes während der Reise wurde geachtet. Ein internationaler Eiswarnungs-Dienst wurde in die Wege geleitet, so daß die Kapitäne der nordatlantischen Schiffahrtslinien über Umfang, Art, Ort und Bewegung der Eisdriften zu jeder Stunde der Fahrt aufs genaueste Bescheid wissen. Der drahtlose Dienst ist so sorgfältig ausgebildet, daß unglückliche Zufälle, wie der auf der Kalifornia, ausgeschlossen sind. Die Rettungsboote, für die höchstmögliche Besetzung des Schiffes ausreichend, sind seetüchtige Schiffe mit starken Motoren und eigenem Funkapparat. Kurzum: die Atlantiklinien der großen Schiffahrtsgesellschaften haben seither einen so hohen Grad von Sicherheit erreicht, daß nur jenes geringe Gefahrenmoment verblieben ist, das jeder Indienstnahme von Naturkräften anhaftet, auch der Eisenbahn, ja selbst der seligen Postkutsche. Und in der Tat ist seither der Nordatlantik von großen Katastrophen verschont geblieben.

Aber wichtiger als alle technischen Sicherungen ist: daß die Erinnerung an Hochmutfahrt und Hochmutsturz der Titanic sich als unverlöschliche Warnung in die Erinnerung der Menschen einbrennt. Sie bleibt — recht verstanden — eines der großen Mahnmale, die den Menschen vor Augen halten: daß sie bei aller stolzen Größe ihrer Planungen und Vollbringungen doch nur Menschen sind und nicht — Titanen!

R. P.

Geschrieben Im Birkenhof, September 1934—März 1935